2023—2024年
厦门市经济社会发展与预测

蓝皮书

主　编：潘少銮

副主编：吴文祥　　陈艺萍　　李　桢

厦门市社会科学界联合会
厦门市社会科学院 编著

厦门大学出版社　国家一级出版社
XIAMEN UNIVERSITY PRESS　全国百佳图书出版单位

图书在版编目（CIP）数据

2023—2024年厦门市经济社会发展与预测蓝皮书 /
厦门市社会科学界联合会，厦门市社会科学院编著. --
厦门：厦门大学出版社，2023.12
ISBN 978-7-5615-9164-2

Ⅰ．①2… Ⅱ．①厦… ②厦… Ⅲ．①区域经济-经济
分析-研究报告-厦门-2023—2024②区域经济-经济预
测-研究报告-厦门-2023—2024 Ⅳ．①F127.573

中国版本图书馆CIP数据核字(2023)第207483号

责任编辑　许红兵
美术编辑　李嘉彬
技术编辑　朱　楷

出版发行　厦门大学出版社
社　　址　厦门市软件园二期望海路39号
邮政编码　361008
总　　机　0592-2181111　0592-2181406(传真)
营销中心　0592-2184458　0592-2181365
网　　址　http://www.xmupress.com
邮　　箱　xmup@xmupress.com
印　　刷　厦门集大印刷有限公司

开本　720 mm×1 000 mm　1/16
印张　28.75
插页　2
字数　535千字
版次　2023 年 12 月第 1 版
印次　2023 年 12 月第 1 次印刷
定价　88.00 元

厦门大学出版社
微信二维码

厦门大学出版社
微博二维码

扫描上方二维码

获取本书电子书

前 言

2023 年是全面贯彻落实党的二十大精神的开局之年。厦门市以习近平新时代中国特色社会主义思想为指导,全面贯彻落实党的二十大精神,深入贯彻落实习近平总书记重要讲话重要指示批示精神,特别是致厦门经济特区建设 40 周年贺信重要精神,认真贯彻落实党中央国务院决策部署以及省委省政府和市委工作要求,坚持稳中求进工作总基调,完整、准确、全面贯彻新发展理念,积极服务和融入新发展格局,着力推动高质量发展,更好统筹发展和安全,推动经济实现质的有效提升和量的合理增长,为努力率先实现社会主义现代化开好局起好步。厦门人民牢记嘱托,当好改革开放先锋,发挥辐射带动作用,在新时代中展现了新担当新作为。值此厦门市两会即将召开之际,由厦门市社科联、市社科院组织编撰的《厦门市经济社会发展与预测蓝皮书(2023—2024)》正式付梓出版了。

全书以党委政府及公众关注的社会热点问题为研究重点,分为"经济篇""社会篇""区域篇""专题篇",内容涵盖 2023 年厦门市经济运行、社会发展、文化繁荣、生态文明等各个领域,新设"厦门市先进制造业发展情况分析及建议""厦门市战略性新兴产业发展情况分析及建议""厦门市现代服务业发展情况分析及建议""厦门市城市创新能力发展分析及建议""厦门市推进厦台融合发展情况分析及建议""厦门市推进市域社会治理现代化情况分析及建议"等六个篇目,调整"厦门市城乡居民收入情况分析与预测""厦门市医疗卫生发展情况分析及建议""集美区经济社会运行情况分析及预测""同安区经济社会运行情况分析及预测""厦门市火炬高新区经济社会运行情况分析及预测"等五个篇目的题目或撰稿人。以科学、翔实的经济社会发展数据为分析预测基础,全面系统地回顾总结了2023年厦门经济社会发展情况,客观分析预测了2024年以及今后一个时期厦门经济社会发展走势,看到了成绩与差距,发现了问题和矛盾,提出了对策及建议。全书在导向上具有鲜明的科学性,在选题上具有现实的针对性,在内容上具有较强的可读性,在研究上具有地方特色性,是我市社会科学界充分发挥智库作用、服务经济社会发展的有效载体和具体体现。

　　每年编撰出版厦门市经济社会发展与预测蓝皮书,是我市社会科学界围绕中心、服务大局的重要举措。我市社会科学界将坚定信心、真抓实干,勇立潮头、勇毅前行,为全面深化改革开放,推动高质量发展,促进两岸融合发展,更高水平建设高素质高颜值现代化国际化城市,努力率先实现社会主义现代化提供智力支持;努力把习近平总书记为厦门擘画的宏伟蓝图变为美好现实,为全面建设社会主义现代化国家、全面推进中华民族伟大复兴贡献厦门智慧。

编著者

2023 年 12 月

目　录

经济篇

社会篇

区域篇

专题篇

专题一　厦门城市竞争力问题研究

专题二　厦门市生态文明建设体制与政策研究

经济篇

厦门市经济运行情况分析及建议

2023年以来,厦门市深入贯彻落实党中央国务院和省委省政府决策部署,坚持应急与谋远相结合,完整、准确、全面贯彻新发展理念,加快构建新发展格局,扎实推动高质量发展,全市经济恢复向好,发展质量稳步提升。

一、2023年经济运行情况

1.整体经济恢复向好

1—9月,厦门地区生产总值(GDP)实现5784.3亿元,同比增长2%。今年以来,全市努力克服外部复杂严峻形势,加大稳增长工作力度,先后出台三轮稳经济政策,累计兑现资金超270亿元,深入推进"益企服务"专项行动。整体经济呈现波浪式前进态势:一季度GDP同比增长2.8%,高于全省平均水平,实现平稳开局;二季度受外需不足等不利因素影响,出现下行回调;三季度以来,全市加大稳增长促发展工作力度,经济持续恢复回升,1—9月GDP增速比上半年提高0.8个百分点。第三产业是今年经济增长的主要支撑力量,1—9月第三产业增加值同比增长6.2%,拉动GDP增长约3.7个百分点。

2.创新动能持续增强

据世界知识产权组织发布《2023年全球创新指数报告》,厦门2023年跃升至全球"科技集群"百强榜第80位,较2022年大幅上升11位。一是创新平台集聚提升。截至9月末,新获批传染病疫苗研发全国重点实验室、国家疫苗攻关产教融合创新平台2个国家级创新平台,新增6家新型研发机构;厦门共有国家重点实验室5家,省部共建国家重点实验室1家,省级重点实验室66家,市级重点实验室159家。二是企业创新能力不断增强。净增国家级专精特新"小巨人"企业25家、中国制造"隐形冠军"企业21家,数量均居全省第一,1—9月全市共有697家国家级高新技术企业营收同比增长超过50%。三是科技创新生态持续优化,健全关键核心技术攻关机制和多元投入机制,组织实施35个重大技术攻关和"揭榜挂帅"项目,支持产学研合作项目124项,企业高新技术成果转化项目数同比增长8.9%。

3

3.产业转型成效显著

加快构建动能持续、梯次发展的"4＋4＋6"现代化产业体系①,实现质和量的同步跃升。一是四大支柱产业集群做大做强。先进制造业方面,厦门跻身全国新型显示十大城市,1—9月软件业营业收入同比增长29.5%,航空维修产业产值同比增长49.8%。现代服务业方面,成立全国首家供应链科创中心,1—9月租赁和商务服务业营业收入同比增长31.2%、金融机构本外币存贷款余额平均增长10.4%、批发零售业营业额同比增长6%。二是战略性新兴产业快速发展壮大。1—9月新能源行业产值同比增长35.7%,本土培育的海辰储能成为福建首家"独角兽"企业;厦门生物医药港综合竞争力进入全国前十;新型功能材料产业入选国家战略性新兴产业集群,厦门钨业主要产品钨粉、超细晶硬质合金棒材全球市场占有率第一。三是未来产业加速布局。厦门大学和嘉庚创新实验室共同建成全球首条23.5英寸Micro-LED激光巨量转移示范线,瀚天天成量产国产化8英寸碳化硅外延晶片,全球首条百兆瓦柔性(轻质化)钙钛矿组件生产基地签约。

4.内外需市场有序复苏

一是商品消费平稳恢复、服务消费快速发展。1—9月社会消费品零售总额同比增长2%,升级类商品消费需求释放,限上体育、娱乐用品类和限上通讯器材类消费分别增长55.3%和61.2%。接触型服务消费快速发展,1—9月住宿业、餐饮业营业额同比分别增长37%和16.8%,接待国内外游客人次、旅游收入同比分别增长41.2%和55.9%。二是外贸增速高于全国、全省平均水平。1—9月,外贸进出口同比增长4.6%,高于全国、全省4.8和6.3个百分点;其中进口同比增长11.8%,出口同比下降2.5%。跨境电商、保税贸易实现较快增长,1—9月同比分别增长137.9%和18.7%。锂电池、电动载人汽车、太阳能电池"新三样"出口合计增长10.4倍,拉动出口增长9个百分点。

5.质量效益不断提升

一是财政收入保持稳定。1—9月,全市财政总收入1329.7亿元、地方级财政收入829亿元,规模均居全省各地市首位;分别增长3.3%和3%,高于同期GDP增速1.3和1个百分点。二是居民收入较快发展。1—9月,全市居民人均可支配收入56113亿元,居全省第一,增长4.2%,高于同期GDP增速2.2个百分点。三是市场主体活力增强。1—9月全市新增市场主体12.8万户,截

---

① "4＋4＋6"现代化产业体系:电子信息、机械装备、商贸物流、金融服务四大支柱产业集群,生物医药、新能源、新材料、生物医药文旅创意四个战略性新兴产业,第三代半导体、氢能与储能、基因与生物技术、未来网络、前沿战略材料、深海空天开发六个未来产业。

至 9 月末共有市场主体 90.3 万户,比去年同期增长 8.9%。

6.民生保障有力有效

一是落实就业优先政策。1—9 月全市城镇新增就业 13.96 万人,完成全年目标任务的 101.4%;失业人员再就业人数、就业困难人员再就业人数分别完成全年目标任务的 129.2% 和 133.6%;高校应届毕业生就业率达 93.4%。二是物价形势总体稳定。1—9 月居民消费价格指数(CPI)同比增长 0.5%,涨幅居全国 36 个大中城市第 21 位。三是完善住房保障体系。开工建设保障房 4791 套,配租配售保障性住房 1.1 万套,筹集保障性租赁住房 3.15 万套。

二、主要困难与挑战

1.受外需收缩影响,工业、出口增速下降

2023 年以来全球经济复苏步履维艰,欧美通胀及加息外溢效应凸显,全球需求放缓。厦门经济外向度较高,外贸依存度达到 118%,外需不足对经济的冲击和影响更为突出。1—9 月,工业增加值同比下降 3.1%,主要是受消费类电子、抗原试剂外需萎缩影响,规模以上工业企业出口交货值同比下降 9.8%,全市出口额同比下降 2.5%。

2.受内需不足影响,房地产业、建筑业、固定资产投资较低迷

2023 年以来,房地产市场持续下行,1—9 月,全市商品房销售面积同比增长 0.7%。受房地产和开发投资放缓影响,建筑业增加值同比下降 7.7%,其中虽然建筑业产值同比增长 5.3%,但建安投资同比下降 25.4%,大幅拉低建筑业和固定资产投资增速,全市固定资产投资同比下降 2.1%。

三、2024 年形势展望

1.从国际看

国际形势愈加复杂不确定,2024 年世界经济增长预计将进一步放缓,国际货币基金组织、经合组织和世贸组织等权威机构分别预测 2024 年世界经济分别增长 2.9%、2.7% 和 2.5%,低于 2023 年经济增速(见表 1)。目前全球制造业 PMI 指数已连续 14 个月处于荣枯线以下,10 月美国、欧洲制造业 PMI 分别处于 46.7% 和 44.6% 的较低水平;而且经济活动降温逐渐从制造业蔓延至服务业,消费对主要经济体的增长带动作用弱化。我市经济的特点是外向度较高、对国际环境变动更敏感,全球经济下行,特别是欧美主要发达国家经济增速不乐观,仍将对我市的出口和工业有所影响。

2.从国内看

前三季度我国经济克服外部环境复杂严峻、国内需求仍不足等问题,实现5.2％的较高增速。2024年国内经济将延续回升向好态势,一方面积极发力的财政政策配合稳健精准的货币政策将夯实经济复苏基础,如近期财政预算增加一万亿国债促进内需发展,逆周期政策调控将有利于推动中国经济增长企稳回升;另一方面,经济新动能持续壮大,传统产业改造升级和新兴产业培育壮大加快推进,部分关键领域"卡脖子"问题持续突破,为经济发展提供新动力。国际货币基金组织、经合组织均预测明年中国经济增长4.6％(见表1)。

表1 权威机构对全球、中国经济增速预测表

单位:％

机构	全球		中国	
	2023 年	2024 年	2023 年	2024 年
国际货币基金组织	3	2.9	5.4	4.6
经济合作与发展组织	3	2.7	5.1	4.6
世贸组织	2.6	2.5	—	—

3.从我市看

2024年虽然面临外部市场较大的不确定性,但也要看到推动经济高质量发展的积极因素在不断积累,一方面是国家赋予我市综合改革试点机遇,厦门是继深圳之后第二个综合改革试点城市,随着综改试点的大力推进,改革红利将持续显现;另一方面,市委、市政府谋划实施一系列打基础、管长远的重大举措正在见效,包括构建"4+4+6"现代化产业体系、实施市场主体培育工程、科技创新引领工程、先进制造业倍增计划和打造新发展格局节点城市等,也将为我市高质量发展注入强劲动能。

四、下阶段工作措施及建议

2024年厦门市将全面贯彻落实党的二十大精神,深入贯彻落实习近平总书记对福建、厦门工作的重要讲话和重要指示批示精神,特别是致厦门经济特区建设40周年贺信重要精神,坚持稳中求进工作总基调,坚持应急和谋远相结合,推动经济实现质的有效提升和量的合理增长。

1.增强创新发展动能

坚持创新驱动,以科技创新引领实体经济做大做强,塑造城市发展的新动能新优势。

（1）强化创新平台载体。加快建设厦门科学城，构建"研发机构＋孵化器＋专业园区＋创新飞地"的产业孵化培育体系，打造高水平创新集聚区。加大创新平台载体建设力度，高标准建设嘉庚创新实验室、翔安创新实验室，筹建省海洋创新实验室，争取纳入国家实验室布局。

（2）提升创新主体活力。完善以企业为主体、市场为导向、产学研深度融合的技术创新体系。鼓励科技型骨干企业牵头组建创新联合体，探索产学研协同攻关和产业链上下游联合攻关，解决跨行业、跨领域共性关键技术难题。发挥高校院所创新引领作用，加大对基础学科、交叉学科和优势学科研究的支持力度。

（3）优化创新创业生态。打造全过程创新生态链，加快同翔高新城、软件园、生物医药港等科技园区创新链升级，布局一批科技成果转化、公共技术服务、小试中试、创业孵化等功能型平台及共享车间。加强技术转移转化应用，破解制约创新要素发展的体制障碍，加大科技金融支持。

2.高质量发展"4＋4＋6"现代化产业体系

坚持把发展经济的着力点放在实体经济上，构建动能持续、梯次发展的"4＋4＋6"现代化产业体系，实现产业质量总量同步跃升。

（1）夯实四大支柱产业集群竞争力。抓龙头、强链条、聚集群，做优做强电子信息、机械装备、商贸物流、金融服务产业集群。先进制造业，深入推进新型工业化，推动智改数转，以数智化赋能制造业转型升级。打造世界级万亿电子信息产业集群，巩固壮大新型显示、集成电路、软件信息服务等产业优势，推进软硬件融合，拓展场景应用。打造具有规模化、智能化机械装备产业集群，围绕电力电器、航空维修制造、汽车等领域，推动产业数字化升级。现代服务业，推动商贸物流融合发展，加快建设国际性物流枢纽城市，打造国际贸易中心、国际航运中心、国际会展名城；打造多元化现代金融服务体系，大力发展供应链金融、航运金融、科创金融、绿色金融等特色金融业务。

（2）迅速壮大战新产业。抓住风口、集中资源迅速培育壮大新能源、新材料、生物医药、文旅创意等战略性新兴产业。新能源行业，打造"新能源产业创新之城"，重点发展新能源电池、新型电力装备、数字电网、氢能等四大领域。新材料行业，重点发展特种金属及功能材料、光电信息材料、新型高分子及复合材料、先进碳材料等领域，做大做强新型功能材料国家战略性新兴产业集群。生物医药行业，重点发展创新药、医疗器械、医药健康服务业、生物医药前沿科技等领域。文旅创意行业，扩大金鸡百花电影节等重大节展效应，重点发展影视、网络试听、创意设计、艺术品交易、文化旅游等领域。

（3）超前布局未来产业。推动第三代半导体、氢能与储能、基因与生物技术加速突破，形成一批产业化项目；聚焦未来网络、前沿战略材料、深海空天开发,加强基础研发和应用基础研究,形成梯次培育、接续发展的态势。

(4)加快发展新赛道行业。围绕"4＋4＋6"现代化产业体系中的新型显示、新型储能、新一代人工智能、化合物半导体、创新药械等5个新赛道,力争打造一批标志性应用场景示范项目,形成若干领跑全国的产业集群。

3.积极扩大有效投资

立足当前、着眼长远,切实把扩大有效投资与对冲经济下行、产业结构调整和新动能培育结合起来,进一步优化投资结构,积极推动项目策划建设,创新投融资体制。

(1)优化投资结构。加大产业项目投资力度,以"4＋4＋6"现代化产业体系为指引,强化招商引资,推动项目持续生成;分区域打造总部经济、龙头工业、科技产业集聚的特色园区。推进现代化基础设施项目建设,系统布局千兆光网、5G、智能计算中心等新型基础设施;策划生成能够为城市发展提供"硬支撑"的"陆、海、空、铁"重大交通基础设施项目。尽力而为、量力而行推进补短板民生项目,合理谋划布局教育、医疗项目;围绕国家鼓励的城中村改造和城市更新、保障性住房、"平急两用"等领域,策划生成新项目。

(2)加快推动项目建设。做实前期工作,依托"项目之家"工作机制,进一步优化靠前服务,依法依规加快推进项目前置要素条件。强化项目全过程管理,围绕项目建设的关键环节,及时协调解决项目前期遇到的各类问题,推动项目加快建设,提高投资效益。

(3)推进投融资体制创新。多元筹集项目资金,实施市场主体培育工程,支持民营企业在我市投资兴业。有效盘活"资产＋资源",探索在条件成熟片区开展城市综合开发,积极推行 TOD、EOD、XOD 模式扩大有效投资;灵活运用 IPO、REITs、优化重组等方式实行资本运作。

4.打造新发展格局节点城市

巩固提升外循环优势,增强内循环动力,推动双循环在厦门对接联通、相互促进,实现资源要素在厦门整合汇聚、高效配置。

(1)巩固提升外循环能级。构建更高水平开放型经济新体制,实施自贸试验区提升战略,将厦门打造成 RCEP 区域重要的价值链枢纽。充分发挥海上合作战略支点功能,完善"丝路海运"服务标准体系和综合信息服务平台,拓展与"一带一路"国家经贸往来和双向投资。打造高能级国际交通枢纽,加快推进翔安机场建设,大力发展智慧港口,构建高效畅通的高铁网络,发展多式联运体系。

(2)打造国际消费中心城市。瞄准新兴消费风向标,大力发展首店经济,设立品牌首店、旗舰店、体验店、在厦首发新品;打造具有区域影响力的时尚产业集聚平台,做强一批新品发布专业平台。创新发展文旅消费,推出一批文旅、演艺、娱乐等精品消费项目。发挥自贸试验区"保税＋"优势,推动海丝艺术品中心保税仓项目建设,发展国际高端艺术展览和保税拍卖。

(3)深化区域协作。构建协同高效、利益共享、优势互补的区域协同发展新格局,加强以厦漳泉都市圈为核心的闽西南城市群合作,实现区域内产业链、供应链、创新链的集聚、协和安全发展;主动对接长三角、粤港澳大湾区等国家区域重大战略,打造以厦门为枢纽、辐射全国的供应链网络。

5.以综合改革引领全面深化改革

以综合改革试点为引领,在勇担国家使命中不断创造新的发展机遇。一是加快综合改革试点落地见效,以综合改革试点为总抓手,聚焦重点领域和关键环节,扎实推进战略战役性、创造性、引领性改革,为中国式现代化探索试验,探路先行。二是进一步优化营商环境,对标国家和世行新评价体系推动营商环境优化;加快建设我市数字化监测督导平台,支撑全市营商环境工作一体化、数字化、常态化监测督导和管理。三是持续推进社会信用体系建设,围绕推动经济发展和提升社会治理,创新"信用就医""信用停车"等更多信用应用场景,确保城市信用指数排名保持全国前列。

6.以人为本切实增强民生福祉

坚持以人民为中心,在发展中保障和改善民生,不断增强人民群众的获得感、幸福感、安全感。一是促进高质量充分就业,强化就业优先,以实施公共就业服务能力提升示范工程为牵引,研究新一轮稳定和扩大就业政策措施;落实创业担保贷款和贴息政策;加强对失业人员和困难人员的就业帮扶。二是提升公共服务水平,建设更加均衡优质的公共服务体系,根据人口结构变化趋势动态有序安排建设节奏,提升医疗、教育、文体民生设施软件服务水平,推进基本养老服务体系建设,发展普惠托育服务,推动托幼一体化建设。三是加大社会保障力度,推进企业职工基本养老保险全国统筹和失业、工伤保险省级统筹,开展个人养老金试点;加快研究制定被征地人员社会保障办法;持续完善住房保障体系。

厦门市发展和改革委员会　姜　瑞　许　林

厦门市财政形势分析与预测

　　2023年是全面贯彻落实党的二十大精神开局之年。面对全球经济疲软、经济内生动力不足的复杂严峻形势,厦门市经济稳步回升,财政收入趋势向好,增值税和批发零售业成为财政增收的有力支撑点。同时,也存在财政收支平衡压力大、工业经济增长乏力和岛内外发展不均衡等问题。今后财政工作的重点包括:强化财税、金融等政策的协同配合,从提高供给质量和扩大有效需求双向发力,推动经济持续好转;强化财政资源统筹管理,推动绩效管理的全方位、全过程、全覆盖,提高财政治理效能;加快岛外产业和公共服务建设,促进岛内外一体化发展。

一、厦门市财政运行总体情况分析

(一)2022年财政运行情况回顾

　　2022年全市一般公共预算总收入1493.76亿元,扣除增值税留抵退税因素后增长4.9%,其中地方级收入883.81亿元,扣除增值税留抵退税因素后增长6.6%。全市一般公共预算支出1088.74亿元,增长2.7%。全市政府性基金收入1003.10亿元,下降6.3%;全市政府性基金支出1298.85亿元,增长3.8%。全市国有资本经营预算收入34.67亿元,增长44.6%;全市国有资本经营预算支出21.12亿元,下降5.8%。

　　财政收入保持平稳增长。2022年厦门市全力落实组合式减税降费政策,一般公共预算总收入自然口径下降2.4%,剔除增值税留抵退税因素影响后,同口径增长4.9%,财政收入保持平稳增长,为激发市场活力奠定了基础,但实际可用财力降低。地方级税收收入631.42亿元,同口径增长1.7%,其中,增值税同口径增长12.5%,个人所得税下降33.1%,税收增长结构变化。非税收入同口径增长23.3%,其中,专项收入同口径增长107.6%,有力支撑了财政收入增长趋势。

　　民生保障需求较高。2022年厦门市民生支出780.72亿元,增长3.3%,占一般公共预算支出的71.7%,重点投向教育、城乡社区事务、医疗卫生、社保和就业等领域。其中,教育支出195.63亿元,增长9.2%;卫生健康支出115.19

亿元,增长 18.9%;社会保障和就业支出 97.31 亿元,增长 31.0%。全年新增学位 8 万个、医疗床位 2800 张、就业 17.5 万人,改造老旧小区 5 万户,持续改善人民生活品质。

创新运用财政政策工具。根据不同类型企业特点和需求,分类设计"财政政策+金融工具",撬动超 500 亿元金融资金"精准滴灌"实体经济。推进投融资体制改革,策划生成 18 个 PPP 项目和 8 个 REITs 项目,设立规模 200 亿元的城市建设投资基金,带动超 1300 亿元社会资本服务城市建设。在工业、科技、人才等 9 个领域开展产业扶持政策绩效评价,提高财政治理水平。

(二)2023 年 1—9 月财政运行情况分析

2023 年 1—9 月,全市一般公共预算总收入 1329.69 亿元,同比增长 3.3%,其中地方级收入 829.03 亿元,同比增长 3.0%;全市一般公共预算支出 779.60 亿元,增长 4.1%。全市政府性基金收入 385.02 亿元,下降 48.3%,其中土地类基金收入 377.88 亿元,下降 48.9%;全市政府性基金支出 685.86 亿元,下降 24.8%。全市国有资本经营预算收入 1.42 亿元,下降 54.4%;全市国有资本经营预算支出 0.44 亿元,下降 74.7%。

1.经济运行稳步回升,财政收入趋势向好

面对复杂严峻的内外部经济形势,厦门市加快推动项目建设,着力提高营商环境,鼓励企业扩大有效投资,全方位推进经济社会高质量发展,经济运行稳步回升。如图 1 所示,2023 年 1—9 月,厦门市 GDP 比去年同期增长 2.0%,扭转增幅下降的态势,增幅较 1—6 月提高 0.8 个百分点。经济回升带动财政

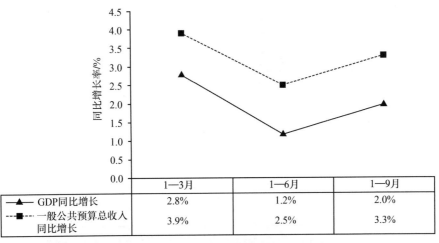

	1—3月	1—6月	1—9月
▲ GDP同比增长	2.8%	1.2%	2.0%
■ 一般公共预算总收入同比增长	3.9%	2.5%	3.3%

图 1　2023 年厦门市 GDP、一般公共预算总收入同比增长变动情况

资料来源:厦门市统计局。

收入的增长,一般公共预算总收入同比增长变动情况与GDP增长呈现出相同的趋势,2023年1—9月,厦门市一般公共预算收入比去年同期增长3.3%,实现增幅较1—6月提高0.8个百分点。此外,2022年同期落实增值税留抵退税政策造成一般公共预算总收入基数较低,也是2023年1—9月一般公共预算总收入实现增长的重要原因。

2.增值税实现大幅增收,批发和零售业成为税收增收的主要来源

2023年1—9月,厦门市实现税收收入1032.26亿元,占一般公共预算总收入的77.6%,同口径增长4.3%,剔除增值税留抵退税因素后,同口径下降3.8%。

从主体税种和头部企业来看,增值税实现407.60亿元,增收116.82亿元,同口径增长40.2%,剔除增值税留抵退税因素后,同口径增长7.0%,有效保障了税收收入的增长;企业所得税实现241.05亿元,下降8.9%;个人所得税实现118.40亿元,下降3.1%。市区重点总部企业累计税收规模为79.57亿元,同比下降3.2%,主要原因包括部分企业营收下滑、部分员工薪酬调整回总部发放和个别企业2021年企业所得税延期至2022年缴纳推高基数等。重点总部企业税收贡献下降也是导致企业所得税和个人所得税减收的重要因素。

从主要行业来看,第三产业税收优势明显,税收贡献额达635.5亿元,同比增长5.0%,占税收收入总额的61.6%。其中,批发和零售业税收增收35.2亿元,同比增长24.8%(见图2),成为税收增收的主要行业来源,表明内需消费回暖带来税收收入改善明显;因房地产业遇冷和二级资本市场低迷,房地产业和金融业税收减收规模较大,分别减收36.8亿元和12.9亿元。

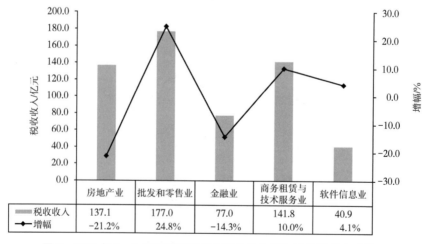

	房地产业	批发和零售业	金融业	商务租赁与技术服务业	软件信息业
税收收入	137.1	177.0	77.0	141.8	40.9
增幅	-21.2%	24.8%	-14.3%	10.0%	4.1%

图2 2023年1—9月厦门市各行业税收收入额和同比增长变动情况
资料来源:厦门市财政局。

3.财政支出稳定增长,持续增进民生福祉

2023 年 1—9 月,厦门市一般公共预算支出 779.60 亿元,比 2022 年同期增长 4.1%,财政支出稳定增长。其中民生支出 566.41 亿元,占一般公共预算支出的 72.65%,同比增长 1.9%,重点投向了教育、城乡社区事务、社会保障和就业、资源勘探信息以及卫生健康等领域。厦门市积极推进基本养老服务发展和稳岗就业,社会保障和就业支出增长 31.6%;完善技术创新基金,鼓励企业扩大有效投资,促进产业发展提质增效,科学技术支出增长 21.3%。详见表 1。

表 1　2023 年 1—9 月厦门市一般公共预算支出结构

预算科目	数额/亿元	增幅/%	预算科目	数额/亿元	增幅/%
一般公共服务支出	68.14	8.9	资源勘探信息等支出	81.13	15.2
国防支出	0.46	−4.9	商业服务业等支出	21.50	−15.4
公共安全支出	40.42	0.3	金融支出	4.68	58.1
教育支出	137.67	−0.2	援助其他地区支出	2.51	7.8
科学技术支出	43.27	21.3	自然资源海洋气象等支出	6.02	5.0
文化旅游体育与传媒支出	15.77	−5.8	住房保障支出	16.64	181.7
社会保障和就业支出	81.73	31.6	粮油物资储备支出	2.16	36.1
卫生健康支出	78.25	6.3	灾害防治及应急管理支出	5.20	21.8
节能环保支出	18.69	−39.4	债务付息支出	7.94	2.1
城乡社区支出	89.17	−0.2	债务发行费用支出	0.06	205.3
农林水支出	12.29	−19.3	其他支出	2.65	47.9
交通运输支出	43.25	−22.3			

资料来源:厦门市财政局。

二、厦门市财政运行存在的问题

1.房地产业相关财政收入缩减,财政收支平衡压力大

房地产业遇冷是导致厦门市财政收入增幅较低的主要原因。房地产市场供求关系发生重大变化,房企普遍降低预期、谨慎拿地。如图 3 所示,2023 年 1—9 月各月厦门市一手和二手住房交易金额增幅较去年同期先上升后下降,房地产市场交易增长乏力。2023 年 1—9 月,厦门市国有土地使用权出让金收入 375.65 亿元,比 2022 年同期下降 49.2%,下降幅度接近一半,导致全市政府性基金收入下降 48.3%。同时,房地产业实现税收收入 137.1 亿元,减收 36.8 亿元,其中企业所得税、土地增值税、契税等税收收入减收规模超 50 亿元,引起总税收收入下降高达 5.0 个百分点。而增人增支、化解债务、必须保障的基建项目、基本民生和助企纾困等刚性支出资金需求巨大,财政收支平衡压力大。

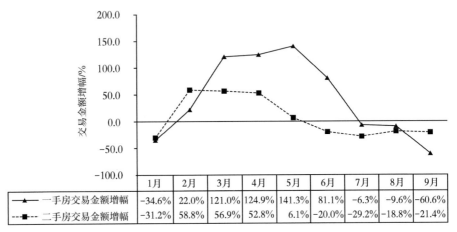

	1月	2月	3月	4月	5月	6月	7月	8月	9月
一手房交易金额增幅	-34.6%	22.0%	121.0%	124.9%	141.3%	81.1%	-6.3%	-9.6%	-60.6%
二手房交易金额增幅	-31.2%	58.8%	56.9%	52.8%	6.1%	-20.0%	-29.2%	-18.8%	-21.4%

图 3　2023 年 1—9 月各月厦门市一手和二手住房交易金额变动情况

资料来源:厦门市财政局。

2.工业经济增长乏力,"4+4+6"现代化产业体系中的部分工业行业税收减收明显

2023 年 1—9 月,厦门市规模以上工业增加值比去年同期下降 3.5%,第一、二、三产业税收贡献占比分别为 0.1%、38.4%、61.6%,其中,工业税收收入为 353.3 亿元,占比 34.2%,同比增长 3.2%。工业入库税收增长主要是受上一年度大规模增值税留抵退税和以前年度制造业中小微企业缓税入库等减税降费政策跨期因素影响,剔除上述因素后,工业税收可比下降 0.6%,工业税收增长乏力,工业经济活力不足。"4+4+6"现代化产业体系中部分工业行业税收减收明显:国内外消费电子终端市场需求疲软,引起计算机与通讯设备、平板显示行业净入库税收大幅减收,电子信息产业集群净入库税收 30.4 亿元,下降 33.7%,剔除留抵退税后可比下降 5.0%;重点防疫物资生产企业的政策红利消退,生物医药行业税收可比下降 42.6%。"4+4+6"现代化产业体系是厦门市着力发展实体经济、增强城市竞争力、促进未来财政收入可持续增长的重要战略部署,需要持续发力和统筹规划。

3.各区之间财政收支不均衡,岛内外仍存在较大差异

2023 年 1—9 月,厦门市区级一般公共预算收入共实现 248.92 亿元,同比增长 0.6%;区级一般公共预算支出共实现 371.49 亿元,同比增长 6.8%。从区级一般公共预算收支额和同比增长幅度来看,岛内外收支差异较大,岛内发展和建设明显优于岛外。岛内思明区区级一般公共预算收入和支出额均位列厦门市六区第一,湖里区排名第二。此外,2023 年 1—9 月,思明区区级一般公共预算收入同比增长 3.7%,位列各区第三,区级一般公共预算支出同比增长 14.9%,位列各区第一;湖里区区级一般公共预算收入同比增长 4.1%,区级一般公共预算支出同比增长 12.9%,均位列各区第二。而岛外集美区和同安区区级一般公共预算收入和支出同比增幅均出现下降,其中,集美区区级一般公共预算收入同比下降 11.2%,同安区区级一般公共预算收入同比下降 3.8%。

从区级一般公共预算收支缺口来看,岛外财政收支平衡压力高于岛内。如图 4 所示,2023 年 1—9 月,岛外同安区区级一般公共预算支出高出区级一般公共预算收入 31.43 亿元,占同安区区级一般公共预算收入的 114.2%,占比居各区第一;翔安区、集美区和海沧区区级一般公共预算收支缺口占区级一般公共预算收入的比重分别排名第二、三、四,占比分别为 58.5%、48.2% 和 44.1%。岛内湖里区和思明区区级一般公共预算收支缺口占区级一般公共预算收入的比重相对更低,分别为 33.7% 和 34.2%。

从政府性基金收入来看,2023 年 1—9 月土地出让主要是岛内的旧改地块,岛外的同安区、海沧区、集美区土地出让收入下降超九成。

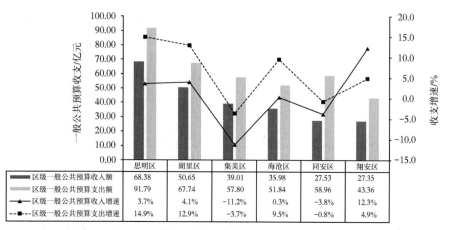

	思明区	湖里区	集美区	海沧区	同安区	翔安区
区级一般公共预算收入额	68.38	50.65	39.01	35.98	27.53	27.35
区级一般公共预算支出额	91.79	67.74	57.80	51.84	58.96	43.36
区级一般公共预算收入增速	3.7%	4.1%	-11.2%	0.3%	-3.8%	12.3%
区级一般公共预算支出增速	14.9%	12.9%	-3.7%	9.5%	-0.8%	4.9%

图 4 2023 年 1—9 月厦门市各区财政收入和支出额及同比变动情况

资料来源:厦门市财政局。

三、厦门市财政形势预测与展望

2023年以来,厦门市面临全球贸易收缩、市场主体活力不足、居民消费信心不足、房地产市场持续低迷等问题,厦门市财政收支平衡压力前所未有。为应对内外部复杂严峻环境挑战,厦门市落实减税降费政策,积极扩大有效投资,打造"财政政策＋金融工具"升级版,2023年7月以来,厦门市财政经济运行企稳态势明显,展望2023年第四季度,全市财政收入增速有望回升,同时,因2022年增值税留抵退税因素拉低基数,预计全年财政收入实现平稳增长。同时,厦门市大力压减一般性支出,强化资金分配的绩效导向,但是化解债务、实施积极的财政政策和保障基本民生等刚性支出需求较大,预计2023年全年财政支出增长幅度仍高于财政收入增长幅度。

随着人口出生率下滑,城镇化放缓,房地产业正处于长周期的拐点,但在楼市政策松绑支持下,预计2024年房地产业相关财政收入会略有增长,但是对财政收入的贡献仍然不容乐观。全球经济恢复乏力,出口疲软,企业和居民预期提振有限,实体经济缺乏新的强有力增长点,在政府激发市场活力的政策层层加码下,预计2024年厦门市经济缓慢恢复,但是,由于2022年实施大规模增值税留抵退税为2023年财政收入增长带来低基数效应,预计2024年财政收入增幅将维持相对较低增长,总体会与经济税源增长相适应。此外,预计2024年厦门市政府事权支出责任只增不减,财政支出将保持稳定增长,财政收支平衡压力依然较大。

四、优化厦门市财政制度和政策的对策与建议

对房地产业依赖度较高的财政模式已难以持续,在经济结构调整和转型升级的阵痛期,厦门市必须开源节流,保障好基本民生,促进岛内外均衡发展,扩大内需,激发民间投资积极性,推动经济平稳回升,并将有限的财力用来培育壮大地方产业集群,拓宽财政收入渠道,增强财政收入长期可持续增长能力。

1.强化财税、金融政策协同配合,提高供给质量和扩大有效需求

(1)加强财税、金融政策的协同配合。调整优化房地产政策措施,支持刚性和改善性住房需求,加大对优质房地产企业和优质房地产项目的金融支持力度,继续落实国家有关居民换购住房有关个人所得税优惠政策,促进房地产市场平稳健康发展。促进消费券的发放,综合利用税收减免、财政补贴等政策工具,支持汽车、家电等大宗消费,深度挖掘节日消费、文旅消费、新型消费。持续优化"财政政策＋金融工具"升级版,协同发力支持企业增资扩产,扩大有效投资,引导带动全社会投资增长。

（2）围绕市场主体需求，精准施策，支持科技创新、实体经济和中小微企业发展，深化供给侧结构性改革。不折不扣落实好中央减税降费政策，从数量型减税降费转向结构型减税降费，加大对小型微利企业、小微企业、个体工商户、先进制造业、战略性新兴产业、民营企业的财税支持力度，依托税收大数据为纳税人自动识别、匹配和推送相关政策内容，做到应享尽享，充分释放政策红利。继续聚焦"4＋4＋6"现代化产业体系，推动招商基金、供应链协作基金等有序运作，运用链式思维整合优化扶持政策，加快产业链强链补链延链。

2.强化财政资源统筹管理，提高财政治理效能

（1）强化预算约束。全面梳理政府存量资产，运用出租出售、REITs 等方式分类盘活存量资产，拓宽非税收入来源。提高资源配置和使用效率，推进资产管理与预算管理、财务管理深度融合。坚持有保有压、先急后缓安排支出，大力压缩一切非必要非刚性的支出，全面清理无需使用和支出进度慢的项目资金。

（2）加强绩效管理和绩效结果实质性运用。创新运用资金竞争性分配、部门绩效综合测评、跨部门产业政策评价等手段，紧扣评价指标体系，关注重点环节，强化绩效评价质量控制，强化预算执行全流程监管，加强绩效结果实质性运用，把绩效作为财政资金管理的常态化手段和财政资金分配的核心依据。

（3）优化民生事业资金管理体制机制。在医疗卫生、公共交通、教育体育等领域，结合人口趋势等变化，优化公共服务供给结构。积极引入市场竞争手段，改进财政资金投入和成本控制机制，强化提质增效激励约束。

3.持续加快岛外产业和公共服务建设，促进岛内外一体化发展

（1）持续推动岛内外产业布局一体化，促进岛内外协同发展。科学整合岛内外现有产业园区资源，发挥各区块自身优势，加快构建岛内外一体化产业园区，促进岛内外资源共享和要素流动。全面提升营商环境，简化行政审批流程，提升"一网通办"能力，加强财政补贴、税收优惠力度，吸引优质企业、高端人才落户岛内外，引导外商投资厦门市重点鼓励产业，推动形成岛内外协同发展效应。

（2）持续推动岛内外基础设施建设和公共服务均等化。统筹基础设施建设规划，根据基本公共服务保障标准和常住人口规模，综合评价各片区建设发展进度和质量，提出有针对性的治理措施。继续推动岛内外公共服务均等化，做到教育、医疗、养老、住房、生态等领域齐头并进。强化数据赋能，超前部署信息基础设施，激发数据要素价值，全方位推进岛内外高质量发展。

厦门大学经济学院　　谢贞发　朱东霞

厦门市金融业发展情况分析及预测

一、2023年厦门市金融业发展总体情况

(一)2022年厦门市金融业发展回顾

2022年,厦门市实现金融业增加值893.78亿元,同比增长5.8%,金融业增加值占GDP比重11.5%,对GDP增长贡献率达16.3%,拉动GDP增长0.7个百分点。银行信贷稳健增长,截至2022年12月底,全市金融机构本外币存贷款余额33486.35亿元,同比增长11.34%;不良贷款余额125.91亿元,不良贷款率0.73%。资本市场发展活跃,全年新增境内外上市公司4家(境内3家、境外1家),另有境内已过会待上市公司4家,增量排名全省第一位。截至2022年12月底,全市备案私募基金管理机构339家,管理基金2188只,排名全国第14位,注册基金总规模4092.25亿元,较年初增长524.73亿元,增幅达到14.7%。私募基金特色产业园区增至8个。

(二)2023年1—9月厦门市金融业发展基本情况

2023年以来,厦门市金融业发展延续着高质量和快速增长态势,表现在以下方面:

1.金融机构体系和金融业增长方面

全市现有持牌金融机构280家,法人金融机构19家,地方金融组织168家,形成较为齐全的特区金融机构体系。截至2023年9月底,厦门市金融业增加值744.75亿元,增长5.6%,拉动全市GDP增长0.7个百分点;金融业增加值占全市GDP比重12.9%;金融机构本外币存贷款余额35692.84亿元,1—9月平均增速10.4%。截至2023年9月底,全市不良贷款余额119.39亿元,不良贷款率0.65%,持续保持低位运行,金融风险平稳可控。

2.多层次资本市场建设方面

上市公司质量和数量稳步提升。厦门市政府与沪深北证券交易所深化战略合作,依托各证券交易所资本市场厦门服务基地,持续开展企业上市培育工作。截至2023年9月底,全市年内新增境内外上市公司3家(通达创智、路桥

信息、亨达海天),新增新三板挂牌企业 4 家,增量排名全省第一位,另有境内已过会待上市公司 6 家。全市现有境内外上市公司 97 家(境内 66 家、境外31 家),新三板挂牌企业 91 家;2023 年 1—9 月,新增直接融资 1681.37 亿元,占全省直接融资总额 34.6%。东昂科技成功挂牌新三板,系福建省首家通过挂牌上市直联审核监管机制挂牌企业。路桥信息在北交所上市,成为厦门市首家北交所上市公司。

私募基金规模快速增长。招商银行、浦发银行、中信银行、兴业证券等金融机构总部在厦门举办资本市场论坛、资本对接会,助力提升厦门城市金融和招商影响力。截至 2023 年 9 月底,全市备案私募基金管理机构 340 家,管理基金 2383 只,排名全国第 14 位,注册基金总规模 4668.83 亿元,较年初增长576.58 亿元,增幅达到 14.1%。通过基金投资引进一批汽车、电子、半导体等产业项目,实现金融与产业联动发展。

3.金融服务实体经济方面

2023 年 1—9 月,全市新增贷款 1186.24 亿元,其中制造业贷款、科技型企业贷款、绿色贷款、普惠小微贷款余额同比分别增长 13.8%、25.9%、44.1%、20.8%,精准有力支持实体经济发展。"财政政策+金融工具"助企措施有效满足企业多元化融资需求,增信基金规模从 160 亿元扩大至 300 亿元。截至10 月底,增信基金累计为 9203 家企业提供信用融资增信 279.68 亿元;应急还贷资金累计服务企业 890 家,使用金额 398.44 亿元,为企业节省过桥费用1.74 亿元。设立 10 亿元首贷专项增信子基金,对符合条件的小微企业首贷予以 1%贴息,截至 9 月底,累计发放子基金贷款 4.79 亿元。

4.金融业高质量发展方面

推动绿色金融创新。厦门市持续推进国家绿色金融改革创新试验区申创工作,赋能产业低碳转型发展。创设"财政政策+央行资金+金融工具"模式,推动落地"智网碳减排贷""绿色科创公司债"等多项全省首创产品。厦门大学蓝碳研究院士团队编制《福建省修复红树林碳汇项目方法学》,纳入福建省林业碳汇项目机制(FFCER)。截至 2023 年 9 月底,全市绿色信贷余额 1703.67亿元,同比增长 44.1%。其中,基础设施绿色升级贷款 1122.85 亿元;节能环保产业贷款 344.80 亿元;清洁能源产业贷款 180.44 亿元;清洁生产产业贷款31.91 亿元;生态环境产业贷款 20.11 亿元;绿色服务产业贷款 3.56 亿元。

扩大航运金融规模。出台《厦门市加快推进航运金融发展行动方案(2023—2025)》《厦门市加快航运金融发展若干措施》,针对航运金融领域的痛点,精准发力。成立航运金融中心。引导融资租赁公司开展船舶和港口等航运融资租赁业务,服务航运产业上下游企业,截至 2023 年 10 月底,累计为 32

艘船舶提供融资租赁服务,投放资金规模累计达 12.60 亿元。

深化数字人民币应用。厦门自贸区设立全国首个数字人民币企业融资增信基金,推动数字人民币与财政金融工具进一步融合,助力台资和航运物流中小微企业发展,累计发放基金担保贷款 9 笔,金额合计 1058.8 万元。象屿集团发行全国首单两岸融合数字人民币债券,金额 5 亿元,拓展数字人民币在供应链领域应用的新场景、新模式。截至 2023 年 9 月底,全市开立各类数字人民币钱包 263.03 万个,累计交易笔数(含兑换、转账、消费业务)达 1758.24 万笔,累计交易金额达 923.66 亿元。

防范化解金融风险。扎实开展金融领域风险常态化排查整治,全市新创建防范非法集资宣传示范点 9 个、示范社区 25 个,切实维护经济社会稳定。

二、问题与挑战

1.金融业发展面临瓶颈

近年来,厦门市金融系统实现快速发展,金融业占全市 GDP 比重增至 12.9%,达到新高,金融市场规模整体趋于饱和。在金融需求方面,具有创新性、核心竞争力的技术型企业和成长型制造业企业数量相对较少,产业集群规模有限,信贷需求不足,导致金融机构信贷价格竞争激烈,制约了金融服务实体经济效率的提升。此外,法人金融机构作为支撑区域金融发展的重要力量,在金融业发展中具有重要的贡献作用,但目前厦门市主要法人金融机构普遍存在资产规模偏小、金融牌照资质不全、竞争力不强等问题,19 家法人金融机构中有 13 家资产规模不足 100 亿元,仅厦门国际银行一家资产规模突破万亿元,缺少本土龙头金融机构的发展牵引。

2.上市后备企业潜力需要进一步挖掘

随着全面注册制落地和北交所深化制度创新,上市门槛预计将进一步降低,未来中小企业或将迎来上市机遇,因此,城市经济体量和企业家数将成为未来影响上市增量的重要因素。厦门经济体量和企业家数在全省优势不大,要在新形势下保持上市优势,需要在上市后备企业挖掘上重点发力。

3.厦门市金融人才吸引力和储备相对不足

金融人才是城市金融竞争力的核心,厦门市始终将金融人才引进培育、政策奖补、服务保障作为金融发展重心,特别在金融人才政策方面保持对标深圳等先进城市。但相对国内重点金融城市,厦门市金融业规模总量不足、缺少大型金融机构总部和金融高端业态等情况,也导致在引进和留住高端金融人才方面缺乏竞争优势。

三、预测与展望

2023 年 10 月 30 日至 31 日,中央金融工作会议在北京举行,习近平总书记在重要讲话中总结党的十八大以来金融工作,部署当前和今后一个时期的金融工作。本次金融工作会议,首次将全国金融工作会议升格为中央金融工作会议,首次提出加快建设金融强国,体现了中央对全面加强党对金融工作的领导,以及对加强金融监管、防范化解金融风险、推动金融高质量发展的重视,为下一步加快建设中国特色现代金融体系,不断满足经济社会发展和人民群众日益增长的金融需求,不断开创新时代金融工作新局面奠定了坚实基础。结合中央金融工作会议精神,有如下分析:

1.货币政策更加注重跨周期和逆周期调节,结构性工具箱的重要性更加突显

本次金融工作会议提出,始终保持货币政策的稳健性,更加注重做好跨周期和逆周期调节,充实货币政策工具箱。从中国人民银行所释放的政策信号看,下一阶段,我国货币政策将在保持稳健基础上,进一步加大对实体经济增长的支持力度,重点平衡好短期与长期、稳增长与防风险、内部均衡与外部均衡的关系,为稳定物价、促进经济增长、扩大就业、维护国际收支平衡营造良好的货币金融环境。

货币政策结构上,将引导更多的金融资源用于促进科技创新、先进制造、绿色发展和中小微企业,以及支持实施创新驱动发展战略、区域协调发展战略,确保国家粮食和能源安全等领域,上述重大战略、重点领域和薄弱环节,有望迎来一波新的政策增量。住房信贷政策方面,本次会议提出因城施策精准实施差别化住房信贷政策,更好支持刚性和改善性住房需求,一视同仁满足不同所有制房地产企业合理融资需求,支持规划建设保障性住房、城中村改造和"平急两用"公共基础设施建设"三大工程"等一系列措施,为房地产市场健康平稳发展提供了政策支撑。下一阶段,住房信贷政策将更加强调金融与房地产的良性循环,完善房地产金融宏观审慎管理仍然是重中之重。

2."五篇大文章"将成为服务实体经济、深化金融供给侧结构性改革的主线

疫情冲击消退后,国内消费倾向总体稳步回升。根据国家统计局公布数据,2023 年前三季度社会消费品零售总额 342107 亿元,同比增长 6.8%;9 月份,社会消费品零售总额同比增长 5.5%,比 8 月份多增 0.9 个百分点,创下 6 月以来的新高。但经济复苏仍然低于社会预期,消费增长的持续性和韧性不足,一定程度上拖累经济增长。

为提升经济增长,针对当前金融服务实体经济质效不高的问题,本次金融工作会议对做好科技金融、绿色金融、普惠金融、养老金融、数字金融五篇大文章,进行了系统布局。"五篇大文章"体现了中央对深化金融供给侧结构性改革的前瞻性思考。在需求端,推动金融融入科技创新、绿色发展、民营小微、社会养老等重点领域、补短板领域;在供给端,如何打造现代金融机构和市场体系成为重点,核心在于疏通资金进入实体经济的渠道,盘活被低效占用的金融资源,提高资金使用效率。"五篇大文章"为推动金融"脱虚向实",进一步提升金融对投资、消费、社会民生的支撑,提供了方向指引。

3.长期资本、耐心资本、战略资本成为新的重点

长期资本是企业发展的重要基础,能够有效支持企业生产经营和发展,支持企业购买生产设备、扩大生产规模、研发创新和拓展市场,使得企业更加专注于长远发展的潜力。长期资本可以平抑市场的波动,降低投资的不确定性。本次金融工作会议提出,促进长期资本形成,吸引更多外资金融机构和长期资本来华展业兴业。可以预见,国家层面将会在引导中长期资金入市、鼓励长期价值投资等方面研究出台新的政策举措,长期资本将成为新的扶持和培育重点。围绕战略性新兴产业和未来产业、科技创新特别是突破关键核心技术等,央企国企转型长期资本、耐心资本、战略资本的步伐将会提速。

资本市场方面,股票发行注册制将继续走深走实。2018年以来,以信息披露为核心的注册制改革,由试点到全面落地,取得了显著的成效,未来改革重点还在于持续完善基础制度,特别是健全并购重组、退市等制度。并购重组产业化和实体特征将更加明显,有利于促进上市公司通过重组工具优化产业链一体化水平,实现做大做强。上市"有进有退"将成为常态,上市公司"壳价值"将被进一步压缩,我国上市公司从数量增长转向质量优化。

4.全面加强金融监管,防范化解金融风险

对于金融风险,本次会议深刻指出,要清醒看到,金融领域各种矛盾和问题相互交织、相互影响,经济金融风险隐患仍然较多,金融服务实体经济的质效不高,金融乱象和腐败问题屡禁不止,金融监管和治理能力薄弱。针对上述问题,会议提出切实提高金融监管有效性,依法将所有金融活动全部纳入监管,全面强化机构监管、行为监管、功能监管、穿透式监管、持续监管。全面加强监管和防范化解风险,将成为当前和今后一个时期金融工作重点。在这一背景下,国有大型金融机构作为服务实体经济的主力军和维护金融稳定的压舱石,主体地位将进一步提升,进一步做大做强;政策性金融机构的职能定位将进一步突显,强调聚焦政策性主业;中小金融机构的准入标准和监管要求将会趋严,发展重心倾向于立足当地开展特色化经营,不同类型金融机构的职能和定位更加清晰、细化。

四、对策与建议

做好下一阶段金融工作,有如下建议:

1.坚持服务实体宗旨,推动金融高质量发展

(1)贯彻落实好稳健的货币政策,保持好贷款平稳增长的节奏。引导金融机构强化信贷投放,优化信贷结构,盘活金融资源,持续增加先进制造业、战略性新兴产业、传统产业转型升级等领域金融供给,全力支持厦门市"4＋4＋6"现代化产业布局。持续提升金融服务水平,强化对民营小微、乡村振兴等薄弱环节的金融支持。推进房地产市场平稳发展,有效满足房地产企业合理融资需求。

(2)更好发挥资本市场枢纽功能。利用好境内、境外"两个市场",做好上市前、后"两篇文章"。支持食品、家电、互联网等境内上市受限企业,探索赴中国香港、美国、新加坡等境外上市。充分用好股权、债券等多元化融资工具。引导已上市公司做好市值管理和资本运作,支持上市公司通过设立产业基金、并购基金等方式,不断延伸产业链,提升上市公司规模和质量。加强与各证券交易所服务基地联动,推动厦门市与全国资本市场对接,助力企业加速上市。加强上市培育系统建设,完善上市培育信息化,延伸上市服务工作触达范围。

(3)充分发挥地方金融组织"毛细血管"作用。积极引导地方金融组织专注主业、服务当地,增加对先进制造业、战略性新兴产业和供应链等领域的信贷支持,提升对新市民在创业就业、教育培训等方面的金融服务质效,找准定位、回归本源,坚守小额分散原则,提高对小微企业和"三农"等普惠金融重点领域的服务水平。

2.完善金融产品体系,奋力做好"五篇大文章"

(1)加强对科技创新的支持。建立与科技型企业全生命周期融资需求相适应的多元化接力式金融服务体系,鼓励科创金融专营化发展,推动金融机构创新科创金融产品。

(2)完善绿色金融支持体系。探索金融支持厦门生态文明体制改革路径,完善"标准＋平台＋政策"的绿色金融支持体系,引导金融资源支持城市绿色低碳发展。深化平台产融对接功能,在蓝色金融、生物多样性开发利用、金砖国家间合作等领域争取有所突破。

(3)加强普惠金融产品创新。着力缓解小微企业、"三农"主体融资难、融资贵问题,引导各类银行机构健全完善和履行"敢贷、愿贷、能贷、会贷"长效机制,引导地方金融组织发挥融资领域"毛细血管"作用,建设多层次普惠金融服务体系。

（4）加大养老金融产品供给。引导金融机构积极参与养老第三支柱建设。关注老年人群体特殊金融需求，发挥金融跨期资源配置功能，不断创新养老金融产品。积极推进保险产品与医护、康养等养老服务消费场景深度融合，提升厦门老年群体的养老保障。

（5）推动数字金融创新。举办金融科技创新项目评选等行业赛事，引导金融机构加速数字化转型。用好金融科技"监管沙箱"政策，为创新项目提供包容审慎的政策和监管环境。支持金融机构、科技企业数字金融联盟发展，助力金融技术、数据共享共建。

3.深化金融改革发展，构建高质量发展新格局

（1）坚持在市场化法治化轨道上推进金融创新发展。持续深化金融供给侧结构性改革，聚焦服务两岸和高质量发展主题，积极争取落地一批中央对厦门金融发展的政策试点。以制度先行促进厦门金融改革发展，规范创新业务，防范金融风险，提高金融政策竞争力。

（2）着力打造现代金融机构体系。支持法人金融机构高质量发展，拓展法人金融机构创新业务和金融牌照。做好金融人才工作，围绕科技金融、绿色金融、私募基金等新兴业态和资本市场人才队伍建设，及时更新人才评选标准、方式，提升科学性。适当提高金融人才政策的普惠性，加大对青年人才的引进支持力度。

4.全面提升监管质效，切实防范金融风险

提升金融监管的现代化、科技化水平，依法将所有金融活动全部纳入监管，全面强化机构监管、行为监管、功能监管、穿透式监管、持续推进金融监管制度建设。依托《厦门经济特区地方金融条例》，完善行业分类监管和执法的制度建设，严厉打击非法金融活动。加快推进金融监测预警技术升级，综合运用大数据等手段，构建群众广泛参与、线上线下结合的金融监测预警体系。紧盯重点领域、重点业态，开展全覆盖、有重点的风险摸排。多渠道、多形式开展宣传教育工作，提高社会公众的金融风险防范意识和识别能力。

厦门市地方金融监督管理局行业发展处　黄毓鹏

厦门市对外经贸发展情况分析及预测*

一、厦门对外经贸发展总体状况分析

(一)2022年厦门对外经贸发展回顾

2022年,厦门实现外贸进出口总值9225.59亿元,比上年增长4.0%,其中,出口4657.39亿元,增长8.2%;进口4568.20亿元,增长0.1%。民营企业进出口总值3714.26亿元,增长13.9%,其中,出口2430.51亿元,增长14.0%,进口1283.75亿元,增长13.8%;外资企业进出口总值2254.96亿元,下降11.8%,其中,出口1482.89亿元,下降3.2%,进口772.07亿元,下降24.6%。从市场结构看,对前三大贸易伙伴(东盟、欧盟和美国)进出口增速均好于整体。2022年,厦门对东盟、美国和欧盟分别进出口1826.9亿、1245.4亿和1105.8亿元,分别增长12.3%、9.9%和12.5%,对美国和欧盟增速分别高于全国6.2和6.9个百分点,对三者增速均好于同期整体水平,合计占全市外贸总值的45.3%。对"一带一路"沿线国家进出口3307.9亿元,增长12%。对金砖国家进出口955.4亿元,增长29.9%,其中,进口665.2亿元,增长30.5%,出口290.2亿元,增长28.6%。

1.政策支持方面

厦门出台外贸支持政策,覆盖出口、进口、信保及融资、"一对一"、贸易救济等5个扶持维度,并叠加对RCEP成员国、金砖国家贸易支持。组织惠企政策宣讲,针对外综服、跨境电商、保税出口、大宗商品经营等不同类型企业,开展政策宣讲活动,提升政策的知悉率和利用率。同时,促进外贸创新转型。加快新业态发展,制定新业态首批发展措施清单、跨境电商高质量发展三年行动方案。加强自主品牌培育,开展第二批自主品牌企业认定,共入选52家品牌企业;厦门品牌出海门户网站共上线139家企业和5087种商品。此外,厦门还把握RCEP协定生效机遇,发布20条RCEP措施清单,上线

---

* 本文数据如未特别说明,均来源于厦门市统计局、厦门市商务局、厦门海关和中国统计局。

RCEP 公共服务平台,组织开展实操培训,全年为 544 家企业签发出口 RCEP 原产地证共计 13070 份,享受进口国关税减免金额超 4800 万元;签发进口原产地证 824 份,关税减免 1317.8 万元。并充分利用金砖创新基地契机,积极对接商务部争取原油、农产品等相关政策支持,重点扩大对金砖国家资源性大宗商品进口,2022 年厦门对金砖国家进出口增长 29.9%,高于全市进出口增幅。

2.利用外资方面

厦门 2022 年新设外商投资企业 1141 个,合同外资 65.80 亿美元,实际使用外资 22.12 亿美元。全年设立千万美元以上外资企业 77 个,合同外资 64.94 亿美元,与上年持平;其中,新设外资企业 49 个,合同外资 55.38 亿美元;增资外资企业 28 个,合同外资 9.57 亿美元。至 2022 年末,历年累计共有 64 个全球 500 强公司在厦投资 115 个外资企业,合同外资 41.74 亿美元,实际使用外资 36.50 亿美元。

3.对外劳务与投资方面

厦门全年实现对外协议投资项目 130 个,中方协议投资额 15.11 亿美元,增长 2.3%。实现对外承包劳务合同总金额 500 万美元,下降 88.5%;实现营业额 4225 万美元,下降 39.5%;派出各类劳务人员 10147 人,下降 22.6%;至年末,在外劳务人数 10403 人,比上年末减少 587 人。

(二)2023 年 1—9 月厦门对外贸易发展基本情况

1.外贸增速下降明显,外贸结构持续调整和优化

据厦门海关统计,2023 年 1—9 月,厦门市外贸进出口 7150.9 亿元人民币,同比增长 4.6%,增速呈明显下降趋势。从外贸结构来看,1—9 月,厦门市民营企业进出口 3223.2 亿元,增长 21.2%,占同期厦门市外贸进出口总值的 45.1%。同期,国有企业进出口占 34.2%;外商投资企业进出口占 20.7%。东盟、欧盟和美国是前三大贸易伙伴。1—9 月,厦门市对东盟进出口 1266.6 亿元,占同期厦门市外贸进出口总值的 17.7%;对欧盟进出口 980 亿元,占 13.7%;对美国进出口 885.2 亿元,占 12.4%。对金砖国家贸易往来不断深化。1—9 月,厦门市自金砖国家进口 616.5 亿元,增长 29.8%;出口 229.2 亿元,增长 8.1%。其中,进口煤炭、金属矿砂分别增长 81.6% 和 11.3%;出口汽车激增 16.8 倍,出口服装增长 24.1%。这都显示出厦门外贸结构在不断优化,尤其是民营外贸企业敢于迎难而上,创新思路,加快转变外贸发展方式,开拓多元化国际市场,确保厦门外贸进出口额实现增长。

2.出口增速呈波动下降趋势,出口商品结构不断优化

数据显示,2023年前三季度,厦门出口3376.2亿元,下降2.5%,呈波动下降趋势(见图1)。其中,1—4月份出口1491.4亿元,同比上升6%;而5—9月份的单月出口额均录得同比下滑,但下滑幅度呈收窄态势。实际上,2021年和2022年也呈现这种出口增速下降的趋势,这进一步说明外部环境严峻复杂、外需不振等因素给厦门出口带来巨大考验。从出口商品结构来看,以机电产品和劳动密集型产品为主。2023年1—9月,厦门市出口机电产品1677亿元,占出口总值的49.7%;出口劳动密集型产品848.6亿元,占25.1%。

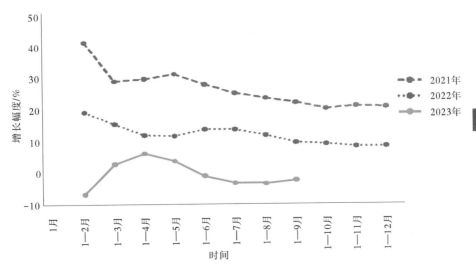

图1 2021—2023年9月厦门市出口总额累计增长幅度

3.进口保持增长趋势,较好满足工业生产和民生消费需要

据厦门海关统计,2023年1—9月,厦门市进口3774.7亿元,增长11.8%,但进口增速总体呈下降趋势(见图2)。从进口商品结构来看,进口以金属矿砂、机电产品和农产品为主,其中,进口金属矿砂783.9亿元,占进口总值的20.8%;进口机电产品698.5亿元,占18.5%;进口农产品629.5亿元,占16.7%。总体上,厦门市前三季度进口以初级产品为主,尤其是资源类产品进口增势良好。

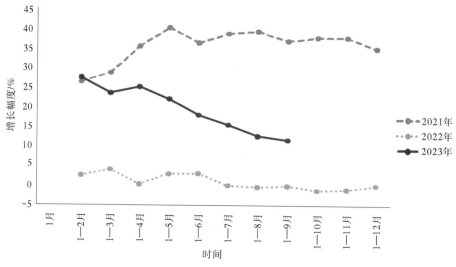

图2　2021—2023年9月厦门市进口总额累计增长幅度

二、厦门市对外经贸发展的制约因素和存在的问题分析

1.全球经济复苏步伐正在放缓,地区之间的差距不断扩大

国际货币基金组织(IMF)2023年10月发布最新一期《世界经济展望》,预计2023年全球经济增速为3.0%,与7月的预测持平;但预计2024年全球经济增速为2.9%,相比7月的预测下调了0.1个百分点。IMF表示,虽然当前全球经济正从过去几年的严重冲击中持续复苏,但复苏进程缓慢且不均衡。发达经济体增速放缓继续成为全球经济增速下行的主要原因,这主要源于其制造业疲弱等因素抵消了强劲服务业活动的拉动作用。IMF预计,发达经济体的增速将从2022年的2.6%降至2023年的1.5%,2024年则进一步降至1.4%。但其中,美国经济却意外上行,IMF预计,2023年和2024年美国的经济增速预期分别为2.1%和1.5%。欧元区的经济增长则弱于预期,预计2023年和2024年的经济增长分别为0.7%和1.2%。

2.全球通胀缓解但仍处高位

由于能源价格下降,2023年以来,大多数经济体的总体通胀率有所下降,但核心通胀下行速度慢于整体通胀,仍远高于大多数央行的目标,且比预期的更加持久。根据2023年10月IMF发布的《世界经济展望》的预测,随着货币政策收紧,以及国际大宗商品价格下跌,预计全球通胀率将从2022年的8.7%稳步下降到2023年的6.9%和2024年的5.8%,但2023年和2024年通胀预测值被分别上调了 0.1 和 0.6 个百分点,并且预计多数经济体的通胀要到 2025 年才能回到目标水平。

然而,核心通胀的下降速度将比整体通胀更缓慢、渐进。在全球范围内, IMF 预计核心通胀将从 2022 年的 6.4%(年平均值)降至 2023 年的 6.3% 和 2024 年的 5.3%,分别较 2023 年 7 月的预测上调了 0.3 个百分点和 0.6 个百分点。上调的驱动因素虽因经济体而异,但整体上反映出劳动力市场仍然紧张和服务业通胀高于预期。以欧元区为例,欧盟统计局数据显示,2023 年 10 月欧元区通胀率按年率计算为 2.9%,降至两年多来最低水平。剔除能源、食品和烟酒价格的核心通胀率为 4.2%。其中,能源价格同比下滑了 11.1%,但食品和烟酒价格同比上涨 7.5%,非能源类工业产品价格上涨 3.5%,服务价格上涨 4.6%。

总体来看,在实施通胀目标制的经济体中,IMF 预测,有 96% 的经济体的通胀率将在 2023 年继续高于目标,有 89% 的经济体的通胀率将在 2024 年高于目标。近期全球频繁出现高温等极端气候情况,厄尔尼诺现象可能使全球升温变得更加极端,加剧干旱,并推高大宗商品价格。此外,若乌克兰危机加剧,将进一步推高粮食、燃料和化肥的价格,如果出现更多冲击,通胀可能会保持高位甚至上升,从而引发货币政策的进一步收紧。若市场随央行进一步收紧政策而做出调整,金融部门的动荡可能会再次出现。

3.经济全球化遭遇逆流

自 2008 年国际金融危机以来,全球经济一体化持续倒退。乌克兰危机造成的地缘政治紧张进一步加剧地缘经济割裂风险。这不仅抑制了全球商品、资本和劳动的跨境流动,也减少了依赖各国合作的全球公共产品供应,将对全球整体经济福利造成负面影响。WTO 统计显示,WTO 成员实施新限制措施的速度自 2020 年以来有所加快,2021 年 10 月中旬至 2022 年 10 月中旬采取的货物贸易限制措施有 214 项,贸易覆盖面为 2780 亿美元。商务部国际贸易经济合作研究院发布的《中国对外贸易形势报告(2023)》指出,随着全球贸易限制措施激增,贸易紧张局势持续加剧,贸易碎片化将导致全球经济产出萎缩 0.2%～7%,贸易联系减弱对低收入国家和新兴经济体造成的冲击最大。

4.受国际市场需求影响,厦门规上工业企业出口交货值呈下降趋势

世界经济复苏势头不稳,外部环境依然复杂严峻,地缘政治、供应链和价值链重构等风险依旧存在,厦门外贸企业在承压之下运行,对出口企业的竞争力有较大的考验。数据显示,2023 年 1—9 月,厦门规模以上工业企业出口交货值比上年同期下降 9.8%,比 1—8 月收窄 1.5 个百分点,出口交货值率为 33.1%;全市规模以上工业中有出口业务的企业 1297 家,出口交货值下降的

企业797家,占比达六成。这在一定程度上反映出厦门出口企业在开拓市场和转型升级方面存在较大不足和差距。

三、厦门对外经贸发展环境与预测

1.有利因素

首先,2023年10月,第三届"一带一路"国际合作高峰论坛在北京举办,在论坛上,习近平总书记宣布了支持高质量共建"一带一路"的八项行动。这些行动计划秉持共商共建共享原则,推动贸易合作提质增效,提升贸易和投资自由化便利化水平,维护产业链供应链稳定畅通,大力支持贸易业态和模式创新,促进货物贸易和服务贸易协调发展,推动共建"一带一路"经贸务实合作取得新进展新突破。其次,2023年前三季度,我国GDP为913027亿元,按不变价格计算,同比增长5.2%,经济持续恢复向好。三季度,我国GDP为319992亿元,按不变价格计算,同比增长4.9%。从环比看,经调整季节因素后,三季度GDP环比增长1.3%。环比增速连续五个季度增长,经济总体呈现持续恢复向好态势。最后,2023年9月28日,厦门市政府办公厅出台《关于进一步稳增长转动能推动经济高质量发展的若干措施》,提出4条政策措施推动厦门外贸稳规模优结构。一是支持外贸企业拓展市场,二是加快对外贸易创新发展,三是优化信贷、信保、跨境结算等服务,四是提升贸易便利化水平。在国际市场需求减弱条件下,这些措施的出台都有利于提振外贸企业的信心,拓展市场空间。

2.不利因素

2023年以来,全球经贸增长乏力,受经济因素和非经济因素叠加影响,我国外贸持续承压,形势严峻复杂。一是2023年9月以来,世界贸易组织、国际货币基金组织等均对全球贸易碎片化表示了担忧,世贸组织将2023年全球商品贸易量增速从此前预测的1.7%下调到0.8%,说明世界经济复苏和可持续发展仍然面临巨大挑战。二是为促进产业回流,美国颁布了长臂管辖、补贴政策与出口管制等措施,如施压日本、荷兰对华半导体实施新的出口管制,出台《芯片与科学法案》《通胀削减法案》等,这些措施引发各国产业恶性竞争和全球贸易保护主义加剧,全球产业链供应链产生新的混乱。三是在此基础上,推行脱钩、断链、友岸外包、近岸外包等逆全球化举措,缩短全球价值链,冲击全球贸易规模和结构。例如许多西方公司正在寻找中国以外的生产基地,把公司流程迁移到拥有相似价值观的国家,就是一种友岸外包的形式。

对于厦门来说,2023年以来的经济增速较去年下降明显,且显著低于全国和全省的平均水平,在所有副省级城市中排名靠后。2023年前三季度厦门实现地区生产总值5784.25亿元,增长2.0%,增速分别低于全国3.2个百分点、全省2.1个百分点,在副省级城市中排名垫底。从GDP增量来看,对比2022年同期,厦门2023年前三季度GDP增长不足百亿元,名义增速仅1.7%,两项数据在15座副省级城市中都排名倒数第一。

总体上,我们认为2024年的厦门市对外贸易发展前景比较乐观。预计在2023年的低基数的基础上,2024年厦门进出口总额增长4%左右,出口预计增长3%左右,实现由负转正。而吸引外资方面,中国实际使用外资水平有所下降,据商务部统计,2023年1—9月,全国新设立外商投资企业37814家,同比增长32.4%;实际使用外资金额9199.7亿元人民币,同比下降8.4%。同期,厦门的实际利用外资也出现了下滑的态势,1—8月的实际利用外资额同比大幅下降39.4%,但9月份有较大幅度增长,1—9月的实际利用外资额同比仅下降0.9%。2023年5月,厦门市政府印发了《厦门市进一步促进外资扩增量稳存量提质量的若干措施》,对扩大利用外资规模、优化外资结构、提升利用外资水平将发挥较大的促进作用。因此,预计2024年厦门实际利用外资规模将实现小幅增长态势,增速在3%左右,且各月的同比增速波动较大。

四、促进厦门对外经贸可持续发展的对策和建议

在2023年10月26日召开的厦门市委三季度工作会议暨市委、市政府项目工作现场评价总结会上,市委书记崔永辉强调,厦门"要以开放优势赋能新发展格局节点城市建设,用好重大开放平台,巩固提升外循环层级,创新增强内循环动力,推动'双循环'在厦门对接联通、相互促进,实现资源要素在厦门整合汇聚、高效配置"。我们认为,针对外部环境的诸多变化和厦门对外经贸领域存在的不足,应在用好重大开放平台,巩固提升外循环层级的基础上,将重点放在刺激出口和扩大利用外资方面,因此厦门应做好以下四个方面的工作:

1.大力开拓国际市场

全力支持企业海外抢单,推进实施"百团千企万人"拓市场促招引行动,赴境外抢订单、拓市场、促合作。迭代升级涉外商务人员出入境指南,促进一批重大项目签约落地。打通对俄出口大通道,拓展与RCEP成员国的经贸合作,用足用好原产地规则扩大进出口,增加RCEP成员国展会占比。加快境外展销中心建设,鼓励企业在欧美市场设立海外仓、独立站,拓展传统市场份额。巩固深化已有的"海外代参展""自办展""常年展"等模式,通过线上线下"双线参展"、境内境外"融合参展"等方式持续拓市场。

2.加快发展数字贸易

推进贸易数字化,支持大型外贸企业运用新技术自建数字平台,培育服务中小微外贸企业的第三方综合数字化解决方案供应商。加快培育壮大跨境电商规模,支持外贸企业通过跨境电商等新业态新模式拓展销售渠道、培育自主品牌。以国家数字服务出口基地厦门软件园为载体,推动企业在数字产品、数字服务、数字技术等重点领域有所突破,培育数字贸易应用场景。加快引育数字内容、数字技术等数字贸易龙头企业,大力发展云服务、信息技术服务等"数字+服务"新业态。

3.着力提高对外开放水平,培育外资增长新优势

针对2023年前三季度实际利用外资下滑的问题,厦门应进一步扩大外资开放领域,复制推广国家服务业扩大开放综合试点创新成果。围绕区域中心城市定位,分类放宽行业准入限制,深化重点领域改革,提升服务业国际竞争力和发展水平,进一步提升科技、商务和物流等充分竞争性服务业开放水平,着力增强教育、医疗和金融服务等有限竞争性服务业市场活力,并支持外资依法依规参与能源、交通、水利、环保、市政公用工程等城市基础设施建设。同时,依法落实准入前国民待遇加负面清单管理制度,实施鼓励外商投资产业目录配套政策。充分发挥中国国际投资贸易洽谈会等重大展会平台作用,拓宽厦门外资招引渠道。充分发挥开发区稳外资作用,推动现代服务业开放及高端制造业的发展。

4.优化利用外资结构,提升外资保稳促优水平

在提高利用外资规模的同时,厦门应优化市域外资产业布局,强化招商协同发展。发展外资总部经济,外资投资性公司在厦门投资企业可享受外企待遇。鼓励境外投资者在厦门投资设立外资研发中心,支持外资研发机构参与承担各级科技计划项目。积极推动重点平台外资集聚,并将利用外资和健全营商环境工作核心指标纳入综合考核指标体系。提升外资企业贸易能级,推动跨境电商、离岸贸易等新型贸易业态实现创新突破。同时,引导外资投向绿色低碳领域。

集美大学财经学院　马明申　黄阳平

厦门市先进制造业发展情况分析及建议

党的二十大报告强调"高质量发展是全面建设社会主义现代化国家的首要任务",要求"坚持把发展经济的着力点放在实体经济上,推进新型工业化,加快建设制造强国"。制造业是实体经济发展的主阵地,先进制造业是制造业中创新活力强、复杂程度高和成果较为丰富的领域,加快发展先进制造业有助于巩固实体经济发展根基。在新发展阶段,厦门市应抓住发展机遇,推动先进制造业质的有效提升和量的合理增长。

一、厦门市先进制造业发展总体情况

(一)2022 年厦门市先进制造业发展回顾

2022 年 3 月,厦门市政府出台了《厦门市先进制造业倍增计划实施方案(2022—2026 年)》,提出力争到 2026 年末,按照每年 15％左右的增速,全市先进制造业集约化水平有效提升,形成先进制造业规模倍增、供给提升、全面突破的良好发展态势。在《方案》的指导和推动下,2022 年厦门市先进制造业培育成效明显,实现先进制造业增加值达到 1034.2 亿元,占规模以上工业增加值比重 42.2％。产业链群稳步发展,平板显示产业实现产值 1498 亿元,形成覆盖玻璃基板、面板、模组、整机等上下游全产业链布局,厦门为国家光电产业集群试点、全球触控屏组最大研发和生产基地;计算机与通讯设备产业实现产值 1216 亿元,以戴尔、浪潮、神州数码为龙头,涵盖整机制造、电子元器件、外部设备、IT 服务等产业链环节,整机品牌具有全球影响力;集成电路产业实现产值 329.5 亿元,加速产业布局和垂直领域整合,初步形成涵盖集成电路设计、制造、封测、装备与材料以及应用的产业链,现有规上企业规模全省第一。

(二)2023 年 1—9 月厦门市先进制造业发展基本情况

1.先进制造业承受较大增长压力

2023 年 1—9 月,厦门市完成规模以上工业增加值 1813.6 亿元,同比下降 3.5％;1—8 月,先进制造业增加值同比下降 14.0％,增速下降速度远高于规模以上工业增加值增速下降速度。由此可见,厦门市先进制造业的持续增长承受较大压力,对制造业的支撑及带动作用有所下降。

分月度来看,3月份的先进制造业增加值降幅最大,严重拖累了第一季度先进制造业增加值增速。但先进制造业增加值增速在3月份筑底之后进入了回暖阶段,增加值增速降幅不断收窄,使1—8月增加值增速回暖至−14.0%(见表1)。充分展现了厦门市先进制造业增长的韧性。

表1　2023年1—9月厦门市先进制造业增加值增速

时间	1—2月	1—3月	1—4月	1—5月	1—6月	1—7月	1—8月
先进制造业增加值增速/%	−15.8	−22.4	−21.7	−19.8	−15.8	−14.4	−14.0

分行业来看,2023年1—8月,厦门市机械、电子两大行业工业总产值同比下降8.0%。其中,电子行业产值同比下降16.5%;机械行业产值同比增长4.8%;新能源产业持续提速,成为全市规模以上工业经济的重要支撑。1—8月,全市新能源产业工业总产值比去年同期增长37.1%,拉动全市规模以上工业总产值增长2.3个百分点。其中,锂电池制造业为新能源产业的主要增长点,工业总产值增长1.5倍,锂电池产量增长3.3倍,带动作用较大的企业有中创新航、海辰锂电、新能安等。制造业投资增速由负转正,增长2.2%,比1—7月提高3.2个百分点,拉动全市投资增长0.4个百分点。

2.先进制造业企业队伍得到壮大。

截至2023年7月,228家企业入选厦门市2023年先进制造业倍增计划企业名单,分布于新能源、软件信息、半导体、生物科技、智能制造等多个领域,如戴尔系列、天马系列、宸鸿系列等一批获得国家级专精特新"小巨人"企业、制造业单项冠军等称号的高技术制造业、战略性新兴产业企业。2023年,全市新增智能网联新能源商用车制造业创新中心、智慧家居产业制造业创新中心、先进膜分离技术装备制造业创新中心、智慧能源系统关键设备制造创新中心、柔性电子制造业创新中心、大博医疗高性能医疗器械制造业创新中心等6家市级制造业创新中心,思明区智慧城市智能系统产业集群入选工信部2023年度中小企业特色产业集群名单。

二、厦门市先进制造业发展面临的挑战

1.高端技术型人才吸引力不足

高端技术型人才是先进制造业发展的关键要素,但从拥有985、211大学的数量看,北京、上海、南京、武汉分别有26、10、8、7所,而厦门仅有1所,高端人才供给不足,对先进制造业发展支撑不够。创新高校、科研院所不足,全国科技创新高校30强、科研院所30强中,北京和广东最为突出,而厦门高校和

科研院所并未在 30 强中占据一席之地,这一状况已影响到高端人才集聚。根据智联招聘公布的《中国城市人才吸引力排名:2023》报告显示,厦门市 2022 年人才吸引力排行全国主要城市的第 16 位,甚至低于无锡、佛山等普通地级市。在"人随产业走,人往高处走"的逻辑之下,城市人口虹吸效应愈发显著,人口持续向大城市及大都市圈集聚。此外,厦门中高端人才工资房价比居全国首位,购房压力、子女教育等问题进一步加剧了"留厦难"问题。产业集群发展不完善与高端技术人才吸引力不足互相影响,使得厦门面临陷入"产业—人才"发展的恶性循环风险。

2.缺乏具有全国影响力的行业龙头企业

先进制造业是实体经济高质量发展的基础,而先进制造业的行业龙头企业则是拉动先进制造业快速增长的重要引擎。尽管厦门市已经形成计算机与通讯设备、半导体和集成电路、新能源新材料、生物医药与健康等千亿产业链,但相较于上海、深圳、广州等城市,厦门市先进制造业体量偏小,缺少全国性的大型龙头企业,产业链辐射带动作用不明显,尚未形成以优势技术为核心、上下游联动发展的产业集群体系。无论是上市企业、龙头企业、骨干企业数量,还是"独角兽"企业、"瞪羚"企业、"小巨人"企业数量,均与《厦门市先进制造业倍增计划实施方案(2022—2026 年)》的目标数量有较大差距。

3.先进制造业稳增长压力仍然较大

当前全球通货膨胀、能源危机、粮食危机加剧,主要经济体增长乏力,全球经济不确定性不断上升。受高通胀因素影响,美联储进入加息周期,货币政策转向外溢风险和中长期经济衰退的风险进一步上升。2023 年以来,国际贸易竞争格局未有明显好转,产业链供应链不畅给厦门先进制造业平稳运行带来较大挑战。产业链重要环节的芯片短缺问题虽有好转,但高端芯片"卡脖子"问题仍然严峻,对汽车、机械、电子等先进制造行业生产造成较大影响。平板显示行业面临市场需求收缩、产品价格下降等不利因素,龙头企业产值出现下滑,给支柱产业电子信息产业稳增长带来较大压力。企业生产经营仍面临不少困难。供给冲击和需求下滑等因素影响先进制造业企业增资扩产意愿。

三、厦门市先进制造业发展的对策与建议

1.加快形成强大的人才支撑体系

(1)大力引进创新人才。建立健全人才分类认定机制,突出人才的高层次性、领军性、精尖性,加大对团队尤其是拥有自主知识产权或掌握核心技术团队的奖励力度。促进与台湾地区人力资源合作,深入实施各类市级以上引才

计划,有针对性地引进人才,提高人才引进成功率,同时不断拓展高端人才选聘渠道。

(2)全力留住骨干人才。加大存量人才支持力度,基于存量人才贡献、工作年限和纳税等,制定相应的补贴和奖励政策,提供住房、子女就学、税费减免优惠等方面的保姆式服务。健全人才薪酬激励政策,按年限发放补贴和兑现各类优惠政策,同时加大扶持资金资助力度,继续做好"一企一策""一事一议"服务。鼓励企业灵活使用人才,对部分优秀人才破格推荐,享受市级人才待遇。让更多的企业人才能够"引得进、留得住、扎下根"。

(3)着力培育发展人才。鼓励企业开展岗位技能提升培训,对岗位技能培训给予一定的财政补贴支持,同时加深企业与在厦继续教育机构的合作,推动人才技能升级。鼓励高新技术行业发展"智库",为人才提供更高端更专业的培训机会。大力培养"专精特新"领军人物,发挥市工商联、企联、行业协会商会在培育优秀人才中的积极作用,促进优势互补、共同提高,注重对青年人才的培养。

2.加快形成高质量的先进制造业发展体系

(1)加速推进先进制造业产业聚集。全力推进"双千亿"工作,重点发展集成电路、生物医药、智能装备等高新技术产业,围绕"创新链—工程链—产业链"核心关键节点,加速先进成熟科技成果在厦转化与产业化,完善产业空间规划。注重总部招商,以龙头引配套,建立招商对象目录库和总部企业项目库。鼓励龙头企业招引产业链配套企业。

(2)推动先进制造业企业扩大规模。鼓励政府产业引导基金增加对本地先进制造业龙头企业的直接投资比例,支持龙头企业做大做强。支持企业快速增长,鼓励企业增资扩产,组建先进制造业企业培育库,通过"精准滴灌"和贴心服务,助力先进制造业企业实现规模"倍增"和跨越式发展。

(3)鼓励先进制造业企业并购整合与上市融资。通过国有投资公司或政府投资基金共同组建先进制造业发展基金,支持先进制造业龙头企业通过市场化方式对上下游企业进行并购整合,鼓励龙头企业通过增资扩股、兼并重组、股权置换等方式做大做强,助力先进制造业倍增计划企业的强链补链,迅速壮大企业规模。鼓励后备企业股改上市,激励上市企业积极谋划再融资扩充公司股本。着力提升上市企业治理水平,挖掘优质后备企业资源,进一步加强企业精准服务,降低企业上市成本,推动先进制造业企业通过资本市场做大做强。

3.强化资源要素支撑,提升先进制造业增长韧性

(1)加强先进制造业用地保障。在合法合规前提下给予先进制造业企业用地的优惠政策,提高土地利用率和产出率。促进先进制造业园区管理主体创新发展,不断由土地开发者向服务者、投资者角色转变。主体加强招商项目论证,避免企业超需求拿地,创新"先租后让、租让结合"向先进制造业企业供地机制,加快工业厂房改扩建审批流程,下放先进制造业企业改扩建项目的决策权。加快推动产城融合,推进新建先进制造业园区市政基础设施、配套设施的建设,不断提升园区环境品质。根据先进制造业发展需要,增加规划工业用地供给。

(2)强化保障重点企业用电用能。着力降低电网环节收费,清理商业综合体等非直抄用户电价加价等措施,切实保障列入先进制造业倍增计划企业生产用电用能需求。逐步扩大本市企业电力市场化交易规模,支持培育售电公司参与市场交易。将发电企业让利全部传递至用电企业,最大限度降低先进制造业用电成本。

(3)增强产业链供应链自主可控能力。实施先进制造业关键核心技术攻关工程和产业基础再造工程,在先进装备、先进材料、先进工业软件等重点领域争取布局建设一批国家级、省级制造业创新中心和共性技术平台。完善激励和风险补偿机制,推动首台(套)先进装备、首批次先进材料、首版次先进软件示范应用。清单式管理高风险零部件和"卡脖子"技术,加强国内国际产业安全合作,推动产业链供应链多元化。优化供应链管理,推动设计、采购、制造、销售、消费信息交互和流程再造,形成高效协同、弹性安全、绿色可持续的智慧供应链网络。持续推动本地先进制造业产业链供应链配套,建立先进制造业企业供需对接平台,引导线上线下对接活动,助力先进制造业企业对接本地上下游合作伙伴,促进大中小企业协同融通发展。

四、厦门市先进制造业 2024 年形势展望

虽然面临上述困难与挑战,但我国实体经济长期向好的基本面不会改变,我市先进制造业长期向好的趋势也不会改变,保持先进制造业平稳增长仍具备一定基础和条件。宏观政策环境方面,随着疫情结束后的一揽子经济稳定政策持续发挥效能,我国经济总体延续恢复发展的良好态势;逆周期、跨周期调节政策持续发力,已出台的各项稳定实体经济平稳运行、促进先进制造业持续增长的政策措施效果不断显现,对 2024 年实体经济平稳运行和先进制造业持续增长提供了有力支撑。先进制造业发展趋势方面,数字化、智能化转型为产业增长注入新动能。以大数据、区块链、云计算、人工智能为代表的新一代数字信息技术加快向先进制造业渗透;绿色发展也将继续引领经济发展理念,成为新一轮经济全球化和产业升级的重要方向,"碳达峰""碳中和"目标将持续促进能源转型及新能源产业发展步伐加快,新能源汽车、光伏、环境治

理基建等行业将拥有较快增长机会,也给先进制造业带来更多发展机遇;我国具备完整的产业体系和强大配套能力,构建新发展格局也将促进超大规模市场潜力不断释放和经济循环畅通,对先进制造业发展形成强大拉动和支撑效应。

厦门市社会科学院　邹小红

厦门市战略性新兴产业发展情况分析及建议

一、厦门市战略性新兴产业发展总体情况

(一)2022年厦门市战略性新兴产业发展回顾

2022年,新能源、新材料、生物医药、文旅创意四大战略性新兴产业产值(营业收入)分别增长40.7%、16.4%、6.4%和10%,生物医药、新能源、新材料3大产业规模合计近3000亿元,占全市规模以上工业总产值比重接近1/3,新增3家产值超百亿元企业。

1.新能源方面

新能源方面,厦门已经形成了较完整的产业集群。2022年,厦门市新能源产业产值增长超过40%,厦钨新能源、中创新航2家企业产值超百亿元,新能安锂电池、海辰储能二期等大项目开工建设,杰瑞负极材料、兴荣磷酸铁锂正极材料、恩捷隔膜、科达利结构件等一批产业链核心材料和关键组件配套项目相继落地,带动新能源产业集群快速壮大。

2.新材料方面

新材料方面,厦门已形成特种金属及功能材料、光电信息材料、先进高分子及复合材料、新能源材料、先进碳材料等产业集聚发展的产业格局。厦顺铝箔等龙头企业规模快速壮大,厦门钨业的钨材料主要产品产能全球领先,厦顺铝箔的无菌包铝箔、科之杰新材料的"聚羧酸减水剂"获工信部制造业单项冠军产品。

3.生物医药方面

生物医药方面,厦门已形成涵盖核心原料零部件研发、产品研发生产、临床转化研究、医药流通、生物服务等全环节的生物医药产业链,厦门生物医药港综合竞争力首次进入全国前十,成为全国医疗器械产业特色优势专业园区之一。厦门大学国家传染病诊断试剂与疫苗工程技术研究中心牵头研发的流感载体减毒鼻喷疫苗获批在国内紧急使用。

4.文旅创意方面

厦门旅游市场继续遭受疫情冲击不利影响,旅游人次和旅游收入均呈下降趋势。2022年全市接待国内外游客6568.75万人次,同比下降6.4%;旅游总收入855.17亿元人民币,同比下降8.7%。文创产业竞争力提升,点触科技等企业入选"福建省战略性新兴产业企业100强",中国(厦门)智能视听产业基地等项目入选第二批国家文化产业发展项目库。

(二)厦门市2023年前三季度战略性新兴产业发展情况

1.新能源持续高速增长

1—9月,厦门新能源产业继续保持高速增长。其中,锂电池制造业领域实现产值增长1.4倍,产量增长3.2倍;有力带动整体产业产值同比增长35.7%,成为对厦门工业经济增长贡献最大的行业。海辰储能、中创新航等龙头企业产能进一步扩大,产值持续增长,海辰锂电二期、中创新航厦门三期、新能安锂离子电池生产基地一期、厦门时代新能源电池产业基地等项目全速推进。厦钨新能源、盛屯矿业、科华数能、海辰储能4家企业上榜"2023年全球新能源企业500强排行榜";在胡润研究院发布的《2023中国新能源产业集聚度城市榜》中,厦门位列第23位,成为福建省唯一入围城市。

2.新材料产业需求不振

1—9月,受产业链下游制成品市场需求疲软等因素影响,上游新材料库存增加、价格低迷,对厦门新材料生产企业带来一定程度的冲击,厦门钨业、延江新材料、厦顺铝箔等龙头企业发展形势不佳。具体如,厦门钨业1—9月营业收入295.28亿元,同比下降20.0%。

值得关注的是,一批产业项目和企业创新积极推进,成为产业发展一大亮点。产业项目方面,当盛新材料产业园加快建设,将打造成为全国首个闪蒸法特种材料规模生产基地;企业创新方面,福纳新材与厦门大学等院所合作研发的科技成果推动富勒烯从"实验场"走向"应用场",成功入选"2022年度中国科学十大进展榜";当盛新材料、大博医疗2家企业成功入选工信部、国家药监局联合组织的生物医用材料创新任务"揭榜挂帅"揭榜单位;凯纳石墨烯"机械剥离法石墨烯的制备与改性技术及应用"项目获省技术发明奖一等奖。

3.生物医药产值下滑

1—9月,厦门生物医药产业产值同比呈下降趋势;从增加值看,1—9月,厦门医药制造业增加值同比下降39.2%。主要在于,一是随着疫情防控进入"乙类乙管"常态化防控阶段,抗原检测试剂市场需求下降,使得医疗器械行业发展趋缓;以宝太生物、波生生物为代表的一批厦门新冠检测试剂生产企业,在经历爆发式增长后市场持续萎缩,营业收入大幅下降。二是一批医用高值耗材生产企业受到集采降价影响,产值、营收、利润均呈下滑趋势。例如大博医疗1—9月实现营业收入11.25亿元,同比减少8.9%;归属于上市公司股东的净利润约9771.60万元,同比减少54.0%。

尽管整体生物医药产业产值下滑,但创新药领域一批新药获批上市,发展势头较好。厦门大学和万泰生物等联合研制的全球首个戊型肝炎病毒抗原尿液检测试剂盒,特宝生物研发的Ⅰ类新药、新一代长效重组人粒细胞集落刺激因子"拓培非格司亭注射液"获批上市,博瑞来医药自主研发的治疗肝纤维化Ⅰ类小分子创新药BRL-186616片获批开展临床试验。

4.文旅创意快速复苏

旅游市场复苏良好。1—9月,厦门全市共接待国内外游客7949.62万人次,同比增长41.2%;旅游总收入1088.37亿元人民币,同比增长55.9%;实现旅游人气与收入双双快速增长。国内旅游市场强劲复苏是带动厦门旅游产业高速增长的主要力量。从接待人次看,1—9月全市接待国内游客7896.98万人次,同比增长40.8%,占接待总人数的99.3%;接待入境游客52.64万人次,同比增长152.3%,占接待总人数的0.7%。从旅游收入看,1—9月全市实现国内旅游收入1059.36亿元,同比增长54.0%,占旅游总收入的97.3%;入境旅游创汇4.14亿美元,同比增长168.2%。

文化创意产业蓬勃发展。1—9月,文化创意产业影响力进一步提升,吉比特等4家企业入选2023年第十二届福建省文化企业十强;外图集团等14家企业和5个项目入选商务部、文化和旅游部等共同认定的"2023—2024年度国家文化出口重点企业和重点项目";厦门文化影视产业推介会、首届中国电视剧大会、第十届厦门文化产业年度风云榜、"国际图书版权超市"中外出版对接交流会等系列活动顺利举办。产业发展资金保障进一步加强,设立规模达20亿元的厦门市文化旅游专项增信子基金,已累计为150多家中小微文旅企业提供超过5亿元信用类融资增信服务。

二、厦门市战略性新兴产业发展存在的突出问题

1.产业规模仍然偏小

总体看,新能源、新材料、生物医药、文旅创意四大战略性新兴产业合计规模仅约5000亿元。分领域看,新能源、生物医药产值规模仍然偏小,不足千亿,要实现"十四五"战略性新兴产业增加值超过2500亿元,战略性新兴产业增加值占地区生产总值比重达到25%的目标,仍有较大差距。

2.产业自主创新能力有待提升

基础研究占全社会研发投入比例偏低,基础科学投入不足,制约了战略性新兴产业创新能力的进一步提升;企业研发投入比例不高,2022年全市仅41.2%的规模以上工业企业开展研发活动;高能级的创新平台载体比较缺乏,大科学装置、重大科技基础设施、国家重点实验室尚未布局建设;科技成果转化有待加强,厦门全市登记技术合同成交额与深圳、西安等先进城市相比,仍有较大差距。

3.产业链供应链韧性和安全水平有待加强

2023年,世界政治经济格局加速重构,逆全球化趋势仍将延续;全球产业合作格局、国际分工体系面临重构和全面调整,关键环节的国际竞争将进一步加剧,我国依赖全球化带来的技术进步红利显著弱化,加上厦门在生物医药、新材料等部分产业链的关键环节、核心技术和薄弱环节仍有缺失,"卡脖子"短板问题愈发突出,给整体战略性新兴产业的产业链及供应链安全稳定带来一定隐患。

4.产业人才支撑不足

一是根据《2021年厦门市重点产业紧缺人才引进指导目录》,在生物医药领域,基因工程药物、疫苗及抗体药物等6个细分领域23项具体类别处于人才紧缺状态;在新材料领域,稀土功能材料、信息功能材料、膜材料等13个细分领域25项具体类别人才紧缺。二是根据2023年5月30日,智联招聘发布的《中国城市人才吸引力排名2023》,厦门人才吸引力居全国第16位,低于北京、上海、深圳、杭州等先进地区,对产业高层次人才、领军人才和技能型人才吸引力还有待提高。三是厦门大学等本地重点高校毕业生留厦比例仅24.3%,与同类城市高水平高校留在当地比例差距较大,一定程度上体现出大学生等高素质技术人才对新兴产业发展支撑不足。

三、2024年厦门市战略性新兴产业发展展望

虽然面临上述困难和挑战,但总体看,厦门战略性新兴产业仍处于重要的发展机遇期。

从宏观层面看,党的二十大报告提出,推动战略性新兴产业融合集群发展,构建生物技术、新能源、新材料等一批新的增长引擎,这为做大做强厦门战略性新兴产业发展提供了根本遵循和行动指南。2023年7月24日中央政治局会议强调,"大力推动现代化产业体系建设,加快培育壮大战略性新兴产业、打造更多支柱产业",为2024年厦门战略性新兴产业平稳发展提供了良好的政策环境。

从中观层面看,福建省深入实施创新驱动战略,持续支持生物医药、新能源等战略性新兴产业发展,为厦门加快建设嘉庚创新实验室等创新载体平台,围绕生物医药、新能源等领域积极争取国家重点实验室落地建设分基地,谋划推动若干智慧储能等大科学装置提供了有力支撑。

综合判断,厦门战略性新兴产业总体上仍处于高质量发展的重要战略机遇期,厦门应紧抓机遇,着力培育壮大战略性产业集群规模,夯实创新能力建设,提升产业发展能级,打造引领产业高质量发展的中坚力量,预计2024年厦门战略性新兴产业将继续平稳较快发展。

四、厦门市战略性新兴产业发展的对策

1.培育壮大战略性新兴产业集群

培育壮大一批战略性新兴产业"链主"企业。聚焦生物医药、新型功能材料国家级战略性新兴产业集群,以及新兴显示器件、集成电路、信息技术服务等省级战略性新兴产业集群,加强龙头企业创新发展政策支持,集聚一批技术能力突出、引领产业发展、具有较强国际竞争力的产业链"链主"企业。支持龙头企业瞄准产业链关键环节、核心技术和重大发明,面向海内外通过扩能改造、项目开发、兼并重组等方式延伸产业链布局,提升供应链自主可控水平,成为国际"链主"企业。

培育一支接续发展的企业梯队。完善"科技型中小微企业—市级高新技术企业—国家高新技术企业—科技小巨人领军企业"的梯次培育体系,分级分类、精准施策开展高技术企业梯队培育,发挥好国家双创示范基地作用,提升众创空间专业孵化服务能力和精细化运营水平,大力支持高水平创新创业,加强对"瞪羚"企业、"独角兽"企业培育和跟踪服务,持续培育壮大国家高新技术企业群体。支持中小微企业做大做强,建立中小微企业梯次培育库,做强做精一批专业能力强、产品技术过硬的产业链(群)零部件配套或软件开发企业群体,促进"小升规""规升强""强升巨"。

2.完善产业创新体系

鼓励企业加大研发投入。支持"链主"企业牵头组建创新联合体,围绕所在产业链"卡脖子"关键核心技术、战略性储备性技术组织"项目群"攻关。建立健全企业研发投入分层分类和递增奖励机制,支持企业建设国家级、省级重点实验室、工程研究中心、企业技术中心、制造业创新中心、企业创新研究院等,建立研发投入同比增长机制。实行"普惠与重点支持"相结合的企业研发费用补助,加大对战略性新兴产业企业的科技创新扶持力度,充分运用财政补贴、间接投入、税收优惠、场景应用创新等各类方式,引导企业加大技术研发与

集成、成果中试熟化与产业化研发投入。

加强创新平台载体建设。打造厦门科学城创新引擎,引入中关村中试测试实验室等一批高端创新资源。建设高质量创新载体,争创海洋、能源领域国家实验室分基地,策划智慧储能等大科学装置。打造"环厦门大学科创谷""集美大学城创新街区"等环大学创新生态圈。

加快推动科技成果转化落地。探索实行高等院校、科研机构、企业和资本组成的多元运营机制,为实验阶段的科技成果提供技术概念验证、商业化开发等服务,试行国有资金采购首台(套)重大技术装备、创新产品和服务,允许采取非招标方式。持续推进国家科技成果转化服务(厦门)示范基地建设。试点推进赋予科研人员职务科技成果所有权、长期使用权改革。探索科技成果转化优先股权、期权激励等方式。

3.营造良好产业发展环境

加快集聚产业人才资源。优化"海纳百川"系列人才政策,深入实施"群鹭兴厦"系列人才工程。聚焦战略性新兴产业实际发展及技术创新需求,突出"高精尖缺"导向,以嘉庚实验室等重大科技基础设施、高水平实验室创新平台为依托,探索"双聘"制度,大力引进一批引领科技创新、带动产业关键核心技术突破的领军人才。建好海外人才离岸创新创业基地,吸引更多海内外高层次人才来厦创新创业。实施技能人才与战略性新兴产业深度融合专项引育工程,支持技能人才素质提升。

加强知识产权保护与创造。大力推进国家知识产权强市建设示范,深入落实《厦门经济特区知识产权促进和保护条例》、知识产权侵权惩罚性赔偿制度等法律法规。提升知识产权创造运用,围绕新材料、生物医药、新能源等产业领域,培育一批专利密集型、商标密集型、版权密集型产业企业。支持重点企业联合高校院所、知识产权服务机构围绕核心专利、专利池等开展专利导航。探索开展高价值专利培育。探索实施专利开放许可试点。完善知识产权运营公共服务平台,进一步便利中小微企业获取知识产权公共服务。

厦门市发展研究中心高级经济师　李　婷

厦门市现代服务业发展情况分析及建议

我国服务业内部结构升级趋势明显,主要表现为从劳动密集型转向为知识、技术密集型,技术含量高的现代服务业逐步占据该行业的核心主导地位。2021年《中华人民共和国国民经济和社会发展第十四个五年规划和2035年远景目标纲要》强调,"聚焦产业转型升级和居民消费升级需要,扩大服务业有效供给,提高服务效率和服务品质,构建优质高效、结构优化、竞争力强的服务产业新体系"。可见高质量的现代服务业已成为现代化产业体系建设中不可或缺的重要组成部分。

一、厦门市现代服务业发展总体情况

(一)2022年现代服务业发展情况回顾

商贸物流方面:交通运输、仓储及邮政业增加值340.25亿元,下降3.2%。旅客运输量3772.92万人次,下降18.8%;旅客周转量241.44亿人公里,下降25.6%;货物运输量4.31亿吨,增长10.1%;货物周转量3183.90亿吨公里,增长13.0%。厦门港现有生产性泊位184个(含漳州),其中泊位万吨级以上79个;全年港口货物吞吐量2.19亿吨,下降3.6%;港口集装箱吞吐量1243.47万标箱,增长3.2%。2022年冬春航季计划开通运营城市航线156条,含国际航线13条,空港旅客吞吐量1012.56万人次,下降32.3%;空港货邮吞吐量26.21万吨,下降12.0%;全市现代物流产业实现总收入1698亿元,增长11.2%,接待国内外游客共6568.75万人次,下降6.4%,旅游总收入855.17亿元,下降8.7%。

会展经济方面:全年举办各类展览活动113场,增长8.7%,展览总面积134.47万平方米,增长6.5%,会展经济总体效益155.01亿元,下降11.2%。

科技服务与金融市场方面:全市R&D经费投入强度超过3.2%,净增国家高新技术企业超800家,信息传输、软件和信息技术服务业营业收入增长15.1%。金融业增加值893.78亿元,占全市地区生产总值11.5%,实现营业收入1918亿元,本外币存贷款余额3.35亿元,私募基金规模超4000亿元,实现绿色金融目标,且金融科技发展初见成效。

(二)2023年1—9月现代服务业发展基本情况

厦门市计划深入实施五大工程,为现代服务业发展注入新动能,提出促进服务业高质量发展的五大工程,主抓市场主体壮大工程、空间布局优化工程、数字赋能提升工程、人才发展引领工程、深化服务业改革开放工程。随着新冠疫情的有效控制,厦门市经济回升明显,相比于去年经济发展呈稳中向好趋势。2023年全市前三季度实现地区生产总值(GDP)5784.25亿元,同比增长2.0%,其中第三产业增加值3698.54亿元,同比增长6.2%。

1.商贸物流拉动经济效果显著

根据厦门市统计局数据,2023年前三季度营利性服务业增加值同比增长17.2%,厦门国贸集团股份有限公司、厦门象屿股份有限公司、鹭燕医药股份有限公司、厦门见福连锁管理有限公司、厦门市东万晟贸易有限公司、建发物流集团有限公司、云仓配供应链管理(厦门)有限公司、厦门海投供应链运营有限公司8家企业入选全国商贸物流重点联系企业。2023年1—9月,厦门市港口货物吞吐量16533.15万吨,集装箱吞吐量929.63万标箱,比去年同期增长0.3%、2.2%;进出口总值7150.91亿元,比去年同期增长4.6%;截至10月份厦门自贸片区离岸贸易平台累计业务量突破500亿美元;航空、航运企业通过租赁引进飞机162架、船舶40艘。批零销售额实现6409.6亿元,同比增长4.6%,商贸业规模持续稳步增长。

2.金融业增长平稳,软件信息科技发展勇立潮头

前三季度厦门市金融业增加值同比增长5.6%,机构本外币存款余额17132.39亿元,同比增长3.9%;机构本外币贷款余额18560.45亿元,同比增长8.6%,2023年上半年厦金创新、星云至恒2家私募管理机构落户思明区,同时新增落地股权投资合伙企业90只,注册资本269.81亿元。《2023年数字厦门工作要点》指出打造数字产业新增长极,开展工业互联网"百城千园行"活动,构建40个典型示范,完成50家规上工业企业数字化转型诊断、1000家规上工业企业智能制造成熟度自评估。38家软件与信息科技企业入选福建省数字经济核心产业领域创新企业,厦门吉比特网络技术股份有限公司与四三九九网络股份有限公司荣登"软件和信息技术服务竞争力百强企业"榜单。

3.政策护航,促进会展业高质量发展

厦门市会展业经过40多年的精心培育,如今已成为城市的特色产业,基于国内外会展行业竞争态势及市会展行业发展情况,2023年《厦门市进一步促进会议展览业发展扶持办法》修订了鼓励展览项目做大做强、推动"产业＋会展"融合发展、支持会展人才建设等内容,打造"一展多会",助力厦门建设国

际会展名城。2023 年厦门市计划举办展览 240 场,展览面积 260 万平方米,举办 1 万场会议,参会人数突破 220 万人次,实现经济效益 480 亿元。

二、厦门市现代服务业发展面临的问题与挑战

1.厦漳泉都市圈辐射能力不足,市内各区发展不平衡

都市圈的建设增强了厦漳泉的经济实力,大城市集聚效应使得厦门更加强化了自身优势,但也拉大了各区域之间的发展不平衡,以厦门为核心,辐射福建周边城市经济效果不佳。厦门市各区域发展不平衡问题凸出,服务业产业集群大多集中在思明区,岛外产业市场经济发展较弱,人才依旧扎堆在岛内及集美区,其他区域人才密度相对较低,加之经济全球化遭受逆流,新冠疫情虽然得到有效控制,但很多企业疫情期间面临倒闭、裁员等问题,目前还处于经济恢复阶段,招商引资困难。

2.现代服务业管理体制不完善,市场准入还需待放宽

现代服务业管理体制中涉企行政许可中介服务制度不完善,表现在政府部门及下属单位不执行收费优惠政策、继续或变相收取已明令取消减免的收费、利用电子政务平台违规收费,以及利用行政审批事项违法强制或者变相强制市场主体接受有偿中介服务等行为;商业银行未按规定披露服务价格信息、收取未予标明费用、不落实小微企业收费优惠政策、不履行价格优惠承诺,强制搭售、转嫁费用、利用银团贷款违规收费等行为。

厦门市政府全面贯彻落实党的二十大精神,坚持将市场主体获得感作为主要评价标准,为各大企业营造良好的营商环境,从 2022 年起《市场准入负面清单(2022 年版)》持续推进,并落实市场准入负面清单制度各项工作,全面落实"全国一张清单"管理模式,深度激发了市场主体活力,以多方式、多维度创新推动破除准入隐性壁垒,持续降低市场主体准入成本等工作取得了有效进展,但依旧存在市场准入壁垒现象,如地方保护、准入条件设置不合理、新经济准入标准滞后等问题。

3.生活性服务业管理有待增强,需求供给不匹配

养老服务业方面:厦门市政府进一步加大养老服务力度,实现健康智慧型养老,提高老年群体的养老质量及幸福指数感。截止到 2023 年 3 月厦门市有养老机构 47 家,但目前还存在一些食品安全、基础设施安全等问题。例如同安区梳理出厦门莲花恩慧养老院存在服务不规范问题共 27 处,表现在民营养老机构服务不规范、安全基础设施不够健全等方面。

普惠托育服务方面:厦门市卫健委数据显示,截止到 2023 年 10 月拥有托育服务机构 353 家,托位 1.88 万个,已通过备案托育机构 122 家,拥有普惠性

托育园超 90 家,可提供普惠托位 7000 多个;根据调研,部分托育机构的安全设施不够完善,如防护网、防火等。

高质量的生活性服务业,不仅要满足社会群体物质生活所需,更大程度上还需要满足居民精神所需,但生活性服务业人才供给方面的社会认可度不够高,人才供应不足,拥有学科交叉类高质量人才数量少之又少。

三、厦门市现代服务业发展预测与展望

2022 年 10 月厦门市政府以增强服务经济发展为目标,制定《厦门市"十四五"现代服务业发展规划》,明确到 2025 年发展目标为:服务业发展规模稳步提升,产业结构和区域布局更加优化,商贸物流、金融服务、软件信息和科技服务、文旅创意等服务业支柱产业地位突出,优质高效、充满活力、竞争性强的现代服务业体系基本形成,服务经济支撑作用更加突出,服务业竞争力和辐射力进一步增强,质量效益达到国内先进城市水平。并提出力争到 2025 年,厦门市服务业增加值年均增长 7.5%,建成区域性国际消费中心城市,货物进出口总额达 9300 亿元,会展业总收入突破 500 亿元;打造面向全球的区域金融中心,金融服务业营业收入超 3000 亿元,金融增加值超 1000 亿元;构建综合型"中国软件特色名城",实现软件信息服务业跨越式增长及提升产业链自主可控能力;建立"海上花园·诗意厦门"国际旅游品牌,实现文化创意收入超过 2500 亿元,旅游收入超过 2000 亿元。一系列利好政策为推进现代服务业的高质量发展奠定了扎实的基础。

现代服务业发展前景广阔,产业融合逐步加深。数字经济融入现代服务业方面,互联网、人工智能等技术的不断迭代更新,为服务业的发展注入了新动能;经济对外开放方面,厦门市是"海丝"与"陆丝"交汇的重要节点,在"双循环"新发展格局大环境下,自贸区实行"跨境电商＋中欧班列＋丝路海运"新模式,构建国际物流新通道,为服务业引进来、走出来奠定基础;区域发展一体化方面,正在加速推进厦漳泉都市圈及闽西南协作区合作,依托现有产业经济基础,形成以厦门为核心,逐步辐射周边区域的趋势,发展高端现代服务业;人才培养及引进方面,2022 年厦门聘任 40 名国内外知名专家和顶尖人才为科技顾问,给予高端现代服务业人才奖励补助,加上《规划》提出创新人才引进和培养机制,优化人才发展环境,为建立一批高质量高素质服务业人才队伍提供了保障。

四、厦门市现代服务业发展对策与建议

党十八大以来,我国服务业高质量发展,成为推动经济增长的新动能,二十大更是提出要建成现代化经济体系,形成新发展格局,基本实现新型工业

化、信息化、城镇化、农业现代化的目标。《厦门市统筹推进现代化产业体系工作机制》中强调全力建设"4＋4＋6"现代化产业体系,加快加强电子信息、机械装备、商贸物流、金融服务四大支柱产业集群的建设。综合多项利好政策,为推进厦门市现代服务业高质量发展,建议如下:

1.加大招商引资力度,促进区域发展一体化

坚决落实习近平总书记"厦门更要发展发展再发展,不能小富即安,不能浅尝辄止,要有大气魄大手笔"的指示,鼓励岛内现代服务业逐步向岛外扩展,加快扩大经济发展腹地,调研分析岛外各区域发展特点,引导建设适宜且具有特色的服务业;加大招商引资力度,适当放宽市场准入,破除市场准入隐形壁垒,优化岛外投资环境,营造一流的营商环境;加快建设以厦门经济发展为核心,辐射闽西南的经济协作区。

2.完善现代化综合交通运输体系,推进高质量商贸物流发展

交通运输是商贸物流发展的基础环节和重要载体,构建便捷通畅的交通枢纽是发展经济的基础,加快厦门市国家综合货运枢纽补链强链重大工程项目建设,即综合枢纽建设、集疏运通道建设、装备提升、信息化平台提升4个方面47个项目,打造国家物流枢纽城市;用好厦门港口型物流枢纽优势,加快完善交通运输枢纽体系,升级厦门港基础设施建设,拓展航空航线网络。

3.加强对外合作,建设开放型市场经济

商务部部长王文涛指出2023年是中国改革开放45周年,在新起点上推进高水平对外开放,服务业是重要的着力点。利用厦门自贸片区国家文化出口基地,促进文化产业与会展业融合,打造多元文化交流平台,鼓励国内高校与国外高校进行深度合作,助力多元文化引进来、走出去,做大做强文化出口。第三届"一带一路"国际合作高峰论坛的召开更加推动厦门外向型经济发展,大力发展厦门自贸区创新技术,加快构建开放型经济体制,重点扶持对外合作中小型企业,鼓励中小型企业参与国际贸易合作;深耕"一带一路"国际合作,完善国内外金融网络服务,打造多元化现代金融体系。

4.数字技术赋能产业升级,促进服务业高质量发展

2023年7月24日召开的中共中央政治局会议提出"要推动数字经济与先进制造业、现代服务业深度融合,促进人工智能安全发展"。数字产业化是数字经济发展的重要动力之一,作为数字化改造重点的服务业,加快互联网、人工智能等前沿技术与服务业融合,大力推动创新技术迭代更新,完成服务业数字化转型,学习北京等一线城市先进成功经验,制定符合厦门市现代服务业与数字经济融合的相关政策;由政府牵头整合各方资源,推动企业协同发展,打造具有国际竞争力的服务业数字产业集群。

5.校企共谋发展,培育高素质现代服务业人才

现代服务业发展不单是以往的仅满足社会需求,更是要求现代服务业从业人员为顾客提供高度专业化的知识和高智力附加值的服务。社会人才需求引领着高校人才培养方向,厦门市集美区作为文教生态区,是各类高校的密集区。高校作为提升现代服务业的重要组织,是培育高素质高质量现代服务业人才的主阵地,依托高校与政府、企业、社会等多方联动,合作协力、共促共进等优势特性,建设具有区域特色的职业教育和高等教育现代服务业体系,推动学科集群和区域产业集群高度融合。

高校导师以现代服务业项目为依托,建立高校与企业间的互动联系,组织学生参观周围的企业,使学生的知识领域从理论型向应用型拓展;为学生提供去企业实习的机会,实地理解企业项目的运作,实现校企之间互惠互利的目标。打造校内校外双导师培养环境,即校内导师在实践平台建设中要发挥专业社团的聚焦作用,构建突出以学生为中心,以面向应用实践、坚持能力为导向,以学生自为、自立、自律为主要学习方式的平台;校外导师应发挥企业行业政策与资讯、服务业项目成果转化经验资源等方面的优势,引导学生进行行业实践训练,强化学生体验式学习。

参考文献

[1]周振华.服务经济发展:中国经济大变局之趋势[M].上海:格致出版社,2013:66.

[2]曾坤升.区域经济一体化视域下厦漳泉同城化优势问题及对策[J].现代商业,2019(1):73.

[3]王岚.服务经济全球化背景下面向现代服务业的人才培养研究述评[J].中国职业技术教育,2022(3):88.

厦门华厦学院商务与管理学院　杨　颖

厦门市优化营商环境情况分析与建议

党的二十大报告指出,要"营造市场化、法治化、国际化一流营商环境"。厦门市将"打造国际一流营商环境"作为提升城市竞争力重要抓手,推动高质量发展超越的重要举措,建设高素质高颜值现代化国际化城市的重要内容。

一、厦门市优化营商环境情况分析

2015 年厦门在全国率先对标世行评价体系启动营商环境优化改革,至今厦门营商环境改革经历了 6 轮迭代升级,取得了显著成效。

(一)厦门市优化营商环境基本情况

1.市场化建设

(1)便利市场准入退出。建设商事主体"一网通"平台,首创"标准化登记＋住所申报制＋告知承诺制"模式。推进"一业一证"改革,11 个试点行业发放行业综合证 1.2 万余张。搭建企业注销"一网通"平台,疏通退出堵点。

(2)推动公共资源交易电子化。建设公共资源交易大数据分析与应用平台、"区块链＋公共资源交易"电子见证服务平台,上线土地二级市场线上交易服务,建设工程电子招投标交易平台,实现公共资源、工程建设、资产交易全领域全流程电子化交易。

(3)加大财政金融惠企力度。设立中小微企业增信基金,完善政府性融资担保体系建设,设立企业应急转贷资金,持续增加普惠型小微企业贷款。严格推进涉企违规收费专项整治,推动减免、取消、缓缴等财政惠企政策落实。

(4)创新监管方式。建立"双随机、一公开"跨部门联合监管工作联席会议制度、双随机事中事后监管综合执法平台;持续完善全过程智慧监管,建立食品安全智慧追溯系统。建立信用信息公示平台,探索信用差异化监管,推进信用合规建设及监管新方式,引导企业合规发展。

2.法治化建设

(1)强化法制保障。颁布实施《厦门经济特区优化营商环境条例》,将 21 条全国首创或领先的改革举措以法规制度确立,并积极开展营商法规的执法检查。

(2)便利破产办理。成立全国首个破产公共事务中心,首创破产事务办理线上线下一体化"易破"平台,为企业提供破产事务咨询等"一站式"服务。

(3)提升商事纠纷化解能力。打通府院联动的流程堵点,首创全市39个行政机关一体运行的诉非联动中心,多家单位联合发起成立经贸商事调解中心,商事纠纷前端治理成效显著。

(4)加大知识产权保护。持续推广"知保贷"等知识产权质押融资服务;制定海外知识产权维权援助指南,建立海外知识产权纠纷应对机制;各区设立知识产权维权工作站,提供维权援助公益服务。

3.国际化建设

(1)积极对接国际经贸规则。加强《区域全面经济伙伴关系协定》(RCEP)政策宣传和培训,完善 RCEP 公共服务平台功能;对标《全面与进步跨太平洋伙伴关系协定》(CPTPP),深化相关领域改革;加强《数字经济伙伴关系协定》(DEPA)经贸规则宣传,开发标志性项目,形成"厦门方案"。

(2)加强口岸建设。全面建设数字口岸平台,涵盖数字海港、数字空港、数字综保区等领域;免除或降低政府性规费;推出集装箱"卸船直提""抵港直装"等模式,全面提升口岸作业效率。

(3)优化涉外服务。积极建设海丝中央法务区自贸先行区,打造"国际法务运营平台",大力引进境外仲裁机构、头部律所。实现外国人再入境签证"提前办",落地签证手续"简化办"。

(4)促进"双循环"。深化全国内外贸一体化试点,开展内外贸产品"同线同标同质"推进行动,鼓励内外贸一体化经营;打造国际化航空航运枢纽;提升金融市场国际化水平,对跨境资金流动实施双向宏观审慎管理;强化境内外人力资源配置。

4.便利化建设

(1)推进综合集成服务。深化综合窗口改革,推动服务向"一窗式"转变;推进"一件事"集成化改革,累计推出 350 个集成服务事项,83 个服务场景;推进政务服务事项"一趟不用跑"和"最多跑一趟",全市政务事项 99%实现"最多跑一趟"。

(2)加强数字政府建设。推动"网上办""掌上办",实现超 3.5 万项政务服务事项 100%网上可办,84%"全程网办"。全国首创"e 政务"自助服务体系,推出 285 项高频事项。在全国率先实现单位社保业务"网上办"、个人社保业务"掌上办"。

(3)提升公共服务便利化。开展存量房网签与水、电、气、广电联动过户改革工作,实现"一窗"全程办理。整合优化用电报装外线施工办理程序,加快推进政企"联署办电"工作,实现用电报装与开办企业无缝对接。

(4)畅通政企沟通渠道。深入开展"益企服务",常态化开展企业接待日活动。开设企业诉求直报通道,设置 12345 政务热线营商环境服务专席并落实轮值接听机制,对工作流程将进行全程监控。

(二)厦门市优化营商环境取得的成效

经过多轮改革,厦门营商环境持续优化。在国家营商环境评价中连续三年位居前列,成为全国营商环境标杆城市;在福建省营商环境数字化监测中连续获评第一;政府透明度指数居全国第一,城市信用指数 2022 年度综合排名全国第一,公共服务质量满意度全国第三,连续四年在全国十大海运集装箱口岸营商环境测评中获评最高星级。

厦门营商环境也获得了市场主体的充分认可。厦门市营商环境研究中心开展的六区营商环境企业满意度调查结果显示(见图1),六区总体满意率高达 84.07%。虽然经济下行压力大,仍有 79.18% 受访企业对未来两年本地经济具有信心,并且有 72.68% 的企业有意愿加大投资。良好的营商环境有效地激发了市场主体的活力。截至 2023 年 10 月底,厦门实有市场主体 90.29 万户,同比增长 8.88%,每万人拥有企业 840 户,居全省首位。

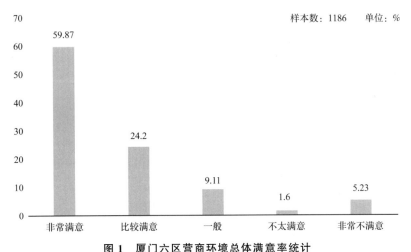

图 1　厦门六区营商环境总体满意率统计

二、厦门市优化营商环境存在的问题

"营商环境好不好,市场主体说了算。"为此,厦门市营商环境中心开展了针对全市六区的营商环境企业满意度调查,以及涉法和涉台营商环境的专项满意度调查。其中,六区满意度调查共发放问卷 1390 份,收回有效问卷 1186

份,受访企业覆盖了各类规模和所有制形式。涉法专项满意度调查则是以律师团体作为调查对象,共收回 177 份调研问卷。涉台营商环境满意度调查是以各类台资企业为调研对象,收回有效问卷 207 份。

1.市场化问题

对于市场环境满意度的调查,主要涵盖了市场准入和市场监管、联合执法、信用体系,以及要素供给等内容。调查结果显示,除要素供给指标外,其余考察指标的满意率均高于 85％。在要素供给指标中,企业对于生产经营所需的融资支持和用工环境的满意率均未达到 80％。台企也反映了相同的问题,如图 2 所示,用地成本、用工成本以及融资难成为台企在厦经营面临的主要难题。

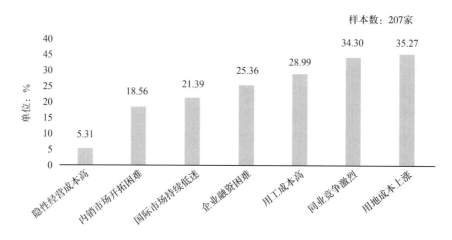

样本数：207家

图 2　台资企业经营中面临的主要困难

2.法治化问题

法治环境满意度调查包括法规政策体系、规范执法、司法服务保障、专业法律服务供给、知识产权保护等方面。各主要考察指标满意率均达到 80％以上。

但调研中,企业也反映了法治营商环境存在的一些问题。如图 3 所示,有高达 50.44％的受访企业认为应提高政府部门诚信守法、依法行政意识;42.51％的企业希望提高司法机关涉企案件的办理效率;完善企业维权统一服务平台也是企业最为关注的问题之一。

关于法院工作存在的问题,企业反映最多的则是数字化平台的完善问题,具体包括加强网上立案平台功能(占比 42.37％)[①]、网上交退费功能(占比 38.42％)、网上交换证据、网络庭审功能(占比 35.59％)。

[①]　括号中数据为企业投选率,下同。

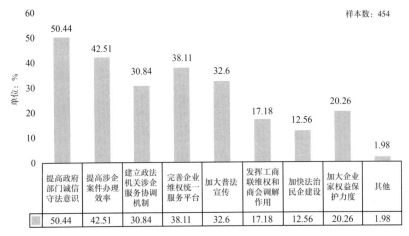

图 3　企业关注的法治营商环境问题

3.便利化问题

对于政务便利化的满意度调查,包括了政务大厅与网站服务、电子证照应用、政企沟通、政务数字化等考察指标。政务服务整体满意率高达94.31%,各指标满意率均接近或达到90%。企业反映的主要问题有:

(1)惠企政策的力度及落地效果需加强。近 1/4 的受访企业希望进一步加大惠企政策的扶持力度。同时,有28.47%受访台企对政府部门落实相关政策响应速度和工作效率未表示满意。

(2)政企沟通机制需完善。34.14%的受访企业表示政商沟通渠道少,另有近 10% 的企业表示在政企沟通中,政府部门缺乏主动性。

(3)政务信息共享不充分,政务协同力还需提升。调研中,台企反映政务信息共享机制尚未建立,海关、公安机关、金融监管机构等主管部门的信息共享不足,办事仍会出现"多头跑""来回跑"问题。

(4)数字政务需进一步优化。企业对于政务平台反映最多的问题是网站不稳定、界面跳转慢(占比34.70%)、不易查找办理事项、业务流程操作指引不清晰(占比 21.27%)等。此外,52.05%的企业希望推进电子证照跨区跨业务应用;47.39%的企业希望丰富电子证照类型。

4.国际化问题

国际化环境的满意度调查包括国际化视野、与国际通行规则高标准对接、跨境贸易便利化、国际化人才发展环境、涉外法律服务等方面。调查结果显示,除与国际通行规则高标准对接及跨境贸易便利化指标得分略低,其他指标满意度均高于80%。企业反映的问题主要在于:

（1）与国际通行规则衔接的不足,提高了企业引进来和走出去的合规成本。

（2）与国际自由港标准相比,贸易投资便利化水平仍需进一步提升。

（3）国际化人才服务需要优化。台胞和外籍人才在厦门的生活、工作、医疗、教育等方面还有诸多不便,需要创造更有利于引进国际化人才的社会环境。

三、厦门市营商环境预测与展望

2021年国务院部署在北京、上海、重庆、杭州、广州、深圳6个城市开展营商环境创新试点,并在全国复制推广试点城市经验。创新试点城市正引领着我国营商环境改革的方向。当前改革呈现以下趋势:

1.对标世界银行评估体系推进改革

2023年世界银行正式发布"Business Ready"评估体系,各地积极对标新体系开展新一轮改革。例如,上海市将市政公共基础设施报装、促进市场竞争、劳动就业等三个新模块及其相关评价指标新添加到企业全生命周期服务模块中,推出了10大类88项改革事项。

2.更重视改革的系统集成性

多个城市的6.0版方案中都强调改革的系统性、整体性和协同性。其中,北京大力推进"3个一"改革,全面推广"一业一证"改革;推出更多"一件事"集成服务;推动一体化综合监管。上海市积极推动"一件事"落地;全面建设"一站式"服务平台;构建"市场主体身份码""市场主体合规一码通""一案一码"。深圳市推进"全市域通办"打破事项办理的地域、层级限制,使基层服务能与群众"零距离"对接。

3.优化要素配置

多地均将要素环境纳入改革,以要素资源的优化配置,助力产业高质量发展。例如,广州市6.0改革首次将要素环境纳入改革,以"大营商"视野,重点瞄准企业特别是制造业企业用地、用工、融资、用能等需求,推动资源要素按照产业导向配置,积极营造适应产业需求的要素环境。

4.持续强化数字赋能

各地的改革方案中均有较大篇幅涉及数字营商环境。例如,上海作为全国首创"一网通办"的城市,继续强化了线上服务平台的建设,并提出了"AI＋政务服务"能力建设,优化企业办事全过程智能审批等功能,构建线上线下全面融合的"泛在可及"服务体系。

5.加快完善制度体系

完善营商环境制度体系也是当前改革的重点。深圳提出争取国家支持在前海蛇口自贸片区对接高标准经贸规则。同时,加快推进战略性新型产业、未来产业等新兴领域立法,并全面清理与优化营商环境不符合的法规、规章、规范性文件。

四、厦门市优化营商环境的建议

基于创新试点城市的改革经验,结合现存问题,对厦门营商环境的优化提出以下建议:

1.市场化的提升

(1)宽准入、促准营、畅退出。实行市场准入负面清单管理。深化"一业一证"改革,扩大改革效应,实现更多领域的"一证准营、一码亮证",跨地互认通用。持续优化企业注销网上服务平台,完善市场主体歇业备案制度。

(2)健全公平竞争机制。建立市场准入效能评估制度、重大政策公平审查会审制度、公平竞争审查举报处理和回应机制。清理通过划分企业等级、设立项目库等非必要条件限制竞争的行为,并建立长效排查机制。

(3)优化企业资源配置。拓宽中小微企业融资渠道,创新财政金融类产品,强化知识产权金融服务功能,优化股权融资服务,打造绿色金融公共服务平台。精准梳理行业人才需求,加大急需人才有效供应,加快补齐腰部人才队伍短板。探索实行产业链供地,放宽民企用地要求,打造民营经济产业园。培育数据要素市场,推进公共数据授权运营,建立行业大数据平台和企业数据共享机制。

2.法治化的提升

(1)强化制度供给。完善营商法规体系,可重点围绕公平竞争、企业纠纷解决等方面加强商业法规体系建设。定期开展法规、规章和规范性文件立改废工作,加强政策制定的连续性,使市场主体不用担心"朝令夕改"。

(2)提升司法效率。加快数字化建设,一方面持续完善网上诉讼平台的相关功能;另一方面要提升仲裁、调解等非诉讼解决程序的数字化水平,积极打造在线多元纠纷化解平台。探索简易破产程序,建立常态化重整、预重整识别机制和全流程破产和解机制,引导面临困境的中小微企业实现再生和有序退出。

(3)优化涉企法律服务。以企业全生命周期服务为重点,围绕企业合同审查、人力资源合规、知识产权合规、企业股权架构、企业并购、上市以及企业维权等环节,构建"法律+"企业全生命周期服务产品生态圈及统一服务平台。

3.国际化的提升

(1)推进制度型开放。积极构建与国际高标准经营规则相衔接的制度体系。探索以经济特区立法形式细化落实国家外商投资准入制度,推进规则、规制、管理、标准等制度型开放。

（2）提升投资贸易便利化。扩大国际贸易"单一窗口"功能应用与覆盖范围，实现企业"一站式"业务办理。完善港口、码头、空港等信息化功能，全面提升各种运输方式跨境贸易便利化水平。加强对数字贸易的服务支持，打造覆盖数字贸易全链条服务能力。完善外商投资促进和服务体系，健全外资投资企业"一站式"服务体系。

（3）优化涉外服务软环境。加强涉外商事法律服务，建立涉外"一站式"多元解纷平台，依托海丝中央法务区的服务功能，为企业"请进来、走出去"提供法律护航。积极打造国际化人才特区、国际人才自由港，推进国际化社区、医院、学校、文化机构的建设。

4.便利化的提升

（1）强化系统集成服务。围绕"个人"和"法人"两个生命周期的关键节点，进一步拓展"一件事"事项清单，打造台胞台企"一件事"等特色服务品牌。深化综合窗口服务能力，拓展全市通办服务。

（2）持续优化数字政务服务。完善线上导办服务，提升数字政务平台实用性。推动建立区块链与云计算深度结合的统一政务区块链平台，实现政务数据共享，强化政务协同力。拓展电子证照、电子签章的应用场景，推广"免证办"服务。深化无人干预智能审批服务，使之覆盖更多的政务服务领域。

（3）提升公用设施的供给水平。推进市政公用基础设施接入联合服务，加强对电力、水和互联网可靠性的监管与评价，定期公布公用事业的服务质量数据，推动更稳定、高质量的市政公用设施供给。

（4）加大扶持力度，推进精准施策。精准围绕本地产业发展需求实施政策"精准滴灌"。针对"4＋4＋6"现代产业体系，实行一产一策，围绕产业链整体发展需求设计专门的营商政策，加速形成产业聚合。持续推进减税降费，加大企业在用地、人才、研发等方面的政策支持。完善惠企政策平台和窗口服务，实现各部门政策"一网汇集""一窗服务"，并持续扩大"免申即享"适用范围，推动惠企政策精准落地。

（5）巩固亲清政商关系。积极拓展政企沟通渠道，建立民企专属的维权通道。优化营商环境监督联系点与营商环境体验官工作机制，吸收台胞台企参与相关活动。构建政府履约监管体系，建立常态化的政务诚信监测机制，提升政策的公信力和执行力，增强企业发展信心。

集美大学工商管理学院
厦门市营商环境研究中心　　汤　韵　李雅宁　卢小静　纪贤标

厦门市招商引资工作情况分析及建议

一、厦门市招商引资工作情况

(一)2022年招商引资工作情况回顾

2022年,厦门市围绕高质量发展,着力构建"4＋4＋6"现代化产业体系,强化"链主招商"推进强链补链延链,开展"益企服务"专项行动,有力促进企业增资扩产,招商引资取得重大突破。全市全年新增签约项目935个,三年计划投资额1793.28亿元,新增开工项目1036个,三年计划投资额2043.49亿元。2022年当年项目开工率67.86％。引进天马8.6代新型显示面板、厦门时代、中创新航三期3个百亿级项目,均实现当年签约、当年落地。

(二)2023年厦门市招商引资工作情况

2023年以来,厦门市深入开展"深学争优、敢为争先、实干争效"行动,坚持以项目为抓手,着重"抢机遇、强优势、挖潜力",抓住疫情形势出现重大转折的有利时机,实施"走出去"招商百日行动,精准开展重点产业链招商。2023年1—9月,全市新增签约项目647个,三年计划投资额691.61亿元;新增开工项目631个,三年计划投资额1395.03亿元,较去年同期增长21.6％;项目当年开工率75.84％,较去年同期提高22.1个百分点。引进中能瑞新、通用金砖创新基地、士兰微系列半导体增资等一批重大项目。招商引资成为全市拉动有效投资、促进发展动能转换的重要手段。主要呈现以下特征:

1.重点产业加快强链补链

厦门市主要领导率团访问欧洲、南美、中东等地,赴北京、上海、天津、广州、深圳、杭州等地开展招密集拜访央企、跨国公司和龙头企业,推动华润集团、中国通用、中国能建、霍尼韦尔、依视路等40多个重点项目。按照"大"和"准"的要求,策划推出106个重点产业链招商项目,精准开展招商对接。开展招商小分队"叩门招商",1—9月各级各区共外出招商超259次,拜访企业机构1028家次,涉及重点项目445个。出台《厦门市重大招商项目会商及决策办法》,2023年以来共召开9次市招商办项目评审会议,推动22个重大产业项目决策和推进,总投资超过519亿元。1—9月,厦门市的省级新增签约项目数量和总投资位列全省第二。

2.重大项目加速开工见效

全市以项目开工为关键环节,狠抓已签约项目的开工见效。建立招商项目全流程跟踪工作机制,梳理"促建设、促入库、促开工、促前期"4份清单共376个项目。1—9月新增开工项目实际到资378.87亿元,较去年同期增长9.2%;项目当年开工率75.84%,较去年同期提高22.1个百分点。天马8.6代新型显示面板、厦门时代、海辰储能等项目加快到资、开工、建设、投产。与此同时,已开工项目效益逐步显现,已开工在库项目1—9月增值税总额41.78亿元。其中,873个新设项目已有555个项目产生增值税,占比60.32%。共有82个新设项目1—9月增值税总额在100万元以上。

3.增资扩产力度大结构优

全市深度挖掘现有优质企业潜力,1—9月新增增资扩产项目256个,占新增签约项目的39.6%;三年计划投资额434.26亿元,占新增签约金额的62.8%,较去年同期提高24.0个百分点。其中,"4+4+6"重点产业如集成电路、新能源、新材料、金融服务领域共有172个增资项目,3年计划投资额331.78亿元,分别占全部增资项目数和投资额的67.2%和76.4%。法拉薄膜电容器生产基地、士兰集科IGBT芯片项目、士兰明镓6英寸碳化硅功率器件项目、京东科技汇正融资担保项目、虹鹭千亿米钨丝产线提升项目、玉晶高端手机镜头及光学元件等一批重大项目均实施了较大规模的扩产计划,也体现了厦门"安商""亲商"的一流营商环境。

4.重大活动平台作用凸显

厦门举办中国投资贸易洽谈会、金砖国家新工业革命伙伴关系论坛、亚太电协大会、亚布力中国企业家论坛厦门峰会、中国人工智能大赛、科技创新大会、校友经济联盟大会、中国(厦门)生物药产业大会等特色活动。"9·8"投洽会恢复"一年一办",厦门团共签约228个项目,总投资达1014.57亿元,签约项目数、签约项目总投资额、外资签约成果均居全省第一。夯实校友招商运作机制,校友经济促进会实现实体运作,新设新能源新材料等专业委员会,开展新能源产教人才发展论坛等校友活动40余场,新增重大校友项目49个。

5.基金招商成为重要手段

全市成立产业链招商基金、供应链协作基金和先进制造业基金等3只基金,古地石基金小镇、杏林湾基金集聚区形成品牌效应。备案私募基金管理机构、管理基金数量均排名全省第一,占全省管理机构总数约58%;中金、鼎晖、红杉等头部机构齐聚厦门;全市基金注册规模超4500亿元。通过基金引项目、引资金、引人才成效的显著,先后实现等近百个项目落户厦门。

二、厦门市招商引资面临的问题与挑战

2023年国际经济复苏缓慢、地缘政治因素影响持续,国内投资增速持续下滑、招商竞争激烈导致招商资源迅速稀释、项目引进条件水涨船高,对招商工作形成重大挑战。

1.项目竞争激烈投入大

当前,优质项目对于政策、资本提出较高要求,项目招商很大程度上依赖政策、资金和资本投入。新型显示、半导体、新能源、新材料、生物医药等战略性新兴产业均为国内具有较强经济实力的城市的招商重点,同类城市对战略性新兴产业的优质项目在固定资产、研发、人才、产值等方面给予多重奖励,支持力度大,但许多城市财政补助和筹措产业资本的能力也已接近极限。经初步摸底调查,可望在2024年动工的重大招商项目投资额219亿元,项目接续和储备仍是亟待解决的难题。

2.市场投资机会不明朗

国内正在经历新一轮产业结构调整。新能源、新材料、平板显示、平板显示等作为我市近年来重点发展的行业,总体需求出现了放缓。平板显示行业整体处于下行周期,动力电池产业产能出现过剩,储能行业也预计将接近饱和,以锂电池为首的新能源产业的投资正在放缓。生物医药、人工智能等产业前期估值偏高,虽然估值处于回调中,但众多基金仍处于多看少动的状态,影响投资进展。对专业化招商,特别是项目分析研判能力提出了更高要求。

3.外资工作面临较大困难

受国际经济政治形势复杂、人民币汇率持续贬值、境内外利差不断扩大等影响,外资投资观望情绪加重。2023年1—9月,全国实际使用外资下降14.2%;福建省下降17.3%,1—10月,全市上报实际使用外资19.21亿美元(含待纳统数),同比下降7.7%。

4.主动推进项目的力度需增强

极个别项目在推进的过程当中,主动推动项目和解决问题困难力度仍然有欠缺,没有盯死看牢,缺失了抓住时机推动项目尽快落地的机遇。落"两化三清单"要求,紧盯一些关键时间节点来倒逼项目开工落地的责任落实机制要进一步抓好。

三、工作预测与展望

2024年,厦门市将坚持应急与谋远兼顾,以更精准、更有力的措施开展

"招大商、大招商、大员招商"。一是坚持以综改试点为引领,通过改革创新在招商竞争中打造新优势;二是坚持强链补链延链,加快推进产业转型升级,着力推动产业集群式发展;三是坚持提高产业创新能力,加快未来产业布局和数字化应用场景的应用,推进服务业与制造业、产业链与创新链的深度融合;四是坚持以开放优势赋能,全方位拓展欧洲、东南亚、中东和港澳台地区的外商投资渠道,助力打造新发展格局节点城市建设;五是深化项目全生命周期管理,狠抓项目策划生成和转段开工,完善项目要素保障,加强招商引资压力传导机制,推动项目加快落地见效。随着厦门前期重大招商项目不断投产和产能爬坡,配套产业项目将进一步加速聚集,综合改革和开放优势针进一步加快赋能,预计2024年,厦门市签约金额、开工项目投资额实行,增幅达到或超过全市社会固定资产增速。

四、关于推进招商引资工作的建议

1.强化基金招商

借助政府主导产业基金和市场化基金的专业力量,加强与中金、凯辉、愉悦等头部基金和专业基金的合作,积极引进国家大基金和省级基金,精选一批基金返投项目。积极吸引全球头部投资机构、国家级产业投资基金与我市共建子基金,推动中兵国调、中金启元等基金以资本合作带动项目落户。在当前资本市场普遍低迷的时期,对于一些项目来说,融资速度比估值高低更加重要,要抓住估值调整时机,"以投代招"引入强链补链重点项目。

2.强化链主招商

依托宁德时代、天马、海辰新能源等链主企业开展产业链上下游招商,引进一批有发展潜力的腰部企业和"隐形冠军"企业。争取引进货拉拉等新链主企业。在链主企业产业链条上发掘一些创新企业,帮助其导入链主企业供应链体系,吸引其来厦落户并丰富产业生态。

3.强化央企招商

挖掘央企招商潜力,抢抓央企发力战略性新兴产业的机遇,充分发挥驻点招商作用,对接央企在金砖创新基数、数字经济、海洋经济等领域开展更加全面合作,推动央企在厦门加大对重要领域和关键环节的资源投入,形成体系化产业布局。加快落实华润集团、中国通用、中国能建、国投集团、中国电力的战略合作进展,推进重大项目落地。

4.强化项目策划

放大综合改革试点政策效应,在数字经济、商贸、金融等领域拓展新机遇。

对接智库,加快研究氢能、化合物半导体、新材料、生物医药、人工智能等领域的招商新赛道的招商重点和目标企业。贯彻政府和社会资本合作新机制,瞄准交通物流、市政配套和智慧城市等新基建领域,拉动民营企业参与有效投资。策划在机场、地铁、人数据等方面的应用场景,形成有力的招商条件,吸引知名央企和外资落地。

5.强化外资招商

发挥侨商资源优势,加大与侨商在商贸物流等传统优势领域的合作,关注侨商在高科技等新领域的桥梁作用和投资动向。加强与新加坡、我国香港等主要外资来源地的经贸交流,推动与新加坡在战略层面的合作。捕捉中东主权基金密集来华投资的机遇,结合 QDLP 试点政策,推动与沙特等中东国家来厦投资。

6.强化增资扩产

以电力输配电、软件产业、新能源等已形成较好基础的产业为重点,进一步完善企业服务,推动企业不断增资扩产、转型升级,培养"生根型"企业。积极帮助企业谋划项目,推动累计未分配利润较高的企业增资扩产或再投资。关注在厦世界 500 强企业投资动向,推动其在厦扩大规模或新设业务板块。

7.强化招商统筹

发挥大员招商作用,市主要领导及分管市领导、各区和市直部门主要领导亲自抓招商、跑项目。定期召开市招商办项目协调调度会议,全生命周期推动项目提质提速。针对重大项目组成工作专班,盯死看牢、精准施策,力促项目早签约、早开工。

厦门市商务局　厦门市招商办　陈见锦

厦门市推进金砖创新基地建设情况分析及建议

一、总体情况分析

自 2020 年 12 月启动建设以来,金砖创新基地在工信部、科技部、外交部、中联部、国合署等国家部委的指导支持下,在省委、省政府及市委、市政府的坚强领导下,着眼"两个大局",牢记"国之大者",围绕"国家所需、福建厦门所能、金砖国家所愿",按照"以双边促多边、以民间促官方"原则,坚持全球化视野,充分发挥区位优势,聚焦"新工业革命"主题,强化"伙伴关系"根基,依托"创新基地"载体,主动承接部省资源和项目,扎实推进"政策协调、人才培养、项目开发"等重点任务;共发布四批 154 项重点任务清单,举办 30 多场金砖国家国际交流活动,组建金砖智库合作联盟及新工业能力提升培训基地联盟,开展 40 多场人才培训活动、惠及 80 多个国家、吸引 179.3 万人次参与,助推全球发展促进中心首个创新培训基地落户厦门,建成 8 个新工业革命领域赋能平台,推出超百个金砖示范项目,签约 77 个金砖合作项目,投资额达 385 亿元。基地建设取得阶段性成果。

1.坚持统筹兼顾,不断健全基地运行机制

(1)强化部省市协同联动。与工信部、外交部、国合署等相关部委加强沟通联络,及时汇报工作进展,听取指导意见,争取更多支持。建立健全基地年度重点任务清单推进机制,上下联动、同频共振,加强项目建设日常调度和实时把握,及时进行指导协调和跟踪推进。

(2)推动战咨委机制化运作。组成专题调研组分赴北京、上海等地拜访金砖创新基地战略咨询委员会委员,听取基地发展建议,酝酿战咨委主任建议人选,系统思考战咨委组织架构和运作机制,起草金砖创新基地战略咨询委员会管理暂行办法。

(3)促进实体机构高效运转。建立健全采购、财务等管理制度。正提请省委省政府、工信部共同向中央编办争取核定金砖创新基地为正厅级单位。同时,积极探索建立国际化运行机制,研究起草基地人才选聘及管理暂行办法,加快组建高水平、高素质运营团队。

2.助力协同创新,拓展政策协调合作

(1)促进政策交流,加快联合研究。在厦成功举办全球发展倡议新工业革命伙伴关系研讨会、金砖投资贸易促进论坛、"金砖+"新兴市场国家会展合作论坛、金砖暨"一带一路"投融资贸易便利化论坛等交流活动。邀请北师大、中国社科院拉美所、复旦大学等知名高校及智库专家举办 3 期金砖政策讲堂。与智库联盟深化合作,完成"中巴产业合作指南"等 2023 年 8 项课题开题评审,推出 2 期《厦门金砖研究专报》、3 期《金砖及其他新兴市场和发展中国家动态资讯》,累计联合开展 28 项专项课题研究,推出 19 期研究专报和动态资讯;与赛迪研究院、中国信通院等工信部部属专业机构加强合作,聚焦金砖国家工业能力协同发展、产业链供应链创新发展、绿色发展等新工业革命领域方向,编制发展指数及研究报告。

(2)推动智库合作,加快国际化进程。与巴西圣保罗大学、南非金山大学、南非全球对话研究所等国外智库建立联系,探索国际智库合作新模式;联合厦门理工学院引进原巴西旅游部部长福鑫,推动成立金砖经济研究中心,为本地智库注入国际力量;同时,主动服务金砖"南非年",邀请浙江师范大学非洲研究院加入智库合作联盟,增强非洲研究力量,与上海国际问题研究院就赴南非发布研究报告、形成内参专报等开展全面合作。

(3)成立专业机构,推动技能标准互认。组建由 35 名委员组成的厦门市金砖技术与技能标准化技术委员会并召开第一次工作会议,举办首期"金砖技术与技能标准化建设助力中国标准高质量发展"研修班,加快开展金砖国家间职业技能、课程、竞赛等团体标准的编制、评审、互认、发布等工作,推进中外标准互认,构建与国际标准兼容的标准体系。

3.放大培训效益,深化人才培养合作

(1)做大"基本面",保持培训热度。对接国合署,在厦成立全球发展促进中心创新培训基地,联合工信部电子标准院、产促中心、中国信通院等部属单位,金砖新工业能力提升培训基地联盟,以及巴西中国矿业协会持续生成培训项目。在金砖未来创新园举办 2 场金砖国家技能发展与技术创新大讲堂活动;举办金砖创新基地标准化与知识产权系列培训等 6 场服务企业主题培训;举办 4 期"进入中国市场"系列线上培训;举办 1 期"海洋经济高质量发展研修班"线下培训班,共 26 个国家 30 名学员参加,初步建立学员数据库,完善项目合作意向信息。基地成立以来,已累计举办 40 多场培训交流活动,近 150 万人次参与,覆盖 70 多个国家。

(2)抓住"特色主线",打造培训品牌。聚焦新工业革命领域及全球发展倡议重点领域,融合福建厦门发展特色,叠加全球发展促进中心创新培训基地、金砖新工业能力提升培训基地联盟等资源优势,抓紧筹备工业互联网领航人才研修班、新工业革命技术与治理卓越人才研修班等培训活动。走访北京理工大学、北京航空航天大学、哈尔滨工业大学等工信部部属高校,推动金砖及"金砖+"人才培养合作。

(3)找准"热点",推动以赛促培。结合"鹭创未来"海外创业大赛平台,征集到28个金砖及"金砖+"项目,其中2个通过决赛。积极组织职业院校报名参与2023年金砖国家职业技能大赛、金砖国家未来技能挑战赛等。指导厦门职业院校聚焦高端制造、数字经济、人工智能等未来技术技能领域相关赛项,参与建立"金砖厦门创新基地优选赛项库",承接决赛阶段金砖训练营及职业技能赛事活动。

4.秉承开放共赢,促进项目开发合作

(1)汇聚创新资源要素,推动项目合作。由厦门市政府、厦门大学、俄罗斯莫斯科国立大学共同建设的中俄数字经济研究中心加快研究成果转化,2023年内将支持不少于10个中俄合作科技研究及成果产业化项目落地厦门;金砖未来创新园累积签约落地项目38个,入驻率超过95%;姚明织带(印度)工业园境外投资项目建设有序推进,2023年1—6月工业园已完成投资200万美元;北神能源总部结算项目落地厦门自贸片区,未来将探索与金砖国家开展油品贸易业务;规划建设厦门金砖数字工业智谷,项目总投资超18亿元。

(2)积极拓展国际渠道,促进交流合作。与巴西福塔莱萨正式结为国际友城,福塔莱萨成为我市在南美洲和金砖国家的第1个国际友城,开启中巴两座"金砖之城"务实合作的新篇章。拓展加强与巴西圣保罗州、塞阿拉州、皮奥伊州、北里奥格兰德州、戈亚斯州和巴西商业领袖组织中国区等地方政府、商协会交流合作,黄文辉市长率团出访期间在巴西圣保罗市举办"厦门市海联会客厅——走进巴西暨金砖创新基地推介会",签约采购销售和智能制造、生物科技等8个项目,金额超10亿美元。主动服务金砖"南非年",应中联部、工信部等部委邀请,积极参加金砖国家学术论坛、工业部长会议等机制性会议,推介金砖创新基地。作为地方政府合作务实成果,与南非德班结好已获全国对外友协批准。深化"金砖+"合作实效,持续拓展智利圣地亚哥首都大区、尼日利亚拉各斯市和乌兹别克斯坦锡尔河州、哈萨克斯坦杰特苏州等拉美、非洲和中亚地区重点城市的务实交流交往。

(3)推动更高水平对外开放,深化经贸合作。利用厦门在巴西、印度的经贸联络点举办6期经贸交流活动,参与企业500多家;持续拓展"买在金砖"影响力,2023年中国(厦门)国际跨境电商展览会专门设置金砖国家特色商品展示区,与抖音、快手、淘宝、天猫等平台联动,依托厦门象屿跨境电商产业园金砖国家商品服务中心开展"一国一案"网络直播带货,上半年开播近百场。同

时,在"云上投洽会"APP、小程序矩阵平台主页面设置"金砖国家精品专区",
与投洽会进行深入融合;做大金砖国家航空货运业务,开通厦门—巴西圣保罗
全货运航线,为国内首条金砖城市跨境电商空运专线;中欧(厦门)班列稳定运
行,2023 年 1—6 月,中俄线发运 24 列、2624 标箱,进出口货值 6.75 亿元。
2023 年 1—6 月,厦门市对金砖国家进出口 560.74 亿元,同比增长 46.72%。

(4)搭建多元化基地赋能平台,增强合作黏性。依托已上线运营的"星
火·链网"(厦门)超级节点,会同工信部、外交部提出共享共用区块链服务设
施合作倡议,推动建设"金砖创新基地区块链联盟",服务金砖产业数字化转型
合作;提升工信部部属单位在厦分支机构业务能力,推动 8 个基地赋能平台功
能升级,使其更具实用性和权威性,做好对外宣介准备;推动赛迪研究院在厦
设立实体分支机构,谋划"全球发展倡议新工业革命伙伴关系网络"88 家成员
在厦合作方向;筹建厦门金砖企业联合会,开展金砖业务"益企服务",为企业
"抱团"出海赋能。

二、存在问题

金砖创新基地是一项全新的、开创性的工作,各重点领域工作还处在边探
索、边总结、边推进阶段。虽经过三年的建设基础,开局工作已取得一定成效,
但受全球经济大环境影响和俄乌危机等叠加影响,整体建设效果有待显现,国
际影响力有待进一步提高。

1.高端专业人才支撑仍显不足

随着金砖创新基地建设步伐加快,基地建设对高素质专业人才的需求越
发迫切,但受制于金砖创新基地实体机构规格未定、人才引进机制不活等因
素,充实基地建设专业化、国际化专职人员遇到一定困难,难以形成梯度协调、
活力迸发的金字塔人才结构。

2.智库合作成果影响力有限

智库合作方式相对单一,对其他金砖国家智库吸引力不足,难以快速建立
深度合作,推进智库国际化。此外,当前课题研究社科类多、产业类少、发布渠
道相对单一,影响力因此受限。

3.项目合作广度和深度需要加强

基地启动建设以来,签约引进了一批项目,但项目的数量和质量还需要提
高,项目合作广度和深度亟须加强,具有全局性、根本性影响的重大项目、创新
项目和科技成果落地速度还比较慢。

三、对策与建议

在 2023 年的金砖国家领导人峰会上,金砖国家实现了历史性扩员,五国领导人一致邀请沙特、埃及、阿联酋、阿根廷、伊朗、埃塞俄比亚从 2024 年 1 月 1 日起成为金砖国家正式成员,这将给金砖合作机制注入新活力,也将为金砖创新基地建设带来新机遇。习近平在金砖国家领导人第十五次会晤上指出"金砖合作正处于承前启后、继往开来的关键阶段",并宣布"中国将设立'中国—金砖国家新时代科创孵化园',为科技创新成果转化提供支撑",为金砖创新基地进一步加快建设提供了根本遵循。

下一步,金砖创新基地将在工信部等国家部委的指导支持下,在省委、省政府和市委、市政府的领导下,坚持提高站位升格局,结合推进厦门市综合改革工作,有效发挥部省市三方共建机制、基地三级架构运行机制,以及我市金砖创新基地建设领导小组统筹协调机制等现有成熟工作机制,紧跟金砖扩员进程,深化三大重点领域合作,拓展"金砖+"合作,释放"金砖+"潜能,将基地打造成为服务国家外交大局、服务国内国际双循环、服务建设创新高地的金砖及"金砖+"务实合作重要平台。

1.高站位完善基地运行机制

(1)全面发挥理事会、战咨委作用。积极争取工信部国际合作司、外交部国际经济司等 21 家理事会成员单位指导支持,推动更多资源渠道汇聚厦门;推动理事会第三次会议审议通过战咨委主任人选及管理暂行办法,促成战咨委第一次全体工作会议召开,有效发挥其推动基地建设"智囊团"作用。

(2)加快基地人才队伍建设。在理事会全体成员单位支持下,提请中央编办、省委编办指导支持实体机构完成高规格定级。争取尽快出台金砖创新基地人才选聘及管理办法,研究完善一系列人事制度,通过"制度引才、机构聚才",加快引育高端国际人才,助力基地开展国际交流合作。

(3)规范各项工作制度。加快出台基地人才培训经费管理办法等,实现"以制度管人、以流程管事",推动机构规范化高效运作。

2.高层次开展政策协调交流

(1)办好论坛研讨活动。在工信部、中联部等相关部委指导下,重点办好计划于 2023 年第四季度举办的金砖国家新工业革命伙伴关系论坛、智库国际研讨会、智库合作中方理事会年会等高规格活动,并结合"金砖+"合作,争取国合署支持,承接全球发展倡议相关论坛研讨活动,深入推进各领域交流。

(2)深化智库合作。对接金砖国家高校、研究机构,推进智库国际合作进程。发挥金砖创新基地战略咨询委员会及智库合作联盟作用,持续推出金砖国家产业合作指南等研究成果,加快建设金砖创新基地政策与知识分享平台,推动研究成果转化落地。

(3)促进标准互认。对接中国电子技术标准化研究院,推动成立金砖国家国际标准化联盟等国际组织,服务金砖国家间技术交流、创新成果转化及数字领域各行业标准互联互通互认;联合厦门市金砖未来技能发展与技术创新研究院,持续开展相关团体标准制定和课程开发工作,探索推进金砖国家间质量、技术领域标准互认工作。

3.高标准打造人才培养体系

(1)发布培训计划。紧扣"新工业革命"这一主线,围绕数字经济、智能制造、绿色发展等领域,联合部属单位、高校、智库机构、企业等,面向金砖国家和受邀国发起人才培养计划,建立金砖国家人才培养专家资源库及创新创业合作人才库

(2)办好培训活动。扩大厦门金砖新工业能力提升培训基地联盟规模,结合厦门产业发展优势,重点办好工业互联网领航人才研修班、金砖国家新工业革命技术与治理卓越人才研修班等各类培训活动,组织各国优秀人才来厦交流,探索人才培养和项目开发、政策协调联动的培训机制,为政策研究、产业对接创造契机

(3)打造金砖品牌赛事。结合厦门市职教专业强项,继续办好金砖国家技能竞赛、创新创业大赛等赛事,打造金砖品牌赛事。紧扣产业优势及需求,精准设置竞赛项目,多赛道选拔人才,引导就业创业,助力产业发展

(4)创新人才培养模式。依托高校、医院及重点领域头部企业,打造高端访问学者中长期培养项目及外派技术专家技术技能培训项目,探索政府、企业和学员多方出资培养的新模式。

4.高成效推动项目开发合作

(1)打造一批创新载体。在科技部指导支持下,推动在厦设立面向金砖国家的新时代科创孵化园,以金砖未来创新园为中心区,统筹我市创新平台、科创孵化器和产业园区,构建"1+N"建设发展模式,细化专职运营队伍建设、专项基金资本运作方案,打造金砖及"金砖+"科技创新孵化和加速基地;加快推动企业、平台机构等创新主体在集美金砖未来创新园(软件园三期)形成集聚,加快建设金砖智能制造基地(同翔高新城)、厦门金砖数字工业智谷等基地特色空间新载体;建立项目信息库,成立金砖创新企业联合会,搭建企业服务平台;依托中俄数字经济研究中心等国际创新成果转化合作载体,加强新工业革命关键技术联合研发,推动产业国际合作。

(2)做强一批赋能平台。整合各级资源,充分发挥基地8个新工业革命领

域赋能平台功能作用,汇聚数字化、智能化、绿色化中国方案,强化厦门打造新发展格局节点城市的内外连接服务能力。围绕自贸区、火炬高新区双核心,打造一批面向金砖及其他国家的供应链创新与应用平台、高新技术园区常态化对接交流平台等。

(3)创建一批新工业革命试点示范项目。在工信部支持下,加快创建工业互联网创新应用示范区、元宇宙先导区和智能制造先行区,加大对外招商力度,加快策划生成新项目,打造一批国家级新工业革命领域标杆示范企业和项目。

(4)深化经贸合作。持续办好"买在金砖"系列活动,筹划建设金砖国家国际服务贸易合作区,深挖金砖国家能源、农产品等大宗商品市场潜能,支持供应链核心企业加大在金砖国家产业链供应链布局,做大与金砖国家原油进口、农产品等供应链贸易业务。同时,依托境外经贸合作园区、海外联络点等,加强与金砖及其他国家产业科技园区互动交流,引导和支持企业赴海外投资建厂、开设业务网点。

厦门火炬高新区管委会　　杨　帆
厦门市金砖办　　　　　黄　英　马骋遥
华侨大学　　　　　　　何玉龙
厦门工学院　　　　　　曹　丽

厦门市城市创新能力发展分析及建议

创新是推动发展的主要引擎,是构建现代经济体系的关键支柱。党的二十大报告提出,以国家战略需求为导向,集聚力量进行原创性引领性科技攻关,坚决打赢关键核心技术攻坚战。加快实施一批具有战略性全局性前瞻性的国家重大科技项目,增强自主创新能力。在国家战略指导下,市政府深入贯彻党的二十大精神,全面落实习近平总书记致厦门经济特区建设40周年贺信重要精神,深入实施创新驱动发展战略,积极推动城市创新能力发展。

一、总体情况分析

2022年,厦门市深入贯彻科技创新引领工程,积极完善科技创新体系,全市科技创新实力持续提升,创新能力指数在全国创新型城市中位列第12位。全市研发科技经费投入强度超过3.2%,位居全省前列,并被列为国家知识产权强市建设示范城市。每万人高价值发明专利拥有量达到20.8件,新认定高层次人才达1819人。全市规模以上工业企业数量达到2889家,有效发明专利数为19841件,较去年增长19.5%。全面推进新时代人才强市战略,新引进国际化人才2700余人,吸引7万余名大学毕业生来厦就业创业。根据世界知识产权组织发布的《2022年全球创新指数报告》,厦门市首次跻身全球"科技集群"百强,位列第91位,标志着厦门在全球创新舞台上取得了显著的成就。

2023年前三季度,厦门市坚持将科技置于第一生产力、人才视为首要资源、创新视为主导动力。深入实施创新引领工程,高标准建设厦门科学城,强化企业科技创新主体地位,实施新时代人才强市战略,优化创新创业创造生态,全力将科技创新的"关键变量"转化为高质量发展的"最大增量",并开创科技引领动能转换的新局面。根据世界知识产权组织发布的《2023年全球创新指数报告》,厦门市在全球"科技集群"百强中的排名迅速上升,位列第80位。这标志着厦门在全球创新领域的地位得到了显著提升,为城市的科技引领发展奠定了坚实基础。

1.科技创新发展全面保障

厦门市积极贯彻实施《厦门经济特区促进科技创新若干规定》,通过法治手段引导、规范、促进和保障科技创新活动,为构建更高水平的高素质创新创业城市提供更有力、更精准的法治支持。在此过程中,为了确保有效实施,全市建立了"执法检查—问题发现—专题询问—提出意见建议—代表建议督办—整改落实—满意度测评"的人大监督闭环效应。紧接着,全市陆续发布了《厦门科技创新引领工程实施方案》以及《厦门市关于进一步推动企业加大研发投入的若干措施》等纲领性方案和升级举措,以推动厦门以科技引领的方式实现发展动能的转换。在法治保障的基础上,厦门市连续两年入选"中国年度最佳引才城市",同时在"科技集群"和"科技强度"两项排名中跻身全球城市百强。这充分显示出厦门在科技创新方面取得了新的突破和进展,为城市科技创新的可持续发展奠定了坚实基础。

2.产业转型升级成效显著

系统梳理并构建动能持续、梯次发展的"4+4+6"现代化产业体系是厦门市创新能力发展的关键举措。全市正在实施先进制造业倍增计划,其中电子信息和机械装备作为支柱产业集群,其产值增长率达到了3.8%。在战略性新兴产业集群培育和火炬高新区双创示范基地建设方面,全市取得了国务院办公厅的督查激励。高技术制造业增加值在规上工业中的比重达到了42.2%,而新能源、新材料等战略性新兴产业的产值分别增长了40.7%和16.4%。厦门生物医药港的综合竞争力跻身全国前十,全年新增中创新航、厦钨新能源、万泰沧海3家产值超过百亿元的企业。2022年,全市新增了10家上市企业,境内上市公司实现了直接融资310.5亿元,这是2021年的1.7倍。数字经济规模超过4500亿元,同时,全市还开通了省内首条国际互联网数据专用通道,每万人拥有的5G基站数位列全省首位。这一系列数据充分表明了厦门市在创新能力发展方面取得的显著成就,为未来的持续创新奠定了坚实基础。

3.企业创新主体持续强化

积极推动高新技术产业的发展,加速实施"三高"企业倍增行动是厦门市创新能力发展的关键举措。为此,全市发布了《厦门市先进制造业倍增计划实施方案(2022—2026年)》和《厦门市人民政府关于印发加快推进软件和新兴数字产业发展若干措施的通知》等文件。在2022年,全市净增了806家国家级高新技术企业、64家专精特新"小巨人"企业,同时培育了4家制造业单项冠军企业。多家企业在这一过程中取得了显著成就。厦门钜瓷科技成功打破了国际垄断,成为国内最大的专业氮化铝陶瓷研发和生产基地。厦门三安集成电路有限公司团队在国内率先发明了"高功率附加效率外延片生长技术"等,多项技术达到了世界一流水平,并成功将项目产品引入中国通信终端行业的巨头。另一家本土企业奥佳华,截至2023年8月,其授权专利数量和发明专利数量均位居行业第一,彰显了其在创新领域的领先地位。这一系列措施和成果表明,厦门市在高新技术产业发展方面取得了显著的进展,为未来创新能力的提升奠定了坚实基础。

4.厦门科学城建设有序推进

2022年,厦门科学城建设全面展开,出台了《关于加快推进厦门科学城建设的若干措施》,旨在加速构建创新创业赋能平台,其中包括厦门科学城Ⅰ号孵化器和中关村大学科技园联盟成果转化基地等。同时,具有国际影响力的"海洋负排放"(ONCE)国际大科学计划也正式启动前期工作。截至2023年8月,厦门科学城管委会正式成立,迎来了新的发展阶段。主要园区已吸引超过1400家企业入驻,其中Ⅰ号孵化器已经投入使用。苏颂未来产业概念验证中心的建设已启动,首家联合实验室——"摩方联合创新实验室"签约成功落地。此外,中关村大学科技园联盟成果转化基地也吸引了42个项目入驻,涵盖新一代信息技术、高端装备制造、生物技术等多个领域。这一系列举措和成果彰显了厦门科学城在推动创新能力发展方面取得的显著进展,为厦门在科技创新领域的领先地位奠定了坚实基础。

5.高能级创新平台逐步增加

积极引进国内外一流高校、科研院,并在厦门设立研发机构和技术转移机构。推进建设詹启敏院士"厦门生物医药创新研究院"、王琦院士"厦门九体医学与治未病大数据研究院"、华为(厦门)开发者创新应用中心、腾讯优图AI创新中心等一批新型研发机构,新认定11家省市级新型研发机构。新增大博科技研发中心等11家新型研发机构。翔安创新实验室研发的鼻喷疫苗获批在国内紧急使用,获批建设"传染病疫苗研发全国重点实验室""国家医学攻关产教融合创新平台"。嘉庚实验室自主研制的1000标方碱性制氢装备等大型装备重磅发布,建成23.5英寸Micro-LED激光巨量转移示范线,累积孵化18家科技型企业。实验室还与宁德时代携手共建厦门时代新能源研究院,共同着手策划智慧储能大型科研基础设施。

二、问题与挑战分析

1.国际局势动荡

全球科技创新合作正面临着前所未有的"恶性竞争"和"逆全球化"挑战。高新技术前沿领域成为科技创新竞争的主要焦点,各个主要国家所涉及的领域交叉重叠现象明显,竞争焦点趋同,包括人工智能、量子科技、5G/6G、网络安全、新材料、新能源等。部分技术先进国家把不同国家科技创新竞争视作"零和博弈",联合所谓"盟友"对中国这样的后发国家在科技创新上的努力和追赶进行打压,鼓吹所谓"脱钩"。在这种背景之下,厦门"4＋4＋6"现代化产业体系发展会面临极大地挑战,尤其是在新能源、新材料等战略性新兴产业方面。

2.创新基础尚待加强

创新基础是城市实力的综合体现,也是支撑城市创新的关键因素。城市创新基础建设不仅取决于创新要素集聚,还取决于地区经济发展状况。GDP是国民经济核算的重要指标,也是衡量一个国家和地区经济状况和发展水平的重要指标。在全国增速达到5.2％的大背景下,厦门2023年前三季度GDP 5722亿,相比2022年前三季度增量约36亿,增速0.63％。厦门第三季度GDP依然未能止住上半年的颓势。2023上半年,厦门实际增速1.2％,在15个副省级城市中排名靠后。

3.创新要素集聚不足

厦门现代产业体系在创新、产业、供应、人才资金等"五链"的融合方面存在不足,要素聚集方面仍待加强,创新生态活力方面有待提升。例如,厦门新能源产业发展中,厦门时代新能源科技有限公司中创新航新能源(厦门)有限公司等龙头企业在前瞻技术研究与厦门大学的创新融合不够紧密;产业链上中下游的协同创新不足;探索储能融合发展新场景,有序推动加氢站规划建设等方面尚需加强政府引导。厦门科教资源较为短缺,尤其工科院校较少适应科技创新规律的体制机制有待完善,全市科技创新资源的统筹调配尚未理顺导致厦门现代化产业对创新的需求难以得到满足。此外,厦门市对高端创新人才吸引力不足,缺乏战略科学家,各层次人才都受到长三角粤港澳地区的虹吸。

4.协同创新体系有待完善

高校和科研院所等原始创新能力与现代产业体系匹配度不高,彼此之间协同联系较弱,龙头科技企业创新主体地位不显,没有形成紧密创新生态,产学研协同创新能力有待提高,创新联合体仅成立两家。产业链上下游的本地配套不紧密,如厦门的新能源车的动力电池电控芯片的主要配套仍然不是本地企业,厦门瑞为信息技术有限公司的机场智能安检系统首先用在首都机场而不是本地机场。规模以上企业超过一半无研发活动,缺乏具有核心竞争力的行业龙头企业和实力强、技术新、市场占有率高、成长性好的新经济企业。技术合同成交额是衡量科技成果转化的重要指标,厦门2022年吸纳技术5582项技术合同成交额156.71亿元,明显低于杭州(956.67亿元)、青岛(488.74亿元)等城市,这说明厦门市科技成果转化不够活跃。

5.高能级创新平台支撑作用有待提高

厦门的国家级创新平台和国家实验室数量较少,中国科学院及部属研究机构也仅有中国科学院城市环境研究所、自然资源部第三海洋研究所等少数几家,对厦门市现代产业的引领带动作用不足。以生物医药产业为例,药械审评审批时效与先进地区相比仍处于劣势缺乏检验检测、医药外包等高水平专业化服务机构,行业组织力量不够强大,对生物医药产业的策源驱动能力不足。同时,厦门市也缺乏重大科研设施,对相关产业发展研究造成较大影响。例如,生物医药产业方面,厦门缺乏类似上海同步辐射光源、大湾区散裂中子源这类的大科学装置。在生物医药基础研究方面难以吸引聚集人才不利于开展深层次研究。

三、预测与展望

1.国际科技竞争趋势

当前,全球正处于新一轮科技革命和产业变革的蓬勃发展阶段。科技创新正在加速推进,成为塑造世界格局和开创人类未来的主导力量。新一代信息技术,以人工智能、量子信息、移动通信、物联网、区块链为代表,正在快速突破和广泛应用。同时,在生命科学领域,合成生物学、基因编辑、脑科学、再生医学等方面持续涌现,带来了革命性的变革。新一代人工智能的代表,如ChatGPT等技术的突破,正对科技与产业产生深远的影响,引发了新的科技和产业竞争。这些创新不仅加速了技术的发展,也对传统产业模式进行了颠覆性的挑战,推动着全球科技与产业的融合与升级。

2.国家科技战略重点方向

面对国际国内发展新环境,国家迫切需要强化科技战略部署,抓住新一轮科技革命及产业变革机遇,坚持"四个面向",从强化国家创新体系建设和优化国家创新治理体系两方面出发,部署好以下重点任务。在强化国家创新体系建设方面,健全适应双循环新发展格局的国家创新体系,提升高质量发展保障支撑能力;优化保障国家发展安全的基础研究战略布局,推动国家基础研究水平持续提升;强化教育科技产业一体化人才自主培养模式,打造科技人才国际竞争比较优势;加快自主可控高效的产业创新生态系统建设,推动产业链创新链深度融合;健全开放信任、互利共赢的国际科技合作模式,营造全球开放合作创新生态。在优化国家创新治理体系方面,建设需求和问题导向新型国家科技治理体系,提升经济社会发展中重大关键科技问题的解决能力;加快建设形成支持全面创新的基础制度体系,不断提升科技创新资源在国家创新体系内的配置和使用能力;强化战略预见并不断加强前沿科技识别研判,提高科技发展战略预判能力和科技竞争应对能力;塑造科技竞争的新优势,加快培育非对称技术,不断增强国家在世界科技竞争格局中的主动权;探索构建多层级驱动的整体性创新政策体系,不断提升国家创新体系整体效能的系统治理能力。

3.厦门科技创新发展预测

在党的二十大报告的引领下,厦门市将始终把科技创新置于至关重要的位置,通过高效培育创新主体、构建创新平台、建设创新机制、培育创新人才等多方面措施,高质量推动科技创新发展,加速将发展动能转向科技创新。全市坚持将科技奖励政策的重点放在应用研究上,以促进科技创新与产业发展的深度融合。通过实施科技创新引领工程,全市致力于打造一批国际水准的研发机构和大型科研基础设施,努力突破一批具有原创性引领性的"厦门产"创新产品和技术,积极培育拥有技术主导权、国际竞争力的科技领军企业和创新型产业集群。全市加速厦门科学城的建设,将其打造成为厦门科技创新的"主引擎",成为城市转型和产业升级的源动力。同时,全市致力于营造良好的科技创新生态环境,通过更加精准的政策和措施,推动在成果转化、科技投融资、引才聚才、科教普及以及体制机制等方面形成良性循环,使科技创新成为全社会的共同追求和推动力量。

四、对策与建议

1.优化厦门科学城建设

关注并改进厦门科学城建设中存在的短板和弱项,推动其进入更高能级发展。具体而言,可从从以下六个方面展开工作:首先,要健全科学城的运营管理机制,形成合力推动建设的机制体系。其次,要加速争创国家级创新平台,并积极策划和推动大型科研基础设施的建设。第三,要推动重点项目快速落地,建立对引进和培育的新型研发机构的有效考核机制。第四,要打造具有标杆意义的孵化器,以加速推进未来产业园区的规划和建设。第五,要建设产业发展联动区,以提升科学城对整个市产业发展的支撑和带动作用。

2.推动现代产业体系发展

专注于现代产业体系,构建全链条的产业技术创新体系,强化创新、产业、政策、资金以及人才之间的协同作用,解决一系列"卡脖子"的关键共性技术问题,以提升整个产业链的创新水平,推动产业向信息化和智能化发展,加速升级产业技术创新,不断巩固产业基础能力,引领产业发展步入中高端。全市大力支持"科学家＋企业家＋投资人"的创新研发模式,积极探索产学研协同攻关和产业链上下游的联合攻关,以赢得未来产业发展制高点。全市在产业生态的布局中重点聚焦于"头雁科学家、重点实验室、创新联合体新型研发机构、孵化器未来产业园",以推动产业实现可持续发展。

3.重视科技成果转化

积极推动科技成果供需信息的对接,主动关注和追踪各高校、研发机构的研发进展、成果取得以及转化意向。全市着重对接厦门产业技术需求,引导、策划并提供服务,促使前沿科研成果在厦门实现转化和孵化。特别是对在厦门的高校和研究机构的科研动向保持密切关注。全市聚焦"4+4+6"现代产业体系中的关键产业技术领域,从厦门产业技术的优势出发,建立创新联合体。例如,全市支持构建创新联合体,由厦门钨业股份有限公司、联芯集成电路制造(厦门)有限公司等行业科技领军企业牵头,高校、研究机构、产业链上下游企业、政府部门等协同参与,共同打造新型科技成果转化模式。同时,全市要围绕新能源汽车、集成电路、电子信息、生物医药等产业领域,高标准建设科技公共服务平台,并将其资源与科技创新和产业创新链紧密连接,形成跨界融合、协同创新的良好势头。这一系列举措旨在促进科技成果的有机转化,推动产业发展向高端化迈进。

4.着力培育主导产业和龙头企业

厦门市的"十四五"规划明确指出了"构建以高端制造业和现代服务业为主体、以战略性新兴产业为引领的现代产业体系"的发展目标。在具体产业规划中,全市要坚持"有所为,有所不为"的原则,集中力量在少数几个厦门市已具备一定产业基础、发展潜力可预期、具备支撑条件和能力的产业上。在厦门市百强企业中,有3家千亿产值公司和24家百亿公司,同时还包括100家各类上市公司,这些都是各个领域的领军企业。全市应通过多要素的合力并举,包括资金、土地、人才、政策和市场等,将资源集中支持这些领军企业,助推它们实现规模扩大和实力增强。同时,支持这些龙头企业通过市场化方式进行上下游企业的并购整合,以促进更多企业迅速成长为"参天大树"。此外,全市应借力资本纽带,强化招商引资。发挥基金资本纽带的作用,推动城市经济发展与项目招引、产业培育的共融共生,实现协同发展。通过这些措施,可以更有效地引导资本流向重要产业领域,助力厦门市实现经济的可持续增长。

5.推进创新资源要素集聚

加强创新人才的支持是促进厦门城市创新能力发展的关键举措。全市正在推进"群鹭兴厦"人才计划,致力于打造一个国际化引才联盟,通过引进和培养一批战略科学家、一流科技领军人才以及创新团队,构建海峡两岸创新创业领军人才平台。在此背景下,全市应鼓励科技人才的双向流动,为他们提供更广阔的发展空间。为提升经济社会效益的评价权重,全市应优化人才选拔和

77

项目团队遴选机制,以便更迅速地聚集一流的科技领军人才和高水平的创新团队。同时,积极引导本地国有资本参与本地多领域企业的研发创新活动,甚至考虑可联合成立新型研发机构,以加强本地创新力量。为了完善科技创新人才的发现、培养和引进激励机制,全市应针对产业发展的关键领域和技术难题,组织青年人才承担攻关任务,并通过科研工作中的实际表现来培养和发现更多的科技人才。全市也应注重"高精尖缺"方向的引进与培养结合,努力聚集一批战略科学家和高水平科研团队。同时,全市正在进一步细化和落实《中华人民共和国促进科技成果转化法》等法律法规,确保科研人员能够充分享受到科技成果转化的实质性收益。通过这些措施,以期全市在创新人才方面取得更显著的成果,推动厦门城市走向科技创新的新高度。

华侨大学工商管理学院　林春培

厦门市实施乡村振兴战略情况分析与建议

实施乡村振兴战略，是关系全面建设社会主义现代化国家的全局性、历史性任务。"努力率先实现社会主义现代化"是习近平总书记从党和国家事业发展全局的高度，赋予厦门的光荣使命，是我们勇立潮头、勇毅前行的目标引领和强大激励。厦门努力率先实现社会主义现代化，短板在"三农"，重点难点也在"三农"，没有农业农村的现代化，就没有整个厦门的现代化。全面推进乡村振兴，加快实现农业农村现代化是全市当前的一项中心任务。本文拟就近年来厦门实施乡村振兴战略的情况作分析，并进一步提出相关意见和建议。

一、乡村振兴成效显著

近年来，厦门坚持农业农村优先发展，以农业高质量、农村高颜值、农民高素质为导向，学习借鉴浙江"千万工程"（习近平总书记在浙江工作时亲自谋划、亲自部署、亲自推动的"千村示范、万村整治"工程）经验，扎实推进乡村产业、乡村建设、乡村文明、乡村治理、农村改革等重点工作，加快建设宜居宜业和美乡村，连续3年在全省乡村振兴实绩考核中获评优秀等级，连续2次在全国"菜篮子"市长负责制考核中获评优秀，农村居民人均可支配收入保持全省第一，走出一条具有厦门特色的乡村振兴之路。

1.乡村产业发展提速

厦门市着力优化产业结构，加快壮大产业规模，都市现代农业千亿产业链群加快发展，突出表现在以下几个方面：

（1）加快种业振兴。建立全市种业振兴行动部门协调工作制度，统筹协调全市种业发展工作。成立厦门市农芯种业研究院，引进农作物新品种92个，完成5个蔬菜种子种苗产业发展项目，培育10个农业农村部授予植物新品种权的蔬菜新品种。加快建设种子种苗产业园区，推进厦门同安闽台农业融合发展（种子种苗）产业园建设，推进厦门翔安花椰菜育种研发基地、海沧棠潮园艺暨班纳利中国育种育苗中心项目二期建设。筹备并召开首届厦门种业博览会，打造两岸种子种苗业创新中心，加快现代水产种业、百利龙程仔虾繁育产业园建设，争创国家水产健康与生态养殖示范基地，创建1个国家级三角梅花卉种质资源库,花椰菜、三角梅、对虾等优质品种市场占有率全国领先。

(2)加快做优做强现代种养业。坚决守住粮食安全底线,出台《扶持粮食生产六条措施》,粮食播种面积、产量超额完成省下达任务。落实耕地质量保护与地力提升,蔬菜、水果、食用菌及肉、蛋、奶产量稳中有升。稳定生猪生产,2023年上半年全市生猪存栏18.01万头,生猪出栏16.43万头。

(3)加快培育农业特色产业。大力发展优质高效特色农业,做强"一村一品",举办国际花卉新品种展,建设15个蔬菜生产示范片,调整优化蔬菜产业布局和品种结构。2023年上半年,新认定5个"一村一品"专业村,推动2个产品开展全国名特优新农产品登录,推荐上报11个县域特色农产品、12个乡村美食菜肴。

(4)加快产业融合发展。推进现代农业全产业链招商,坚持"聚焦重点、精准发力、招大引强",着力招引一批"链主"企业,2023年上半年,全市现代农业签约项目58个,计划投资额67.11亿元;新增农业农村重点项目13个,已全部开工,完成投资2.6亿元;鼓励龙头企业增资扩产,加强产品研发、技术改造和品牌建设,扶持龙头企业发展项目45个。鼓励农产品企业运用电商拓展市场,不断完善农产品物流体系,2023年"网上年货节"期间,全市农产品网络零售额14.7亿元,占全省31%,位居第一。大力发展乡村旅游,完善乡村旅游高质量发展专项规划,推动同安军营—白交祠、翔安大帽山等乡村旅游重点项目,翔安区澳头社区获评全国乡村旅游重点村。

(5)加快壮大农村集体经济。深化"万企兴万村"行动,发动"四好"商会助力31个偏远村、山区村发展。出台《关于推动农村集体经济发展的若干措施》,按照"精准施策、量体裁衣、靶向发力"原则,策划建设、购置一批厂房、公寓等优质项目,通过引入国企建设运营、股份量化到村、加大财政补助和贴息力度等措施,增强集体经济发展内生动力。到2023年上半年,全市建成集体预留发展用地项目64个;收入50万元以上的集体经济强村达87个,占比59.2%。新型农村集体经济发展经验做法获得国家乡村振兴局交流推广。

2.乡村建设行动提质

厦门市高标准推进乡村规划建设,改善农村人居环境,完善农业基础设施,健全乡村基本公共服务。

(1)扎实推进农村建设品质提升。编制《2023年厦门市城乡建设品质提升实施方案》《厦门市村庄建筑风貌管控导则》,组织开展农村住宅通用图集,推动图集运用,以在地化可持续乡村建设服务理念开展驻镇村规划师试点工作,村庄规划工作走在全省前列;翔安区大帽山农场村庄建设规划获评自然资源部国土空间规划优秀案例。开展传统村落保护和整治提升,编写《厦门乡村记忆丛书》(未正式出版),加大农房整治提升力度,2022年以来至2023年上半年,完成既有裸房整治4144栋。启动集镇环境整治样板、闽台乡建乡创合作样板村建设项目,推进集美区"崇尚集约建房"示范区建设。规范农村宅基地用地审批,全面加强农村自建房及小散工程纳管工作,得到省住建厅肯定。

(2)深入推进"五个美丽"建设。从改造、完善、提升入手,持续打造一批美丽乡村庭院、美丽乡村微景观、美丽乡村小公园(小广场)、美丽田园、美丽乡村休闲旅游点。截至目前,建成美丽乡村庭院720户、美丽乡村微景观478个、美丽乡村小公园(小广场)89个、美丽田园28个、美丽休闲乡村12个。在全省乡村"五个美丽"建设现场会上,海沧区作了典型经验交流,其引入台青服务团队打造乡村微景观、因地制宜打造美丽庭院等做法得到省政府领导肯定。

(3)着力改善农村人居环境。加强流域水环境治理,高位推进农村生活污水治理提升,2019年以来至2022年底,完成全市1216个自然村提升治理工程,2022年翔安区大宅社区治理样板工程获评全省第一名;全市农村生活污水治理形成全链条、系统化治理"厦门经验"获得赵龙省长批示肯定。推进"绿盈乡村"建设,实施环卫和垃圾分类城乡一体化模式和管养体制,持续推进农村公厕改造提升和专业化管护,完善村庄生活垃圾治理机制,在全省率先实现所有村庄生活垃圾有效治理全覆盖。致力推动城乡基础设施一体化。加快完善农村公路网,串联乡村主要旅游景区景点和特色村庄,推动农村公路高质量发展,全市建制村通硬化路率100%,通公交率100%,同安区入围"四好农村路"全国示范县创建单位。加快推进农村供水改造,2022年石兜水库至西山水厂水源连通工程全线贯通,2023年上半年西滨社区山后张社自来水改造工程等8个项目已开工,农村供水保障能力进一步提升,自来水普及率达100%。加快推进"数字乡村"、农村通信设施、农村电网智能化建设,2022年至2023年上半年新建5G通信基站配套1033个,新建光缆724皮长公里,新建及改造基站开通133个,农网供电可靠率达99.99%,实现农村地区光纤100兆全覆盖、广播电视"村村通""户户通"。

(4)大力推进城乡基本公共服务均衡发展。推进名校跨岛建设和农村义务教育提升,双十中学翔安校区高中部投用开办,岛外中小学幼儿园的学位供给进一步加大,城乡优质校结对帮扶乡村小规模学校、乡村学校"一校一骨干"培训等工作持续开展,在全省率先实现义务教育基本均衡。优化医疗资源布局,马銮湾医院、环东海域医院等建设有序推进,新增街道的社区卫生服务中心建设加快推进,镇村卫生服务一体化管理和标准化建设有力推进,实现基本医保、大病保险、医疗救助等医保服务城乡一体化,全面实现村卫生所医保"村村通",打通群众就医"最后一公里"。推广"近邻+爱心敬老"模式,2022年以来至2023年上半年,持续完善农村养老设施,新建改造7个农村养老服务照料中心,推进116所农村幸福院质量提升,在全省率先实现镇(街)、村(居)养老服务设施全覆盖。

3.乡村文明程度提高

厦门市坚持乡村塑形与铸魂同步推进、同向发力,文明乡村建设深入实施,乡村文明蔚然成风。

(1)深化文明村镇建设。将文明村镇创建纳入全市创建的整体布局,全市区级以上文明村镇132个,占比达85%。培育集美区田头村、海沧区贞庵村等市级文明乡风示范点,积极开展"我为群众办实事"助力乡村振兴、爱心帮扶等活动,以点带面助推文明乡风建设。

(2)深化农村精神文明建设。推动新时代文明实践中心规范化建设、常态化运转,统筹运用"红色课堂""庭院课堂""近邻课堂"等特色阵地资源,开展形式多样的宣讲活动。各级乡村讲师团、宣讲队伍深入乡村宣讲社会主义核心价值观,教育引导村民破旧立新,推动移风易俗。

(3)加强乡村文化建设。全面完成镇(街)文化站、村(社区)文化中心提升达标建设,同安区田洋村、翔安区许厝村作为乡村文化振兴典型案例在全省推广。开展乡村传统文化保护传承工作,加强乡村文物保护,公布我市第一批闽南文化保护名录。推动乡村文化繁荣,开展"村晚"主题活动,各区联合基层文化活动中心、新时代文明实践所(站),广泛开展形式多样、内容丰富的新春系列活动。举办厦门市首届社区(乡村)运动会、翔安首届厝里艺术生活节,举办文化惠民活动,组织市属文艺院团深入乡村开展文化惠民演出。打造歌仔戏《高山情》、舞剧《花儿与海》等乡村文艺精品,作品入选省舞台艺术精品工程重点剧目。编辑出版《厦门乡村文化记忆—乡情乡恋·乡约乡训》,加大农村电影放映力度,新农村数字电影院线公司获评第九届"全国服务农民、服务基层文化建设先进集体"。

4.乡村治理水平提升

厦门市坚持党组织领导下的自治、法治、德治相结合的乡村治理体系建设,乡村善治水平显著提高。

(1)以党建为引领。坚持把抓党建促乡村振兴作为农村基层党建的鲜明主题,持续激发乡村振兴组织动能。制订组织振兴实施方案,清单化管理、节点化推进、精准化落实,推动农村基层党建与乡村振兴深度融合。市委组织部联合市纪委等4家单位开展"一肩挑"人员管理监督措施落实情况专项督导,举办新任村(社区)主干培训示范班,开展"开门一件事"等活动。优化乡村振兴"1+1"挂钩帮扶机制,择优选派32支驻村工作队,以"党建联盟"等方式推进跨村联建工作,该做法获评全省机关体制机制创新优秀案例一等奖。

（2）以自治为基础。全面推行"四议两公开"机制,落实党组织领导下的村级民主协商议事制度。积极推动乡村治理"积分制"试点,召开全市乡村治理积分制清单制现场观摩会,交流典型经验做法,促进各区互学互鉴。翔安区创新"美丽家园积分"考评制度,构建"积分＋金融"新模式,持续巩固村容村貌整治成效。海沧区深化台湾青年参与乡村治理工作,打造芦塘社等两岸融合治理示范点。

（3）以法治为保障。加强乡村法律宣传,推进民主法治示范村（社区）创建,推动"实体＋热线＋网络"三大便民法律服务平台融合发展和"148"法律服务品牌创建,打造一批具有地域性特色、智能化特点的法律服务品牌。推进农村公共法律服务体系建设,出台《关于为全面推进乡村振兴提供司法服务和保障的若干措施》,推动实施乡村"法律明白人"培养工程。全面深化"四门四访"机制（开门接访、进门约访、登门走访、上门回访）,畅通乡村群众利益诉求渠道,推广复制"高山议理堂"工作经验,加强涉农纠纷源头化解。2023 年 1 月同安区顶村村获评"全国民主法治示范村（社区）"（全市现有 6 个"全国民主法治示范村"）,翔安黄厝村建设全省首家新时代文明法治"田间学校"——翔安区青少年法治教育基地。大力推行乡村联勤联动,完善"1＋3＋N"联勤机制〔即由 1 名社区（驻村）民警、3 名网格辅警和 N 名村干部、网格员、护村队员等群防力量相互协同,共同参与基层治安治理工作〕,充实乡村治安力量。

（4）以德治为支撑。深入挖掘村居本土家风资源,建设"家风廊""乡愁馆"等设施,推动家风文化建设。举办"新乡贤"选树宣传活动,推动形成崇尚学习"新乡贤"浓厚氛围。以近邻敬老、医疗、关爱等为主要内容,在城乡社区推行近邻服务,被确定为全省城乡社区近邻服务唯一省级试点市,在全国民政厅（局）长基层治理现代化建设专题培训班上作典型经验交流。指导修订村规民约,同安区军营村、翔安区大宅社区等 4 篇村规民约入选省级优秀村规民约。

5.政策体制保障提效

厦门市城乡融合发展体制机制和政策体系持续健全完善,农村发展活力进一步激发。

（1）加强统筹协调。加强落实全市"三农"工作联席会议、市委乡村振兴办季度会议和每月调度会议等工作机制,常态化督导落实并协调推进乡村振兴各项重点工作。制定《市委农村工作会议任务责任分解方案》,着力推进 10 个方面 26 项重点任务落实。坚持项目"月调度、季通报、年考核"工作机制,采取"挂图作战"模式,加快项目建设进度,投资完成率位居全省前列。

（2）加强规划引领。围绕全面推进乡村振兴和率先实现农业农村现代化目标,因地制宜制定《厦门市加快推进农业农村现代化发展规划（2022—2027年）》等文件,为我市农业农村现代化提供指引。

(3)坚持试点示范带动。按照"产业化、景观化、生态化、品牌化"要求,高质量推动打造 12 个乡村振兴精品村。做好乡村振兴试点示范"提质扩面"工作,启动新一批 30 个试点示范村建设,坚持"串点连线成片",提升打造 6 条精品示范线路,扎实推动省级乡村振兴示范创建。按照"五位一体"、全面振兴要求,健全乡村振兴试点示范项目库,加大乡村产业振兴项目比重。

(4)健全完善政策体系。先后出台《关于支持"三农"工作补齐发展短板若干措施》《关于加快推进农业农村现代化的若干措施》,制定 20 多项配套文件。

(5)强化项目带动。2019 年至 2023 年 6 月,共计实施乡村振兴试点示范项目 1358 个,市级共投入乡村振兴试点示范专项奖补资金 8.67 亿元,推动打造 69 个乡村振兴试点示范村和 18 条乡村振兴动线,总投资 29.4 亿元。健全完善项目推进机制,明确时间节点,坚持挂图作战、倒排计划、倒逼进度。

(6)强化投入保障。把农业农村作为一般公共预算优先保障领域,制定《关于调整完善土地出让收入使用范围优先支持乡村振兴的实施方案》,将全市土地出让收益重点用于农村基础设施、农业农村生态环境建设支出。

(7)强化督导考核评价。将乡村振兴实绩考核列入市委督查检查考核年度计划,制定市对区及市直有关部门考核指标、分值和评分标准,成立专项工作组,对各区及相关市直部门实施实绩考核。

(8)壮大人才队伍。创建高素质农民培训基地,培育农村创新创业带头人,2018 年至 2023 年 10 月,共计 10 人获评全国农村创业创新优秀带头人。采取"订单式""委培制"等模式培养农村本土人才,引导大学生回乡创业和各类人才返乡创业,鼓励留学人才服务乡村振兴。出台《科技特派员扶持资金管理办法》,2018 年至 2023 年 10 月,共计下派科技特派员 378 名,各区均建立 30～50 人区级科技特派员队伍,实现行政村服务全覆盖,其中 3 人获评省"最美科技特派员"。

二、短板不足有待补强

在取得显著成效的同时,也存在一些短板和不足。一是农业产业化水平有待提高。农产品加工、冷链物流发展不足,龙头企业实力和规模总体不够强大,特色优势产业培育有待加快,一二三产融合发展有待加强,农业发展与生态保护的矛盾依然突出。二是乡村建设水平有待提升。村庄规划建设无序现象一定程度上存在,管理维护的长效机制仍待健全,农村基础设施和公共服务与城市比仍有较大差距。三是农村改革创新有待深化。农业发展空间受限问题亟待突破,城乡融合的路径有待拓展,农民增收的渠道尚待拓宽,乡村治理机制仍待优化,大部分村级集体经济仍比较薄弱,农村人才支撑还待加强。

三、紧抓重点全力推进

要以习近平新时代中国特色社会主义思想为指导,全面贯彻党的二十大精神,认真贯彻习近平总书记在中央农村工作会议上的重要讲话精神,深入学习推广"千万工程"宝贵经验,坚持农业农村优先发展,深入实施以城促乡、融合发展新模式,全力推进乡村振兴,促进农业高质高效、乡村宜居宜业、农民富裕富足。重点抓好以下几个方面。

1.推进乡村产业发展高质量

产业发展是乡村振兴的基础,是带动农民增收致富的根本途径,是解决农村一切问题的前提,要致力强龙头、补链条、兴业态、树品牌,推动乡村产业全链条升级。一是发展都市现代农业产业集群。围绕种子种苗、农产品加工、冷链物流等重点领域,加大现代农业龙头企业培育引进力度,培育一批具有核心竞争力的种子种苗、农产品加工龙头企业,支持预制菜等新兴产业发展,加快培育一批冷链物流细分领域的"专精特新"企业,发展农产品电子商务等新型流通业态,推动生产、加工、流通一体化发展,做强全产业链。二是发展高效特色农业产业。立足乡村特色资源,培育地域特色产品,开发农业产业新功能,发掘农村生态新价值,大力发展蔬菜、水果、食用菌等乡村特色主导产业,延长产业链、打造供应链、提升价值链,加快建立一批"小而精""特而美"的"一村一品"专业村,推动形成特色鲜明、品牌优佳、连村成片的产业发展格局。三是推动农村一二三产业融合发展。实施乡村旅游提质升级,深度推进农文商旅融合,开发乡村旅游精品线路,打造一批集"特色农业、养生度假、创意文化、精品民宿"为一体的乡村旅游点。围绕农业全产业链、价值链加快推进农业数字化建设,深入实施"数商兴农"和"互联网+"农产品出村进城工程,加快发展农村电子商务。四是促进厦台农业产业深度融合。完善两岸现代都市农业合作机制,加强两岸种子种苗、海上渔业交流合作,推进同安闽台农业融合发展产业园等项目建设提效提速,争创闽台农业融合发展推广区和推广基地,加大台湾农业"五新"(新品种、新技术、新农药、新肥料、新机具)示范推广力度。支持台胞参与乡村振兴,深度吸引台胞来厦兴办特色园区,发展民宿和文旅服务。五是发展农村集体经济。加强村集体经济组织建设,注重增强自身造血功能,健全组织运行机制,探索有效途径,完善挂钩机制,统筹用好财政资金、工商资本、社会资源等要素,加快建设集体经济发展项目。

2.推进乡村建设行动再升级

乡村建设是乡村振兴的重要载体,是造福农民群众的直接手段,要组织实施好乡村建设行动,让乡村环境更优美、基础设施更完善、公共服务更健全。

一要优化乡村规划。积极开展镇(街)村联编和驻村规划师工作试点,立足地域特点和乡村特色,优化乡村建设规划,推动规划、建设、管理、执法城乡一体化融合发展。二要改善人居环境。健全农房建设审批、规划许可、质量安全、建筑风貌等农村宅基地联审联批机制,健全自下而上、农民参与的乡村建设实施机制,深入开展乡村"五个美丽"建设,立足农村独有风貌肌理开展微改造、精提升,改造房前屋后环境。持续推动城乡环卫一体化发展,健全农村生活垃圾治理长效机制,开展农村公厕改造升级,推进农村生活污水入户收集和处理设施改造提升。三要推动农村基础设施升级。健全城乡基础设施一体化规划、建设、管护机制,推进"四好农村路"建设提质增效,实施农村供水保障工程、农村电网巩固提升工程、农村网络全覆盖工程,加强农村信息基础设施规划建设。四要提升农村基本公共服务水平。深入推进城乡义务教育、医疗卫生一体化发展,深入实施"名师出岛"行动,加快名校名医院岛外校区院区建设,推进农村"智慧校园"、卫生信息网络建设,加大乡村文化站、图书馆、体育设施配建力度,推进乡村养老服务中心、长者食堂建设。

3.推进乡村文明风貌再提升

乡村文明是乡村振兴的内在要求,是提升农村发展品质的重要抓手,要着力加强乡村文明建设,内铸"魂魄",外塑"颜值",彰显乡村新风新貌。一是深化新时代农村精神文明建设。广泛开展中国特色社会主义和"中国梦"宣传教育,加强农村思想道德建设,倡导社会主义核心价值观,积极举办各类群众性文化和科普活动,注重农村青少年教育问题和精神文化生活。二是深化文明村镇创建。深化新时代文明创建实践中心建设,宣传推广优秀村规民约,推进农村移风易俗,破除大操大办、天价彩礼、厚葬薄养、人情攀比等陈规陋习,推动形成文明乡风、良好家风、淳朴民风,持续提升农民精神风貌。三是深化农村生态文明建设。深入推进"绿盈乡村"创建,实施生态系统保护和修复重大工程,加强山水林田湖草现代化保护和系统治理,健全农业生产废弃物回收利用激励机制,强化农业面源污染综合治理,加快农村清洁能源建设,探索推动农业碳汇交易,推行绿色发展方式和生活方式。四是加强乡村优秀传统文化保护和弘扬。坚持守正创新,在发掘中保护,在利用中传承,大力弘扬闽南文化、优秀农耕文化,加强历史文化名村、传统村落保护,活态传承农村地区各类非物质文化遗产,让农村留住乡风乡韵乡愁。

4.推进乡村治理体系更优化

乡村治理是乡村振兴的重要内容,直接关乎社会安定和党在农村执政根基的稳固,要进一步优化乡村治理体系,让农村充满活力又稳定有序。一是加强农村基层党组织建设。健全农村基层组织体系,强化各区党委抓乡促村责任,强化基层监督,优化村党组织设置,配强村党组织领导班子,完善农村重大事项、重要工作由党组织讨论决定机制,紧抓软弱涣散村党组织整顿。二是健全基层群众自治机制。全面落实"四议两公开"("四议"指村党支部会提议、村"两委"会商议、党员大会审议、村民代表会议或村民会议决议;"两公开"指决议公开、实施结果公开)、"六要"(村里的事党组织要引领,村民要知道、要参与、要做主、要监督、要满意)群众工作法等制度,创新村民自治有效形式,善于运用党员评议会、公共议事理事会、乡贤理事会等协商议事平台,引导群众积极参与乡村治理。三是深入推进法治乡村和平安乡村建设。加强乡村法律体系建设,推动法律服务下沉乡村,推进区、镇(街)、村(居)三级联创,推广"综治中心+网格化+信息化"管理新模式,巩固"一村一法律顾问"全覆盖,维持农村扫黑除恶高压态势,提升村居党组织的群众工作水平,常态化开展"四门四访"活动,及时有效排查化解乡村矛盾纠纷,实现"小事不出村、大事不出镇、矛盾不上交"。

5.推进政策体制保障更健全

政策体制是乡村振兴的重要保障,是加快推进城乡融合的重要因素,要不断加强和改进党的领导,深入推进涉农体制机制改革,为乡村振兴增添动力活力。一是推动组织振兴。坚持以党建促乡村振兴,着力健全党领导农村工作的组织体系、制度体系、工作机制,压紧压实五级书记抓乡村振兴责任,加强干部队伍建设,夯实基层力量,推动区镇(街)班子和领导干部推进乡村振兴实绩考核制度落实。各级各部门要统一思想认识,加强工作协同,结合主题教育加强调查研究,努力提高服务"三农"工作本领和水平,不断增强加快推进乡村振兴的强大合力。二是强化政策保障。加大乡村振兴的技术、资金、人才、市场等支撑力度。加大产业帮扶力度,推动科技进农村、促农业、惠农民,加大涉农资金投入,提高土地出让收入用于农业农村的比例,加快健全和完善农村金融服务体系。有序引导毕业生到乡、能人回乡、企业家入乡,鼓励引导退休干部、退休教师、退休医生等回乡定居。大力拓展农业农村市场,支持农民工多渠道灵活就业和自主创业,着力构建持续促进农业增效、农民增收长效机制,做到政策不留空白,工作不留空档。三是深化农村改革。加快健全城乡融合发展体制机制和政策体系,强化以工补农、以城带乡、协调发展、共同繁荣的新型工农城乡关系,促进发展要素、各类服务更多向乡村有序流动。深化农村土地制度改革,稳步推进农村土地征收、宅基地制度、集体经营性建设用地入市等改革。深化集体产权制度改革,完善农村产权制度和要素市场化配置机制,探索农村集体所有制经济多样化发展途径和有效治理模式。推进新型农业经营制度改革,促进农业适度规模经营,加快培育壮大农业龙头企业、新型农业经营主体,探索"农民专业合作社+农业职业经理人+现代农业服务体系"的农业经营模式。完善乡村发展用地保障机制,探索闲置宅基地和闲置农房多种盘活方式,加强农村集体发展用地统筹,多形式探索乡村产业发展用地保障,拓展土地使用功能。

厦门市委政研室　钟锐辉

社会篇

厦门市城乡居民收入情况分析与预测

2023年是我国遭遇疫情冲击经济恢复的第一年,经济社会持续恢复向好,厦门城乡居民收入增速有所放缓,但总体呈现平稳回升态势。

一、厦门城乡居民收入情况

(一)2022年厦门城乡居民收入情况回顾

2022年,受复杂严峻的国内外环境和新冠疫情散发多发的持续影响,以及同比基期数的明显回升抬高,厦门居民收入增幅回落较快,但仍实现与经济社会同步平稳增长。

2022年,厦门全体居民人均可支配收入67999元,比全国平均高31116元,比全省平均高24881元;比上年名义增长5.7%,扣除价格因素,实际增长3.8%,名义增幅和实际增幅分别回落了5.0和5.6个百分点,增速明显放缓。

分城乡来看,城乡居民收入水平实现"双突破"。城镇居民人均可支配收入70467元,突破7万元关卡,比全国平均高21184元,比全省平均高16650元;增长(以下如无特别说明,均为同比名义增长)4.9%,扣除价格因素,实际增长3.0%,名义增幅和实际增幅分别回落了4.7和5.3个百分点。

农村居民人均可支配收入32323元,站上三万元台阶,比全国平均高12190元,比全省平均高7336元;增长8.1%,扣除价格因素,实际增长6.2%,名义增幅和实际增幅分别回落了4.2和4.8个百分点。

(二)2023年前三季度厦门城乡居民收入情况

抽样调查资料显示,2023年前三季度,厦门全体居民人均可支配收入56113元,增长4.2%,扣除价格因素,实际增长3.7%。

分城乡来看,城镇居民人均可支配收入57180元,增长3.1%,扣除价格因素,实际增长2.6%。其中,思明区67772元,增长3.4%;海沧区53328元,增长3.0%;湖里区55580元,增长3.1%;集美区53834元,增长2.8%;同安区48858元,增长2.8%;翔安区43496元,增长3.5%。

农村居民人均可支配收入28339元,增长5.4%,扣除价格因素,实际增长

4.9%。其中,集美区33747元,增长5.1%;同安区26722元,增长5.8%;翔安区25401元,增长5.5%。

(三)2023年前三季度厦门城乡居民收入的主要特征

1.收入水平靠前,大幅高于全省全国

从收入水平来看,厦门居民收入水平保持在全国前列、全省首位。2023年前三季度,厦门全体居民人均可支配收入56113元,是全国平均的1.9倍,比全省平均高20674元,比第二排位的泉州市平均高17279元。分城乡看,城镇居民人均可支配收入57180元,分别比全国、全省平均高17752元和12684元;农村居民人均可支配收入28339元,分别比全国、全省平均高12634元和8671元。

2.收入增长放缓,增势企稳回升

从累计增速来看,厦门居民收入增幅有所回落,但呈现出曲折向上的企稳回升态势。2023年一季度、上半年和前三季度厦门全体居民人均可支配收入增长3.8%、4.4%和4.2%,增幅比上年同期分别回落3.4、1.0和2.0个百分点。2023年一季度是疫情防控措施优化调整过渡期,随着疫情感染高峰结束,地方经济发展持续恢复,厦门居民收入增势调整回升。分城乡看,城镇居民收入增速从一季度的2.6%回升至前三季度的3.1%;农村居民收入增速从一季度的4.3%回升至前三季度的5.4%。

3.四项收入稳步齐增,收入来源多元化

从收入构成来看,前三季度厦门居民人均可支配收入的四项收入来源稳步齐增,共同推动城乡居民收入提升(具体见表1)。其中,工资性收入仍然是居民增收的主要支撑,全体居民人均工资性收入39791元,所占比重为70.9%;接触型消费场景恢复,推动居民经营性收入增长,全体居民人均经营净收入4456元,增长3.8%;受益于房租、利息以及红利收入的增长,全体居民人均财产净收入7755元,所占比重为13.8%。

表1　2023年前三季度厦门居民收入构成情况

指　标	全体居民			城镇居民			农村居民		
	收入/元	增幅/%	占比/%	收入/元	增幅/%	占比/%	收入/元	增幅/%	占比/%
可支配收入	56113	4.2	—	57180	3.1	—	28339	5.4	—
(一)工资性收入	39791	4.7	70.9	40635	3.5	71.1	17820	6.1	62.9
(二)经营净收入	4456	3.8	7.9	4377	4.9	7.7	6502	3.6	22.9
(三)财产净收入	7755	3.1	13.8	7998	1.4	14.0	1420	4.0	5.0
(四)转移净收入	4112	1.7	7.3	4170	0.8	7.3	2598	6.3	9.2

4.农民收入保持增长优势,城乡收入相对差距持续缩小

近年来,随着厦门跨岛发展战略的纵深推进和乡村振兴战略的有力实施,农民收入保持增长优势,城乡居民收入相对差距逐渐缩小。2016—2022 年期间,厦门农村居民人均可支配收入累计增加 14765 元,累计增长 84.1%,年均递增 9.1%,年均增长率比城镇高出 1.6 个百分点,城乡收入倍差从 2016 年的 2.45 逐年下降至 2.18。2023 年以来,厦门农村居民人均可支配收入继续保持增长优势,一季度增长 4.3%,上半年和前三季度均增长 5.4%,增幅分别比城镇高出 1.7、1.9 和 2.3 个百分点。

二、厦门城乡居民收入增长的支撑因素

1.就业形势平稳,工资收入是居民增收的"压舱石"

工资性收入是厦门居民收入的主要来源,也是拉动居民收入增长的主要力量。分城乡来看,2023 年前三季度,城镇居民人均工资性收入 40635 元,增长 3.5%,占比 71.1%,对收入增长的贡献率为 79.8%,拉动城镇居民收入增长 2.5 个百分点;农村居民人均工资性收入 17820 元,增长 6.1%,占比 62.9%,对收入增长的贡献率为 70.1%,拉动农村居民收入增长 3.8 个百分点。工资性收入增长的支撑因素有:

(1)政策性因素推动社会工资性水平持续提升。2022 年 11 月,厦门人社局发布厦门市企业工资增长指导线,企业工资指导线基准线为 6.5%,企业工资指导线下线为 3.0%。同时,继续提高最低工资标准,2022 年 4 月 1 日起,厦门最低月工资标准从 1800 元调至 2030 元,非全日制用工最低小时工资标准从 18.5 元调至 21 元,均为全省最高。此外,2022 年厦门城镇非私营单位就业人员年人均工资为 121641 元,比上年增长 5.3%。持续提升的社会工资水平推动居民工资性收入稳步增长。

(2)社会就业形势总体平稳。2023 年厦门继续强化"就业优先"导向,全力以赴做好稳就业工作,就业形势保持总体平稳。厦门人社局资料显示,2022 年,全市登记用工企业 24.16 万家,同比增长 9.61%;登记在职职工 277.56 万人,同比增长 4.55%;来厦务工人员 199.25 万人,同比增长 4.99%;城镇新增就业 17.69 万人,完成全年任务数的 136.08%;失业人员再就业 4.29 万人,完成全年任务数的 107.25%。

2.营商环境向好,经营净收入扩大居民"增收面"

居民经营性收入的稳步增长,为居民增收增添活力。分城乡来看,2023 年前三季度,城镇居民人均经营净收入 4377 元,增长 4.9%,在城镇居民四项收入来源中增长最快;农村居民人均经营净收入 6502 元,增长 3.6%。经营净

收入增长的支撑因素有：

（1）个体私营经济主体存量持续壮大。近年来，厦门先后出台了一系列优化营商环境创新举措，鼓励、支持和引导个体私营经济健康发展。据市场监管部门的统计，2022 年，厦门全市新增商事主体 17.2 万户，同比增长 17.6%，增长率位居全省第一；截止到 2023 年上半年，厦门全市现存商事主体 88.62 万户，其中个体户 44.51 万户，私营企业 41.80 万户，两项合计占全市商事主体 97.39%。个体私营经济的良好发展对于稳定和扩大城乡就业，增加居民收入，尤其是居民经营性收入起着重要的推动作用。

（2）文旅经济复苏。疫情防控政策优化后，接触、聚集型消费场景持续恢复，厦门文旅市场明显复苏。据市文旅局数据，2023 年"中秋国庆"双节期间，厦门累计接待游客 356.86 万人次，恢复至 2019 年的 122.15%；实现旅游收入 38.98 亿元，恢复至 2019 年的 105.81%。文旅消费市场的火热，直接带动了居民在交通、餐饮、住宿和批零等方面的经营性收入增长。

3.拆迁改造力度加大，财产收入成为增收"新引擎"

财产净收入的增长，是厦门居民持续增收的重要动力来源。分城乡来看，2023 年前三季度，城镇居民人均财产净收入 7998 元，增长 1.4%，占比14.0%；农村居民人均财产净收入 1420 元，增长 4.0%。财产净收入增长的支撑因素有：

（1）拆迁征地补偿款发放增加。2021 年起，厦门岛内外拆迁征地步伐明显加快，拆迁征地补偿款发放显著增加，加之居民投资理财意识日益增强，有更多居民利用闲置的大额征拆赔偿款进行投资理财，获取稳定的分红或利息。

（2）房租收入稳步提高。租赁需求量增加、房屋租赁价格上涨共同推动居民财产性收入增长。一方面，岛内外大批城中村拆迁，可出租房源数量减少，尤其是低价位出租房源大幅减少，拆迁人口住房安置的问题等使得租赁需求量阶段性增加。另一方面，厦门作为人口净流入城市，近年来常住人口保持平稳增长，2022 年全市常住人口 530.8 万人，比 2019 年 512.0 万人多了 18.8 万人，人口净流入是房屋租赁需求增长的有力保障。此外，2022 年厦门居住类消费价格上涨了 2.0%，在八大类消费中增幅居第二位，房屋租赁价格持续提高。

4.社会保障稳步发展，转移收入是居民增收的"稳定器"

厦门社会民生保障水平保持全国领先，居民收入再分配格局持续优化调整，居民转移净收入得到平稳提升。分城乡来看，2023 年前三季度，城镇居民人均转移净收入 4170 元，增长 0.8%；农村居民人均转移净收入 2598 元，增长 6.3%。居民转移净收入增长的支撑因素有：

（1）城乡居民养老金标准稳步提高。2023 年 1 月 1 日起,本市户籍满 5 年的待遇领取人员基础养老金标准每人每月提高 20 元,提高后为 350 元;本市户籍不满 5 年的,每人每月提高 10 元,提高后为 150 元。此外,参保人数持续增加,据统计,截至 2023 年上半年,参加基本养老保险的人数为 549.20 万人,同比增长 7.4％;参加职工基本医疗保险人数为 312.11 万人,同比增长 1.6％。

（2）困难群众救助标准接续提高。厦门城乡低保标准有较大幅度提高,2022 年 7 月 1 日起,最低生活保障标准由每人每月 850 元提高到 1005 元,增长 18.2％;2023 年 7 月 1 日起,最低生活保障标准再提高到每人每月 1120 元,增长 11.4％,特困人员、孤儿同步提高到 1680 元、2800 元。新标准实施后,预计每年增加财政投入 2700 多万元,惠及困难群众 1.8 万多名。日益完善的社会保障体系对居民稳定增收起到兜底作用。

5.乡村振兴战略有力,是农民增收"新东风"

2022 年以来,厦门力抓乡村振兴建设,围绕率先实现农业农村现代化目标,因地制宜制定多项有力有效的政策与措施。2022 年,全市乡村振兴千亿投资工程完成投资超 146 亿元;全市乡村振兴试点示范年度建设项目 263 个,建设进度和投资完成率居全省前列;全市农林牧渔业实现总产值 62.19 亿元,同比增长 1.7％;全市都市现代农业产业集群实现年产值 1170 亿元,增长 6.4％;全市新增农村集体经济收入 50 万元以上村 42 个,至年末已有 87 个行政村集体经济年收入达 50 万元以上。乡村振兴战略的全面推进,是农民收入保持更快增长的重要助力。

三、厦门城乡居民收入增长面临的主要挑战

1.经济形势制约居民收入增长

稳健运行的地区经济是居民持续增收的坚实基础。在复杂多变的国内外经济形势下,2023 年前三季度厦门 GDP 增长 2.0％,比上半年回升 0.8 个百分点,虽然经济运行呈现恢复向好态势,但增速分别低于全国 3.2 个百分点、全省 2.1 个百分点,居 15 个副省级城市末位,地区经济增长承压明显。宏观经济运行形势必将传导至居民收入的各方面,长期来看,厦门城乡居民增收的外部环境并不宽松。

2.居民收入渠道有待拓宽

从收入结构来看,2023 年前三季度,厦门全体居民人均工资性收入占比高达 70.9％,其他三项收入来源所占比重均不超过 15％,非工资性收入的占比合计仅为 29.0％。这说明劳动报酬是厦门城乡居民收入的主要来源和增长动力,依托于资产增值的财产性收入比重偏低,而体现经营性收入的民间投资

和个体经济活力不足;居民收入过度依赖工资,来源单一,收入结构仍有较大优化空间。加之当前地方公共财政收支平衡难度加大,部分行业和企业发展面临困难,居民工资性收入易受冲击,不利于居民稳定增收。

3.城乡收入绝对差距影响居民收入整体提升

城乡收入绝对差距仍在扩大。虽然近几年来厦门农民收入增速持续快于城镇增速,但两者之间的绝对差距仍在逐年扩大。从增量来看,2022年厦门城乡居民人均可支配收入分别增加了3270元和2429元,城乡居民收入绝对差距比上一年扩大了841元。持续扩大的城乡居民收入绝对差距在一定程度上影响居民收入的整体提升。

4.高基数下收入保持较快增速难度大

近几年,厦门城乡居民收入均保持较快增长,收入水平多年居全省第一、全国前列,基数水平较高,后续维持高速增长面临较大压力。以最近五年城镇居民人均可支配收入水平为例,2019年厦门城镇居民人均可支配收入59018元,比上年增长8.5%,增量为4617元。而2023年若要维持同样的增速,则需要达到5990元的增量。可见,在基数不断增高的情况下,保持居民收入持续快速增长的压力不断加大。

四、促进厦门城乡居民稳步增收的几点建议

当前经济恢复基础尚不牢固,经济下行压力较大,居民收入增速趋缓,要推进厦门城乡居民收入持续增收,还应着力推动经济运行好转、拓宽居民增收渠道,并进一步优化收入分配格局。

1.着力推动经济运行整体好转

居民收入与地区经济协同发展,应着力推动地区经济高质量发展,更好统筹发展与安全,抢机遇、强优势、挖潜力,扭转工业与出口下滑趋势,全力稳定工业经济大盘,稳住外贸外资基本盘,多举措提振消费市场,努力推动地区经济运行整体好转,为城乡居民持续增收打好坚实基础。

2.强化居民增收韧性

针对厦门居民收入来源单一的问题,还应通过"强优势"加"补短板"来强化居民增收韧性。一方面,应着力推进岛外招商,带动岛外失海失地失养居民再就业,缓解农村富余劳动力较多问题,改善城乡就业结构失衡现象;推进现代产业体系建设,增强新经济发展动能,做大做强产业链群,促使高端人才"引得进、留得下",提升居民整体就业质量,保持工资收入稳步增长。另一方面,在2023年前三季度城镇居民收入构成中,经营净收入仅占7.7%,是受三年疫

情叠加经济下行影响,个体私营经济不够活跃制约了居民增收。下一步应继续推动营商环境优化升级,鼓励居民积极创新、创业,提升居民就业的多样化和灵活性。此外,应通过积极发展村居集体经济,丰富理财和金融产品,完善金融市场立法,以及稳物价等措施来推动居民财产性收入持续增长。

3.关注低收入群体,缩小收入差距

低收入群体生活水平的持续改善,有利于优化收入分配格局,是缩小城乡、区域居民收入差距的有效手段,也是提升居民整体消费能力进而拉动经济增长的重要着力点。建议进一步坚持提低限高扩中,有机结合税收杠杆、转移支付、社会保障等各种手段,平衡好"初次分配"与"再分配"关系,改善居民收入差距过大问题,一方面让全体居民平等共享经济发展成果,从整体上促进居民收入的稳定增长,另一方面壮大消费倾向较高的中等收入群体,切实提高平均消费水平,实现居民增收与经济发展的良性互促。

五、2024年厦门城乡居民收入展望

"十四五"以来,厦门高效统筹疫情防控和经济社会发展,统筹发展和安全,扎实做好"两稳两促"工作,经济社会保持健康稳定发展,民生福祉持续增进,城乡居民收入总体实现稳步增长。但也应看到,三年疫情冲击影响巨大,我国经济恢复的基础尚不牢固,经济下行压力犹存,特别是工业经济下行压力仍存,还有外需总体收缩等现实存在的不利影响,给经济对外依存度较高的厦门未来发展带来风险与挑战。2024年,厦门将坚持稳中求进工作总基调,更好统筹发展和安全,全面贯彻新发展理念,着力推动高质量发展,推动经济运行整体好转,预计厦门城乡居民收入将继续保持稳定增长态势。

国家统计局厦门调查队住户调查处 梁娇敏

厦门市卫生健康事业发展情况分析及建议

2023 年,厦门市卫生健康事业坚持以习近平新时代中国特色社会主义思想为指导,持续深化医药卫生体制改革,推进医疗卫生资源提质扩容,提高基层医疗卫生服务能力,加快补齐公共卫生短板,不断增强老年健康服务能力,进一步完善托育服务体系,努力为群众提供全方位全周期卫生健康服务。

一、2022—2023 年厦门市卫生健康事业发展概况

1.人口主要健康指标与发展指标稳步提升

厦门市居民主要健康指标连续 17 年保持在中高收入国家和地区前列。居民平均期望寿命 81.23 岁(其中男性 78.94 岁,女性 83.78 岁),高出全国平均水平 3.3 岁。孕产妇死亡率为 0,婴儿死亡率、5 岁以下儿童死亡率分别为 1.13‰、2.22‰,妇幼卫生指标居全国、全省前列。居民健康素养水平达 34.4%,比上年度提高 1.51 个百分点,对比同年度全国平均水平高出 6.2 个百分点。

截至 2023 年 9 月,本市人口出生率 5.05‰,其中一孩率 48.66‰、二孩率 39.92‰、三孩率 9.98‰、四孩及以上率 1.44‰,预计全年出生人数约 4.6 万。

2.公共卫生体系能力建设进一步提升

全市平稳有序落实"乙类乙管"各项防控措施,动态研判疫情形势,新冠疫情保持低水平波浪式流行态势。成功处置全省首例猴痘病例,建立适应厦门特点的传染病联防联控处置模式。成立市疾病预防控制局,重新整合组建市疾病预防控制中心,推动疾病预防控制体系改革进入新发展阶段。完善市区两级、平急结合的院前医疗急救体系,厦门大学附属翔安医院获批闽西南地区唯一省级紧急医学救援基地,首批投用 6 家二级以上综合性医院承接急救站点。普及全民应急救护知识和技能,截至 2023 年第三季度已培训救护员 20384 人。深入推进具有厦门特色的 15 个扩病种专病防治分级诊疗工作,结合千名医师下基层工作,实现专家下社区累计坐诊门诊量 39840 人次。提升基层医疗卫生机构心血管疾病防治能力,28 家基层医疗卫生机构通过国家基层胸痛救治单元评审,2 项关键救治质控指标达国家领先水平。实现 39 家基

层医疗机构"优质服务基层行"基本标准全覆盖,其中43.6%达到"推荐标准",4家达到社区医院标准。全市每万常住人口全科医生数达2.94人。2023年厦门市人均基本公共卫生服务经费补助达到112.25元,高于国家和福建省人均89元补助标准。

3.优质医疗资源扩容和均衡布局有序推进

全力推进川大华西厦门医院、苏颂医院2023年底开业,新增医疗床位2000张。推进急救大数据科创综合大楼(含市医疗急救中心、市医药研究所、江头街道社区卫生服务中心)项目策划,强化公共卫生应急能力。在岛内外规划康复专科医院,为综合医院和专科医院提供康复治疗和急慢分治转诊渠道。推进复旦儿科厦门医院翔安院区项目立项批复。市妇幼保健院集美院区项目、厦门市杏林医院及血站分中心项目、仙岳医院改扩建项目按计划有序推进建设。厦门大学附属第一医院院区改扩建工程项目进行可研编制。国家心血管医学研究分中心(厦门大学附属心血管病医院)扩建项目进入可研批复。推进海沧医院改扩建项目、口腔医院斗西院区改扩建项目前期工作。推进改造建设市级三级医院可转化ICU床位,共配足重症床位907张、建设可转换床位1302张。

4.医疗服务体系高质量发展取得阶段性成果

4个国家区域医疗中心引入输出医院新技术200余项,填补100余项区域医疗技术空白。新获批20个福建省临床重点专科。新增3家医院成为"国家呼吸医学中心厦门协同中心"。新遴选10个市级医学质控中心。持续推进与复旦肿瘤医院合作共建复旦肿瘤厦门医院、与哈尔滨医科大学合作共建苏颂医院。厦门大学附属翔安医院成为市属公立医疗机构。加强临床学系建设管理,完成厦门大学医学院临床学系中期考核。提升中医药服务能力,新增2家岛外基层医疗机构成为省级基层精品中医馆项目建设单位,3家综合医院获批"十四五"非中医医疗机构中医药科室建设项目单位。厦门大学附属第一医院、市中医院共12种院内制剂成为福建省医疗机构中药制剂调剂试点品种。成功举办"2023海峡两岸中医药发展与合作研讨会",促进两岸中医药高质量发展。

5.医疗卫生信息化惠民便民居领先水平

厦门借助信息化技术为医改赋能,引导公立医院持续提升内部管理能力和医疗服务能力,实现信息技术惠民便医。截至2023年9月底,全市统一挂号预约超1200万人次,居民电子健康档案共享超3400万人次以上,区域影像互认调阅超2270万次。全市三级医院93.33%达到国家电子病历等级测评4级水平以上,86.67%达到国家健康医疗信息互联互通标准化成熟度四级甲等及以上,均处国内领先水平。全市 20 家公立医疗机构和 39 家社区服务中心上线"先诊疗、后付费"信用就医服务功能,累计节约就医时长约 194.92 万分钟。2022 年数字中国建设峰会数字健康分论坛发布的《全国卫生健康信息化发展指数(2022)》中厦门建设水平指数排名全国第一。

6.医学科研创新赋能公立医院高质量发展

厦门大学附属第一医院获评全国首批日间医疗质量规范化管理哨点医院,是福建省唯一上榜医院。厦门大学附属中山医院获得"全国十大医学人文品牌医院"称号。厦门大学附属心血管病医院筹建厦门市心血管健康产业技术创新联合体。复旦中山厦门医院启动血栓专病防治中心建设。复旦儿科厦门医院服务儿童近 50% 来自周边地市,其中 14% 来自省外。川大华西厦门医院获批国家老年疾病临床医学研究中心福建分中心。北中医东直门医院厦门医院在 2022 年艾力彼中国中医医院百强榜中居 39 位。全市医疗机构获批立项 53 项国家自然科学基金项目;获得 2022 年度厦门市科学技术奖 15 项,创近五年新高;新获批 10 家市级重点实验室。厦门大学附属中山医院和厦门大学附属第一医院分列《中国医院创新转化排行榜(2022)》第 86 名、第 97 名。

7.卫生健康领域综合改革稳步推进

深化医疗领域"放管服"改革,加强医疗行业综合监管。推进卫生健康领域综合改革试点工作,建立健全改革推进落实工作机制。全市所有卫生健康行政许可项目即办件比例提升至 70%,网上审批件占比达 90.1%。探索"零材料"的审批模式,试点推行"护士执业注册零材料办理"。开展医药领域腐败问题集中整治工作,将全市 635 家单位(组织)全面纳入整治范围,构建风清气正的行业氛围。对全市 347 家医疗机构开展肿瘤基因检测不规范问题整治专项行动。联合质控专家对 13 家医疗机构进行驻点监督,实现卫生监督执法与医疗安全质控融合发展。深入推进职业病危害专项治理工作,将 281 家企业纳入治理对象,36 家企业获评"健康企业"。深化爱国卫生运动,组织开展《厦门经济特区控制吸烟若干规定》立法调研。

8.全生命周期健康保障体系进一步完善

完善重点人群健康服务,落实全生命周期健康保障。开展老年口腔健康、老年营养改善、老年痴呆防治、老年心理关爱四大行动。共打造 9 家"全国示范性老年友好型社区",19 家综合性医院设置老年医学科,国家级老年人心理关爱点达到 8 个。全市医养结合机构拥有床位 10535 张,试点建立家庭病床超 1800 张,26 家安宁疗护机构共有床位 345 张,有效增强老龄健康服务能力。

推行母婴安全行动提升计划、健康儿童行动提升计划、出生缺陷防治能力提升计划等一系列妇幼健康行动计划。已有 4 家产前诊断机构、11 家产前筛查机构,免费新生儿四种遗传代谢病筛查、先心病筛查惠及所有在厦出生的新生儿。"两癌"筛查工作补助经费由 150 元/人提至 233 元/人。因"两癌"防治成效突出,厦门市继续被全国爱卫办列为第二批健康城市建设试点单位。

实施优化生育政策及配套支持措施,出台《关于优化生育政策促进人口长期均衡发展的实施方案》,积极展开托育职称评审和小微型托育点管理 2 项试点改革。新增 25 家普惠性托育园,全市普惠性托位数超 7000 个,居全省前列。至 2023 年 10 月,全市千人均托位数超 3.6 个,提前完成 2023 年千人均托位年度指标。试点"医疗机构—社区卫生服务中心—托育机构"三位一体"医育结合"新模式。获得第一批全国婴幼儿照护服务示范城市称号,并在全国托育服务工作推进会上做经验交流发言。

二、问题与挑战

进入全面建设社会主义现代化国家的关键时期,人民群众对美好生活的向往将更为强烈,而医疗卫生事业作为人民群众生命安全的重要保障,也被寄予更高的期盼。与此同时,受到城市化进程加速、老龄化进程加快、居民疾病谱变化等因素影响,外加传统传染病与新发传染病相互交织、传染病与慢性病双重叠加的复杂形势,厦门市卫生健康事业面临着新形势下的发展压力与挑战。主要表现在:

1.医疗卫生供给侧结构仍需优化

厦门岛外各区整体医疗设施分布均衡度不足,部分乡镇医疗服务可达性有待提高。人均医疗资源相对不足,全市每千人口拥有卫生技术人员数、执业(助理)医师数和注册护士数与一线或准一线城市相比还有一定差距;高层次卫生人才较少,尤其是儿科、妇产科、麻醉、精神卫生及急救等紧缺专业人才以及基层复合型卫生人才明显短缺;三级综合医院床位数占比偏高,基层卫生机构床位较少;中医、精神卫生等部分专科床位数尚有一定缺口;二级医院运行后劲不足,亟需寻找新的定位和发展路径;虽然基层医疗卫生服务水平和能力有所提高,但与群众健康需求仍存在一定差距。

2.深化医改工作仍有待完善

"三医"协同发展对"三医"治理能力提出了更高要求,以公益性为导向的公立医院改革需要进一步深化,医疗服务价格改革机制和医改监督评价机制还不够完善,医药保障供应体系有待健全。生物医药产业前沿领域布局滞后,医药科技创新能力有待加强。临床重点专科水平还不够高,医学人才培养机制体系还需完善。优质医疗资源辐射范围仍需进一步拓展。卫生健康事业财政投入与新城建发展、人口导入速度及群众较高的健康保障需求存在差距。

3.公共卫生体系建设仍有待加强

疾控体系体制机制建设尚不完善,还未形成长期稳定投入机制和长效激励机制,疾控体系改革仍待持续推进。公共卫生应急管理体系建设仍需加强,实验室检测能力亟待提高,传染病防控和应急处置能力水平需要进一步提升。健康优先和健康融入万策的理念有待进一步加强,健康影响评估制度尚未建立,影响市民健康的主要危害因素的监测和干预还不到位;中医药在预防、治疗、康复中的特色优势尚未充分挖掘,医防融合发展还有很大空间,共建共享健康厦门的氛围还不够浓厚。

4.构建养老和生育友好型社会仍有待提速

老年健康服务体系尚未完善,全市人口年龄结构趋于老龄化,特别是流动人口老龄化也开始加快,对于医疗保健、康复护理等服务的刚性需求增加,加大了医养结合服务供给的压力。与之相对的托育体系建设压力也未减,3岁以下婴幼儿照护服务存在托位缺口。社会资本对开办托育服务参与积极性不强,群众对托育服务的接受度和信任度有待提高。

三、2024年卫生健康事业发展预测与展望

健康是促进人的全面发展的必然要求,是经济社会发展的基础条件。党的二十大报告在"四个面向"中将"面向人民生命健康"首次写入党的代表大会报告,进一步提高了卫生健康事业在经济社会发展全局中的优先度,也对卫生健康工作提出了更高的要求。新冠疫情后,各级党委政府对卫生健康事业的重视程度空前提升。以创建高水平健康之城为牵引,全面实施健康厦门战略,把健康优先贯彻落实到经济社会高质量发展全过程,将为厦门在全面建设社会主义现代化国家新征程中走在全国前列提供坚实健康保障。

1.构建政府主导的公益卫生健康服务体系

习近平总书记指出,必须毫不动摇把公益性写在医疗卫生事业的旗帜上。全面贯彻落实党的二十大精神,坚持健康优先发展,要求政府强化对卫生健康的领导责任、投入责任、管理责任、监督责任,加大公立医疗卫生机构建设力度,加快构筑优质高效整合型医疗卫生服务体系,构建健康投入优先的政府投入格局。

2.大力提高公共卫生服务能力和水平

后疫情时代,慢性病负担日益沉重且发病呈现年轻化趋势,职业健康、心理健康问题不容忽视,对高质量高标准建设公共卫生体系提出新要求。同时,

人民群众健康意识显著增强,突发公共卫生事件认知水平和自救互救能力不断提高,为探索建立系统的健康"第一责任人"激励机制提供社会基础,有利于推动形成人人重视健康、人人追求健康、人人受益健康的新局面。

3.培育大健康产业成为经济新增长点

未来厦门人口增长放缓、老龄化进程加快,要实施积极前瞻的人口发展战略,以人口为基本要素,完善公共卫生资源配置,推动医疗服务设施布局、供给规模与人口规模、结构及区域分布相适应,借助科技革命和数字经济大力提高本市卫生健康服务品质,将大健康产业发展成为厦门的重要投资领域和特色城市名片。

四、对策与建议

1.加快卫生健康资源供给侧改革,着力优化医疗资源布局

要进一步优化医疗卫生机构资源、医护资源以及床位资源布局,促进卫生健康资源和卫生健康服务承载能力平衡发展。重点推动落实对符合区域卫生规划的公立医疗机构基本建设和设备购置、重点学科发展、人才培养等投入,加强社区卫生服务中心和卫生院与配套资源建设,推进优质医疗资源下沉社区,促进城乡医疗卫生机构和资源形成合理结构,要注意吸取疫情的经验教训结构,依托三级网络构建不同的公共卫生网络节点,为基层特别是农村地区提供公共卫生保障,促进城乡基本公共卫生服务均等化优质化,让城乡居民共享生命健康安全。

2.深化医药卫生关键性领域改革,让群众拥有更多获得感

要促进医保、医疗、医药协同发展和治理,健全分级诊疗制度、现代医院管理制度、全民医保制度、药品供应保障制度、综合监管制度等5项制度。加强党对公立医院的全面领导,坚持党委领导下的院长负责制,深化以公益性为导向的公立医院改革,强化公益性为导向的绩效考核,促进公立医院高质量发展。深化公立医院人事薪酬制度和绩效考核改革,实施以增加知识价值为导向的分配政策。推进医疗服务价格改革和规范化管理,促进多层次医疗保障有序衔接,加强药品供应保障和质量监管,规范民营医院发展,全面加强医药领域综合监管,形成风清气正的行业环境,有效减轻群众看病就医负担。

3.聚焦破解群众"看病难"问题,持续提升医疗服务水平

要推动优质医疗资源向群众身边拓展延伸,围绕建立健全国家区域医疗中心管理体制、人事薪酬制度、补偿机制、应用创新医疗技术机制、自我持续发展机制、输出医院优质医疗资源生成机制等方面,加大政策支持力度。推进川大华西厦门医院妇儿中心、市妇幼保健院集美院区等项目建设,积极创建儿童友好医院,提升妇女儿童健康服务保障能力,持续改善优生优育全程服务条件。健全基层医疗卫生服务体系,深入开展"优质服务基层行"活动和社区医院建设,推进基层医疗卫生机构提档升级,争取到 2024 年,达到服务能力推荐标准、基本标准的村卫生室比例分别提高到 13%、80% 以上;推动建立签约服务新路径,加强以全科医生为重点的基层队伍建设,2024 年每万常住人口全科医生数目标达到 3.3 人。以满足重大疾病临床需求为导向,建设一批临床重点专科,形成布局合理、特色鲜明、引领前沿的优势专科群。实施中医药传承创新工程,加强中医药特色人才培养,促进中西医融合发展,深化中西医临床协同攻关,发挥中医药在治未病、重大疾病治疗、疾病康复中的重要作用。

4.加快完善公共卫生服务体系,促进医防协同、医防融合

要扎实做好新冠疫情"乙类乙管"常态化防控工作。健全完善重大传染病疫情监测、风险评估和预警制度,加快建设市级传染病监测预警与应急指挥信息平台。稳慎推进疾病预防控制体系改革,加强疾控骨干人才队伍建设,完善公共卫生人员准入、使用和考核评价等机制。强化各级医疗机构疾病预防控制职责,标准化建设公立医院公共卫生科室,加强传染病医院和综合医院可转换传染病区建设。探索与厦门大学共建"厦门市公共健康研究院",促进市校高层次专家、高素质公共卫生与健康人才队伍的融合,提升在新发、突发传染病和突发中毒等方面"一锤定音"的检验能力。积极构建平急结合的医疗救治体系,适当增加重症病床、120 急救等力量,建立梯度收治病人机制和双向转诊机制,加强多学科救治机制和能力建设。将前沿科技融入公共卫生与健康综合应用,运用现代信息技术实现部门联动、医防协同,以大数据驱动健康决策,提升全人群、全生命周期健康服务与疾病防控能力。

5.优化加强卫生健康投入,促进卫生健康事业高质量发展

要落实政府保障健康领域基本公共服务责任,建立与经济社会发展、财政状况和健康指标相适应的卫生健康投入机制和多元化资金保障渠道。鼓励医药科技创新,支持优质仿制药研发;打造中医药科技孵化器,加速疗效确切、临床价值高的特色创新中药研发,推动中药现代化发展。落实人才激励保障政策,推动建立适应行业特点的人才培养和人事薪酬制度。推动医学院校加强全科医学学科建设,加强精神、重症、老年医学、儿科、麻醉、公共卫生等专业人才和防治结合复合型人才培养。建立完善多部门协同推进机制,积极出台政策带动社会力量参与医养健康产业和托育服务行业,支持职业院校增设老年健康服务、托育服务相关专业,优化供给体系,推进实现"老有康养""幼有所托"。继续深入开展爱国卫生运动和健康厦门行动,鼓励创建卫生乡镇和健康单元,大力倡导健康的生活方式,持续提高市民健康素养,引导市民发挥主体作用,采取更加积极、更加健康的生活方式成为促进卫生健康环境发展的有机组成部分,为把厦门打造成为国内与国际健康城市典范提供坚实基础。

厦门市卫生健康委员会办公室　张逍宇
厦门市卫生健康委员会办公室　吕惠栋

厦门市教育事业发展情况分析及预测

教育是民族振兴、社会进步的重要基石。教育肩负着培养担当民族复兴大任时代新人的重任。办好人民满意的教育,是实现教育现代化的首要目标。当前和今后一个时期,是厦门市率先实现社会主义现代化的重要时期,更需要发挥教育的基础性和先导性的作用,为厦门市实现现代化提供强有力的人才支撑和智力支持。

一、总体情况分析

2022—2023年,厦门市教育系统全面落实立德树人根本任务,各项教育改革工作协调发展,主要指标稳中有升,在推进现代化教育强市建设、办好人民满意的教育方面取得了新进展。

1.学校建设项目有序推进

2023年,厦门市推动《厦门市教育设施规划(2020—2035年)》学校项目策划和落地实施,全年即将建设完成教育项目46个、新增学位数5.9万个左右。启动"百校焕新"工程,实施老旧校园更新改造,提升校园空间利用率。强化市属校基建项目的日常管理,推动2个省重点项目、7个市重点项目按时序建设,推进9所普通高中项目建成开办。跟进境内外优质教育资源来厦合作办学项目。2022年,建成76个中小学幼儿园项目、新增学位8万个,顺利开办厦门高新学校、双十中学翔安校区高中部和华师希平双语高级中学。

2.义务教育加快优质均衡发展

思明区、湖里区入选全国义务教育优质均衡先行创建县(区)。持续推进义务教育质量提升工程,聚焦以提升质量为本的课堂教学改革,提高校本作业影响力。高质量完成厦门市2023年义务教育质量监测,完成义务教育管理标准化、教改基地校省级评估。岛外四区积极创建"义务教育优质均衡发展县(区)"。在城乡一体化方面,城区学校和乡村学校已实现100%建立对口帮扶关系或教育共同体。在"双减"政策的落地方面,课后服务能力和水平不断升级,见效显著。

3.学前教育、特殊教育普惠发展

在学前教育方面,深入推进县域学前教育普及普惠创建,进一步提升公办率、普惠率、示范率。加快形成幼小科学衔接的良好教育生态,总结提炼省级学前教育改革实验成果。特殊教育方面,实施特殊教育更高质量融合发展改革行动,出台《厦门市"十四五"特殊教育发展提升行动计划实施方案》,以现代化信息技术支持特殊教育优质发展。2022年,特殊教育成果入选第三届全球减贫获奖案例。

4.高中阶段多样优质发展

2023年,厦门市持续推进省级示范性高中、省级达标高中和省级课改基地校建设,健全教研员与基地校挂钩联系制度。实施区域高中教学"片区管理",开展市属优质高中与区属高中结对教研,扩大普职融通试点,做好特色高中建设三年行动中期评估,构建"校校有特色项目、人人能发展特长"的发展格局。与此同时,全力抓好高考备考工作,高考成绩保持全省领先。2022年,评选出了首批8所高中特色发展建设校和23所特色项目建设校。

5.职教高地建设起势见效

2022—2023年,厦门市推进7所职业院校、19个专业群省级"双高计划"建设;推动30个市级服务产业特色专业群、20个市级高水平高职专业建设;确定首批4所厦台职业教育合作交流示范校,遴选10家产教融合型培育企业、5个产教融合实训基地和6个产业学院,总结推广现代学徒制厦门模式。职教高考取得9个全省第一名,本科上线人数占全省近四成。在全国职业院校技能竞赛中共获得一等奖4个、二等奖14个、三等奖25个,2所中职学校获奖数包揽全省前二名,金砖国家职业技能大赛获奖数占全省近1/3。

6.推动高等教育内涵发展

厦门大学跻身世界大学学术排名全球200强,集美大学首次以第一完成单位在 Science 刊发研究成果。全市高校共27个学科进入全球排名前1%,占全省一半以上。印发实施《厦门市加快医学教育创新发展若干措施》;南理工厦门数字信息研究院揭牌运营。推动市属高校与集美大学、福州大学等高校签订市校合作协议,推动引进境外一流高校来厦合作办学,提升高校科研创新贡献度。

7.终身教育不断提质培优

推动建设全民终身学习网络平台,优化"互联网＋社区教育"学习服务模式和资源共享机制。支持市、区老年大学发展,推动高校老年大学建设,支持新时代文明实践中心(所、站)建设老年大学教学点,争创一批国家级、省级社区教育特色品牌。将《厦门经济特区老年教育若干规定》列入 2023 年立法项目。

8.教育领域综合改革迎来新进展

深化教育"放管服"改革。推进"入学一件事"集成套餐服务改革。深化教师队伍建设改革。实施"名师出岛"行动,公布第二批 60 个左右名师工作室,开展名师跨区域带教、送培(教)下乡和校际交流。2022 年,2 人获评国家级教学名师,2 人获评省第三届最美教师及提名奖,25 人获评省特级教师,17 人认定为省教学名师,14 人认定为省名校长。民办教育在招生就业、教育教学、实习实训等方面不断规范发展。教育数字化战略行动稳步推进,2023 年确认了新一批中小学校智慧校园达标校。厦门市学生资助管理系统平台应用获评 2022 年度教育部全国学生资助信息化工作典型案例。

二、问题与挑战分析

在实现社会主义现代化的道路上,教育的基础性、先导性作用将更加凸显,同时也面临着一系列挑战。当前,厦门市教育事业发展的现代化程度还不能完全适应城市现代化发展的需要,主要表现在:

1.学位缺口依然存在

随着二孩政策和户籍新政的实施,2023 年户籍适龄儿童数量达到一个高峰,同时随迁子女维持高位入学需求,因此,主要城区义务教育学位供给仍有较大缺口。幼儿园阶段,虽然普惠性幼儿园覆盖率正在快速提升,但岛内的幼儿园学位依旧紧张。由于全市学校布局规划建设相对滞后,因此,新增学位布局与实际需求也存在矛盾,这些都造成了学位缺口依然存在。

2.农村学校和民办学校发展相对薄弱

目前厦门市仍有少量 100 人以下的乡村小规模学校,同时,全市较为优质的民办中小学仅 5 所,多数民办学校办学特色不够鲜明、办学质量有待提升。随着全市随迁子女和户籍适龄入学人数持续增加,再加上经济社会的发展,人民对就近"上好学"的愿望日益强烈,在乡镇就读的希望能享受到和城区质量相当的教育,在民办普惠性义务教育学校就学的,希望能享受到与公办学校接近的教育等等,学生家长迫切希望能缩小校际、区域、城乡之间的教育差距。

3.职业教育和高等工科教育服务产业的能力不够强

职业教育和高等工科教育肩负着为社会培养大量技术技能人才的重任,对于新型工业化的发展意义重大。但是数据显示,当前厦门市的高技能人才缺口很大,职业院校师生的职业技能水平急需提升,而高等工科教育与全国先进地区相比实力薄弱,与厦门产业发展匹配不够紧密,服务产业发展的能力还有待进一步增强。

除此之外,当前厦门市财政性教育经费占全市 GDP 比例、一般公共预算教育经费占一般公共预算支出的比例仍然偏低,制约教育事业发展规模。中小学教师综合素质、培养培训的专业化水平还要进一步提升。

三、预测与展望

预计未来的 1—2 年内,厦门市普惠性幼儿园的覆盖率将达到 95％左右,基本实现学前教育公共服务全覆盖,其中,示范性幼儿园将达到 65％以上,此外,幼儿教师接受专业教育的比例将达到 92.4％以上,保教质量持续得到提高。义务教育阶段,学位问题将得到大幅度改善,随迁子女在公办校就读的比例将保持在 90％以上。同时,市域均衡发展水平得到较大提升,县域内义务教育优质均衡发展县比例将达到 66.7％,全市中小学生体质健康优良率将达到 52％以上。特殊教育方面,残疾儿童少年义务教育入学率将达到 99％以上。

高中教育阶段,录取率将达到 100％。教育教学质量不断提升,预计到 2025 年,普通高中在校生就读省级示范性高中的比例将达到 50％,高考本科录取率将达到 85％以上;信息化建设方面,中小学校智慧校园占比将达到 40％以上。职业教育稳步壮大、发展,集美区、海沧区、同安区、翔安区将新建或扩建 4～5 所中等职业学校职业院校,教师职业技能不断提升,“双师型”教师比例将达到 55％以上。

高等教育方面,到 2025 年,高等院校省级以上一流学科数将达到 55 个以上,每十万人口中在校大学生达到 4400 人左右。劳动者素质方面,社会新增劳动力受过高中阶段及以上教育的比例将达到 99.99％,主要劳动年龄人口平均受教育年限将达到 13.5 年以上。

三、对策与建议

1.全面落实立德树人根本任务

推进大中小学思想政治教育一体化建设。完善学校思想政治工作体系,实施时代新人铸魂工程、“大思政课”建设工程,建立健全大中小学思政课一体化备课研修、结对共建和交流展示机制,进一步完善民办高校思政工作考评机制,创新形式开展思政课教师和辅导员业务培训。开展青少年读书行动,提升阅读素养,助力价值观塑造。加强铸牢中华民族共同体意识教育和国防教育。推进大中小学德育、劳动教育一体化建设。培育和践行社会主义核心价值观,评选汇编全市"课程育人"、"文化育人"和"实践育人"优秀案例。加强学校德育质量管理,修订完善厦门市中小学德育质量测评标准。建设厦门市中小学生综合实践活动管理平台,编制中小学生综合实践活动课程。举办全市中小学劳动教育展示活动。

2.推动各级各类教育高质量发展

(1)推动学前教育普及普惠安全优质发展。优化学前教育资源配置,平均每一万常住人口配备一所幼儿园。到2025年,幼儿在公办幼儿园就读的比例达到55%以上,基本实现学前教育公共服务全覆盖,60%以上的区通过国家县域学前教育普及普惠督导评估认定。提升学前教育保教质量。规范幼儿园办园行为,注重保教结合,尊重幼儿学习方式与特点,推进幼儿园课程游戏化,推进儿童体质提升监测和多元智能开发。构建全覆盖的质量评估监测体系,加强幼儿园保育教育资源监管和质量监测。

(2)加快义务教育优质均衡发展和城乡一体化。全面提升基本公共服务水平,统筹推进市域义务教育均衡发展。首先,按国内发达城市标准建立具有厦门特点的高质量义务教育学校建设和管理标准,办好每一所家门口的学校,逐步减少班级学生数达到先进地区水平。其次,建立与常住人口增长趋势和空间布局相适应的城乡义务教育学校布局体系,使市域义务教育优质均衡发展水平、义务教育巩固水平、学生学业质量、学生综合素养发展水平均进入全国前列。再次,全面深化教育教学改革,推进基于课程标准的教学与评价,深化实施义务教育质量绿色评价体系。最后,积极提升学生的体育和美育素养,保障学生每天校内、校外各1个小时体育活动时间,并指导学生在义务教育阶段掌握至少2项运动技能和1项艺术技能。

(3)强力推进普通高中优质多样化特色发展。全面开展高中育人方式改革,推动基于中国学生核心素养的育人模式变革,高质量深化高中新课程改革,探索个性化的人才培育途径。全面参照福建省示范性高中标准建设高中学校。完善学生综合素质评价制度,探索多样化、多元创新型人才培养路径,为不同潜质学生提供更多发展通道。推动高中与高等院校、科研院所等联合培养人才。对接国内外顶级优质教育资源,推进科技创新后备人才培养。推进新一轮高中多样化有特色建设计划,建成一批内涵深厚、质量优异、特色鲜明、社会公认的省级示范性普通高中,已有若干所高中跻身国际国内知名高中行列。

(4)完善产教融合的现代职教体系。推动省级高水平职业院校和专业群建设。加强职业院校办学条件达标工作。加强中职学业水平考试的教研指导,积极举办和参加各级各类职业技能竞赛。遴选优质中职学校试办五年制高职教育,探索中职与应用型本科"3+4"、高职与应用型本科"3+2"贯通培养。推进建设市域产教联合体和行业产教融合共同体,建设一批服务产业特色专业群、产教融合实训基地、产教融合型培育企业和产业学院,推广"三双两段制"现代学徒制厦门模式。

(5)加大力度推动高等教育发展。全力支持厦门大学、华侨大学、集美大学、厦门理工学院等在厦高校"双一流"建设,推动与各高校签订市校合作协议,推动引进境外一流高校来厦合作办学,建成一批服务国家和省市发展战略的创新基地和新型智库,提升高校科研贡献度。遴选建设首批市级应用型本科高校高水平专业,支持厦门医学院与知名高校、高水平医院合作办学;推动厦门海洋职业技术学院升格为职业本科高校。建设高质量就业创业指导服务体系。

3.全力实施高质量教师队伍建设行动

加强高质量教师队伍建设,深化教师评价改革。持续落实师德师风第一标准,评选百名市级"师德标兵"。实施基础教育"强师计划",加大优秀人才引进力度,高水平推进人工智能助推教师队伍建设和"名师出岛"行动。持续推进教师培训工作迭代升级,研制中小学教师培训标准和学分制管理方案。推进职业院校教师素质提高计划,遴选建设 1~2 个两岸职业教育师资培训基地。将更多中高职一线优秀教师、行业企业技术技能人才纳入兼职教研员队伍,建立完善职业教育教研体系。

4.高质量深化教育数字化战略行动

推进智慧教育平台的普及应用,创建不少于 30 所智慧校园达标校。依托"i 教育"综合服务平台新增或升级不少于 5 个市级应用功能,提升教育服务"一网通办"能力。常态化加强教师信息技术应用培训,全市广泛普及人工智能教育,定期举办学生信息素养提升实践、优秀教师网络学习空间征集、基础教育精品课遴选等活动。

5.深化两岸教育融合发展

依托海峡两岸教育交流与合作基地,探索在厦台互建海峡两岸教师培训、研学和教育政策研究基地。深化厦台职业教育交流合作,助力两岸深度融合,遴选建设一批厦台职业教育合作示范校。继续办好海峡两岸百名中小学校长论坛等两岸教育交流品牌活动,加强厦门(集美)闽台研学旅行基地建设。深化厦金教育融合,实现厦门与金门学校的全面对接,形成特色明显、深度融合的厦金教育协作区域。

6.构建现代化教育综合治理体系

健全社会民众、专家学者、人大代表、政协委员等参与教育决策制度。深化教育评价改革。持续抓好深化新时代教育评价改革总体方案的落实工作,开展市、区教育生态评估和教育现代化水平评估。全面推进教育法治建设。开展"双随机、一公开"检查,加强青少年法治教育。全面落实学校办学自主权,推动现代学校制度改革创新。加快建设现代学校公共安全综合治理体系。全面建立健全民办教育机构办学风险预警防范和应急处置机制。推动民办教育分类管理。大胆探索混合所有制办学模式,支持和吸引企业等社会力量举办职业教育。

厦门市教育科学研究院　刘丽建

厦门市就业形势分析及预测

一、2023年厦门市就业总体情况分析

(一)2022年厦门市就业情况回顾

2022年厦门市经济实现平稳增长,全年地区生产总值(GDP)7802.66亿元,比上年增长4.4%。全体居民人均可支配收入67999元,增长5.7%。经济增长克服了疫情影响,厦门市总体的就业形势良好。2022年厦门市新增就业17.69万人,2022年末实有城镇登记失业人数5.26万人。接收高校毕业生7.81万人,同比增长10.7%。

厦门市2022年末就业登记在职职工280.68万人,与上年同期相比,增幅达5.4%。其中本市户籍81.42万人,占全市登记在职职工总数的29%。外来199.26万人,占全市登记在职职工总数的71%,其中:省内来厦务工人员96.85万人,占来厦务工人员总数的48.60%,省外来厦务工人员在职人数102.4万人,占来厦务工总数的51.39%。外省来厦务工最多人数前十名为:江西省19.11万人,河南省10.64万人,四川省10.52万人,贵州省8.86万人,山东省6.79万人,湖北省6.08万人,湖南省5.02万人,安徽省4.79万人,云南省4.73万人,重庆市4.66万人。

台资企业用工情况:截至2022年12月20日,厦门市共有3593家台资企业办理就业登记,登记在职职工14.55万人,较2021年末减少2.48%。2022年末厦门市留学人才总量3.58万人,每万人常住人口留学人才数量持续位居副省级城市前列。

2022年厦门市全年受理用人登记岗位28.52万个次,求职人数17.78万人次,求人倍率[①]为1.6。

2022年12月份,厦门市89家用工500人及以上的重点用工企业登记在职职工11.75万人,其中缺工企业46家,登记缺工0.24万人,登记缺工率

---

① 求人倍率是劳动力市场上需求人数与求职人数的比率,求人倍率越高,表示劳动力需求越旺。

1.96％。从近两年数据看,主要是春节期间缺工多。详见图1。

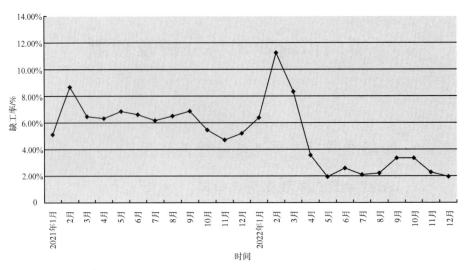

图1 厦门市 2021—2022 年用工 500 人及以上企业登记缺工率变化情况图

(二)2023 年 1—9 月厦门市就业情况分析

2023 年 1—9 月厦门市经济总体保持平稳态势,实现地区生产总值 5784.25 亿元,同比经济增长率 1.72％。厦门市的就业形势也保持平稳态势,具体情况分析如下:

1.新增就业人数保持平稳态势

截至 2023 年 9 月,厦门市就业登记在职职工 271.82 万人,其中本市户籍 81.34 万人,外来 190.48 万人。2023 年 1—9 月,厦门市城镇新增就业 15.55 万人,与上年同期基本持平,与全国情况基本相同,反映了全国人口增长逆转的大环境。对比 2023 年 1—9 月福建全省城镇新增就业 47.28 万人,同比增长 3.68％,厦门市在省内落后,这与同期厦门市经济增长率在省内排名较后有关。

2.企业在职人数小幅减少

根据厦门市就业管理信息系统统计,截至 2023 年 9 月厦门市登记在职职工 271.82 万人,同比减少 6.44 万人(减幅2.31％)。其中本市户籍 81.34 万人(占比 29.92％),同比增加1.04％;非本市户籍 190.48 万人(占比 70.08％),同比减少 3.68％。其中省内人员 94.14 万人(占比 49.42％),同比减少 1.77％;省外人员 96.34 万人(占比 50.58％),同比减少 5.47％。可见企业在职人数的减少,主要是因为来厦务工人员减少,尤其是省外人员减少。

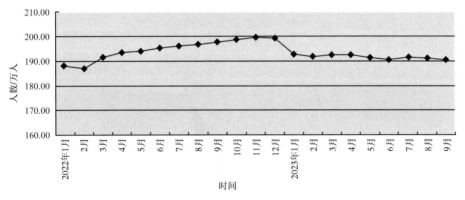

图 2 2022～2023 年厦门市非本市户籍登记在职人员变化趋势图

从图 2 可以看出,来厦务工人员减少主要是在 2023 年 1 月之后,因为 2022 年底到 2023 年初厦门市疫情比较严重,大批人员返乡,可能造成来厦务工人员减少。

2023 年 9 月厦门市外省来厦务工最多人数前十名分别为:江西省 18.38 万人,河南省 10.30 万人,四川省 9.85 万人,贵州省 8.83 万人,湖北省 5.76 万人,山东省 5.33 万人,湖南省 4.84 万人,云南省 4.69 万人,安徽省 4.42 万人,重庆市 4.07 万人。对比 2022 年末数据,均有所下降。

(1)员工行业分布。271.82 万名在职职工中,第一产业 0.67 万人(占比 0.25%);第二产业 82.26 万人(占比 30.26%);第三产业 188.89 万人(占比 69.49%)。职工人数排名前 6 位的行业依次是:制造业,批发和零售业,租赁和商务服务业,科学研究、技术服务和地质勘查业,建筑业,信息传输、计算机服务和软件业,登记在职职工共 212.67 万人(占全市登记在职职工的 78.24%;同比减少 9.87 万人,减幅达 4.44%),其中:制造业同比减少 2.42 万人,批发和零售业同比增加 0.63 万人,租赁和商务服务业同比减少 5.53 万人,科学研究、技术服务和地质勘查业同比减少 1.93 万人,建筑业同比减少 0.45 万人,信息传输、计算机服务和软件业同比减少 0.17 万人。其中制造业的在职人数仅占 24%,可见制造业已经不是厦门市就业的主要领域。

(2)重点工业企业用工情况。截至 2023 年 9 月 20 日,厦门市共有 2826 家规上工业企业办理就业登记,登记在职职工 53.85 万人,同比减少 4.4%,规上工业企业职工人数增幅和减幅前十名的企业名单见表 1 和表 2。

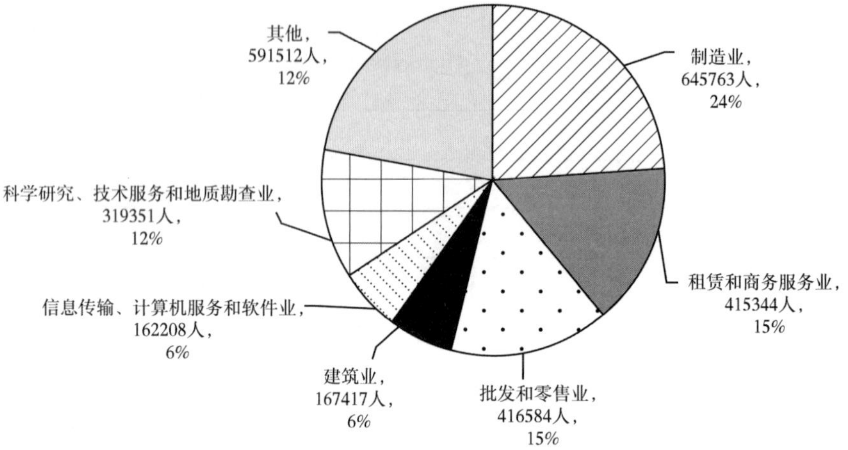

图3 2023年9月厦门市登记在职职工行业分布情况图

表1 2023年9月厦门市规上工业企业中职工数增幅前十的企业

序号	企业名称	在职人数/人	增加人数/人	增幅/%
1	友达光电(厦门)有限公司	5794	651	12.66
2	通达(厦门)精密橡塑有限公司	5415	999	22.62
3	厦门特宝生物工程股份有限公司	1848	385	26.32
4	厦门雅瑞实业有限公司	2201	566	34.62
5	厦门虹鹭钨钼工业有限公司	2469	688	38.63
6	厦门海辰储能科技股份有限公司	6092	3138	106.23
7	厦门市众惠微电子有限公司	1164	700	150.86
8	瀚天天成电子科技(厦门)股份有限公司	970	611	170.19
9	中创新航新能源(厦门)有限公司	3335	2350	238.58
10	中创新航科技(福建)有限公司	442	344	351.02

表2 2023年9月厦门市规上工业企业中职工数减幅前十的企业

序号	企业名称	在职人数/人	减少人数/人	减幅/%
1	玉晶光电(厦门)有限公司	12468	1410	10.16
2	厦门天马微电子有限公司	7799	995	11.31
3	厦门 TDK 有限公司	4482	768	14.63
4	厦门银鹭食品集团有限公司	7403	1276	14.70

续表

序号	企业名称	在职人数/人	减少人数/人	减幅/%
5	通达(厦门)科技有限公司	2511	620	19.80
6	宸鸿科技(厦门)有限公司	2687	691	20.46
7	明达实业(厦门)有限公司	7522	2201	22.64
8	厦门新凯复材科技有限公司	3454	1064	23.55
9	宸美(厦门)光电有限公司	4550	1701	27.21
10	百路达(厦门)工业有限公司	2373	903	27.56

从以上资料可以看出,重点工业企业用工增加的主要在新能源、新材料、生物等新兴产业,用工减少的主要在电子等传统产业。

(3)台资企业用工情况。截至 2023 年 9 月 20 日,厦门市共有 3417 家台资企业办理就业登记,登记在职职工 13.56 万人,同比减少 9.75%。受到两岸关系紧张的影响,台资企业用工人数在 2022 年减少的情况下,2023 年减少的幅度加大。

3.人力资源市场需求变化情况

2023 年 1—9 月厦门市受理用人登记岗位 11.84 万个次,求职人数 8.21 万人次,求人倍率为 1.44,与去年(1.6)相比有所降低。

截至 2023 年 9 月 20 日,共 394 家用工需求 100 人及以上的企业填报用工需求情况,登记在职职工 17.68 万人,登记用工需求 0.59 万人,用工需求率 3.22%(见表3)。按行业类型划分,用工需求量较大的行业分别是制造业,科学研究、技术服务和地质勘查业,交通运输、仓储和邮政业(见图4)。

表3　2023 年 9 月厦门市用工需求 100 人及以上企业用工需求情况

序号	所属行业	企业家数/家	在职职工人数/人	用工需求企业家数/家	用工需求人数/人	用工需求率/%
1	制造业	215	99310	139	3923	3.80
2	科学研究、技术服务和地质勘查业	64	28087	35	1039	3.57
3	交通运输、仓储和邮政业	22	10514	10	224	2.09
4	租赁和商务服务业	22	12397	12	170	1.35
5	批发和零售业	22	5950	11	145	2.38
6	住宿和餐饮业	13	2737	11	142	4.93
7	农、林、牧、渔业	1	1631	1	100	5.78

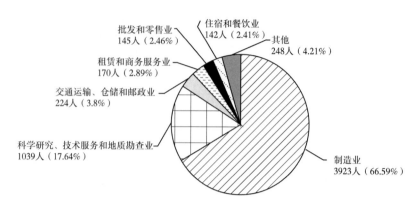

批发和零售业
145人（2.46%）

住宿和餐饮业
142人（2.41%）

其他
248人（4.21%）

租赁和商务服务业
170人（2.89%）

交通运输、仓储和邮政业
224人（3.8%）

科学研究、技术服务和地质勘查业
1039人（17.64%）

制造业
3923人（66.59%）

图4　2023年9月厦门市用工需求100人及以上企业行业分布情况

可见厦门市缺工最多的是制造业。针对这些缺工企业，在招聘方面要重点帮助，也要协助企业解决缺工的深层次原因。

二、厦门市2023年就业形势的问题分析

1.疫情后就业形势依然严峻

在疫情之后，厦门市经济增长率没有明显提高，国内外的经济大环境也不容乐观，因此就业形势依然严峻，主要表现在新增就业没有明显增长。疫情过后影响了一些相关产业，如生物医药业，厦门市在疫苗、核酸试剂、口罩等方面有一些规模较大的企业，因为产量大幅度减少，就业人数也相应减少，2023年外贸形势不佳也影响就业。另外大学生就业难的问题将更加突出，厦门市是各地大学生青睐的就业城市，随着大学毕业生人数高峰时期到来，大学生就业问题会更加严峻。

2.产业结构调整等因素造成人力资源市场的结构性矛盾

厦门市新兴产业和第三产业的发展带动了劳动力需求，制造业等劳动密集型企业仍然存在缺工问题。随着我国人口开始减少，农村剩余劳动力大幅下降，造成劳务引进难度增加，企业季节性缺工仍将长期存在。

3.人工智能技术迅速发展，可能对企业用工产生一定影响

世界范围的技术创新正在迎来自动化、智能化的一轮浪潮，"机器换人"将对厦门市企业用工产生影响。在发展工业机器人产业方面，厦门市对重点产业技术改造"机器换人"实行优惠政策补贴。新的自动化设备的投入使用，一是提高产能增加效益，二是将影响企业的用工需求。

4.企业员工流动性较大

根据厦门市就业管理信息系统统计,2023 年 1—9 月,全市用工企业办理就业登记 984222 人次,办理解除劳动关系 1046180 人次,就业登记净减少61958 人次,全市企业员工流动率为 38.54%(见表4)。

表 4　2023 年 1—9 月厦门市登记用工企业员工流动情况表

企　业		办理就业登记人次	办理解除劳动关系人次	净增减/人次	累计流动率/%
全市用工企业		984222	1046180	−61958	38.54
100 人及以上企业	394 家填报企业	58260	56630	1630	32.03
	登记用工需求企业	43409	40505	2904	33.78

可见,厦门市企业员工流动性较大,就业人员总体的稳定性较差。

三、2024 年厦门市就业形势预测

1.整体用工情况总体趋稳,招工难和就业难现状仍然并存

厦门市在企业产业转型升级的大背景下,预计未来经济增速平稳。厦门市大力实施就业优先战略及更加积极的就业政策的背景下,用工形势将呈现困难和希望并存的态势。招工难和就业难现状仍然并存。在劳动力供给方面,我国新增劳动力总量已经开始出现负增长趋势,厦门市作为劳动力输入型城市,劳动力的供应量将减少;因此部分企业招工难、用工荒的现象将不会在短期内消失。

2.厦门市劳动力就业将进一步由岛内向岛外转移

厦门市的跨岛发展战略已见成效,目前集美区已经跃居全市常住人口最多的区,劳动力向岛外转移是必然趋势。从目前情况来看,岛外的交通、居住、商业环境正在迅速改善,随着岛内产业迅速向岛外转移,岛外劳动力就业将迅速增长。

3.产业结构优化,制造业人才需求减少,新兴产业和服务业人才需求上升

厦门市产业结构的转型升级,可能造成人力资源的结构性矛盾。总体趋势是制造业减少,服务业上升。尤其是新技术产业、软件信息业、旅游会展业、文化产业,以及教育卫生养老事业会有较大增长。因此可能出现高学历技术人才需求增加,某些专业人才短缺的现象。

四、厦门市就业工作的对策与建议

1.确保就业形势稳定,实现更充分就业

解决重要节点时期企业招工难和重点就业人员就业问题。密切跟踪企业淡旺季用工情况,引导企业充分利用好用工调剂网络平台,重点做好春节后企业的用工服务,做好重点缺工行业的用工服务。重点就业人员包括退役军人、高校毕业生,要优先解决本地生源大学毕业生就业保障问题。作为重点就业扶持对象,要做好倒闭企业员工转岗就业工作,做好转岗、转业培训,做好员工的分流安置工作,组织失业员工转岗专场招聘会。

2.改善员工的劳动报酬

厦门市的工资水平偏低,物价偏高,提高劳动者收入也有利于扩大内需。要增强厦门在全国人力资源市场中的竞争力,厦门市最低工资标准应该进一步上调,达到临近两省广东和浙江一类城市的水平。要大幅度改善企业退休待遇,吸引和留住人才。在当前经济增长压力较大的情况下,应大力为企业减税减负,以增强企业涨工资的空间和动力。

3.改善企业的就业环境

厦门市岛外生活服务设施尤其薄弱,应加强岛外的教育医疗事业,加强岛外的商业与文化设施建设和公共交通建设。要加强厦门市保障性住房和公租房建设,解决职工住房问题。加强人才引进力度,出台有竞争力的"抢人"政策。

4.支持台资企业增加就业,帮助台湾青年来厦门就业

要贯彻《中共中央 国务院关于支持福建探索海峡两岸融合发展新路,建设两岸融合发展示范区的意见》,把吸引台湾青年来厦门就业创业作为一个工作重点,加强与台湾人力资源市场对接,可以成立专门的辅导和服务部门。加强对台资企业的招商和服务,使台资企业得以在厦门提供更多的就业岗位。

5.提高就业质量,加强就业咨询和就业指导

目前许多职工的就业质量不高,专业不对口、学非所用的现象严重;企业人员的流动率高,不少职工处于脆弱就业的状态。企业要促进职工的就业咨询和职业指导,政府应加大劳动保障监察执法力度。建议在企业设置劳动关系调解员,构建和谐稳定劳动关系,构建留人企业环境。

6.以创业带动就业

在创业融资、创业培训、创业服务三方面出台更加有力的措施,提高服务效能,营造良好创业环境,形成厦门市创业的洼地。培育全民创业精神,让更

多人参与到创业中来。厦门市应加强与高等院校、职业培训机构的合作,创建互动开放的创业教育和培训模式,建立校外创业导师队伍。

7.建立多层次跨地域统一市场

厦门市人才市场和劳动力市场已经实现整合,要推进多元化区域人力资源市场体系建设,建立多层次跨地域统一市场。推进厦漳泉三地同城化网络虚拟人才市场形成。利用自贸区的有利条件,积极引进台湾人才服务机构入驻厦门,使厦门市成为海峡两岸人力资源市场对接的桥头堡。

8.加强职业培训,改善职业教育

厦门市的职业教育相对薄弱,还要大力改善和发展职业教育,努力构建终身学习体系。要引导淘汰落后产能和兼并重组企业富余人员参加各类就业技能培训、岗位技能提升培训和转岗、转业培训,落实各类职业培训补贴政策,加强职业资格证书的考证培训和补贴。实现企业与相关院校之间的深层次合作,有效解决企业用工难和毕业生求职难问题。

9.提升人力资源市场的信息化、智能化水平

必须加强厦门市人力资源市场的信息化、智能化建设,实现就业服务平台的电子化。丰富网上招聘求职手段,厦门市最大的人力资源网站"厦门人才网"必须优化手机版和微信公众号的建设。可以开发针对厦门市人力资源市场的手机软件,如"厦门就业通",适应移动互联网的迅速发展。

厦门华厦学院　　黄业峰

厦门市国际化人才发展情况分析及建议

一、厦门市国际化人才发展基本情况

城市的国际化离不开人才的国际化。2023年以来,厦门市认真贯彻落实中央和省委、市委人才工作会议精神,深入实施新时代人才强市战略,持续深化国际化引才专项行动,加快引进和集聚海内外各类优秀人才。2023年前三季度,全市新引进国际化人才2700人,同比增长8%;全市现有国际化人才约5.6万人,其中外籍人才约1万人,留学人员3.6万人,具有国际化视野和竞争力的本土高端人才约1万人,继续蝉联"中国年度最佳引才城市",城市外籍人才吸引力指数跃升9名,排名全国第11位。

1.着力引进外籍人才

厦门成立城市引才联盟,创设"国际化人才招聘专窗",依托市场机构通过联合海外学联、EDM邀约、海外社群发布等方式开展海外推介;依托驻外商务、侨务等资源,在德国、新加坡、日本、印度、澳大利亚等设立海外工作站,融合推进招才引智和招商引资;全国较早赴外举办创业大赛,已开辟北美、欧洲、新加坡、俄罗斯等赛区,募集人才项目900多个;通过项目合作、建设院士专家工作站、海外研发中心等推进柔性引才,2023年柔性引进美国国家工程院院士裴有康、比利时皇家科学院院士狄克·弗朗萨等外籍高端人才,建设了首家外籍院士工作站;还打造全国首个"外国人才服务站""移民事务服务站"二合一联动服务平台,进一步畅通外籍人才来厦发展渠道。2020年以来共为110名外籍人才及其家属办理永居,占全省的70%。

从人才分布来看,厦门外籍人才比较集中的三大行业领域分别为制造业(占比33%)、教育(占比23%)、批发零售业(占比16%),聘请外籍人才较多的单位主要为厦门大学、电气硝子、联芯、TDK等。这说明高校院所和外资企业是吸引外籍人才的重要承接载体。

2.着力集聚留学人才

作为全国最早以立法形式出台保障留学人才创业发展地方性法规的城市,厦门为留学人员提供创业资金扶持、房租减免、子女就学等全方位保障体系。常态化举办留学人才专场招聘对接会、留学人才项目路演会等,重点打造厦门留学人员创业园,为留学人才来厦创业提供专业孵化服务,园区竞争力位居全国第三。全市每万人常住人口留学人员数量位居副省级城市前三,已累计吸引 1000 多位留学人才来厦创办 700 多家高精尖企业。2023 年前三季度,全市新引进留学人才近 1600 人,继续保持良好增长态势。

从人才分布来看,厦门留学人才主要集中在科技类(占比 36.2%)、管理类(占比 20%)和金融类(占比 14%)等行业领域,整体呈现增速快、结构优、素质高等特点,如 2022 年新引进留学人才 2018 人、同比增长 10.8%,新创办留学人员企业 63 家、同比增长 23.5%,对留学人才保持较好吸引力;留学人才硕博士学历占比超 80%,且平均年龄仅 27.9 岁,为全市人才队伍输送新鲜血液;留学人才有 2000 多人入选国家、省、市各级人才计划,2 人获国家留学回国人员成就奖,累计培育 12 家上市企业,市值超 700 亿元。

3.着力培养本土高端人才

注重加大本土人才培养力度,在"群鹭兴厦"人才计划中单列实施"本土领军人才项目",为人才创新创业提供最高 100 万元补助。拔尖人才计划从各行各业遴选一批具有国际视野、业务水平高、业绩突出的人才进行重点培养,已实施超 30 年,累计评选 11 批 729 人,成为创新发展的"领头羊"。制定厦门市高层次人才认定目录,具有国际竞争力的人才可认定 B 类以上人才,享受住房安居、子女入学、医疗保健等一揽子服务。教育、卫生系统每年建设一批名师、名医工作室,以领军人才带动培养更多团队人才。截至 2022 年,厦门已累计培养拥有国家"万人计划"专家超 120 人,省级 B 类以上高层次人才近 800人,占比均达全省约 50%。

从人才分布来看,厦门本土高端人才主要分布在高校院所、教育医疗机构等单位;企业本土高端人才中,国家高新技术企业占比超过一半,主要集中在三安、天马微、士兰微、厦钨等先进制造业企业和吉比特等软件信息企业,已成为厦门高新技术企业发展壮大的中坚力量。

二、吸引和集聚国际化人才存在的问题和困难

1.国际化引才方式和渠道还不够多

疫情防控优化调整后,厦门企事业单位赴外引才的需求和积极性较高,但是受国际引才形势的影响,普遍缺乏有效渠道。企业通过招聘网站发布高级岗位的关注度不够高,赴外招聘成本又太高;高校院所、医疗机构的国际引才主要依靠内部推荐,缺乏猎头引才的配套政策。厦门人力资源服务业整体实力不强、层次不高,两家市级人力资源产业园刚刚起步,仍然以劳务派遣、劳务

外包等基础业态为主,高端猎聘、人才测评服务等高端业态尚未形成。此外,以政府为主导的海外引才机构和活动受到诸多限制,亟须通过与市场化机构合作,重构和拓展海外引才网络。

2.国际化人才激励政策竞争力难以凸显

目前厦门已形成以"双百计划""群鹭兴厦"为核心的人才政策体系,整体支持力度处于全国第一梯队。但是相较于粤港澳大湾区、长三角城市,厦门国际化人才激励手段有限、力度不足,如海南自贸港、粤港澳大湾区高层次人才可享受减按15%缴纳个税(或地方补贴)优惠政策。2023年以来,雄安新区、浦东新区等地纷纷出台或升级人才政策,以更大力度延揽人才,各城市之间的人才竞争也更加激烈。厦门的招商引资和招才引智政策未能高效统筹,招商引资中约定的指标仍然主要集中在产值(营收)、税收、投资等,对人才"含量"要求不高,也缺乏精准激励举措。此外,厦门各类优惠政策普遍采用后补助,虽然可以降低财政资金风险,但也降低了对人才的吸引力。

3.市场化共建高能级科创平台的机制还不够健全

相比深圳、杭州等城市,厦门在集聚国际化高端人才的科创平台、园区平台及服务平台方面仍存在不少短板。科创平台方面,粤港澳大湾区建有50个国家重点实验室、29个国家工程技术研究中心,杭州与浙江大学、西湖大学、阿里巴巴等共建了1个国家实验室基地、2个国家大科学装置、15个国家重点实验室,而厦门仅有5个国家重点实验室,且4个为厦门大学建设,校地、校企共建的机制尚未形成。园区平台方面,厦门多数园区面积较小,产业承载能力有限,续航功能不足,尚未形成"预孵化—孵化—加速—产业化"四位一体发展模式,园区很难完整提供低门槛的研发平台、空间匹配的生产车间、高效的物流体系等。服务平台方面,产业园区服务团队还是以国企为主,市场化程度不高,更多扮演"物业"角色,主要精力放在找项目、招租上,在引入科技金融、技术咨询与转移、知识产权、检验检测认证等专业机构上投入不够。

4.本土人才国际化的进程亟须加快推进

壮大国际化人才队伍,不仅要"引",也要"育",大力培育思维视野、专业水准、能力素质达到国际水平的本土人才。厦门多数企业尚未建立人才培养体系,仍然处于师带徒、老带新的传统模式,在校企联合培养、"走出去"进修深造、参加国际认证考试等方面拓展不足。目前厦门市与厦大共建国家集成电路产教融合创新平台,每年定向招收50名"平台班"专业硕士,定向分配给集成电路企业进行联合培养,受到企业欢迎和好评,但校企联合培养的领域和规模仍然偏小。此外,企业也希望厦门出台联合国内知名高校开设企业总裁班、为企业出国进修人才提供补助、引入国际先进知识体系和认证项目等人才培养政策。

5.国际化人才服务软环境还有差距

在教育、医疗、就业、养老、出入境等公共服务的软环境上,厦门与国际化大都市相比还有很大差距。教育方面,国际学校只有 3 所,无一入围全国百强。医疗方面,部分外籍人才由于未缴交医保,不能办理医保卡,每次就医都需要办理临时就医卡,给人才带来不便。社区方面,目前全市只有 1 个国际社区——官任国际社区,而且没有形成较好的语言、文化、习惯等国际化生活环境。出入境和居留方面,目前北京、上海、深圳、广州、杭州、重庆是外籍"高精尖缺"人才认定标准试点城市,厦门尚未纳入,不能根据经济发展所需自主制定认定目录;同时只有自贸区、自创区、台商投资区具有推荐办理永居的权限,未能很好地满足外籍人才出入境和居留需求。

三、2024 年发展预测及展望

1.国家战略部署赋予新使命

加快建设世界重要人才中心和创新高地是中央人才工作会议和党的二十大确定的重要战略目标,2023 年全国组织工作会议再次明确,要按照"3＋N"战略布局,集中推进北京、上海、粤港澳大湾区人才高地建设,取得经验后逐步在一些中心城市建设吸引和集聚人才平台,建设人才集聚平台已成为当前人才工作的重要抓手。2023 年 9 月,中共中央、国务院印发《关于支持福建探索海峡两岸融合发展新路、建设两岸融合发展示范区的意见》,赋予了厦门建设特色鲜明、优势互补、协同发展的闽台人才集聚平台的重要使命,这既是厦门人才工作发展新路径,也是厦门国际化人才队伍建设的新契机。

2.跨境流动复苏带来新机遇

随着新冠疫情防控政策的调整,外籍人员的交流往来处于快速恢复期,以厦门为例,2023 年 1—5 月厦门口岸出入境外籍人员数量达 13.4 万人次(其中入境外籍人员为 7 万人次),约为 2022 年同期的 5 倍,已恢复至 2019 年(疫情前)同期的三成;外国人工作类居留许可申请快速增长,厦门 2023 年前三季度首次申请并办理工作类居留许可数量已达 2022 年全年水平。作为新发展格局节点城市,跨境流动的加快复苏将有力促进厦门链接全球人才和创新资源,这也要求厦门进一步抢抓机遇,加快推进国际化引才工作。

3.发展动能转换催生新需求

2023 年以来,厦门深入推进科技创新引领工程,厦门科学城"三谷"、Ⅰ号孵化器等核心园区载体已落地新型研发机构和公共技术服务平台12家、注册各类企业超过1400家,全球创新指数"科技集群""科技强度"分别位居全球第80位和第81位,比2022年分别提升11位和12位。持续深化市场主体培育工程,前三季度全市实有各类市场主体同比增长8.9%,新增1172家创新型中小企业、212家"专精特新"中小企业、22家国家专精特新"小巨人"企业,数量均居全省第一,诞生了首家"独角兽"企业。厦门的发展动能正在加快转换到科技创新上来,对人才的需求也在不断增长,这也要求厦门要加快构建以国际化高端人才为引领的高素质人才队伍,更好地推动动力变革与动能转换。

四、加速国际化人才集聚的相关建议

1.持续优化完善与国际化人才创新创业相匹配的政策体系

人才政策要从普惠性政策向精准性、引领性政策转变,支持对象要更加精准、更加符合厦门实际,支持举措力度更大、更加符合国际化人才发展所需。实施高端人才倍增计划,加强"双百计划"、"群鹭兴厦"人才计划与国家级人才计划的衔接,支持用人单位设立高层次人才特聘岗位,调动用人单位引才积极性。健全完善柔性人才政策,不将个税、社保、人事关系作为享受优惠的必要条件。以争创国家级人才集聚平台为契机,积极向上争取试行一批特殊支持政策,如国际化高端人才减按15%缴纳个税(或地方补贴)等,进一步提升人才国际竞争比较优势。

2.进一步拓展多元化市场化海外引才渠道

在确保安全前提下,稳慎推进海外引才工作站建设,遴选一批具有海外渠道的企业和机构,在对外商贸、项目合作、文化交流等活动中延揽人才。提升中国(厦门)海外创业大赛规格和影响力,参照全球前沿技术或重点产业地图科学设置赛区,拓展至"一带一路"和"金砖+"国家,引进更多高水平"人才+项目"。探索在北京、上海、粤港澳大湾区设立国际化人才工作站,用好"国际化人才招聘专窗",为用人单位搭建"一站发布、集中推介、精准匹配"的"抱团引才"平台。依托市场化中介机构,支持企业"出海引才",将企业海外"飞地"就地使用的人才纳入人才政策覆盖;鼓励猎头机构推荐人才,成功引进高层次人才的给予奖励。

3.加快建设以新型研发机构、科创企业等为代表的人才集聚平台

要加快厦门科学城建设进度,促进已签约项目尽快落地,高标准建设嘉庚创新实验室、翔安创新实验室,策划海洋领域省创新实验室,力争在未来产业领域策划建设国家级技术创新中心或分中心。支持头部企业与高校院所合作共建新型研发机构,建立以奖代补机制,鼓励企业加大人才和科技投入。推动

在生物医药港、两岸集成电路产业园等建设国际化人才专业孵化器,依托小分子药物研发、EDA公共技术服务平台等专业化共享平台,引入市场化机构提供项目成果转化、天使基金支持、产业资源匹配等全链条人才服务。建设校友基金平台,大力引进全球排名前200名的高校校友会,逐步形成聚焦校友"朋友圈"的创新创业支持服务网络。

4.着力构建以知识体系和能力素质国际化为导向的人才培养体系

要支持厦大、集大、厦门理工等实施"卓越工程师教育培养计划",联合本地企业培养和输送一批高素质人才。复制推广集成电路产教融合创新平台经验,鼓励本地高校在生物医药、软件信息、新能源等领域拓展"课程学习+企业实践学习和研究+学位论文"相结合的三段式培养。聚焦国家医学攻关产教融合创新平台(疫苗研发方向)建设,围绕广谱疫苗技术等开展技术攻关、学科建设和人才培养。鼓励企业联合厦门医学院、厦门理工等开设"定制班",联合境外高校开展赴外联合培养,为企业输送一批符合发展所需的优秀毕业生。还要引进推广先进、成熟、适用的国际职业资格认证考试,快速提升本土人才国际化水平。

5.营造更加开放的国际化人才评价和使用制度

要建立与国际接轨的国际化人才评价体系,在基础研究领域引入国际同行评价,对应用研究、技术开发和经营管理人才以享受的薪酬待遇、创造的市场价值、获得的创业投资等作为评价重要依据。持续拓展国际职业资格直接认可覆盖范围,发布国际职业资格比照认定职称目录,持有目录内国际职业资格证书的专业人才可直接申请认定初级、中级职称或直接申报评审高级职称。以金砖创新基地和海丝中央法务区建设为契机,研究制定聘请海外专才和外籍雇员管理办法,明晰外籍人才的各类福利待遇,做到"同工同酬",破解外籍人才使用难题。

6.营造"类海外"环境让国际化人才留得下、发展好

要进一步提升官任国际社区周边双语氛围和国际化人文环境,在厦门科学城规划建设国际人才社区,形成一批标杆式国际化人才集聚区。积极推动"i厦门"等数字公共服务产品"适外化"改造,便利外籍人才享受公共服务。办好现有国际化教学机构,继续引进国外优质教育资源开展合作办学,探索为外籍人才在厦就医、就学、交通出行等提供"一卡通"服务。扩大国内高端人才申办APEC商务旅行卡覆盖范围,积极争取更多外籍人才出入境和居留的改革政策在厦门率先试点,如工作许可和居留许可"二合一"、外籍人才永居推荐权、自主制定外籍"高精尖缺"人才认定目录等,为人才出入境提供高效便捷服务。

中共厦门市委组织部　　张晓勇

厦门市保障性住房建设情况分析及建议[*]

2023 年,厦门市适应房地产市场供求关系发生重大变化的新形势,积极履行城市主体责任,用好"一城一策"政策,统筹做好各类保障性住房建设工作,为更高水平建设"两高两化"城市做出了积极的贡献。

一、厦门市保障性住房建设情况

(一)2022 年厦门保障性住房建设回顾

2022 年厦门市扩大住房保障覆盖面,单列租赁住房用地供应计划,优先保障保障性住房、拆迁安置房用地、租赁住房用地需求。

1.保障性住房土地供应

厦门市住宅用地计划供应 265.95 公顷,其中产权住宅用地 82.72 公顷,租赁住宅用地 28.06 公顷,其中包括保障性租赁住宅用地 21.69 公顷和市场化租赁住宅用地 6.37 公顷,其他住宅用地 155.17 公顷。

2.保障性住房投资

厦门市 16 个列入省、市重点管理项目的市级保障性住房(及安置房)计划完成投资 22.67 亿元,实际完成投资 34.18 亿元,完成全年计划投资的 150.77%。

3.保障性住房竣工

2022 年厦门市计划竣工各类保障性住房 10000 套,实际竣工 11769 套。其中,祥平地铁社区二期、浯家公寓、洋唐居住区三期 01 及 05 地块分别建成保障性住房 4902 套、4520 套、2347 套。

4.安置型商品房建设

厦门市新开工安置型商品房 10 个,实际已开工何厝(顶何)安置房、何厝(下何)安置房、古地石安置房、西潘安置型商品房、金林湾花园安置型商品房

---

* 本文数据资料如未特别说明,均来源于厦门市建设局、厦门市住房保障和房屋管理局、厦门市统计局官方文件和网站。

四期工程 09/12/14 地块、五显安置房、洪塘安置房、西亭官任安置房 A2 地块、旗山雅苑、马銮湾新城集美陈井浦边潮瑶安置房(JA-6 地块)10 个项目,顺利完成新开工任务。

5.保障性租赁住房筹集

厦门市筹集保障性租赁住房项目 95 个,房源共 83241 套(间),建筑面积 607.9 万平方米。已核发 50 个项目的认定书,全部项目均取得保障性租赁住房项目认定。

6.新就业大学生住房保障

厦门市修订《厦门市保障性商品房管理办法》,放宽户籍、年龄等限制,首次将非本市户籍、在厦稳定就业满 5 年全日制大学本科毕业生等群体纳入保障范围。提高面积标准,其中二孩及以上家庭和骨干人才可申购面积标准不高于 95 平方米。已为 3.75 万人次发放大学生"5 年 5 折租房"租金补贴 1.37 亿元。

(二)2023 年前三季度厦门市保障性住房建设情况

2023 年前三季度厦门市加快住房保障和供应体系建设,持续加大保障性租赁住房供给,取得了较好成效。

1.土地供应

厦门住宅用地计划供应 252 公顷,其中产权住宅用地 106 公顷(商品住宅用地 106 公顷,共有产权住宅用地 0 公顷),租赁住宅用地 55 公顷(保障性租赁住宅用地 55 公顷,市场化租赁住宅用地 0 公顷),其他住宅用地 91 公顷。

2.保障性住房建设

厦门共有 53 个保障性租赁住房项目正加快推进建设,其中 47 个为续建项目,6 个为 2023 年新开工项目。岛内大提升片区共建设 21 个安置房项目,总建筑面积达 446.2 万平方米,将为返迁安置居民提供 36500 余套住房。

3.保障性租赁住房房源筹集

厦门市加速筹集房源,新增筹集房源 4.2 万套(间),更好地满足大学生、新市民等青年群体及城市引才、企业用工住房需求。

4.新就业大学群体住房保障

厦门持续推动大学生"5 年 5 折租房"政策。截至 9 月底,累计受理"5 年 5 折租房"租金补贴 8 批次 11.3 万人次申请,已发放租金补贴 7 个批次 9.5 万人次 3.4 亿元。

5."非改租"

厦门市对《存量非住宅类房屋临时改建为保障性租赁住房实施方案》进行

修订完善,扩大改建适用范围,并优化了工作流程。截至9月底,共筹集52个保障性租赁住房项目,房源超过10万套(间),已有3.4万套(间)入市经营。

6.保障房配租配售

厦门创新保障性住房配租配售模式,通过"以房找人"实现精准匹配,首次将非本市户籍的在厦稳定就业家庭纳入申请范围。截至9月底,已启动7个批次保障房配租配售工作,共推出各类房源超过1.1万套,创同期推出房源新高。

7.在建项目进度

截至2023年9月,厦门市共有11个在建市级保障房项目,与2022年相比持平,分布在岛外四区。进度如下:

(1)集美区。项目1个:集美区洪茂居住区一期。

集美区洪茂居住区一期:项目位于集美区软件园三期,地铁4号线集美软件园站西侧,总用地面积6.79万平方米,总建筑面积31.2万平方米,建设保障性住房5744套,配套建设商业、公共社区用房等设施。截至9月底,项目正在进行装修施工。

(2)海沧区。项目3个:马銮湾地铁社区二期、新阳三期、祥露小区。

马銮湾地铁社区二期:项目位于海沧区孚莲路东侧,地铁社区一期工程西侧,A01~A09地块总用地面积约13.34万平方米,总建筑面积约50.22万平方米,建设保障性住房4334套,配套建设幼儿园、小学、生鲜超市、商业等设施。截至9月底,项目A01~A07正在准备各专项验收,A08~A09正在进行地下室及主体工程施工。

新阳三期:项目位于厦门市海沧区孚安路以北,东孚西二路以南,东孚南路以西,孚中央东路以东。项目总用地面积约9.1万平方米,总建筑面积约38.88万平方米,建设保障性住房2900套,配套商业、社区服务中心、社区老年人日间照料中心、三合一环卫等设施。截至9月底,项目主体结构全面封顶,正进行装修施工。

祥露小区:项目位于海沧区新阳街道马銮湾新城规划祥露路西侧,总用地面积约4.8万平方米,项目总建筑面积约27.79万平方米,共计2334套保障性住房,配套停车位2393个,以及商业、社区服务中心、社区老年人日间照料中心等设施。截至9月底,项目正进行地下室施工。

(3)同安区。项目4个:龙泉公寓一期、龙泉公寓二期、同安城北小区A地块、祥平地铁社区三期。

龙泉公寓一期:项目位于同安同翔高新产业基地,城东中路东侧,郭山南路南侧,总用地面积约6.15万平方米,总建筑面积约24.1万平方米,建设保障房3252套,配套12班幼儿园,以及商业、公共社区用房等服务设施。截至9月底,项目正进行主体结构和装修施工。

龙泉公寓二期:项目位于同安区同翔高新产业基地,城东中路东侧,郭山南路南侧,总用地面积约3.32万平方米,总建筑面积约18.66万平方米,建设保障性住房1920套,配套商业、公共社区用房等设施。截至9月底,项目正在进行基坑支护及土石方工程施工。

同安城北小区A地块:项目位于同安区朝洋路与新丰路交叉口西北侧,总建筑面积约18.5万平方米,建设保障性住房1690套,配套建设社区服务中心、老年人日间照料中心、幼儿园、生鲜超市等设施。截至9月底,项目正进行装修施工。

祥平地铁社区三期:项目位于同安区西湖路以东,同丙路以西,卿朴中路以南,卿朴路以北,共4个地块。分别是D16、D17、D20、D23地块,总用地面积86557平方米,总建筑面积378198平方米。主要建设保障性住房3188套,一所12班幼儿园占地4500平方米,以及社区商业、生鲜超市、邮政中心、社区服务中心、物业等配套用房。截至9月底,项目已完成预验收。

(4)翔安区。项目3个:珩边居住区、东园公寓一期、东园公寓二期。

珩边居住区:项目位于翔安南路以南,城场路以北,项目总用地面积14.7万平方米,总建筑面积59.3万平方米,建设保障性住房约4888套,配套建设社区服务中心、老年人日间照料中心、幼儿园、生鲜超市、商业等设施。截至9月底,项目已完成预验收。

东园公寓一期:项目位于翔安东园村南侧填海区域,总用地面积约1.8万平方米,总建筑面积约7.7万平方米,建设保障房544套,配套建设商业等设施,截至9月底,项目正完成验收。

东园公寓二期:项目位于翔安区东园村南侧填海区域,总用地面积约2.5万平方米,总建筑面积约9.27万平方米,建设保障性住房484套,配套建设商业等设施。截至9月底,项目正进行基坑支护及桩基工程施工。

需要说明的是,从房源位置看,厦门保障性住房分布地点虽都在岛外,但大多毗邻地铁站点,交通方便。

二、厦门保障性住房建设存在的问题

厦门保障性住房建设取得了一定的成绩,但也存在着一些隐忧和突出的问题。

1.对照"14号文"①意见,保障性住房供给任务更加艰巨

厦门2022年12月发布《厦门市市场化住房租赁发展规划(2021—2025年)》,到2025年全市租赁住房保有量达到200万套(间),预计新增租赁住房约10.0万套(间)。

"十四五"期间厦门保障性租赁住房已明确新选址建设项目共55个,用地面积约133.79公顷,新建套数8.5万套(间),但还有2.4万套(间)没有明确项目选址。对照厦门保障性住房规划建设任务历年分解表,厦门公租房全部按照选址建设规划供给,基本完成分解任务,但根据"14号文"厦门作为率先探索"加大保障性住房建设和供给"实践的城市之一的要求,综合考虑项目建设周期和"十五五"供应的持续性等因素,厦门在保障性住房规划建设和筹集、资金"投融管退"、配租配售等方面仍需进一步调整,保障房供给任务仍然艰巨。

2.岛内外发展不平衡,居住空间结构亟需优化提升

厦门现阶段发展存在着人口分布与住房供给空间错位现象,近10年出让商住用地岛外供给占比超过90%,但城市住宅用地供给分散,影响城市功能布局完整和城市品质提升。厦门岛外新城住宅供应量较大,但产业集聚较慢,岛外新增就业人口落后于城市住宅供应量增长。从长远看,近年来厦门推动的岛外四大新城建设,但建成规模较小,难以形成规模效应,目前仍是人气不足。厦门在岛外产业园区加大住宅用地供应,但住宅用地供给分散,空间结构低效导致完善公共服务设施难度加大。

3."非改租"技术标准不明确,运营监管不规范

2023年8月,厦门修订出台存量非住宅类房屋临时改建为保障性租赁住房实施方案的通知,新增原方案的已改建项目认定条件和流程,调整改建项目规模标准,完善联合竣工验收制度。但新修订方案仍亟待进一步明确和规范的规定:一是对"非改租"项目在"结构安全、消防安全、设计施工技术标准、水电气设施"等模糊表述为"符合国家、省和本市的规范和技术标准",至于符合什么具体规范和技术标准,则不明确。二是对选址、环境、环保卫生、节能与绿色改造、物业规范等方面规范和技术标准,则有所缺失。三是对不得改建实施范围未做规定。其他城市如郑州,"非改租"规定"对城市重点功能区和主干道沿线临街的商业办公用房;土地性质为三类工业用地和三类仓储物流用地的非居住住宅;安置房源或租赁房源充足区域的非居住建筑不得改建"。再如深圳,"非改租"规定"对居住和公共环境有严重干扰、污染或者安全隐患的工业

---

① 指2023年8月25日国务院常务会议通过的《关于规划建设保障性住房的指导意见》(国发〔2023〕14号文)。

用地和存放易燃、易爆和剧毒等危险品的仓储用地上的厂房、研发用房、仓储等既有非居住房屋,不得实施改建"。四是"非改租"项目存在着企业提供虚假资料、保租房政策落实不到位、分割转让、分割抵押、"以租代售"等现象,厦门虽在全国率先出台非改租政策并修订了方案,但新修订方案涉及规范"非改租"运营阶段的监管措施则缺失。

4.REITs 项目用地性质转换成本高,手续繁杂

"14 号文"明确提出保障房以划拨方式供应土地,仅支付相应的土地成本。而厦门 REITs 产品已经成功探索出保障性租赁住房项目"投、融、建、营、退"闭环模式,未来仍有巨大市场需求。若保障性租赁住房项目用地性质为划拨用地,则用地属性与《城镇国有土地使用权出让和转让暂行条例》规定"划拨土地使用权不可转让"相冲突。厦门为使 REITs 项目更快推向市场,将用地模式由划拨用地转化为协议用地,避开上市发行遇到的法律法规问题,但仍存在以下问题:一是增加发行企业的财务成本,发行企业需要多缴纳土地出让金。划拨用地改协议出让也增加了原始权益人土地出让金及其他税费缴纳成本。二是转换土地性质增加发行过程中的合规手续,降低发行效率。目前转换土地性质需要报当地人民政府相关部门审批,必要时需要报更高层级政府决策,增加了项目申报发行的合规手续,降低了项目发行效率。

5.配套设施不完善,差异化需求设计缺失

从厦门 2023 年 11 个在建保障性住房项目选址来看,全部集中在岛外,但学校、医疗、生活配套设施并未同步建设。当前保障性住房小区配套休闲娱乐健身场地数量少,道路网密度不足、公共交通站点不够、慢行交通网络不完善,无障碍设施、绿道和健康步道规划设计缺失。

三、厦门保障性住房建设预测与展望

"14 号文"的发布,对未来我国住房制度改革和房地产转型发展新模式,将产生极大深远影响。

2024 年,厦门市将全面落实"14 号文"文件精神,住房保障工作重心将紧紧围绕"14 号文"要求,在"市场+保障"住房政策体系方面进行较大调整。

"14 号文"提出我国将在大城市规划建设保障性住房,加大保障性住房建设和供给;主要支持城区常住人口 300 万以上的大城市率先探索实践。从实际情况来看,厦门属于率先探索实践的城市之一。

未来新的保障性住房则属于配售型住房,厦门将完善"市场+保障"住房体系。应对房地产业转型发展新模式,未来销售端不限价,土地市场实行"价高者得",房地产市场向市场化、高端化阶段发展。

四、促进厦门保障性住房快速发展的建议

按照"14号文"精神要求,厦门在"市场+保障"住房改革方面亟须进行较大调整。

1.落实"14号文"指导意见,加快保障性住房规划建设

一是建立住房规划体系。通过时间和空间传导,将住房专项规划指标落实到近期、中期、长期建设规划和年度住房建设计划,通过年度实施项目规划落实住房项目用地。二是完善规划评估机制。结合住房发展规划、年度空间实施规划和近期建设规划,同步开展规划评估。三是职住平衡、产城融合策略。重点围绕产业园区生活配套,加大公共租赁住房供给,为各类产业管理人才和技术员工提供住房保障。推动片区产业快速发展,尽可能实现片区职住平衡。

2.市场化方式运作,探索"EPC+F"模式

"14号文"明确提出保障性住房还是市场化方式运作,按保本微利原则配售,但新增政府隐性债务的不得实施。目前,土地类隐性债务主要就是土地抵押融资,而保障性住房的划拨土地基本不可能走"土地抵押融资",厦门保障性租赁住房REITs模式可能会受到一定限制,就只有建设阶段"EPC+F"模式。建议厦门引进央企、上市公司或市、区属国企等长租公寓品牌,采取"EPC+T"(集设计、采购、施工、运营为一体)模式进行开发建设。

3.明确"非改租"适用技术标准,进一步规范运营阶段监管

借鉴深圳、郑州等城市经验,明确"非改租"项目适用和援引技术标准,规范"非改租"改建实施范围,涉及拆改、变动房屋结构的项目应进行房屋安全鉴定。加强对"非改租"项目出租、运营等方面的监管,建立日常巡查检查机制,每年定期对改建项目进行一次全覆盖检查,每两年进行一次集中核查,并纳入信用监管。

4.盘活商业项目,探索"商改保"模式

"14号文"提出要充分利用依法收回的已批未建土地、房地产企业破产处置商品住房和土地、闲置住房等建设筹集保障性住房。建议政府指导企业将部分未售房源申请为"商改保",帮助开发商去库存,利用保租房信贷政策盘活项目商住部分,盘活商业项目。

5.优化用地性质,精简REITs项目合规手续审批流程

"14号文"虽然提出保障房以划拨方式供应土地,但并未明确提出"不得"或"禁止"保障性租赁住房以协议方式供应土地要求,况且厦门"十四五"规划

年度土地供应方式中保留了保障性租赁住房协议用地指标的政策储备。建议厦门一是要进一步优化用地性质,在保障性租赁住房土地供应中对应 REITs 项目直接将划拨用地属性转为协议用地出让,便于对接 REITs 项目运作。二是保障性租赁住房 REITs 项目用地优先考虑"划拨转出让"方涉及补缴土地出让金的,建议政府对土地出让金予以减免或返还,以免增加原始权益人的财务成本。三是完善转让管理制度,精简审批流程,提高项目运行效率。

6.预留规划建设空间,动态调整配套设施差异性需求

在建设规划阶段预留一定空间,根据不同时期情况做出改建或扩建的适应性调整,动态调整居民结构层次对公共配套设施的差异性需求,完善便民服务设施的有效供给。

集美大学　李友华

厦门市生态文明建设情况分析及建议

一、总体情况分析

(一)积极稳妥推进碳达峰碳中和

1.不断完善"1＋N"政策体系

印发实施《厦门市关于完整准确全面贯彻新发展理念做好碳达峰碳中和工作的实施意见》《厦门市碳达峰实施方案》等政策文件,《厦门市工业领域碳达峰实施方案》《厦门市城乡建设领域碳达峰实施方案》《厦门市碳普惠体系建设工作方案》等工业、能源、交通、城乡建设、金融、碳普惠分领域实施方案编制工作正有序推进。

2.加快重点领域节能降碳

推动能源绿色发展,国网新源福建厦门抽水蓄能电站 1 号机组顺利实现投产发电,成为国内首个全站监控系统使用全国产芯片的抽水蓄能电站,华夏电力 1 期发电机组等容量替代项目进展顺利。大力发展绿色建筑,新建民用建筑 100％执行绿色建筑标准,2023 年 1—9 月,全市累计竣工绿色建筑超500 万平方米。加快新能源车辆推广应用,2023 年 1—9 月,全市推广新能源汽车超 3.3 万辆标准车,其中:新增更新纯电动巡游出租车 808 台、纯电动网约车 8925 台,全市新能源及清洁能源公交车辆占比 92％,纯电动巡游出租车占比 65％,纯电动网约车占比 80％。促进航运业向"双碳"目标迈进,鼓励本地港航企业船舶新能源转型,打造全国首艘"绿色应急拖轮"示范项目,提高船舶在港岸电使用率,2023 年 1—9 月,厦门港岸电使用量超 310 万度,同比上升超 20％。

3.加快创建低碳示范试点

突出示范作用,着力推动一批低碳/零碳园区、景区、社区等示范试点建设。火炬高新区等园区循环化改造有序开展,《同翔高新城碳达峰(低碳循环产业园)实施方案》完成征求意见稿。ABB 厦门工业中心顺利建成市级三星级低碳工业园区。厦门建行落地全市首家"零碳金融网点",兴业银行厦门分行推出全市首家"蓝碳碳中和"网点。象屿零碳综保区入选2022年生态环境部绿色低碳典型案例。2023年7月,厦门被生态环境部评为国家低碳城市试点优良城市。

(二)生态环境治理不断深入

1.空气质量保持全国前列

组织开展三轮"2023年守护蓝天百日攻坚"专项行动,制定《厦门市整治城市扬尘污染问题 改善城市空气质量工作方案》。深化VOCs排放企业全过程管理,加强固定源、移动源污染防治,整治一批"散乱污"企业,突出工地扬尘联防联控,空气质量应急管控得到加强。2023年1—9月,全市空气质量综合指数2.56,同比基本持平,其中,9月份环境空气质量在全国168个重点城市中排名第2位。

2.水环境质量不断改善

启动新一轮河湖"四乱"排查整治专项行动,印发《厦门市2023年度河湖巡查暨问题清理整治专项行动方案》,选取龙东溪入海口、官浔溪下塘边桥断面等9个断面和3个水治理工程进行挂牌督办。开展排水管理进小区工作,全市已有超400个小区移交专业排水公司管养,持续巩固溯源排查和正本清源成效。建设智慧海上环卫平台,实现230平方公里海域保洁全覆盖,2023年1—9月,海上环卫站共清理打捞海漂垃圾超2200吨。深入开展"美丽海湾"建设示范样板,厦门东南部海域以排名第一入选国家美丽海湾优秀案例。

3.土壤环境质量保持稳定

深入实施"土十条",加快"无废城市"建设,加强重点监管企业排查整治,严格建设用地环境准入。加强固废危废管理,推动厦门市工业废物处置中心(二期)表面处理和安全填埋场建设,完成表面处理废物回收利用系统改造工程,已进行设备调试。推进农药化肥减量化,推广农作物病虫害绿色防控与统防统治融合技术,开展测土配方施肥和应用有机肥等技术推广应用,2023年1—9月,全市推广应用测土配方施肥技术面积超32万亩次。

4.生态系统得到保护修复

优化自然保护地布局,编制《厦门市自然保护地总体布局和发展规划》。加强海洋生态保护修复,互花米草除治攻坚现场已达到动态清零,总体复发率为福建省最低的0.19%,翔安九溪口—大嶝大桥段、杏林大桥—新阳大桥岸线等生态修复项目加快推进,放流黄鳍鲷、青蟹和对虾等苗种约1.77亿尾(只)。开展陆地生态保护修复,有序推进造林绿化、松材线虫病防治等工作,2023年1—9月,全市松材线虫病疫木采伐改造面积超1000亩,清理松枯死木约1.2

万株;完成植树造林 3692 亩,森林抚育 15466 亩,封山育林 7402 亩;新建提升园林绿地 258 公顷,建设立体绿化 19 处、绿道 41.5 公里,建成口袋公园 19 个、精品公园 4 个。坂头国有防护林场获评 2023 年度"全国十佳林场"。

(三)生态体制机制更加完善

1.组织领导不断加强

成功召开全市生态环境保护大会,落实全国、全省生态环境保护大会精神,对加快建设美丽中国先行示范市、努力率先实现人与自然和谐共生的现代化进行部署。持续深化国家生态文明试验区建设,印发《厦门市生态文明建设 2023 年度实施计划》。深入宣传习近平生态文明思想,开展"绿水青山就是金山银山"首个全国生态日、全国节能周和低碳日等主题活动,举办"双碳"工作与产业创新发展等专题培训班。

2.市场机制作用充分发挥

积极申创国家级绿色金融改革创新试验区,成功发行福建省首单绿色科创公司债,落地福建省首单"智网减排贷"产品,发放厦门银行业首笔国家碳市场碳排放权质押贷款。截至 2023 年 9 月,厦门银行业机构绿色贷款余额约 1600 亿元,同比增长 77%。深化排污权交易改革,2023 年 1—9 月,收储排污权指标超 250 吨,以优惠价格快速保障厦门时代新能源电池产业基地一期扩建等项目需求,为企业节省资金超 160 万元。建设区域性碳汇交易中心,截至 2023 年 9 月,厦门产权交易中心合计完成碳汇交易 39.3 万吨,其中海洋碳汇交易 13.9 万吨,农业碳汇交易 25.4 万吨。

3.改革创新扎实推进

强化自然资源管控,科学划定"三区三线",成果顺利通过自然资源部审核,并正式启用作为全市用地用海审批依据。探索生态产品价值实现机制,编制《厦门本岛(含鼓浪屿)"绿水青山就是金山银山"实践创新基地建设实施方案》,推进海洋生态产品总值试算工作,开展自然资源资产调查,试行自然资源资产离任审计评价指标体系。完善生态法律规章,修订《厦门市排污权有偿使用和交易管理办法》《厦门经济特区园林绿化条例》等。2023 年 5 月,厦门因在生态文明体制改革、制度创新、模式探索等方面成效显著,获得国务院办公厅发文激励通报。

二、问题与挑战分析

1.生态环境质量稳中向好的基础还不牢固

空气质量方面,全市二氧化氮累计浓度为福建省内最高,可吸入颗粒物累计浓度尚未达到考核目标。根据生态环境部通报的全国168个重点城市空气质量排名,2023年1—9月,厦门空气质量排名全国第10位,比2022年同期下滑2位,全国排名"保十"立足未稳。水环境质量方面,地表水水质不稳定,且有提升空间。例如隘头潭2023年一季度汛期污染强度达3.45,被国家通报;筼筜湖2023年上半年水质同比由四类降为劣四类等。根据福建省生态环境厅公布的全省设区市地表水水质排名,2023年1—9月,厦门地表水省考断面、小流域断面水质均在全省排名靠后。

2.绿色低碳转型力度还需加大

产业园区绿色改造还需加快,目前全市省级以上产业园区只有集美杏林台商投资区完成循环化改造,火炬高新区刚完成循环化改造实施方案编制,海沧台商投资区刚启动园区循环化改造实施方案编制。节能环保等绿色产业基础薄弱,除光电照明等少数几个产业拥有基础优势外,其他节能环保领域普遍缺乏大型龙头企业带动,大中小企业协同发展不够。新能源车辆推广有待进一步加强,全市新能源车辆比例不到6%,远低于国内一线城市(上海是15.7%),机动车尾气依然是厦门大气环境最主要的污染源。群众节能节水意识还有待提升,一次性塑料用品随处可见,白色塑料污染形势依然严峻。

3.生态文明重点领域改革仍面临诸多亟需破解的难题

厦门作为国家生态文明建设试验区,需大力推动生态文明体制改革,加快先行先试,为全国积累更多经验。但改革已进入深水区,破壁攻坚难度加大。在推进碳达峰碳中和方面,国家提出要推动能耗"双控"向碳排放"双控"转变,该项工作是一个涉及面广、关联性强的系统工程,厦门面临数据支撑不足、应对能力不够等问题困难。比如,依据现有统计职能,厦门市区级层面还未建立能源平衡表,各区能耗统计仅限于规模以上工业企业,普遍存在能耗统计能力不足问题,导致无法准确核算各区碳排放总量及碳排放强度。在建立健全生态产品价值实现机制方面,虽然厦门已开展生态产品价值核算等先行探索,但推动生态产品价值实现涉及生态产权界定、政府与市场责权划分等多项制度改革及法律法规调整,目前都尚处于起步探索阶段,还面临很多急需破解的难题。

三、预测与展望

从国内看,党的十八大以来,在以习近平同志为核心的党中央坚强领导下,国家把生态文明建设作为关系中华民族永续发展的根本大计,开展了一系列开创性工作,决心之大、力度之大、成效之大前所未有,生态文明建设从理论到实践都发生了历史性、转折性、全局性变化,美丽中国建设迈出重大步伐。

139

2023年7月,全国生态环境保护大会在北京召开,中共中央总书记、国家主席、中央军委主席习近平出席会议并发表重要讲话,强调要全面推进美丽中国建设,加快推进人与自然和谐共生的现代化。这是我国生态文明建设史上具有重大里程碑式意义的大会,习近平总书记的重要讲话为新征程上的厦门推进生态文明建设提供了方向指引和根本遵循。

从厦门看,2024年是实施"十四五"规划的重要一年。全市生态环境保护大会已经为新时期深化生态文明,建设美丽厦门提出了具体目标,明确了任务要求。把握国家生态文明建设良好环境的外部机遇,借助厦门深入实施"一二三"战略规划,致力为中国式现代化探索试验、探路先行的东风,全市生态环境质量将有望继续保持全国前列,绿色发展水平将进一步提高,国家生态文明试验区建设有望形成若干项可供全国复制推广的改革成果,形成更加具有厦门特色、系统完整的生态文明制度体系。

四、对策与建议

牢固树立和践行"绿水青山就是金山银山"的理念,协同推进降碳、减污、扩绿、增长,助力加快建设更高水平的"高颜值生态花园之城",为厦门努力率先实现社会主义现代化夯实绿色根基。

1.持续深入打好污染防治攻坚战

(1)深入实施"蓝天工程"。开展臭氧污染防治和柴油货车污染治理攻坚行动,持续深化VOCs污染防治。加快"电动厦门"建设,推进绿色海港空港建设,提升机动车纯电动化率。加强工地、道路、堆场、码头等扬尘管控,争取空气质量综合指数保持全国前列。

(2)深入实施"碧水工程"。落实落细河湖长制,推进小流域综合治理。加快正本清源改造力度,持续提升污水收集处理能力。强化工业污染、生活污水和农业面源污染治理。开展筼筜湖、西溪、许溪等美丽河湖保护与建设,不断改善流域水环境。

(3)深入实施"碧海工程"。加强重点直排海污染源监测监管,常态化开展近岸海域全覆盖清扫保洁,加快翔安下后滨段海岸生态保护修复工程和九溪口—大嶝大桥段海洋生态保护修复工程,推广厦门岛东南部海域美丽海湾建设经验,不断提升近岸海域水质。

(4)深入实施"净土工程"。持续开展化肥农药减量增效行动,推广应用测土配方施肥和应用有机肥等技术,示范推广病虫害绿色防控与统防统治。持续抓好生活垃圾减量化、资源化工作,加强塑料等新污染物防治,打造"无废城市"。

(5)加快生态环境基础设施建设。加快进行前场水质净化厂二期、市政污泥处置厂工程、生物质资源再利用工程等项目。建设市生态环境大数据平台、大气超级站二期等重点项目。

2.加快推动经济社会全面绿色转型

(1)推动产业绿色发展。培育壮大平板显示、生物医药、新材料、氢能源、新能源汽车等产业,大力发展软件信息、现代金融等现代服务业。加快推动厦门火炬高技术产业开发区、海沧台商投资区园区循环化改造,持续推进数据中心和5G基站等基础设施节能改造。着力引进一批国际一流节能环保技术和产业龙头项目,创建一批国家级和省级绿色制造体系示范单位。

(2)推进能源绿色转型。加快构建新型电力系统,打造城市高能级配电网建设示范样板。推动华夏电力等容量替代、同安抽水蓄能电站等能源项目加快建设,推进新建公共机构建筑屋顶光伏建设,支持终端电气化改造和电能替代。

(3)构建绿色低碳生产生活方式。健全水、土地等资源节约集约循环利用体系,提升建筑垃圾、生活垃圾等废旧物资循环利用水平,建设国家废旧物资循环利用体系重点城市。持续开展植树造林和森林抚育,提高公园绿地服务半径。大力发展绿色交通,建设绿色建筑,逐步扩大绿色采购范围,加快建立健全碳普惠体系,不断增强市民生态环保意识,推动形成全民参与共建绿色城市、共享绿色生态的良好局面。

3.不断完善生态文明建设体制机制

(1)构建完善碳达峰碳中和"1＋N"政策体系。抓紧制定出台工业、城市建设、交通等领域碳达峰实施方案。逐步推动能耗"双控"向碳排放"双控"转变,建立厦门碳排放基础数据库,完善各区能耗统计。充分发挥厦门地方立法权的优势,推进碳排放双控相关的立法进程和监管体系建设。借鉴北京、上海等地经验,制定出台企业自主开展碳排放核查扶持奖励、碳排放评价纳入项目环评范围等政策。

(2)探索生态文明建设新模式新机制。健全生态产品价值实现机制,加快生态产品统计核算,形成生态产品目录清单,推动绿水青山与金山银山双向转化。探索固体废弃物集中治理园区运营新模式,加快建立白云飞生态园高效运营的投融资体制和管理机制。推进污水市场化治理模式创新,健全排水管理进小区长效管理运营维护机制,完善农村生活污水处理设施建设管理运营机制。

(3)提升生态文明建设支撑保障能力。构建绿色金融体系,鼓励辖内金融机构加强绿色金融产品和服务创新,申创绿色金融改革创新试验区。强化绿色科技支撑,鼓励引导科研机构与企业联合共建绿色低碳技术产业创新联盟,完善节能环保、低碳零碳负碳等科技成果落地转化机制。加强绿色科技人才培养,支持在厦高校加强新能源、海洋环境、碳达峰碳中和等学科建设。强化生态环境财力保障,聚焦污染防治、生态修复、节能降碳等重点领域,积极争取中央资金支持,加大地方财政投入规模,不断优化支出结构,构建多元化生态环保资金投入机制。

厦门市发展研究中心　董世钦

厦门市推进两岸融合发展示范区建设情况分析及建议[*]

2021年12月，习近平总书记在致厦门经济特区建设40周年贺信中强调指出，厦门在促进祖国统一大业中的独特作用。2022年8月国务院台湾事务办公室、国务院新闻办公室发表大陆对台工作第三份白皮书，强调支持福建率先推进两岸融合发展示范区建设。2023年9月，新华社受权发布《中共中央国务院关于支持福建探索海峡两岸融合发展新路 建设两岸融合发展示范区的意见》（下文简称《意见》）。近年来，厦门市坚持以习近平新时代中国特色社会主义思想为指导，全面贯彻落实习近平总书记关于对台工作的重要论述和新时代党解决台湾问题的总体方略。厦门因"台"而设，因"台"而特，在打造两岸融合发展先行示范区中发挥着积极影响。

一、总体建设情况

厦门经济特区最突出的特点就是"因台而设"，中央对厦门在推进两岸融合发展示范区建设上赋予厚望。厦门在对台工作中，致力做好"通、惠、情"三篇文章，打造台胞台企登陆第一家园"第一站"，促进台企转型升级，落实落细惠台政策，推进厦金"同城生活圈"。

（一）2022年厦门市推进两岸融合发展示范区建设情况回顾

1.厦台经贸产业融合纵深推进

2022年厦台产业融合再上新台阶，对台招商引资实质提升。2022年，全市对台进出口额454.52亿元，全市新批台资项目712个，比上年增长3.8％；合同使用台资33.8亿美元，增长180％；实际使用台资1.5亿美元。推动台湾企业、青年创业团队、青年创业项目落地，累计引进台企296家，累计引进台青524人。冠捷科技、玉晶光电、建霖家居等重点台企增资扩产。截至2022年12月，厦门自贸区有台资企业924家，注册资本137.78亿元，支持台胞在自贸区注册13家内资企业。连续落地仲信国际、台骏国际和日盛3家台资融资租

---

* 本文资料、数据如没有特别标注即来源于厦门市统计局《厦门特区经济年鉴-2023》.[EB/OL].[2023-12-01].http://tjj.xm.gov.cn/tjnj/publish/2023/2023.htm.

赁公司分公司。推动贸易外汇收支便利化试点扩大到全市 18 家台资企业。1474 家台企在厦门两岸股权交易中心"台资版"展示挂牌。成立大陆首个台企金融服务联盟,引进大陆首家台商海峡两岸产业投资基金合伙企业。

两地在高新科技产业上的合作也有重大突破。厦门已成为台湾地区光电产业资源配置的重要一环,该行业也是厦门重要的支柱产业之一,已在厦形成比较完善的产业链体系。行业全年完成工业总产值 2936.14 亿元,占全市规模以上工业总产值的 35.3%,其中超百亿的企业有 7 家,有 5 家是台资企业,分别是宸鸿科技(厦门)有限公司、宸美(厦门)光电有限公司、友达光电(厦门)有限公司、厦门天马微电子有限公司、冠捷显示科技(厦门)有限公司。

2.厦台社会文化融合走深走实

2022 年两岸社会文化交流持续热络,涉及社会各领域。每年在厦举办的海峡论坛是推进两岸民间交流的盛会,第十四届海峡论坛约有 2000 名台湾嘉宾参与线下论坛。厦门还成功举办纪念郑成功收复台湾 360 周年系列活动、两岸企业家峰会年会等大型涉台活动。在民生工作方面,持续落实台胞台企同等待遇政策,以制度保障惠台利民举措,出台《厦门市打造台胞台企登陆第一家园第一站的若干措施》实施细则,将在厦台胞纳入保障性商品房保障范围。在对台引才方面,支持台湾专业技术人才参加职称考评,直接采认相关台湾人才的职业资格,以及全市首个台青金融公寓交付使用,为在厦打拼台青打造最温馨家园。各区在提升涉台公共服务水平方面皆有成效,集美区行政服务中心设立台胞警务服务站、海沧区开通大陆首条双语涉台检察服务专线、同安区开通大陆首条双语服务台胞台企税务专线。

3.厦金全方位率先融合发展

厦门作为大陆联系台湾重要的"南向通道",厦门一直致力于打造厦金"同城生活圈",全面推进厦金通电、通气、通桥工程建设,便利两地人员往来,简化货物、货轮出入境手续,打造厦金海运快件便捷通道。厦金航线定班包船项目于 2022 年 5 月 31 日开始正式运营,新增厦门至金门每周 4 班定期货运航线,开通厦门—平潭—台北临时邮路,提升厦门对台交通运输枢纽地位。为促进厦金两地人文、社会融合,厦金两地共同举办海峡两岸春节焰火晚会,以及"畅通厦金交通 促进融合发展"研讨会。厦门银行与金门县政府通过跨领域合作,协调解决金门同胞因疫情产生的台胞证到期、账户冻结问题。

(二)2023 年厦门市推进两岸融合发展示范区建设情况

1.促进厦台两地经贸深度融合

台企工业产值约占厦门规上工业总产业的四分之一,厦门现共有 29 家台湾百大企业,其中有 4 家产值超百亿。截至 2023 年 9 月,全市累计批准台资项目 10453 个,合同台资 246.7 亿美元,实际使用台资 125.5 亿美元。为优化涉台营商环境,有效支持在厦台企融资,2023 年 3 月,全国首个数字人民币增信基金"厦门自贸片区台资和航运物流中小微数字人民币融资增信基金"在厦门自贸区启动,该基金助力解决台资企业融资难的问题,降低台资企业的融资成本。① 厦门自贸片区台商发展服务中心为台胞台企提供两岸行业标准比对和采信、台胞职业资格采认等七大类服务,厦门两岸行业标准共通服务平台也正式上线。② 为贯彻落实《意见》,2023 年 11 月,厦门市场监管总局出台 7 条政策措施,力促两岸标准规则共通,推进两岸融合发展示范区建设。③

2.深化厦台社会、人文全面融合

厦门每年举行百场两岸交流活动,涉及社会多方层面,全面推动两地人文情感深度融合。2023 年第十五届海峡论坛延续"扩大民间交流、深化融合发展"主题,采用线上线下结合的方式,分为青年交流、基层交流、文化交流、经济交流四大板块,约有 5000 名台湾嘉宾参与线下论坛。厦门多年致力落实落细在厦台胞同等待遇政策,为在厦台胞在住房、教育、创业、医疗、法治等方面提供保障,为在厦台胞提供市级保障性住房,首批提供 100 套保障性住房房源供符合条件的台胞认购。④ 积极完善台湾人才引育机制,出台促进台湾年轻人来厦创业就业政策,引进台湾高层次人才,2023 年共有 70 位台湾人才获评台湾特聘专家(专才)。⑤ 针对在大陆工作、生活的台胞推出大陆首个组合型保险产品"两岸通保",填补台胞从大陆回台紧急救援服务的空白。⑥ 为贯彻落实《意见》,不断完善涉台司法体系,2023 年 12 月,全省首个涉台仲裁中心正式在厦揭牌,为涉台公共服务提供有力法治保障。⑦

---

① 全国首个数字人民币融资增信基金在厦启动![EB/OL].[2023-12-01].https://mp.weixin.qq.com/s/Iz3fABPvNElmhHkCOUm3_w.

② 这里,奋力打造两岸融合发展示范区[EB/OL].[2023-12-01].https://mp.weixin.qq.com/s/nAx2u9rDMS7A09KL9kHCdw.

③ 进一步推进两岸标准共通![EB/OL].[2023-12-01].https://mp.weixin.qq.com/s/mqUDIA5Fv129W-wc-6dAtg.

④ 厦门 100 套保障性商品房!面向台胞家庭![EB/OL].[2023-12-01].https://mp.weixin.qq.com/s/LK-jBlhLOcqj41MQCI7_hA.

⑤ 助力台湾人才"登陆"[EB/OL].[2023-12-01].https://mp.weixin.qq.com/s/WrGxsPyAQ1Xf-TSQYFl5DA.

⑥ 在大陆台胞可享受"两岸通保"[EB/OL].[2023-12-01].https://mp.weixin.qq.com/s/s8gRRd3qVNsesb9RMKsxeA.

⑦ 厦门设立全省首个涉台仲裁中心[EB/OL].[2023-12-01].https://mp.weixin.qq.com/s/-EQBVsPAJFOd6fzVhcyQjQ.

3.推进厦金"同城生活圈"建设

作为大陆联系台湾的"南向通道",厦门一直致力于推进厦金融合发展,厦金航线出入境旅客占两岸"小三通"总量的90%,厦金航道已成为两岸交流交往的重要交通枢纽。2023年7月4日,厦金"小三通"航线自2001年1月2日开通以来,运送旅客突破2000万人次。① 除了人员交流密切,两地在货运、海运快件、跨境电商的合作上也有新的突破。针对厦金航线,厦门不断完善便捷边检通关手续,"小三通"海运快件航线已开通4条,每周3班次,2023年11月开通厦门—金门—台湾本岛的"大三通"跨境电商海运快线。2023年1—7月,对台海运快件1.63万标箱,同比增长595.8%,件数867.97万件,同比增长544.1%。② 厦金两地在基础设施联通上也有积极进展,除了推进厦门侧通电、通气、通桥工程建设,翔安机场等主体基础设施建设也在持续建设中。

二、厦门市推进两岸融合发展示范区建设所面临的问题

1.两岸关系存在不确定因素,对厦台两地的合作发展造成不利影响

厦门属于外向型经济,作为大陆对台工作的桥头堡,两岸关系和外部环境的变化都会对厦门经济建设产生至关重要的影响。全球保守主义回潮,近年来美国对华实施强硬政策,把中国视为美国最主要的竞争对手,对中国实行贸易打压。在台湾问题上,日美同盟不断宣扬"台湾有事",干涉中国内政。加之台湾岛内台独势力的影响,使得两岸关系存在不确定因素,对厦台两地的合作发展造成不利影响。

2.在厦台企转型升级困难,科技创新动力不足,相关配套产业尚未完善

在厦台企以中小型规模和劳动密集型产业为主,即以中小微台企为主,这类企业的特性决定其抗风险能力有限。有研究显示,厦门台企对升级的需求大于转型,这表明厦台企对自身抗风险能力信心不足。主要原因,一是厦门本土的人工、地价成本逐年攀高,以及厦门本身岛屿面积与丘陵地貌都一定程度上限制了台企的转型发展。二是两岸征信尚未完善,台企转型升级融资困难,且对大陆金融信贷信息了解渠道有限。三是台企科技创新动力不足,缺乏高新技术人才。四是厦门缺少具有带动效应、高附加值的龙头企业。五是民进党推行对大陆产业的"选择性脱钩"政策,加大了台企进入大陆市场的风险与

---

① 厦金"小三通"客运航线出入境客流突破2000万人次[EB/OL].[2023-12-01].https://mp.weixin.qq.com/s/B8oBQFIhj4Mod5yJi_-H7g.

② 这里,奋力打造两岸融合发展示范区[EB/OL].[2023-12-01].https://mp.weixin.qq.com/s/nAx2u9rDMS7A09KL9kHCdw.

压力。

三、厦门市推进两岸融合发展示范区建设的预测与展望

(一)厦门市推进两岸融合发展示范区建设的机遇

中央多次在重要会议和文件中强调,支持福建建设两岸融合发展示范区,强调厦门在对台工作中的重要地位。2022年1月,中央对台工作会议强调,要支持福建探索海峡两岸融合发展新路、建设海峡两岸融合发展示范区。2022年8月国务院台湾事务办公室、国务院新闻办公室发表大陆对台工作第三份白皮书强调,支持福建率先推进两岸融合发展示范区建设。2023年9月新出台的《意见》提出二十一条支持福建探索两岸融合发展新路的具体举措。厦门经济特区因"台"而设,2021年12月,习近平总书记致厦门经济特区建设40周年贺信中,对厦门在推进两岸融合发展中发挥的独特作用寄予高度期望。

近年,中央密集发布对台工作重要指示,证明党对解决台湾问题,推进祖国统一大业的坚定决心。厦门是大陆连接台湾的南向要道,厦门对台工作的独特地位是其他地区所无法取代的。厦门的特色是对台,深化两岸融合发展对厦门经济社会发展具有重要意义。《意见》明确支持厦门与金门加快融合发展,"以清单批量授权方式赋予厦门在重点领域和关键环节改革上更大自主权……打造厦金'同城生活圈'"。厦门应抓住历史机遇,全面贯彻落实习近平总书记致厦门经济特区建设40周年贺信精神,努力探索两岸融合发展新路,建设两岸融合发展示范区。

(二)厦门市推进两岸融合发展示范区建设的未来展望

厦门作为对台工作桥头堡,始终贯彻落实党的二十大精神,贯彻执行中央对台工作部署,落实习近平总书记关于对台工作的重要论述。致力做好"通、惠、情"三篇文章:"以通促融",推进两岸应通尽通,打造厦金"同城生活圈";"以惠促融",落实落细同等待遇政策,对在厦台胞比照厦门市民实施同等待遇;"以情促融",努力推动两岸同胞心灵契合。

1.致力以通促融,实现厦金"同城生活圈"

厦门对台工作突出特色之一即是推进厦金两地同城化,推进金门融入厦、漳、泉区域协同发展中,共建厦、金、漳、泉协同发展示范区。厦金两地实现基础设施联通,应通尽通,实现通电、通桥、通气,厦金两地可共用翔安机场、港口、公共轨道交通等基础设施,实现厦金两地人员自由流动、资本自由流通、货币自由兑换。设专法保障金门同胞在厦投资、教育、医疗等权益。厦金两地融合发展积极效应可辐射至台湾岛内,让台湾岛内同胞看到两岸融合发展的利

好,从而推进两岸同胞心灵契合,两岸全方位融合发展。

2.致力以惠促融,落实落细同等待遇政策

为在厦台胞提供高质量的公共服务,实现涉台公共服务普惠化、均等化、便捷化,将在厦台胞纳入社会保障体系。在厦台胞凭台湾居民居住证可享受在地居民同等待遇,台湾居民身份证与大陆居民身份证应用同等便利。让台湾同胞在厦就业、学习、就医、养老服务等有完善的制度保障,有完善的涉台司法体系为依循。在厦台胞可深度参与社会治理与经济建设,参与社区建设、基层治理、乡村振兴、社会公益等各项活动。厦台经贸深度融合,在厦台企实现转型升级,龙头企业发挥引领作用,带动产业集群发展,特别是高新科技产业链发展完善。

3.致力以情促融,扩大厦台社会人文交流合作

厦台两地以闽南文化作为联系情感的纽带,各项文化交流配套措施日益丰富,厦台文化交流活动在推进两岸关系和平发展上的重要性突显。两地同胞共同弘扬、保护和传承中华传统文化,共同推进闽南文化、宗教习俗的非物质文化遗产申报工作,在民族民俗、考古等文化研究上合作开展研究,共享学术研究成果。厦金两地成为两岸闽南传统文化和两岸流行文化中心。通过厦金"同城生活圈"的融合发展利好台湾岛内民众,从而实现厦台两地各领域交流合作深化发展。

四、厦门市推进两岸融合发展示范区建设的对策建议

厦门在推进率先实现社会主义现代化道路上,最具特色的工作是对台,两岸融合发展是厦门推进实现社会主义现代化的一项重要工作。厦门因与台湾相近相亲的地缘人文优势,在推进祖国统一大业中肩负着重大使命,努力贡献两岸统一的厦门经验。

一是加大对外开放力度与拓展内销市场,助力在厦台企转型升级。厦门与台湾都属于外向型经济,厦台经贸融合脱离不了全球贸易自由化的时代浪潮,推进厦台融合发展,厦门需要加大对外开放力度。《区域全面经济伙伴关系协定》(RCEP)全面生效后,厦门作为台商台企参与国家"一带一路"建设的关键枢纽,为了让在厦台企更好发展,更好融入双循环新发展格局,应着力推进台企转型升级,以及帮助台企拓展内销市场。

在厦台企主要以中小微企业为主,主要是劳动密集型产业,这一类型企业的抗风险能力较差,转型不成功很可能一蹶不振。因而,厦门需建立完善的风投系统和国际化的金融体系,推进建设厦门两岸区域性金融中心。以及需提升在厦台企的创新能力,推进"产学合作"模式,将研究技术转化成实际应用成

果。此外,需加大力度引进台资龙头企业和新兴产业,承接台湾岛内的产业转移,提升在地产业链、供应链、价值链竞争力,完善上、中、下游产业配套,并向中高端产业延伸发展,拓宽台企转型升级的融资渠道。

二是扩大厦台人文交流合作,落实落细同等待遇政策。厦门作为对台工作的前沿,在推进两岸融合发展示范区建设中应更大胆创新实践,落实落细惠台政策。在厦台人文交流方面,应加强涉台文物保护和推进涉台非物质文化遗产的传承发展,鼓励台胞参与涉台文物保护、涉台非物质文化遗产传承。除了文化交流活动之外,支持两地学者在民族、民俗等人文领域开展学术研究,共享研究成果。关于厦门打造台胞台企登录第一家园"第一站",应考虑如何让在厦台胞有感和厦门如何增加对台湾岛内民众的吸引力,这就要求出台的政策是基于扎实的调查研究。《意见》中指出,"支持台胞深度参与福建当地社区建设、基层治理等实践活动"。在充分调研的基础上,拓展在厦台胞参与社区治理的方式与渠道,加强社区涉台服务水平,将社区纳入厦门涉台治理体系之中。《意见》也提及"促进台生来闽求学研习""鼓励台胞来闽就业"等。关于如何吸引台湾年轻人来厦学习、创业、就业,除了调研在大陆台湾年轻人的相关情况,还需了解在岛内大部分没有来过大陆的台湾年轻人他们的学习实习、就业创业情况和学习实习、就业创业需要,根据现实情况合理有效地制定相关政策。

三是支持厦门与金门融合发展,打造厦金"同城生活圈"。借鉴大湾区经验,参照广州、深圳对标香港、澳门,厦金"同城生活圈"的建设应该大胆实践,把"厦金融合"作为两岸统一的试验田,两岸统一之后的社会治理模式可在厦金两地先行开展试验。在推进建设厦金"同城生活圈"的基础上,未来"厦、漳、泉、台"区域融合也应是厦门打造两岸融合发展示范区应然设定的目标。

厦门市人民政府台港澳事务办公室 邓婧

厦门市建设海丝中央法务区情况分析及建议

一、总体情况

在短短两年的时间里,海丝中央法务区先后设立厦门、福州、泉州三个片区,取得了积极成效,现已成为"海丝"核心区建设的标志性工程之一。厦门片区日益成为加快推进城市发展转型、打造新发展格局节点城市的重要内容、重要支撑、重要生态。自启动建设以来,厦门片区新引进各类法务机构 150 余个,汇聚法务机构 900 余家,全国头部律所中有 17 家在厦门设立分支机构。目前全市共有留学涉外专业背景律师 192 名,其中 28 名获"涉外律师专业水平证书"评定,占全省 65.1%。2022 年 3 月 9 日,美国加利福尼亚中区联邦地区法院作出判决,对厦门仲裁委员会作出的厦仲裁字第 20200855 号仲裁裁决予以确认,判决对被申请人方某进行执行。这是厦门仲裁委裁决首次在美国获得承认与执行。

2023 年以来,海丝中央法务区厦门片区重点开展"惠企惠民、产业壮大、改革创新、人才引育、域外拓展、强基固本"等"六大行动",形成"十大成果"[①]:海丝中央法务区成为法治领域创新"试验田",主动探索国际商事海事审判机制、知识产权综合司法保护、涉外法律服务、数字经济治理等领域创新。全链条国际商事海事纠纷解决体系日益形成,国际商事争端预防与解决组织全球首个代表处实体运营,厦门国际商事法庭、厦门涉外海事法庭审判质效稳步提升,中国国际经济贸易仲裁委员会、中国海事仲裁委员会、海峡两岸仲裁中心落地分支机构或庭审中心,发布《中国(福建)自由贸易试验区临时仲裁指南》。仅 2022 年 9 月以来,受理商事海事案件 1300 余件,标的金额超 100 亿元,涉及 40 多个国家和地区。首创举办国际警安法务科技展览会,着力打造警安法务科技"一城市、两基地"(应用示范城市、创新基地、产业发展基地),助力培育千亿级警安法务科技产业链。出台首个法务区专项人才激励政策,在全国法

---

① 打造更优法治生态、营造国际化法治化营商环境:海丝中央法务区厦门片区 2023 年度"十大成果"发布[EB/OL].(2023-09-07)[2023-11-10]. http://fj.people.cn/n2/2023/0907/c181466-40561933.html.

务区中率先为高层次法务人才量身定制激励政策——《海丝中央法务区厦门片区高层次法务人才激励支持若干措施》,安排 5000 万元法务人才专项资金,构成日益完善的扶持政策体系。

持续创新建设"金砖法务特色专区"。2022 年 9 月启动以来,办理金属硅购销合同、球员经纪合同等涉金砖国家案件 100 余件,标的金额超 25 亿元。积极打造海丝国际法商融合服务基地,海丝中央法务区厦门片区现已汇集国际法务运营平台 20 余家涉外法务机构,整合外贸、金融、税务等高端商务服务资源,建设国际商事海事争议解决服务、国际投资贸易法律服务、国际投资贸易保障服务"三大板块",设立知识产权保护、海外人力资源服务、跨境财税合规等"N 项专区",构建"全球 1 小时法律服务圈",提供全链条、全周期、专业化、国际化法律服务,服务范围已涉及 160 余个国家和地区。一批智慧司法联合创新实验室建成投用,引入中国司法大数据研究院、智慧司法教育部工程研究中心、自然资源部第三海洋研究所等国家级科研机构,成立联合创新实验室,以社会化的方式推动智慧法务的核心技术研发、场景应用创新以及产品示范推广。专业化、国际化法律服务惠及万千企业,2023 年以来,围绕提升市场主体获得感,海丝中央法务区厦门片区在福建省积极开展"法律服务进千企惠万企""涉外法务交流合作·八闽行"等活动,组织 150 余家法律服务机构、2000 余名专业法务人才,面对面为 1.5 万余家企业提供专业法律服务,并依托网上云平台、掌上法务区、海丝法务通等网站和小程序,提供线上法律服务超100 万人次。

金融司法协同机制提档升级。厦门金融司法协同中心入驻海丝中央法务区核心承载区,推动"金融司法＋金融监管＋金融自律"协同机制创新升级,率先实现"五位一体协同功能"全覆盖,2022 年以来处理各类金融纠纷 3 万余件,审判执行时间缩短 2/3;厦门金融司法协同中心机制创新获评"中国改革年度典型案例",写入《中国金融司法报告》。海丝中央法务区品牌影响力持续扩大。

厦门进入世界知识产权组织 2022 年全球创新指数报告全球顶尖科技集群百强榜,也是全球排行增幅最大的三个地区之一,比 2021 年上升了 12 位。厦门连续三年在国家发改委营商环境评价中位居前列,18 个指标全部获评"全国标杆"。城市信用指数 2022 年度排名中,厦门排名第一;《2022 年度中小企业发展环境评估报告》中,厦门综合排名全国第七、福建第一。

二、问题与挑战

1.法务业拓展空间亟待法治化探索

一方面,要持续引进高端专业法务机构;另一方面,要培育属于"海丝"的仲裁和调解品牌,必须加强国际商事调解和仲裁。就此,我国立法法在修订过程中,就中央地方立法权的划分进行了修改,将中央在仲裁上就仲裁制度的立法权限范围限缩修改为基本仲裁制度,这样为地方就仲裁立法释放一定的空间。加之福建自贸区先行出台了临时仲裁的指南,海丝中央法务区作为一个法治试验创新区,作为设立在厦门经济特区的海丝法务集聚区,在构建多元一体商事争端解决机制上,在开放的仲裁员、名册、利益披露制度,包括其他的制裁管辖权等,以及为外籍仲裁员提供相应的税收、入境优惠等等方面,可以也应该能够就商事仲裁加以立法创设,引领和推动仲裁、调解等多元纠纷解决机制的一体化发展,增强海丝中央法务区作为国际商事纠纷解决优选地的吸引力。

2.知识产权法务一体化亟待加强

在各方采取措施构建知识产权纠纷多元化解决机制中,进一步优化知识产权诉调对接工作,发挥人民调解员专业优势,共同推动知识产权纠纷多元化解,以知识产权调解委员会、知识产权协同保护中心等为纽带,畅通司法机关、知识产权行政管理机关、工商联、民营企业之间的联动渠道,共商共享共进。在此基础上,就调解、仲裁和审判等之间的贯通,应有进一步的破解和推进。事实上,知识产权民事纠纷数量逐年增长,并呈现出多样化的趋势。作为知识产权纠纷多元化解决机制重要组成部分的仲裁机制取得的实际效果远低于预期,仲裁与知识产权行政主管部门赋权程序、法院审执程序的衔接不畅,在加强知识产权综合保护、构建知识产权全链条协调保护格局、推进知识产权国际合作方面,尚待海丝中央法务区发挥能动作用,实质化促进多元纠纷解决机制一体化建设,其中的提升空间很大。

3.法务业引领推动亟待学理支撑

海丝中央法务区健康持续发展的重要条件之一,是认真收集研究法务泛法务领域发展诉求,加快推动完善符合产业行业特点、更加科学合理的制度供给,加强统筹协调、制度激励,发挥市场效能,激发内生动力,助力培育更多有影响力的法务泛法务机构。而科学性、战略性和基础性的法律服务业研究,在法学、城市学和经济学等学科及其跨学科中均尚属薄弱。法律服务行业数据不完善、不统一,缺乏萃取和研究,尚未形成强大的行业数据库;对国内外法律服务行业,特别是法律服务集聚区的中长期发展缺少数据支持和发展对照。针对法律服务市场,从供给侧和需求侧两方面进行理论研究和实证研究的比较匮乏,比如针对涉外法律服务市场,在"海丝"沿线国家和地区、领域、行业和企业的分布现状、成长性与竞争性,面临的法律服务业政策制度环境上的困难等均缺乏精深的研究。对公共法律服务、专业的市场化法律服务发展规律、新兴业态等的研究,对律师事务所的管理和运营方面的研究,包括战略管理、品牌运营、人才与团队建设、产品创新与文化建设等的认知还比较经验化、碎片化；法律服务产业的发展战略、策略、步骤和节奏、真实需求和隐性需求，以及问题和挑战都还存在很多茫然的情形；在系统的数据基础上进行市场分析、规制分析，涉及各行业法律类的大数据分析、合规研究、风险防控报告等都有待推进，以促使公共法律服务、公益法律服务与专业的市场化法律服务均衡发展。

三、预测与展望

第一，推进争议解决多元防范化解调处机制间的融合贯通。调解、和解、仲裁、鉴证、公证、查明、评估、论证、听证、审判、提存等多种途径，以及线上线下的方式，保障当事人在事前事中事后获得法务响应和支持的可及性、有效性，包括其中的竞争选优、解纷转轨，以期实现风险管控、及时止损、权益保障与法治内化，在预防上有效、在化解上有力、在规则上亲近、在程序上适应、在权威上信赖、在比较上选优、在机制上合一，应当是法务区相较于分散、单一的法务供给方式在空间上生成的更为显著的优势。为此，海丝中央法务区在健全多方联动的制度规程，增进当事人的程序选择，增强诸种纠纷解决方式之间的连接媒介，增强调解和解在适用空间、事项范围、植入程序等方面的制度化织补，担当单一纠纷解决机制在推进各类民商事、经济社会、涉外涉海等争议实质性化解上无从达致的长效工作机制，将是一个重要的着力点。自主选择、权威公信、调解优先、多方联动、高效便捷，发挥海丝中央法务区法务集聚的这些特点，不仅具有资源的集聚度，而且更具有解纷的高效能，实现低成本、高信誉的法务保障，必然要求在管道上的多维与运行上的畅通。

第二，应当吸收借鉴国外成熟法务集聚区的建设运营经验，探索创新涉外司法规则、仲裁规则、调解规则，并促使诸种纠纷解决机制之间衔接与协调。多种仲裁机制并存、互补，是国际海事商事争端解决优选地的基础配置。因此，要优化仲裁发展环境，强化仲裁及其国际化发展的法治规范，推动仲裁业务对外开放，培育国际一流仲裁机构，提高仲裁的开放度、影响力和国际市场竞争力。

同时，还应充分运用海丝中央法务区集聚的优质法律服务资源，进一步支持仲裁机构采取调解、谈判促进、专家评审，以及当事人约定或者请求的其他与仲裁相衔接的方式解决纠纷，提高案件自愿和解率与自动履行率。并鼓励依法发起设立非营利性商事调解组织，培育国际商事争议解决品牌。还要在国际商事多元化（ADR）纠纷解决机制，即国际商事法庭所提倡的"一站式"纠纷解决机制中，一方面加强法院的主导功能；另一方面加强调解、仲裁和法院在诉讼与调解、仲裁与司法、仲裁与执行之间的衔接机制，在送达、取证、临时措施等方面在特区立法层面健全有关程序。提升涉外诉讼服务的信息化智能化水平,全面优化诉讼服务体系。

第三,促进法务与政务之间有效对接。这在很大程度上会有助于企业接受投资政策、合规经营、社会责任、国际税收、风险防范等方面更加有效地支持。政务与法务之间的依存度和紧密度日渐提升,政务表现为法务,法务依托或"进入"政务。海丝中央法务区就若干主要政务活动与法务的叠加开展,将有助于企业综合研判监管、交易等方面可能的风险并强化法律服务等的及时跟进,在做好"走出去"的战略规划和风险把控中增强反应力和主动性。在政务服务这一法治化营商环境的重要挑战部位,注重以法治思维和法治绩效评价、完善政府监管与服务的"顾客导向"与治道变革,深化预防性监管、参与式治理,根据企业需求,结合日常监管、投诉举报等大数据分析,针对问题比较集中的相关重点行业企业,分阶段、分行业、分规模开展更精准的法律政策服务,为市场主体提供更加个性化、精准化的服务,最终实现向事前预防转型。

总体上,海丝中央法务区坚持法务供给侧与商务需求侧协同发力。法务机构聚合式发展,在实质上是服务功能融合式链接,以此促进法务资源与市场需求之间实现有效匹配。但从具体评估可知,其中法律服务产业链、价值链和创新链尚未完全开发和成熟,与厦门产业结构之间的融合还不够紧密。对此,第一,应重视发挥法务业第三方服务机构作为法律服务领域的共性研发创新平台、大数据服务平台、信息服务等法务业要素供给和优化平台的辅助支持功能。第二,应引导发展与研发设计、现代物流、电子商务、创意设计、金融创新等生产性服务业多维对接的法律服务产业。第三,咨询业、规划业、评估业,会计、审计、鉴定、培训以至文旅等方面的法务保障应更加贴近现实需要并不断形成新优势。处在海上丝绸之路核心区,面向"一带一路"共建国家和地区、金砖国家和东盟自由贸易区等商务蓝海,海丝中央法务区应持续提升聚合力、创新力、引领力,努力推动法务覆盖面、保障度和嵌入性,持续筑牢公共法律服务、专业法律服务和智慧法律服务的综合竞争力,为 RCEP 乃至更大范围经济合作持续完善产业生态圈,加强知识产权公共服务平台和协同保护体系建设,持续扩大海丝法务的品牌影响力。

四、对策与建议

1.创新供给涉台法务

2023 年 9 月 12 日,中共中央、国务院发布《支持福建探索海峡两岸融合发展新路、建设两岸融合发展示范区的意见》,提出 21 条促进闽台经贸深度融合和福建全领域融合发展的具体措施,为涉台法治、涉台法务的发展擘画了前景、明确了节点、提出了指向。

　　将福建建成台胞台企登陆第一家园,更需要以海丝中央法务区为桥梁形成涉台法务优质供给和深度保障的新形态,长远来看,两岸之间需要更为绵密、高效的法律事务合作机制。① 为此,第一,在司法服务上,围绕贯彻落实中共中央、国务院《关于支持福建探索海峡两岸融合发展新路 建设两岸融合发展示范区的意见》,加强涉台执法、检察、审判、执行领域深化案件办理、司法互助、法律查明等领域的合作交流,进一步落实《关于为深化两岸融合发展提供司法服务的若干措施》,向台商台胞传递司法温度。第二,在司法惠企上,提升获得感。比如可以采取集中购买法律服务方式加强对台商产业园的服务保障。由律师协会等与中小台企签署集中购买法律服务协议,为企业提供细致周到的法律咨询、法律文本修改、劳动关系协调处理、商务谈判、出具法律意见书、代理诉讼等全方位的法律支持,精选买卖合同履行、公司担保、股东责任等典型案例,研发适应台企特点的法律服务产品。尤其应当充分发挥海丝中央法务区的集聚效应,从企业合规管理、政策支持、公证服务等多个方面整理法律法规和政策文件,以使企业正确理解和适用有关法律政策。第三,在司法参与上,强化共建共享。在海峡两岸融合发展法务保障上,关涉台企营商环境、台胞权益保障、人员往来便捷化、贸易投资顺畅化,涵盖制度建设、司法保障、法律服务、行政执法等各方面各层次各领域,需要全面的涉台政策与法律资料库、涉台法务与专业人才数据库、案例库。在业已合作建立的台湾地区相关规定查明基础上,海丝中央法务区应当强化协同联络力度,系统推进,在个案需求支持与共性需求响应上深化涉台法务创新,提高涉台营商环境法治化水平。

　　步入新阶段,应当树立涉台法务生态化理念。凸显台胞主体全方位法务需求的因应对接,适宜以微法务提高法律保障的在地化、实时化和个别化,应对和跟进共同生活圈的法务需求增长及其内容的细密发展。针对厦金共同生活圈中台胞常态生活"微法务"需求,海丝中央法务区公共法律服务应进一步加大这一方面比重,并延伸服务半径、创新服务形式,增强服务的灵活性和可及性,成为生活圈便利化公共服务中的有效因子,在探索厦金跨域协同治理中增强法律黏合剂的作用。要发挥厦门智慧法务、法务科技优势,积极采用区块链、数字水印等新技术,防范和减少侵权行为发生,从而为台胞提供安心舒心暖心的法律服务和法治守护。

---

　　① 两岸关系 40 年历程——涉台法律事务[EB/OL].[2023-11-12]. https://mp. weixin.qq.com/s? __biz=MzI0MTExMzQyMQ==&mid=2651984554&idx=1&sn=be ed8e9eccf563e0ffa283be99c8219a&chksm=f2f63288c581bb9e4c9e66e37777bb64f916dc5ec7 3d7e26641ffe0cb3d8e386265202cdf602&scene=27.

2.深耕与提升涉海法务

（1）适时开展涉海法务质量与效能调查评估或第三方评估。持续分析涉海营商环境市场化、便利化、法治化中的政务法务诉求，聚焦简化政务服务程序、强化执法信息联动共享、优化海事侧法治服务供给等突出问题，完善有关信息系统数据集成应用，丰富"单一窗口"海事侧政务服务功能，深化部门协同办证；推动涉海、口岸部门执法协作紧密联动，推行融资租赁、抵押登记等的"双同步"办理，探索建立港航企业信用评价体系。加强市场和产业发展环境刚性指标评价约束，在公平竞争上保持对各类市场主体是否依法平等进入市场、公平竞争、充分获得海事支持引导的敏感度。在政务法务衔接上，加强在政务办理规范、政务服务质量、执法信息公开透明、规范文明执法等节点上对海事公权力是否合法合规合理行使的监测评估，重点分析涉海政策法规制定、执法监管服务等方面的合法性，以及市场主体产权保护、权益救济的合法途径是否畅通有效。

（2）主动作为，为市场主体提供涉外法律服务和多元纠纷解决机制，探索建立水上交通事故纠纷争议解决多元机制；充实厦门海丝商事海事调解中心，搭建涉台海事法务服务机制。

（3）加快补强国际邮轮法务保障。厦门作为区域国际邮轮母港中心之一，在保障国际邮轮母港运营法律服务方面，可以进一步形塑和发挥海丝中央法务区自贸片区法商融合、企业法律服务产品集成化、链条化的重要优势，为邮轮旅客、邮轮公司、旅行社提供在合同监管代理运营等多方面的法律支持。对此，深圳的创新做法值得借鉴。对进港离港的民事合同、邮轮运营的商务合同、海关、边检、海事、出入境检验检疫以及税收等方面的行政事务，应朝着均可提供专业化高端法律服务的目标努力，从而增强厦门国际邮轮等涉外文旅服务业的竞争力。

3.招引健全法务业第三方服务机构

在基于法务区的法务业乃至现代生产性服务业的生态化演进中，应当充分考虑围绕法务业、以专业法律服务中的市场化法务为"服务对象"的"服务业"在法务区的引入。海丝中央法务区在法务科技、智慧法务领域集聚效应比较突出，具有显著优势，但是，在其他类型的法务业第三方服务机构的增量、提级和补强上，应提高重视程度和吸引力度。法务业第三方服务机构正在成为法务业乃至现代生产性服务业中新的生长点。法务业第三方服务机构发展在促进律所作为最主要的法务机构类型就资源要素、内部管理、办案工具、业务渠道等业态变革上的作用越发突出。

4.推动法务区制度集成创新

（1）推动矛盾纠纷多元预防化解调处机制集成创新。海丝中央法务区不仅仅是展现不同纠纷解决机制的"展台"，更是促进仲裁、协商、调解、诉讼等纠纷解决机制相互联系、互为支撑，并与律师、公证等法务相互依存、支持配合平台；不仅仅是在多元化的纠纷解决方式之中满足当事人的比较选优，激发不同法务主体及其产品、流程适应高强度竞争而不断提质增效、服务迭代，不仅仅是在单个的法务产品、线性的法务业态上，更是在综合的服务内容与服务方式上，在系统的、复合的法务乃至相关泛法务上的集成服务供应商、创新供应商、创业立业兴业同伴辅导者。因此，在海丝中央法务区的"平台""园地"之中，不仅每一家法务机构是，且必须是法务提供者和创新者，而且海丝中央法务区本身也不仅是这一集聚区的虚拟园区服务者、监管者，更是法务业领域的系统整合者、协同设计者和创新领航者。它还可以适时修改《厦门经济特区多元化纠纷解决机制促进条例》。在适应、引领和推动先行先试地进行法务业领域制度创新和法制探索上，应就该条例在适用范围、结构功能以及规范创设上加以变革完善。

（2）落实在法务区发展支持政策完善上，可从对法务机构、人才的引入支持和发展扶持，逐步引导到对法律服务机构在优化营商环境、涉外法律服务、知识产权保护、新兴产业领域等法律服务成果的表彰奖励上来，以牵引在法务产品的研发与适用上的发力。比如《2023年深圳市福田区支持法律服务业发展若干措施》中第十条第（二）项，在争先创优支持上，规定"法律服务机构在优化营商环境、涉外法律服务、知识产权保护、新兴产业领域等法律服务成果被司法部等省部级以上部门或全国性行业协会向全国表彰推广的"，予以奖助。

（3）可以专门立项进行公共法律服务产品的开发竞标与选优，提高普惠法务的质量与水平。比如，可以编写律师解读优化营商环境政策法规读本，以律师的视角进行风险防范、强化内控的法律法规解析，从优化政务环境、提升企业全生命周期管理服务、营造公平竞争市场环境及加强实施保障等方面为企业运营、创新提供有益支持，提升企业感受度和获得感。还可以就知识产权政策法规编写指南、案例解析等，在实体和程序上将给予投资者更为有效的法律指导。

总之，新征程中，稳步扩大规则、规制、管理、标准等制度性开放，实现高水平的对外开放需要进一步优化营商环境为指向，推进资源共享、信息互通，实现公共法律服务资源与大数据政务信息资源的全面整合，促进"法务＋金融""法务＋科技"的关联产业加快发展，聚集更多法务资源，丰富完善法务新业态。结合世界银行以企业的生命周期为准所制定的营商环境评估体系优化，可以探索建立海丝中央法务区发展评价指标体系,以建设更加优质、高效、集聚的法律服务产业。

党的二十大报告首次载入"国际法"与"涉外法"。深入贯彻党的二十大精神,在具有深远历史意义和全球现实意义的"海上丝绸之路"这一"涉外场域",服务国家战略,作为海上丝绸之路的重要维度和运维机制,海丝中央法务区的实践成果、制度成果必将持续推动实现提升厦门乃至福建海上丝绸之路核心区的法律服务生产力、竞争力、创新力,注入和塑造法治软实力和区域吸引力,提升面向区域、新兴经济体国家、海上丝绸之路沿线国家和地区的市场化法治化国际化营商环境水平,培育和累积核心竞争力、国际竞争力。

中共厦门市委党校法学部　石东坡

厦门市推进市域社会治理现代化
情况分析及建议

党的二十大报告指出："完善社会治理体系,加快推进市域社会治理现代化,提高市域社会治理能力。"2019 年,厦门市入选第一批市域社会治理现代化试点城市(2020—2022),市委主要领导提出争创全国市域社会治理现代化示范市的更高目标。2023 年,厦门市获评市域社会治理现代化试点"合格城市"。《厦门市构建市域反电诈全链条,守护人民群众"钱袋子"》获评全国市域社会治理现代化试点"优秀创新经验",这是全市上下凝心聚力、勇于担当、攻坚克难的硕果,是厦门市获得的又一项全国性、综合性荣誉。

一、总体情况分析

2023 年以来,在厦门市委、市政府的领导下,厦门市充分发挥组织优势、区位优势、经济优势和民风优势,积极探索特区治理新路子。市域社会治理领导小组成立"五治"和"五大领域"10 个专项工作小组,充分发挥各部门作用,鼓励各牵头单位以项目建设为抓手解难题、育亮点。这就使得厦门得改革风气之先,为推进市域治理现代化提供了改革创新的肥沃土壤。厦门经济发展进步很快,同时社会治理能力也始终走在前列,社会很和谐,人民很安宁,既是最具安全感、最具幸福感的城市,也是最吸引人、最美丽的城市之一。

1.加强党委领导,重视政治引领

厦门市成立市委主要领导任组长的领导小组,发挥市委总揽全局、协调各方作用。加强组织领导,提升政治引领实效。市委先后印发《市委政法工作会议暨推进市域社会治理现代化会议工作任务分工》《厦门市关于争创全国市域社会治理现代化示范市建设更高水平平安厦门的实施意见》,以更高站位、更实举措、更大力度统筹推进争创市域社会治理示范市活动。同时,坚持党建引领,汇聚社会治理合力。把党的领导落实到市域社会治理的最前沿,全面推进"近邻党建"落地生根、开花结果。组织精准报到,推动全市 144 家市机关企事业单位党组织到所挂钩社区报到。引导机关各级和在职党员积极为群众办实事,全市 7000 余名处级以上党员干部、3900 多个机关事业国企单位的基层党支部、130 多个非公领域党组织与困难户"一对一"结对帮扶。

2.聚焦基层社区,共融共治共享

2023 年 9 月,《中共中央 国务院关于支持福建探索海峡两岸融合发展新路 建设两岸融合发展示范区的意见》发布。作为唯一一个因"台"而设的经济特区,厦门牢记"促进两岸融合发展"这一使命,始终走在大陆对台交流合作的第一线、最前沿,取得了一些极具探索性的成果。首先,率先实施"两岸社会治理融合"行动,充分发挥厦门对台的独特优势和先行示范作用,推动厦门与金门融合发展示范效应不断显现,在建设两岸融合发展示范区上再立新功。同时推进台胞公共服务共享,将在厦台胞纳入社保体系,落实市民化待遇。其次,加强厦台基层社区交流,聘请台胞担任社区主任助理,吸引台湾相关人士参与乡村改造、社区改造,借鉴台湾社区营造智慧,全市 45 个镇街与台湾 54 个乡镇结对共建。最后,推动两岸执法司法协作,聘请 132 名台胞陪审员、61 名台籍调解员参与化解涉台纠纷,构建涉台检察、审判、司法调解、社区矫正"一条龙"机制①。厦门市积极探索海峡两岸融合发展新路,打造两岸融合发展先行示范区和台胞台企登陆第一家园的"第一站",如今约 12 万台胞常住厦门。

当前,厦门市城中村共有居住人口 227 万人。其中自住人口 40.6 万人,租住人口 186.4 万人。租住人口中,本地户籍人口 178328 人,流动人口 1686039 人,比例 1∶9.5,非本地户籍人口占比超过 90%②。近年来,厦门市委市政府高度重视城中村治理问题,把城中村治理定位为影响"厦门努力率先实现社会主义现代化进程的关键性制约因素",进而明确提出"厦门现代化的短板在农村,城市现代化的短板在城中村"的治理理念。2023 年 4 月,厦门市委市政府出台了《厦门市城中村现代化治理三年行动方案(2023—2025 年)》,确立"一年试点、两年攻坚、三年全覆盖"思路,对全市 108 个城中村(369 个自然村)实施"全域、彻底、科学"的集中治理③。目前,已实施完成了 25 个试点村的第一期治理任务,已经形成了湖里后浦样本 1.0 版。湖里后浦、海沧渐美初步完成第二期试点实践,形成初步标准样本 2.0 版。

3.强化法治供给,增进平安活力

当前,在全面依法治国和建设平安中国政策的指引下,厦门市紧扣城市治理体系和治理能力现代化宏观政策需求,立足地方立法创制职能,在遵循宪法

---

① 吴俊鸿,柯笛.不断深化拓展政治引领市域社会治理的厦门实践[N].厦门日报,2022-01-06.

② 市政协社法委.促进城中村有机更新 助力提升综合治理能力[N],厦门日报,2023-08-17.

③ 中共厦门市委,厦门市人民政府.厦门市城中村现代化治理三年行动方案(2023—2025 年)[N].厦门日报,2023-05-17.

和法律基本原则前提下,充分发挥特区立法先行先试"试验田"作用。在此基础上,厦门市制定了一批具有基础性、开创性意义的法规,以高质量特区地方性立法,发挥特区立法对创新社会治理的引导、保障、规范作用。具体的例子如下:

(1)市妇联创新 0592 维权工作机制①,发挥独特社会治理"柔性力量",以"特区版""有温度""更高效"的妇联维权工作新机制,健全"谁主管,谁排查,谁化解"婚姻家庭纠纷预防化解工作体系,"全覆盖、广维度、清单化"婚姻家庭纠纷排查制度。规范婚姻家庭隐患排查和纠纷化解两个流程,制定厦门市婚姻家庭纠纷排查化解"233 工作流程",制定《厦门市婚姻家庭纠纷预防化解工作指南》操作手册,构建"公检法+妇联+N"合力共护妇女儿童权益新模式。

(2)海丝中央法务区厦门片区建设启动以来,致力打造法务科技创新聚集地,目前已成立了海丝中央法务区法务科技生态共同体,联动 70 余家法务科技上下游企业,拓展完善法务科技产业链条,并推动设立海丝中央法务区首只法务科技产业基金。毒品新型快准检测平台、ZFUSION 知识产权大数据智能服务平台、知识产权运营公共服务平台、智慧法函、商业秘密保护系统、医疗信息线上公证、物证智慧化保全交接系统、"区块链+存证取证"服务平台、市域社会治理综合解决方案、面向民商事争端解决的智能法律调解系统等产品脱颖而出,入选海丝中央法务区厦门片区 2022 年度"十大法务科技应用产品",在知识产权保护、市域社会治理、民商事争议调处等领域实现了创新突破,提供了"智慧化""品牌化"的优质法务科技服务。其中,历思科技的"毒品新型快准检测平台"荣获"2022 年度全球科技创新大会奖银奖"②,充分体现了厦门法务科技产品的创新水平和应用价值。

(3)厦门市地方金融纠纷调解中心是全国首家府院协同调解组织,设立目的是坚持发展"枫桥经验",推动矛盾纠纷源头化解,打造金融纠纷多元化解机制。截至 2023 年 9 月,调解成功 911 件,标的额 6.08 亿元;为金融消费者节省诉讼费用 2499.47 万元,减少律师费支出 1132.64 万元;共化解疏导消保投诉纠纷 230 件③。

---

① 吴军华,李菁雯. 巾帼聚力凤凰花开 深化改革鹭岛起舞[N]. 中国妇女报,2023-09-07(1).

② 程若兰."十大法务科技应用产品"颁奖 赋能法务科技发展[N/OL].(2023-01-12)[2023-11-13].https://xm.cnr.cn/jdt/20230112/t20230112_526122489.shtml.

③ 海丝中央法务区.厦门市地方金融纠纷调解中心:把金融纠纷化解在源头[N/OL].(2023-09-12).[2023-10-10].https://mp.weixin.qq.com/s?__biz=MzI2MzcwMzI5MQ==&mid=2247523217&idx=1&sn=e2e2f88760d91d3ca2cc265794b97b5c&chksm=eab50405ddc28d137763c34e8e7bc5da8bea2c2fdc128182ff30b8b82ce8ff38c67f100c38f9&scene=27.

二、问题与挑战

当前,以习近平新时代中国特色社会主义思想为指导,立足体现客观规律、富有厦门特色、彰显时代特征的市域社会治理创新实践虽取得了许多原创性的成果,但仍存在一些不足。主要体现在以下三个方面:

1.理论联系实际方面存在不足

当前,厦门市社会治理理论创新明显滞后于实践发展,对市域社会治理现代化的理论研究还不够深入,认识还不够统一,对市域社会治理的认识仍存在不少误区。比如,有的把市域社会治理简单等同于城市社会治理,没有理解其城乡一体、统筹推进的核心要义;有的把"市域"理解为行政级别概念,简单套用在地域、州域社会治理中,没有从城市化和城乡全域社会治理的角度研究和思考问题;有的把市域社会治理现代化等同于传统意义上的城市社会工作,没有从社会治理体系和能力现代化新要求的高度来看待。这些问题都导致市域社会治理现代化的全新要义没有得到充分的认识领悟,也就无法为实践工作提供有力的理论指导。

2.体制机制建设方面存在不足

在推进市域社会治理现代化的具体过程中,顶层设计和整体推动仍然不足,工作缺乏全局性和系统性。因此,在推进市域社会治理现代化的过程中,往往是各自为政、五花八门,缺乏统一的政策体系作为指引,也缺乏相互间的交流与合作。市委政法委是推动市域社会治理的主责部门,但市域社会治理涉及面很广,需要跨领域、跨部门的协同治理。然而,一些部门和基层单位把市域社会治理理解为政法部门负责的狭义的"平安建设"工作,没有积极主动地按照市域社会治理的新任务、新要求统筹推进工作,而是延续了以往的工作体制机制,由此导致政策执行"碎片化"。

3.社会自组织建设方面存在不足

市域社会治理需要充分发挥社会自组织的作用,但当前厦门市对社会自治组织重视不够,也未给予充分的政策支持。面对现代社会转型带来的各种需求及问题,大量社会事务被纳入政府议程,党和政府管理事项和范畴日趋扩展。在市域社会治理中,党的领导、政府负责使得党政成为社会治理的权威与主导者。社会治理体系建设本身不排除党政主导,但是党政主导下,如何推动社会机制发挥作用却是管理转型为治理过程中需重视的重要问题,人民群众及其自治组织作为社会主体需得到进一步重视。厦门市在推进市域社会治理中,强调民众参与,强调社会协同,但在一定程度上忽视了民众自治组织的成长,没能更好激发民众普遍参与治理的积极性。

三、预测与展望

未来,厦门市将坚持以人民为中心的发展思想,坚持全过程人民民主理念,率先基本建成法治厦门、法治政府、法治社会,推进城市安全体系和能力现代化,建设宜居韧性智慧城市,闯出一条符合党中央要求、契合人民需求、体现厦门特色的现代化城市善治之路。

1.强化党建引领作用与社区治理主体有机融合相统一

强化党的领导和党建统领。持续完善提升党委政法委统筹协调、行业主管部门和属地为主负责、政法部门执法保障、社会公众广泛参与的维稳工作格局,进一步推动问题联治、工作联动、平安联创。落实在基层社区治理上,就要在党支部广泛吸纳小区内社会组织成员的基础上,在小区党支部的领导和带动下,把业主委员会、物业公司、社会组织、共建单位、居民小组等五个小区治理主体进行有机融合,形成小区治理的合力。

2.做足工作预案与完善预防调处化解综合机制相统一

见之于未萌、识之于未发、防患于未然。推动更多治理资源、法治力量向引导和疏导端用力,完善预警预测预防体制机制,坚持和发展新时代"枫桥经验",完善社会矛盾纠纷多元预防调处化解综合机制,准确把握涉稳风险新动向,未雨绸缪备足各类工作预案,下好先手棋、打好主动仗。要修改完善多元纠纷解决机制条例,探索综合型平安建设、海丝中央法务区建设的立法保障。积极推动诉非联动和诉源治理工作,助力全市万人成讼率进一步下降。

3.长抓久抓细抓与完善平安文化建设体制机制相统一

习近平总书记强调,"城市建设水平体现了一个城市的经济实力、治理理念、市民素质,要坚持不懈抓下去"。深入挖掘平安厦门建设实践,系统梳理、整合提炼厦门特色平安文化,推动平安文化建设由点及面、久久为功。打造贴近基层、贴近群众的平安文化符号,积淀融合小区居民共同记忆和价值归属的小区特色文化,培植小区居民的认同感。讲好平安厦门故事,持续形成正向舆论。积极推动打造平安公园、平安景点、平安场馆、平安街区等平安打卡点,让平安元素处处可见、时时可感。开展全市平安文化创建活动,分区域、分行业、分类别挖掘培育一批示范点,强化典型带动。适时制发平安文化建设指导意见和工作指引,加紧建立科学合理、可推广复制的工作体制机制。

四、对策与建议

党的二十大报告提出建设更高水平的平安中国,为做好新时代厦门市域社会治理现代化探索探路指明了方向,推动厦门平安建设迈向更高层次,着力统筹推进平安建设的社会化、法治化、专业化和现代化,为更高水平建设"两高两化"城市营造安全稳定的社会环境。厦门市将贯彻落实党的二十大精神与习近平致厦门经济特区建设40周年贺信重要精神,坚持党对政法工作的绝对领导,坚持统筹发展和安全,全面建设最具安全感城市、法治中国典范城市和市域社会治理现代化示范市。

1.在市域社会治理理念现代化上争当示范

一要持续深入学习领悟习近平总书记在厦门城市建设、管理和治理上的宝贵思想财富,践行习近平总书记以人民为中心治理理念,努力让群众在实现市域社会治理现代化的过程中有更多的获得感、幸福感、安全感。二要弘扬社会治理共同体理念,形成共建共治共享社会治理格局常态;树立全市社会治理一体化的理念,推进跨岛跨域社会治理融合发展、均衡发展、协调发展。

2.在市域社会治理体系现代化上争当示范

健全和深化党委领导、政府负责、齐抓共管的社会治理体制。一要在纵向结构上,构建市级处理影响全域的重大问题、区级抓政策分解和细化、基层抓工作落实和反馈的政府关系。理顺市、区、乡镇(街道)及社区权责关系,完善权责明晰、上下贯通、层层推进的纵向治理架构,形成市级统筹协调、区级组织实施、乡镇(街道)及社区强基固本的市域社会治理链条。二要在横向关系上,协调政府内部不同部门职责关系,形成市级政府治理合力。可以尝试在政府部门全面推行行政协助清单管理制度。从部门权责梳理入手,在明晰部门间权力边界、责任范围的基础上,用行政协助事项清单推动跨部门高效协同;抓住跨部门协同的关键节点,对跨部门协同过程开展全周期管理,构建立体化督查考核机制,"正向激励"与"负面惩戒"相结合,保证行政协助事项的执行落实。协同推进制度建设和文化建设,增进组织间信任、培育跨部门协同文化。

3.在市域社会治理能力现代化上争当示范

一要坚持数据赋能与全链条治理协同增效、双向驱动。在现有行政组织架构、管理隶属关系和职能分工的前提下,通过平台搭建、机制创新、技术运用、流程优化等方式,建设系统集成协同高效的功能模块,提升治理的精准度。二要推动"城市大脑"向基层延伸。面对不同的基层社会治理情境时,应赋予基层决定技术运用程度和边界的权利,拒绝"一刀切"式的开放和运用。因为一旦技术嵌入刺破基层治理能力边界,就可能形成治理超载。当基层工作者疲于应付各类数字化考核、忙于回应数字平台中各种"无效诉求",缺乏精力真正服务人民时,就会偏离技术赋能的本意。

中共厦门市委党校　蔡　旭

区域篇

思明区经济社会运行情况分析及预测

一、总体情况分析

(一)2022年思明区经济社会发展回顾

2022年是实施"十四五"规划的关键之年,是我国踏上全面建设社会主义现代化国家新征程、向第二个百年奋斗目标进军的重要一年。思明区在市委、市政府和区委的有力领导下,深入学习贯彻习近平总书记重要讲话重要指示精神,尤其是来闽考察重要讲话精神和致厦门经济特区建设40周年贺信重要精神,坚持以习近平新时代中国特色社会主义思想为指导,以学习宣传贯彻党的二十大精神为主线,面对国内外各种超预期因素叠加影响,按照党中央"疫情要防住、经济要稳住、发展要安全"重要要求,高效统筹疫情防控和经济社会发展,统筹发展和安全,蝉联全省城市发展"十优区"首位。全年思明区完成地区生产总值2503.88亿元,比上年增长5.2%。其中,第二产业增加值412.61亿元,增长5.5%,第三产业增加值2088.27亿元,增长5.1%,三次产业比例结构为0.1∶16.5∶83.4。

2022年,思明区规模以上工业完成产值489.3亿元,比上年增长8.1%,其中产值超亿元企业44家,产值合计479.12亿元。全社会固定资产投资完成276.84亿元,比上年增长13.0%;其中民间投资下降42.1%。城镇项目投资比上年增长13.8%。增长4.2%,占城镇项目投资53.6%;其中,交通运输、仓储和邮政业投资比上年下降10.1%,水利、环境和公共设施管理业下降45.7%。社会事业投资比上年下降6.2%,其中,卫生投资下降69.1%,文化、体育和娱乐业投资下降25.4%。房地产开发投资比上年增长11.5%;按构成分,建筑工程完成投资占房地产投资的25.0%,其他费用占74.9%。

全区社会消费品零售总额1028.40亿元,比上年增长2.1%。主要百货超市企业实现零售额86.23亿元,比上年下降8.6%,其中,百货类企业实现零售额16.50亿元,比上年下降32.0%,超市类企业实现零售额69.73亿元,比上年下降0.5%。电子商务持续增长,限额以上批发零售企业共实现网络零售额286.51亿元,比上年增长14.0%。限额以上住宿企业共实现营业额36.67亿元,比上年增长0.8%;限额以上餐饮企业共实现营业额84.88亿元,比上年增长25.9%。全年完成合同外资5.05亿美元,实际使用外资5.91亿美元。

全区实现财政总收入410.10亿元,同口径增长0.8%,连续7年居全省各县(市)区首位。其中,地方一般公共预算收入73.91亿元,完成预算的100.7%,同口径增长7.1%。地方一般公共预算支出119.40亿元,完成预算的98.0%,比上年增长9.2%。全年兑现科技创新、成果转化、工业等一系列惠企政策近1.3亿元。累计培育国家高新技术企业728家、培育国家级"专精特新"小巨人企业16家、省级33家、市级147家。46家企业入选2022年度福建省数字经济核心产业领域创新企业榜单,其中"独角兽"企业1家,"未来独角兽"企业16家,"瞪羚"企业29家。

2022年,思明区持续增进民生福祉,社会保障水平不断提升。全年累计发放低保、特困供养、临时救助和残疾人补贴等惠民资金约8602万元,惠及近14万人次。推出思明慈善微公益、困难老年人适老化改造等项目,使用善款约283.09万元(含物资折价),辐射超过1.7万人次。全区共有21478户家庭入住保障性租赁房,全年已支付租金补助款9590.23万元,250户低保特困家庭享受廉租住房租金补贴50.59万元。建成2个养老服务照料中心和2个长者食堂;全区共设有57个助餐点,全年为老年人提供助餐服务超过17万人次;为2.5万名高龄老人发放高龄津贴3409.67万元。现有民办养老机构14家,核定床位数3084张;居家社区养老服务照料中心13个,已建家庭养老床位1038张。

(二)2023年1—9月份思明区经济社会运行分析

2023年是贯彻党的二十大精神的开局之年,是实施"十四五"规划承前启后的关键一年,也是思明区"三区整合"20周年。根据国家、福建省以及厦门市《国民经济和社会发展第十四个五年规划和二〇三五年远景目标纲要》的具体部署,思明区努力立足新发展阶段,贯彻新发展理念,构建新发展格局,以改革创新为根本动力,推动思明区高质量发展。1—9月主要经济指标完成情况如表1所示。

总结1—9月思明区经济社会运行情况,主要呈现下列特点。

1.政策措施成效明显,经济发展稳中向好

为深入贯彻落实中央经济工作会议精神和省市有关工作部署,抢占先机、赢得主动,以政府"快人一步"助力企业"胜人一招",思明区在市级稳增长政策基础上并结合本区产业特点制定了2023年"抢开局、稳增长"7条措施。措施从鼓励软件信息企业增产增效,支持批发零售企业做大做强,促进消费加速恢复,推动住宿业企业扩大经营,助力旅游和文体娱乐业企业发展,实施"首贷户"

表1 2023年1—9月思明区主要经济社会指标完成情况

指　　标	数值/亿元	增幅/%
地区生产总值(GDP)	1938.58	5.9
第一产业增加值	1.84	−2.3
第二产业增加值	260.51	−3.3
第三产业增加值	1676.23	7.5
规模以上工业增加值	—	3.7
固定资产投资	—	48.7
房地产投资	—	114.9
社会消费品零售总额	794.69	3.8
一般公共预算总收入	330.51	−0.3
一般公共预算支出	91.79	14.9

数据来源:厦门市思明区政府。

融资补贴,加大政府性融资担保支持力度等7个方面出发,为促进思明区经济发展提供了有力支撑。此外,思明区持续开展"益企服务"专项行动,创新出台"321"系列惠企政策,有效缓解中小微企业融资难、融资贵的难题,纾解企业发展难题。同时,为了让各项政策红利精准高效惠及企业,思明区财政局首次推出"即申即兑"的政策提速试点。截至2023年9月,思明区累计兑现各项扶持资金13.19亿元,惠及企业1300家次。

思明区2023年1—9月累计实现地区生产总值1938.58亿元,同比增长5.9%。全区规模以上工业增加值同比增长3.7%。固定资产投资同比增长48.7%,其中房地产投资同比增长114.9%。全区社会消费品零售总额794.69亿元,同比增长3.8%。一般公共预算总收入330.51亿元,同比下降0.3%,一般公共预算支出91.79亿元,同比增长14.9%。

2.营商环境不断优化,创新活力加快释放

思明区结合厦门市2023年出台的《厦门市再创营商环境新优势助力企业高质量发展行动方案》,抓住新一轮改革契机,摸准企业需求脉搏,不断优化营商环境,加快释放创新活力。

思明区紧扣产业强链补链的需要,出台《重大招商项目落地推进工作机制》,持续开展大员招商、基金招商、校友招商、片区招商、市区联动招商。思明区主要领导带队或随同市领导先后赴北上广深等地开展招商引资活动12批次,走访重点招商项目71家次,推动新希望六和等97个央企、总部、金融项目完成工商注册。同时,思明区深度推进基金招商、校友招商等新模式,促成大钲资本、中远特运等61个基金招商项目落地。

思明区着力打造全省营商环境"首善之区",不断提升政务办理的效率,便利企业工商。在全市率先设立区政务服务点,并于2023年4月首创远程视频帮办服务区,为企业提供远程视频、在线咨询等6项服务。在全市率先将个体工商户办理事项布设至各街道便民服务中心,实现个体工商户设立登记等一系列政务服务"就近办"。2023年1—8月,思明区新增商事主体2.15万户,同比增长8.6%,充分彰显经营主体活力。在8月公布的"2023赛迪百强区"榜单中,思明区名列第24位。

在2023年9月举行的第二十三届投洽会上,思明区交出了"落地90个项目,总投资额381.92亿元"的亮眼成绩单,涵盖世界500强、中国500强、央企、国企以及外资项目。百度飞桨(厦门)人工智能产业赋能中心项目、院士智慧谷—厦门产业创新中心项目、上海仪电物联分总部项目等相继落户思明,为思明区的发展汇聚创新动力。诚迈科技鸿蒙国产化业务板块、达泰姚明创业基金等项目落户思明区,助力夯实思明产业的算力基础。洽谈会签约的项目聚焦思明区优势产业商贸业、文创影视业、软信业、金融业等,有利于本区加快构建"3+3+3+3"现代产业体系。

思明区根据区情特点和优势,紧扣《厦门"一二三"战略规划》,紧密衔接市"4+4+6"产业体系,大力发展四大支柱产业。软件信息业发展强劲,38家企业入选省数字经济核心产业领域创新企业,思明元宇宙暨数字影视产业园引入龙啸九天等9家企业。金融业蓬勃发展,厦金创新、星云至恒2家私募管理机构落地,新增落地股权投资合伙企业90家,注册资本269.81亿元。商贸业规模稳步增长,中采通、兰州商投、新希望等新落地大宗商品贸易项目运营见效。文体旅融合发展深入推进,实施《思明区全面推进文体旅高质量融合发展三年行动方案》,"思明有好市"、"途纪·落日码头"复古市集等系列主题市集活动在全区铺开,有力激活文旅商消费活力。

3.大力推进城市基建,稳步提升城市品质

思明区优化"岛内大提升"工作架构,推动片区建设提速增效,各片区建设齐头并进。编制开元创新社区旧工业用地改造提升方案,开元创新社区B05地块成功出让。滨北超级总部字节跳动区域总部等重点项目加快推进。深化同文顶片区、厦港(沙坡尾)片区方案,推进前埔片区、环厦大科创谷策划。

思明区重点推进厦门国际商务核心区建设,着力打造高端总部集聚区。2023年该项目的A1地块已完成了出让,未来将会开发为集办公、商业、酒店于一体的大型商办综合体。目前,该片区已经获得巨头华西集团进驻。

思明区的智慧城市创新中心项目于9月竣工,该中心集美亚柏科研发总部、新型智慧城市研究院和美亚柏科分子公司及部分生态企业的技术攻关中心为一体,将重点围绕新型智慧城市、人工智能、大数据等未来产业开展新技术公关与产业孵化。

思明区通过现代化治理和整村拆迁2种方式推进城中村改造。现代化治理以黄厝社区和东山东坪山社为代表,结合滨海片区、东坪山片区提升改造工作,预计投入3.5亿元,目前已策划生成19个项目。全市最大旧城改造项目——湖滨片区改造提升项目首栋安置房主体结构顺利封顶,项目建设转入新阶段。整村拆迁方面,何厝岭兜、泥窟石村片区的安商房以及学校等配套基础设施正在有序推进。

思明区坚持"建管结合,统筹兼顾"的原则推进老旧小区改造,共涉及10.5万户。2023—2024年老旧小区计划分为三个批次实施。目前,第一批91个小区正在推进当中,槟榔D地块、军休所小区等9个小区已完工;第二批计划采用EPC模式招标,目前已启动前期工作。

思明区策划生成城市品质提升项目35个,完成投资约28亿元。打通蔡岭路岭兜段和洪文泥窟社段2条断头路。全力推进站南小学、祥云学校等学校周边配套道路建设。通过立体停车、挖掘边角地、改扩建地下空间等方式新增车位795个,累计推动错时共享停车位943个。持续开展污水"两高"建设,已经完成730个建筑小区、100条道路的排水管网改造。提升改造铁路文化公园和鸿山公园的园林景观,建成莲岳路"拾光园"、湖明路"家风园"2个口袋公园。新建了垃圾屋(亭)60座,铺设了智能回收机205台。

4.民生事业蓬勃发展,百姓福祉量质齐增

民生是人民幸福之基、社会和谐之本。思明区多项措施并举,推动就业、教育、养老等惠及民生的事业稳步发展。贯彻落实就业优先战略,持续做好重点人群就业帮扶服务,发放各类就业补助金2639.24万元,惠及近2.85万人次。发放低保、特困供养、临时救助和残疾人补贴等惠民资金4367.29万元,惠及6.93万人次。坚持教育优先发展的战略地位,结合区域教育资源分布特点,多措并举推动教育优质均衡发展。成立区婴幼儿养育照护规范化指导中心,新增6家普惠性托育机构。

不断加强医养结合基础设施建设,逐步完善医养结合养老服务体系。新增筼筜街道振兴社区、阳台山社区等2个养老服务照料中心,新建3个社区食堂。全区现有养老机构15家,建有1个区级、12个街道级居家社区养老服务照料中心和98个社区居家养老服务站,完善"居家社区机构相协调、医养、康养相结合"养老服务体系。

2023年5月,思明区召开健康思明建设推进大会,启动实施卫生健康高

质量发展建设三年行动,以改革思路、创新举措推动区域医疗资源布局进一步优化,促进居民健康服务需求有效满足、居民健康水平稳步提高,新改建群众身边全民健身场地设施项目114处。

5.政府强化党政建设,数字引领改革步伐

思明区政府坚持党的全面领导,深入实施"强腰"工程,重点抓好部门和街道班子这一中层"关键少数",并深化拓展"学莲前派出所争创模范机关"活动成果。通过领导带头垂范、树立良好学风、提倡较真精神、坚持统筹推进、加强督导检查,健全完善工作机制。

政府不断加快"放管服"改革步伐,强化服务理念,切实转变政府职能。充分依托大数据和人工智能,深化政务服务智能化、便民化,加快"一业一证"改革,提升"一次办"占比。通过建强"智慧思明"平台,不断完善信息化、智能化、便民化政务服务体系。2023年6月成立"政务智能办"专区,依托政务智能办的支撑,只需提供4个要素就可以完成每个办件,有效破解涉企高频事项不会填、反复填、材料多等困扰,全速提高企业群众办事便利度,助力政务服务数字化转型。

二、思明区经济社会发展中存在的问题和挑战

1.新冠疫情和外部环境存在不确定性,经济社会发展面临考验

受近三年来新冠疫情的影响,我国平均经济增速仅为4.46%,增长压力较大。疫情对经济的冲击导致居民收入增速放缓,消费者信心大幅下滑,使我国经济发展面临需求收缩、供给冲击、预期转弱的三重压力。

国际局势风云变幻,外部不确定性显著加剧,给中国经济增长带来不确定性风险。俄乌冲突尚未结束,巴以加沙战争进一步恶化了国际紧张局势。中美之间仍然存在结构性、战略性、长期性矛盾,美国持续对我国进行贸易战、科技战、金融战,意图遏制我国经济发展。日本于2023年8月向太平洋排放核废水,我国全面暂停进口日本海产品,冲击了中日的进出口贸易。全球经济增速进一步下降,外需疲弱导致中国出口超预期下滑,进一步增加国内出口压力。面对新冠疫情冲击经济和外部环境的双重影响,思明区也难以独善其身,经济社会发展面临严峻考验。

2.产业体系有待完善,发展动能转换不足

"十四五"期间,我国进入高质量发展阶段,踏上了全面建设社会主义现代化强国的新征程,这也对思明区提出了经济社会高质量发展的要求。

近年来,思明区深耕总部经济、紧扣四大支柱产业,大力引进各类软件信息服务企业、先进制造企业、现代服务企业,有力推动了产业结构转型升级。

但本区的高端企业和前沿企业的数量和种类仍不充足,产业聚集度不够,产业关联度仍待增强,产业链延展空间较大,对外资的吸引力不强,产业体系仍有待进一步完善。

作为思明区经济发展重点的数字经济、智能经济、共享经济尚未形成强有力的经济发展动能,聚焦新科技的金融、软件信息、人工智能等新兴产业仍有较大的发展空间,头部企业带动作用有待增强,商贸业发展后劲需要进一步发挥出来。

思明区创新发展的动力基础尚不牢固。人才是创新的根基,是创新的核心要素,但思明区高物价、高房价和低工资的发展环境使得人才扎根本区发展的难度较大,人才易于流失,区内创新动能不足。

3.城区治理有待提升,空间布局有待优化

思明区通过建立智慧思明运行管理中心,推广"近邻"模式等措施持续推进治理水平建设。但近年疫情的突发暴露了思明区应急能力建设的短板,台风暴雨等恶劣气候的频发也对思明区的防台防汛应急处置机制提出了更高的要求。道路交通、消防、燃气、建筑施工等重点领域安全生产问题有待整治,自建房、"三合一"场所安全隐患尚未肃清。

思明区近年来大力推进老旧小区改造和城中工业区改造,但本区老旧小区数量多,占全市比重大,整改难度也较大。无物业小区管理难题仍然存在,农贸市场、背街小巷仍然存在占道经营、"三乱"等问题。本区的城市空间布局还有待进一步优化,城中村现代化治理水平仍待进一步提升。

4.民生事业发展不均,优质公共服务提供不足

思明区采取一系列措施促就业、强教育、抓养老,极大地提高了人民的幸福生活水平。但目前仍然存在就业、教育、养老等资源服务不均、质量不够优质等问题,各项民生事业的发展水平与人民群众的期望之间仍然存在差距。

三、促进思明经济社会发展的政策建议

1.坚持新发展理念,统筹兼顾经济发展

在后疫情时代,思明区要坚持新发展理念,统筹兼顾疫情防控与经济社会发展,顺应国家经济发展步伐,进一步转变经济发展方式,推动质量变革、效率变革、动力变革,提升经济体系的整体效能。在坚决落实国家、省市政策的同时,根据自身特点和发展战略积极出台相关政策,用足用好国家和省市区财税、金融、社保优惠政策,为经济发展提供有力的政策支撑。

思明区要积极融入国内国际双循环发展,增强国内大循环的内生动力。可以携手闽宁拓展东西部合作发展,加强与武平县、将乐县等省内地区交流,对口支援西藏左贡县建设,推进东西部实现资源互补和产业带动,促进更高质量的区域协同发展。利用侨乡优势,积极开展对台招商引资,促进两岸金融要素集聚和资本市场合作。借助推进海峡两岸协同发展的利好政策,推动厦门建设两岸融合发展示范区,深化思明区与台湾的产业合作发展。积极融入"一带一路"共建,抢抓 RCEP 和"金砖＋"发展机遇,发挥巴西等 5 个海外联络点作用,鼓励一批优质企业开拓国际市场,促进双向投资、畅通外部循环。

2.坚持创新驱动发展,打造发展新动能

深入实施创新驱动发展战略,结合自主创新与开放创新双轮驱动,营造鼓励创新创业创造的良好氛围,打造国际一流创新型城区。聚焦电子信息、金融、商贸等千亿产业,不断塑造发展新动能。

通过发挥头部企业的带动作用,巩固优势产业,着力引进高成长型企业,促进总部经济产业能级提升。增强商贸业发展后劲,促进中采通等供应链总部项目发挥成效,着力引进大宗贸易龙头企业,以带动上下游配套产业落户思明,增强产业聚集度。推进贸易强区建设,优化升级货物贸易,大力发展数字贸易,完善服务贸易发展机制。多措并举拓展产业发展空间,培育发展产研一体高技术制造业,强化企业科技创新主体地位,借助 SAP 数字供应链创新赋能中心等创新平台,加快产学研项目成果转化。深化实施软件信息业三年行动方案,聚焦软件信息业重点方向和细分领域,培育壮大人工智能、大数据等领域梯队,支持云行信息技术等行业头部企业对标一流要求建设。支持优迅、思芯微等芯片企业在集成电路产业中做大做强。

深化引才工作,围绕"引—育—用—留"四个方面招贤聚才。创新应用型人才政策,增强公租房和人才公寓建设力度,提高人才引进和留用补贴,为思明区经济社会创新发展的招才、用才、留才提供有力的经济支撑。

3.提升城区治理科学化、精细化、智能化水平

深化智慧思明建设。推进市、区平台精准对接,加快社会治理、应急管理、城管执法等多部门平台与"智慧思明"资源共享、深度融合、协同处置,持续深化"一网统管"建设,提升城市治理服务队伍工作质效。

健全公共卫生体系,加强重大疫情防控应急能力建设。完善防台防汛应急处置机制,落实基层防汛能力标准化建设。推进道路交通、消防、燃气、建筑施工等重点领域安全生产整治,扎实开展自建房、"三合一"场所等安全隐患排查整治。开展全区重大事故隐患专项排查整治,推动小散工程全面纳管,全面整治高层建筑消防安全隐患。

加快推进农贸市场、背街小巷等改造提升工作,有效破解"门前三包"、占道经营、"三乱"等治理难题。深化拓展城市空间整合服务,着力破解无物业小区管理难题。结合智慧社区二期项目建设,持续深化黄厝等一批城中村现代化治理,细化基础数据动态收集、强化安全监测,加快"城中村"云端治理智能化。

4.推进民生事业发展,切实增进百姓福祉

针对各项民生事业的发展水平与人民群众的期望之间仍有差距的问题,思明区坚持在发展中保障和改善民生,提高公共服务水平,切实增强人民的幸福感和获得感。

引导建立更多普惠性托育机构和社区型托育服务站点,支持、规范民办教育发展,鼓励社会资本进入教育领域,促进教育资源均衡发展。加强社区食堂、养老云探视智能系统建设。加强残疾人等困难群体就业兜底帮扶,健全分层分类的社会救助体系,变单项救助为综合救助,促进政府救助与慈善救助高效联动。推动养老服务改革创新,培育"互联网+健康"新业态,大力推进美团互联网医院等项目,持续健全多主体供给、多渠道保障、多方式照护的老年人公共养老服务体系。加快健全完善医疗卫生等公共服务,让群众享受更加便利、优质、实惠的卫生健康服务。

175

四、思明区经济社会发展预测与展望

全球疫情尚未结束,局部热战导致国际形势紧张,全球经济发展面临严峻挑战。2023年10月国际货币基金组织(IMF)发布的《世界经济展望报告》强调,全球经济继续缓慢复苏并展现出韧性,但增速持续下降,各国分化趋势加剧,经济增长仍面临多重风险挑战。预计2024年全球经济增长2.9%,中国仍然是全球经济增长最大引擎,贡献全球增长量的三分之一。

2021年3月,思明区政府公布了《思明区国民经济和社会发展第十四个五年规划和二〇三五年远景目标纲要》,到2025年,思明区地区生产总值(GDP)预计达到3100亿元,财政收入预计达到480亿元,预计新增国家高新技术企业300家,高技术制造业增加值占规模以上工业增加值比重有望达到40%。社会消费品零售总额预计达到1100亿元,批发零售业销售额预计达9000亿元。文化产业预计实现总收入650亿元,年均增长约10%。到2025年,全区将争取新增9100个学位,普惠性幼儿园覆盖率保持在90%以上,九年义务教育巩固率达99.5%以上,残疾儿童义务教育入学率达98%以上。

2023年是贯彻党的二十大精神的开局之年,是实施"十四五"规划承上启下的关键一年,还是思明区"三区整合"20周年。思明区深入学习贯彻落实省委"深学争优、敢为争先、实干争效"行动,锚定厦门市委市政府赋予的"发展动能转换与科技创新、城市能级提升、深化改革"三方面发挥引领作用的重任,勇立潮头,争当高质量发展实践引领者,推动幸福思明建设再上新台阶。

厦门大学　李　智　青　玉

湖里区经济社会运行情况分析及预测

2023 年世界经济充满韧性,但普遍出现了疫情后经济的疤痕效应,通胀预期大幅上升、中长期经济增长乏力。中国仍然是全球经济增长最大引擎,贡献全球增长量的三分之一。

2023 年是湖里区全面贯彻党的二十大精神的开局之年,也是实施"十四五"规划承上启下的关键。1—9 月份,湖里区深入学习贯彻党的二十大报告及习近平总书记重要讲话精神,立足新发展阶段,坚持抓经济促全局,统筹发展和安全,着力保市场主体保就业保民生。1—9 月全区共实现地区生产总值 1232.25 亿元,完成规模以上工业增加值 342.06 亿元,财政总收入 2245343 万元。

一、总体情况分析

(一)2022 年湖里区经济社会发展回顾

2022 年湖里区实现地区生产总值 1681.94 亿元,完成规模以上工业增加值 488.1 亿元,批发零售业商品销售额 13385.84 亿元,完成社会消费品零售总额 527.52 亿元,完成固定资产投资 516.67 亿元,完成实际利用外资 13751 万美元,完成财政总收入 2807224 万元,区级财政收入 559168 万元、区级财政支出 982210 万元,城镇居民人均可支配收入 66226 元,城镇居民人均消费性支出 40821 元。数据详见表 1。

表 1 2022 年 1—12 月湖里区主要经济指标

指标名称	单位	累计完成	比增/%
地区生产总值	亿元	1681.94	3.3
规模以上工业增加值	亿元	488.1	3.5
批发零售业商品销售额	亿元	13385.84	15.8
社会消费品零售总额	亿元	527.52	0.2
固定资产投资	亿元	516.67	1.8

续表

指标名称	单位	累计完成	比增/%
实际利用外资	万美元	13751	−60.5
财政总收入	万元	2807224	16.3
区级财政收入	万元	559168	15.5
区级财政支出	万元	982210	20.8
城镇居民人均可支配收入	元	66226	9.9
城镇居民人均消费性支出	元	40821	13.3

来源:湖里区统计局。

(二)2023 年 1—9 月湖里区经济社会运行分析

1.GDP 运行情况

如表 2 所示,1—9 月份全区共实现国内生产总值 1232.25 亿元,完成规模以上工业增加值 342.06 亿元,批发零售业商品销售额 9483.51 亿元,完成社会消费品零售总额 425.34 亿元,实际利用外资 12851 万美元,完成财政总收入 2245343 万元,区级财政收入 506516 万元、区级财政支出 677390 万元,城镇居民人均可支配收入 55580 元,城镇居民人均消费性支出 32596 元。

表 2 2023 年 1—9 月湖里区主要经济指标

指标名称	单位	累计完成	比增/%
生产总值	亿元	1232.25	−0.9
规模以上工业增加值	亿元	342.06	−8.2
批发零售业商品销售额	亿元	9483.51	−2.6
社会消费品零售总额	亿元	425.34	2.6
固定资产投资	亿元	—	26.1
实际利用外资	万美元	6112	−55.4
财政总收入	万元	2245343	−2.3
区级财政收入	万元	506516	4.1
区级财政支出	万元	677390	12.9
城镇居民人均可支配收入	元	55580	3.1
城镇居民人均消费性支出	元	32596	5.1

来源:湖里区统计局。

2.经济运行特点

(1)工业逐步复苏

1—9月份全区航空维修业强劲复苏。疫情放开后航线复飞带来的巨大维修需求反弹,辖区10家规上航空维修企业订单充足、产能拉满,全线实现正增长,太古发动机、太古飞机等龙头企业有力带动,分别增长64%、13%;新科宇航、霍尼韦尔等企业支撑良好,分别增长77%、72%。航空维修业上半年增速达49.2%,达到历史最高增速水平,航空维修业产值占区属工业的比重达36.3%,比去年同期提高11.6个百分点,成为区属工业企稳发展的重要支撑。

1—9月份全区新纳统企业质优量升。宏大时代新能源、昌湖利发等15家"小升规"及新纳统区属工业企业累计增长115%,6家企业增速在30%以上,贡献净增工业产值约2.1亿元。火炬(湖里)受龙头企业影响持续下滑,其中,戴尔系、宸鸿系、浪潮三大企业带来缺口约152亿元,超过区属工业总量。受此影响,火炬湖里工业产值(占全区工业产值的83.6%)下滑18.2%,负向拉动全区GDP超过2个百分点,拉低全区规上工业增加值增速超过10个百分点,是全区工业负增长且低于全市平均水平的主要原因。

(2)服务业两极分化

1—9月份全区房地产销售面积持续保持高速增长态势,成为湖里区经济增长主要拉动力量。大宗商品贸易方面,受国际金融环境影响,1—9月份全区限上批零销售额累计实现9483.51亿元,与上年基本持平,增速较第一季度下滑9个百分点。1—9月份全区限上餐饮业受龙头企业禾膳堂业绩下滑影响,只增长4.7%。其他营利性服务业受龙头企业业务量饱和影响,营收87亿元,同比下降22.1%。其中商务居民服务业营收61.07亿元,增速−22.0%;软件信息业营收20.69亿元,增速−24.9%;科研技术服务业营收5.28亿元,增速−11.0%。

(3)固定资产投资增长明显

1—9月份全区固定资产投资增长明显。房地产项目加快建设带动地价投资大幅增长,固定资产投资完成265.8亿元,比增26.8%。工业投资大幅反弹。湖里区工业投资摆脱持续2021年以来的负增长态势,1—5月完成12.9亿元,累计增长82.5%,实现两位数以上的大幅反弹。一方面是水电燃气项目投资拉动,1—5月水电燃气投资完成6.85亿元,大幅增长143.6%,其中辖区空中缆线整治项目提升项目带来较大投资量(约占水电燃气投资的58%,占全区工业投资的30%);另一方面制造业投资扭负为正,1—5月完成6亿元,增长42%。

(4)财政收入总体平稳

1—9月份全区实现财政总收入2245343万元,同比增长−2.3%。实现区级财政收入 506515 万元,同比增长 4.1%。重点税源企业稳中有升,重点市属国企厦门市城市建设发展投资有限公司入库 4.17 亿元,同比增收 2.60 亿元;港务控股入库 1.00 亿元,同比增收 0.78 亿元;国贸硅业、国贸矿业两家公司合计入库 1.17 亿元,同比增收 0.98 亿元。房地产税源加快入库,强化与税务沟通协作,提高税务部门清算审核速度,掌握税收收入主动权。保润房地产入库 3.35 亿元,同比增收 3.32 亿元;悦琴房地产纯增收 1.55 亿元;兆和源纯增收 1.52 亿元;恒融晨房地产已入库 0.72 亿元,同比增收 0.36 亿元。

(5)股权投资类企业逐步发力

引进和发展股权投资企业,积极营造股权投资行业发展的良好生态。协调弘信工场投资缴纳 0.31 亿元;某生物企业持股平台缴纳税款 0.35 亿元;某芯片领域上市公司的员工持股平台已缴纳 1.1 亿元;新引进达仁星岳企业管理咨询合伙企业入库 0.22 亿元、景询管理咨询合伙企业入库 0.18 亿元。

(三)1—9 月社会发展情况

1.力促民生社会事业发展

安排 50 亿元保障"东部旧改"和安商房建设,推动碧海嘉园等 4 个新建安置房、下忠等 18 个续建安置房建设再提升。加速美仑花园一期建设,启动金浦花园、浦东花园等返迁工作。着力解决征拆群众收入问题,总结社区发展中心"建设+运营"一体化经验,完善坂尚社区发展中心等 2 个社区发展用地在建项目,有序推进钟宅畲族社区发展中心等 5 个项目前期工作。

2.教育优质优先均衡发展

创建全国义务教育优质均衡发展先行区,推动学前教育普及普惠区创建。实施"补短扩容"行动,围绕适龄入学儿童增多、人口流动不平衡导致的学位缺口问题,推进钟宅、钟山学校等 17 个教育项目规划建设,新增新港等 5 所幼儿园、1530 个学前学位。着力解决民众"上好学"需求,积极引入优质教育资源,加快合作事项落地。深入实施"名师名校长培养工程",力争培育一批市级以上名师,组建一批名师工作室,推动区域"多维互动,主体体验"课改等一批教育重点课题。深化"双减"背景下"五育"并举模式,办好人民满意的教育。

3.健康服务能力进一步加强

推动复旦中山厦门医院科研教学楼等 6 个市级医院扩建项目建设和金砖心血管健康创新中心落地。优化基层医疗机构布局,加快金山街道社区卫生服务中心、禾山街道社区卫生服务中心分中心、殿前街道嘉福社区卫生服务站建设,加大全科医生招聘及转岗培训力度,完善社区卫生服务中心管理体制。巩固国家慢性病综合防控示范区建设成果。

4.社会保障网络进一步巩固

坚持就业优先导向,推进人力资源产业融合发展、街道社区劳动综合服务、厦门闽宁劳务协作服务等基地建设,强化就业和创业技能培训,精准帮扶高校毕业生、退役军人、失业人员等重点群体就业创业。完善社会救助体系,做好困难群众、失业人员动态监测和救助帮扶。发挥临时救助托底功能,通过政府购买服务、公益创投、志愿服务等方式,丰富"资金+物资+服务"救助实践,提升社会救助综合效能,助推残疾人康复就业。扩充"一老一小"照护保障,满足群众"家门口"优质养老托育需求。

5.文化体育事业进一步繁荣

依托神山党员综合教育基地打造红色文创小镇,推动惠和石文化园创建国家4A级旅游景区,推进(坂美)民俗文化园建设,策划(湖边)闽南建筑博物馆、(下边)康养研学基地等项目,以塘边余氏小宗为试点探索文物活化利用。完善"15分钟健身圈",推进40个全民健身场地建设,争创省级全民运动健身模范区。

二、存在问题

1.龙头企业持续下滑、工业恢复缓慢

1—9月,戴尔系、宸鸿系两家龙头企业延续下滑趋势,戴尔系面临全球性PC产品需求衰减,产值下滑在30%以上;宸鸿系面临电子产品需求下降及触控技术路线调整压力,产值下滑11%左右,浪潮域外订单转移困难重重。

2.规上工业减产,规下工业负拉动

(1)区属工业企业减产面仍较大。湖里区129家区属规模以上工业企业中有78家减产,总减产面达59.5%。从规模上看,92家亿元以下企业减产面为65%。中小企业减产面比大企业减产面更大,抗风险能力普遍较低。从行业上看,区属传统优势行业有所回暖,食品饮料制造业、非金属矿物制品业扭负为正,但增速仍然较低。剔除航空维修业,其他区属工业合计下降11%。

(2)规下工业带来负拉动。湖里区规下工业企业多处于产业链的一个小环节,作为下游大企业的配套供应商,2023年以来,多数规下工业企业因产业链上所依托的大企业不景气,导致订单减少,营收下滑,整体规下工业营收出现负增长,对全区工业增加值造成了负拉动。

3.建安投资规模缩小

受疫情、宏观经济和社会投资趋于谨慎等多种因素影响,建安企业普遍存在承接项目难度加大问题,尤其是中小建安企业承接项目出现了大幅下降。

一是整体在建项目数减少。二是新开工项目接续不足。三是大部分续建项目基本已无存量,可贡献建安量较为有限。

4.限上批零业、住宿业、餐饮业、社零业存在困难

(1)受国际金融环境影响,企业经营风险加大,大宗商品国际市场价格持续下降,市场相对疲软,以国际大宗贸易为主的国贸系、象屿系企业业务收缩较大。

(2)高基数影响下难以实现高增长。2022年全区实现批发零售业销售额13386亿元,占全市约34%,2023年在高基数上难以实现高增长。软件业去年同期基数偏高,龙头睿至鑫达在高基数下难有高增长,游戏动漫、互联网服务等其他行业企业缺乏增长点。

(3)限上住宿业存在困难。一是部分酒店退出隔离业务后造成的缺口仍将继续造成影响。二是全区12家小酒店存在房间单价较低、无餐饮等其他收入问题,几无成长空间。

(4)限上餐饮业存在困难。龙头企业禾膳堂受教培行业关停潮及总部阳光集团等各项因素影响,营收持续骤减,对全区餐饮指标下拉影响较大。

(5)限上社零存在困难,主要是汽车行业下滑。一是湖里区车企主要售卖传统油车,需求相对饱和,同行竞争加大,持续增长动力不足。二是国六标准下半年开始实施,预计将对传统油车产生较大影响。三是多数新能源车品牌采用工厂直营、产地直营模式,即厦门买车、产地城市开票,导致零售额无法在湖里区被纳入零售统计。

5.区财政增长压力较大

一方面是因为2022年基数较高。2022年股权投资企业入库税收较高,仅亚投银欣一家已入库3.78亿元,此外2021年底实施阶段性税收缓缴措施,区税务局为企业办理缓缴税款3.3亿元,自贸、火炬两区共办理缓缴税款12.4亿元,也进一步抬高基数。另一方面是因为财政体制调整影响较大。象屿自贸园区、火炬湖里园区两个园区对湖里区的区级收入贡献较大,比重较高,市区园区财政体制调整首先直接影响区级收入增速,并导致湖里区及两个园区分成收入减少,可用于扶持资金减少,扶持力度下降,招商引资难度进一步加大。

6.固定资产投资低位运行

一是安商房已基本没有库存。辖区房地产销售指标主要支撑项目为安商房项目,但至2023年9月,安商房存量项目仅有高林一期(17.3万平方米)。二是社会投资类商品房项目接续不足。辖区目前在库存商品房项目剩余约47万平方米。新项目2023P05地块、2023P06地块需到年底才能达到办理预售许可证条件,为 2023 年指标贡献有限。固定资产投资结构单一,投资增长的内生动力不足。从上半年完成情况看,地价投资重回高占比,超过六成。虽然截至 6 月底,已入库房地产项目未纳统地价高达 300 亿元,但是建安投资不振,降幅呈扩大趋势,不仅无法弥补建安去年高基数形成的缺口,而且拖累地价纳统量。

三、对策和建议

1.坚持高质量发展、主动融入新发展格局

积极承接国家、省、市在金砖和"金砖+"国家之间政策协调、人才培养、项目开发等领域的重大交流活动、投资贸易合作项目和各类赋能平台建设,着力打造产城人高度融合的金砖数字新城。积极接洽金砖创新基地产业联盟单位资源,携手中国通用、中国航天、长城工业等国家队,联合打造金砖国家全球产业服务平台、金砖航天国际合作创新园、航天人才人力产业园等标志性、旗舰型产业项目,构建金砖创新基地核心实体承载区,开工建设金砖数字工业智谷,促进通用金砖总部区、金砖 TOD 等实质落地。

2.构建现代化经济体系

融入全市"4+4+6"现代产业体系,提升支柱产业竞争力,壮大新兴产业规模,超前布局未来产业,把发展经济的着力点放在实体经济上。创新驱动产业转型升级。强化企业创新主体地位,落实支持企业培育研发创新能力的若干措施,将三成以上科技资金用于企业研发费用补助和科技项目立项前置支持。推动 CTC 医疗技术创新转化中心、圣元氢能源研究院尽快见效,力争新增 80 家国家级高新技术企业。加强与中国工业互联网研究院、中国联通合作,共同打造"数字工匠"人才培养基地,结合 5G、大数据、区块链等新技术应用,赋能企业数字化转型。加快湖边水库东科创园建设,依托存量办公楼宇再打造一批便利化、全要素、开放式创新创业载体。

3.推动"服贸+"建优商贸节点,构建新发展格局节点城区

贸易是全球经济增长的重要引擎,湖里区作为全国首批十个进口贸易促进创新示范区之一,商贸经济体量大,商圈体系完善。引进、培育一批供应链国家示范企业、市级供应链创新与应用试点企业,打造辐射"一带一路"、RCEP 国家和地区的进口商品集散地、高质量产品和服务进口消费中心。发挥全市首个"首店经济"政策作用,引入一批品牌首店,有机联动"特区·1980"等文创产业园区,推进海上世界二期、K11 等顶级商圈建设并形成商圈联盟,引导乐都汇等传统商圈引入高端品牌、国潮品牌转型升级。持续开展"湖里魅力购"活动,释放"夜间经济""线上经济""文旅商融合"等消费新业态发展潜

力,形成月月有亮点、全年都精彩的消费热潮。

4.提效"交通十",打造厦金湾区交通核心枢纽

助力东渡港区高质量发展,加快形成"一核两带、三港四片"的空间结构,打造"丝路海运"自由贸易的龙头和引擎。按照"产城融合、站城一体"思路,完善全片区交通可达性,系统化布局东部片区交通路网,优化提升西部片区交通,推动18条市政道路建设,发挥综合枢纽作用。依托金龙汽车、同致电子等细分领域龙头,发展汽车智能网联系统产业,做大做强智慧交通产业园。谋划高崎机场搬迁后航空产业赛道转换,支持新科宇航、太古集团等构建"一站式"航空维修产业格局,引进更高能级的航运企业,力争建成亚太地区第一航空零部件制造维修基地。建设厦金湾区海陆空立体综合交通枢纽,打造国际性综合交通枢纽城市。

5.加大招商引资工作力度

以"岛内大提升"为总牵引,秉承"项目为王""企业至上",着重培养和锻炼招商引资"两支队伍",出台主导产业发展工作方案,实施"强链、补链、延链"。紧抓"大征迁"转入"大建设"有利时机及金砖、服贸、"9·8"等平台,依托建设行业等协会作用以商引商,强化产业链招商,加强与自贸、火炬联动,深度对接招商蛇口、SKP、腾讯、爱奇艺等世界500强企业、央企、头部民企、闽商(校友)企业,巩固提升"5+1"重点产业链群。

6.打造一流营商环境

加快支持航空维修产业、商贸业发展,先进制造业、软件业倍增,促进政策兑现,针对融资难、留才难、招工难等再加紧出台新一批"免申即享""即申即享"惠企措施。完善企业服务专员机制,依托企业服务中心建立线上线下"一站式"服务平台,建设两岸集成电路产业园等。深化"放管服"改革,拓展"一件事集成服务""e政务"等便民化应用,提高商事登记、工程建设项目审批等制度改革成效。深化"智汇湖里"人才强区战略,完善"寓"见湖里、"幸湖之城,里贤天下"人才服务品牌。

7.提高城区生态品质

开展"绿水青山就是金山银山"实践创新基地和"美丽海湾"创建工程。深化低碳社区、景区、工业园区试点建设,实施蓝天、碧水、碧海、净土工程,巩固提升国家生态文明建设示范区创建成果。开展"守护蓝天百日攻坚"专项行动,强化移动源、工业源和扬尘污染防控,推进绿色港口建设。推动埭辽湖综合治理,加强新丰湖监管,深化集体林权制度改革。深入推进海漂垃圾综合治理,强化入海排放口整治。加强建设用地土壤污染防控和危险废物规范化环境管理。

8.构建平安智慧湖里

深化"大城管"机制,建强"城市大脑",推进场景应用,完善时间地域全覆盖、线上线下全方位、责任监管全链条的城市管理体系。巩固优化网格化基层治理模式,推广人口数字化管理,完善综合网格管理服务体系。建设高水平城市文明,争创全国文明典范城市。

9.实施高水平对外开放

湖里区是厦门经济特区改革与对外开放的发源地,要充分发挥经济特区、自贸试验区、金砖国家新工业革命伙伴关系创新基地、"一带一路"建设支点城市等综合优势,探索实行"自由港＋科技创新"发展模式,推进高水平对外开放。

10.便利台胞在湖里居住生活,打造厦金湾区"同城生活圈"

落实中共中央、国务院《关于支持福建探索海峡两岸融合发展新路 建设两岸融合发展示范区的意见》,便利台胞湖里区居住生活,深化两岸各领域融合发展。完善台青创业就业等相关政策,在集成电路、数字文创等领域深化两岸产业链供应链合作,引入更多台资台企。落实惠台利民措施,成立区级台胞服务中心,设立台胞服务驿站,实现台胞来湖里区居住生活"想来即来"。在对台客运口岸增设信息采集点,同步实现"一地备案、全国通用",方便台胞在湖里安居乐业。

四、经济发展预测与展望

2023 年 10 月 16 日国际货币基金组织(IMF)发布《世界经济展望》报告,预计全球经济增速将放缓至 2023 年的 3.0%。发达经济体的增速预计将降至 2023 年的 1.5% 和 2024 年的 1.4%。预计新兴市场和发展中经济体的增速将小幅放缓至 2024 年的 4%。全球经济的中期增速预测值为 3.1%,处于数十年来的最低水平。预计全球通胀率将下降到 2024 年的 5.8%,多数经济体的通胀要到 2025 年才能回到目标水平。预计 2023 年第四季度湖里区 GDP 增长 3%～5%,全年增长 3.5% 左右。

展望 2024 年,全球经济仍面临诸多挑战,预计 2024 年全球经济增速将放缓至 2.9%。预测 2024 年湖里区 GDP 的增长幅度在 3%～6%。

2024 年湖里区要主动融入新发展格局,构建新发展格局节点城区,打造一流营商环境,实施高水平对外开放,打造厦金湾区台胞"同城生活圈",从而实现经济和社会高质量发展。

厦门市发展研究中心　龚小玮

集美区经济社会运行情况分析及预测

一、总体情况分析

(一)2022年集美区经济社会发展回顾

2022年集美区坚持以习近平新时代中国特色社会主义思想为指导,认真学习宣传贯彻党的二十大精神,按照"疫情要防住、经济要稳住、发展要安全"的重要要求,全力做好"两稳一保一防"工作,不断巩固疫情防控和经济社会发展成果,全方位推进高质量发展超越,经济社会实现平稳发展,主要经济指标运行在合理区间。2022年全年实现地区生产总值956.58亿元,增长3.0%;规模以上服务业全年实现营业收入260.39亿元,增长11.5%;建筑业总产值612.99亿元,增长17.5%;财政总收入142.34亿元,增长1.8%,其中区级财政收入46.07亿元,增长1.6%;全体居民人均可支配收入增长5.8%,城镇居民人均可支配收入和农民人均可支配收入分别增长5.0%和8.1%。建安投资、批发零售业销售额、建筑业总产值、实际使用外资等多项指标增幅位列全市前二。集美区荣获"2022年度全国综合实力百强区"。

(二)2023年1—9月集美区经济社会运行分析

集美区1—9月主要经济指标完成情况如表1所示。

表1　2023年1—9月集美区主要经济指标完成情况

指标名称	单位	累计完成	比增/%
规模以上工业增加值	亿元	—	−6.5
实际使用外资	万美元	7748	−50.7
全社会固定资产投资额	亿元	—	−32.8
一般公共预算总收入	亿元	120.79	2.3
区级一般公共预算收入	亿元	39.01	−11.2
区级一般公共预算支出	亿元	57.80	−3.7
批发业销售额	亿元	1739.78	28.2

续表

指标名称	单位	累计完成	比增/%
零售业销售额	亿元	154.08	11.8
住宿业营业额	亿元	5.94	16.9
餐饮业营业额	亿元	23.02	30.3
社会消费品零售总额	亿元	174.76	0.3
全体居民人均可支配收入	元	54146	3.9
城镇居民人均可支配收入	元	53834	2.8
农村居民人均可支配收入	元	33747	5.1

1.经济运行情况分析

经济指标回暖。1—9月,全区实现生产总值719.75亿元,同比下降0.6%。其中第一产业实现2.05亿元,同比下降2.1%;第二产业实现303.37亿元,同比下降6.5%;第三产业实现414.339亿元,同比增长6.9%。全区规模以上工业增加值下降6.5%。社会消费品零售总额174.76亿元,同比增长0.3%。一般公共预算总收入120.79亿元,同比增长2.3%;区级一般公共预算收入39.01亿元,同比下降11.2%;区级一般公共预算支出57.80亿元,同比下降3.7%。疫情后,居民消费能力得到持续释放,服务业保持较快增长速度,批零业、住餐业均实现了大幅增长,对经济发展的带动作用较强。在居民收入方面,农村居民人均可支配收入33747元,同比增长5.1%,城镇居民人均可支配收入53834元,同比增长2.8%,实现平稳增长。

第三产业贡献提升。与去年同期相比,第三产业占GDP的比重有所提高,对经济增长的贡献显著增强。第一产业和第二产业指标有所回落。规模以上工业增加值下降,但相比上半年降幅持续收窄。固定资产投资下降32.8%。相比上半年降幅收窄约7.4%。

创新动能增强。2023年上半年,集美区成立数字经济创新发展中心和新能源产业创新发展中心,合力助推产业发展。上半年规模以上汽车制造业完成产值同比增长18.3%,规模以上汽车制造业出口交货值同比增长120.9%,软件信息业和互联网服务业营收同比增长50.8%。

2.社会运行概况

(1)创新城市管理。把"精细化"的理念贯穿到城市管理的全过程和各方面,提升城市综合管理水平。"智慧集美"平台于今年3月27日正式进入试运行阶段,5月27日试运行完成,实现与集美区城市管理局、区公共安全办、区政务信息中心、区民政局、区委文明办等14个部门的11个平台对接整合工作,完成区司法局、区建设与交通局等多个部门共 7 个平台在"智慧集美"平台挂链的工作。推进区、街道、社区三级社会治理中心的整体落地,实现数据互通、业务互联、资源共享,实现问题的精准发现、信息的及时传递和指令的快速下达。推出"摊规点 3.0 版",打造软件园三期商业综合体精品样板街区,通过全链条监管模式,解决食品安全、消防安全、环境卫生等问题。探索建立"前端及时发现＋后端依法处置"的非现场执法等新型高效执法模式,利用智慧化管理手段提升执法规范化水平、加强中队队伍建设,运用视频设备、大数据共享等现代信息技术提升城市管理智慧化水平。

(2)优化营商环境。2023 年,集美正式发布系统化、体系化的《集美区投资项目全生命周期实施方案》,为项目提供全周期全链条优质服务。依托全市首个基金聚集区"杏林湾基金聚集区"和全市成立最早的区级产业引导基金,通过"基金＋基地"形成了一系列叠加优势,"滚雪球"式做大落户基金规模,吸引优质资本扎根集美。启动中央活力区(CAZ)建设,串联辖区重点的商业载体,有机融合产业发展、工作生活、文化旅游等各种功能,持续打造多样态的城市活动。集美区市场监管部门与区检察院、公安、税务等部门共同签署《打造法治营商环境、推动经济高质量发展行刑衔接合作备忘录》,共同防范和打击涉企涉税违法犯罪,打造法治营商环境。

(3)多元化发展教育事业。集美区秉承陈嘉庚"劳育结合"办学理念,构建家校社"三位一体"协同育人特色模式。集美区 62 所中小学均建有校内劳动实践基地,覆盖率达到 100%。在中小学劳动实践特色项目建设中,集美区共有 5 所学校获评省级特色项目,4 所学校获评市级特色项目。2023 年,马銮湾新城片区建设灌南第三幼儿园,该幼儿园可容纳 12 个班级,建成后就将进一步完善和加强区域教育配套。厦门二中集美校区于 2023 年 8 月正式投用,设计规模为 60 个高中班,提供 3000 个学位。

(4)打造文化旅游新高地。集美区紧紧围绕"文化＋旅游"的发展战略,培育文化旅游产业新增长点,提升"人文集美"的城市形象和文化品位。旅游方面,集美区进一步深化"1＋1＋N"泛营地模式,充分发挥集美区两岸研学中心的作用,做大做强集美研学品牌。在 2023 年"9·8"投洽会期间与新东方文旅福建总部项目及世界研学旅游组织亚太区总部签约,通过多方资源整合,未来将在集美区推行优质的文旅产品。文化方面,集美区积极拓宽文化艺术市场,围绕区域特色及学村定位,策划"美好集合艺术周"、剧场演出等活动。惠动乐排球基地、篮之梦(厦门)体育运动有限公司、厦门数字艺术(IOI)产业园区、奇迹山视频产业基地及福南堂文化艺术运营等一大批文体项目与集美区签约,这些项目的落地将为集美区文体产业发展提供强大支持。

二、问题与挑战

1.民生短板问题仍然存在

公共卫生服务方面,医疗卫生服务供需矛盾较突出。集美区的常住人口规模预计将在 2025 年超过 120 万人,随着经济社会的转型,居民对医疗服务的需求将进一步扩大。当前集美区的医疗卫生资源供给量难以与日益增长的居民需求相适应。集美区医疗业务用房及相关配套设施不足,部分基层医疗机构业务用房不达标、配套不完善,存在就医拥堵的现象。由于当前人才政策仍有待完善,乡镇由于薪资待遇等问题,面临乡村医生流失的现象。在信息化建设上的投入不足,信息化设施和系统都有待完善。基层公共卫生应急服务体系不健全,应对突发事件的处理能力有待提高。医联体的作用发挥不够,缺乏相关的管理制度和运行机制,结算政策缺乏整体统筹,亟须建立医疗信息共享平台。

教育方面,全区教育事业与经济社会发展要求不完全适应。表现在:由于"三孩政策"等因素,中小学及幼儿园学位缺口四层叠加;优质教育资源供给不足,教育基本公共服务均等化水平及质量均有待提升;城乡学校办学尚有差距;基础教育与辖区高校高位嫁接合作办学融合互动的潜力需进一步挖掘;激励社会力量办学及奖教奖学的体制机制尚未建立健全等。

2.经济增长面临压力

2023 年上半年,集美区 GDP 同比下降 0.9%,主要受到工业、建安、房地产业负拉动影响。农林牧渔业、工业、建筑业、房地产业四个行业同比出现下降。第三季度 GDP 增速回正,固定资产投资额降幅缩窄。集美区 2022 年政府工作报告中计划,2023 年预期实现地区生产总值增长 5% 以上,财政总收入、区级财政收入分别增长 13.7% 和 6.5%。尽管在批发零售业、交通运输业、住宿和餐饮业等行业实现了正向增长,但距离实现年初制定的经济增长目标仍然存在一定的差距,第四季度的经济增长也将面临较大的压力。

3.智慧城市建设相对落后

近几年,集美区的信息化建设和智慧应用已取得明显成效,2023 年"智慧集美"平台投入使用后,进一步完善了网格化管理、精细化服务和信息化支撑的基层治理平台。但仍存在各部门信息化建设水平参差不齐,亟需夯实"大统筹"引领,拓展"大平台"应用等问题,城中村智慧建设难点堵点问题尚未完全解决,智慧消防、文明创建、矛盾化解平台、智慧交通平台、雪亮工程、非接触执法等项目有待进一步完善。在厦门市"岛内大提升、岛外大发展"的背景下,应进一步优化城市治理及民生服务,聚焦制约城中村治理的深层次问题,进而提升各类主体的"强获得感"认同。

三、预测与展望

2023年是全面贯彻落实党的二十大精神的开局之年,厦门全市上下认真贯彻落实市委、市政府工作部署,深入实施"深学争优、敢为争先、实干争效"行动,认真落实稳增长各项政策,经济运行呈现恢复向好态势。随着疫情管控政策的放开,集美区的生产生活活动全面恢复,住宿业、餐饮业、旅游业等服务行业迎来新的发展机遇。阿尔勒国际摄影季、"看见集美"青春电影展、星巢越中心举办的Livehouse(小型音乐现场)已逐渐成熟,预计未来将持续扩大影响力。2024年,落地集美区的文体项目建成后,将带来一系列的体育赛事、文化节、音乐节等活动,协同中央活力区,带动文旅市场热度,提升集美文旅品牌,推动集美区服务业的高速发展。

自2023年9月1日起,厦门市正式推行"认房不认贷"政策。集美区购买商品住房,不再审核购房人资格,不再限制上市交易时间,首付款比例、利率政策及公积金贷款额度均有所调整。该政策的推行有助于解决百姓"购房难"等问题,在一定程度上能够促进房地产行业回暖,吸引更多人才就业。

随着校友经济的发展和各项奖励措施的出台,结合集美区高校科研院所的资源优势,未来将有更多的科研院所落地集美,持续推动产城学研合作,在研发创新、产业升级领域实现更大的突破。

四、对策与建议

1.加快城市建设,推动旅游服务业发展

推动集美中央活力区建设,进一步整合集美新城核心区商业、文化旅游资源,持续打造多样态的城市活动,提升片区商业消费、文娱、旅游等品质。保障片区平台运营公司、商业联盟的正常运行,进一步畅通政府与企业间的对话渠道,力促集美区消费品质与服务体验升级,推动资源有效整合。充分依托集美区丰富的商旅文体资源、深厚的多元文化底蕴、强劲的产业发展势头,有机融合产业发展、工作生活、文化旅游等个城市功能,构筑"朝气蓬勃、流光溢彩、多元共融"的跨岛消费集聚新高地和活力时尚新地标。

加快集美学村的申遗工作,打造侨乡名片。在集美学村的城市规划和开发过程中,应重视"一精神三文化",即以嘉庚精神为内核,以华侨文化、现代闽南文化、学村文化为特征。对具有一定基础的品牌活动,进行优化创新提升,持续扩大"嘉庚精神宣传月"等活动的影响力。提升集美学村历史文化街区整体风貌,推进大社文创旅游街区建设,保护和修缮特色侨房,延续保护城市历史文化遗产。在嘉庚公园、龙舟池、鳌园、集美学村建筑群等重要保护区内开

展项目工程时,应充分考虑区域独特的历史和人文因素,延续集美嘉庚文化风貌。发展闽南文化旅游,按照"挖掘文化、打造品牌、提升效益"的思路,依托集美区独特的资源优势,打造特色文化旅游产品,扩大"集美中外学生国际文化交流季"等多个研学品牌的影响力,拉动集美区文旅产业发展。

2.深入实施创新驱动发展战略,引领高质量发展

坚持科技驱动。把产业创新放在创新发展的中心位置,进一步突出企业的创新主体地位。大力培育"单项冠军""专精特新"企业。加大对企业研发支持力度,鼓励企业自建或与高校院所共建重点实验室、工程(技术)研究中心、企业技术中心等研发机构,推动重点企业研发机构全覆盖。强化标准引领,支持优势企业将核心技术转化为国家标准、国际标准。推出"集美创新券",鼓励企业积极使用各类高水平服务,有效提升企业创新能力和运营水平。

坚持人才引领。以全国青年发展型县域试点为抓手,着力构筑"引得进、留得住、发展好"的青年服务体系。建设国际人才服务基地和海外工作站,鼓励支持校企合作共建现代产业学院。引进高水平第三方人力资源机构,精准梳理行业需求,加快补齐腰部人才队伍短板。深入推进"聚贤集美"人才计划修订工作,打造集美人才城市展厅。力争开工建设集美区高新学校,加强高层次人才公寓建设,构筑产业人才新高地。充分利用"集美人才节"等优质品牌,加强人才与企业的联系,消除高校与企业之间的信息不对称问题,促进沟通与合作。

坚持教育支撑。深化学校管理、队伍建设和教育教学改革,扎实推进教育高质量发展。加快集美区中小学及学前教育的建设工作,提升整体办学水平。强化产城学研科研合作,持续发挥集美区"高校产业技术联盟"的品牌优势。进一步推动自然科学领域发展,鼓励中国科学院城环所、稀土材料研究所等科研机构承担国家、省级重大项目。强化人文社科领域智库合作,共建人文社科研究基地,打造新型智库,提高社会科学界凝聚力。强化产学研国际化合作,坚持"引进来"和"走出去"相结合。

3.加快产业转型升级,推动实现产业现代化

机械装备和制造业作为集美区的支柱产业,拥有厦门厦工、金龙客车等具有全国影响力的企业。当前,机械装备业和新材料等实体经济正在经历由"制造"向"智造"的转变,政府应鼓励支持企业进行研发创新,更大力度发展智能制造技术与设备,以智能制造为主攻方向推动机械重工与新材料产业优胜劣汰。同时,加大招商引资力度,推进专业园区建设,对标市场化法治化国际化便利化一流营商环境,持续优化集美区营商环境。

4.稳就业强信心,加快推进青年发展友好型城区建设

在满足市民消费需求偏好的前提下,市民有能力消费、有信心消费是提振"大内需"市场的动力所在。应进一步理顺财税体系、改善收入分配,完善社会保障体系和有关就业政策,让市民有收入能消费、有保障敢消费。深入推进六大工程7个创新项目和2个未完成项目的落地见效,聚焦软件园三期、城中村等的青年群体的需求,通过平台搭建、活动带动、服务常态等方式,打造青年服务品牌。充分发挥企业作为市场主体的独特优势,推动企业、青年、城市之间的高质量融通互动,通过"青年友好企业"选树活动、青年人才交流活动及现有的"大学生扬帆计划"、两岸青年大学生乡创研学营等,帮助青年人才了解集美区发展及就业相关政策的最近动向,打通渠道为青年提供更多的就业机会,增强青年人才对集美区的归属感与认同感,推进青年发展友好型城区建设。

厦门市社会科学院　施星雨

海沧区经济社会运行情况分析及预测

一、总体情况分析

(一)2022 年海沧区经济社会发展回顾

2022 年,面对疫情冲击和复杂严峻的国内外环境,海沧区深入学习贯彻党的二十大重要精神,高效统筹疫情防控和经济社会发展,扎实推进高质量发展,经济总量首次超过 1000 亿元,经济运行呈现出强劲的韧性和活力。

2022 年,全区实现地区生产总值 1067.48 亿元,同比增长 4.7%。其中,第一产业增加值为 1.62 亿元,同比下降 4.1%;第二产业增加值为 664.34 亿元,同比增长 5.5%;第三产业增加值为 401.51 亿元,同比增长 3.3%。三次产业增加值的比重为 0.2∶62.2∶37.6。全区财政总收入 239.22 亿元,同比增长 7.7%;区级财政收入 39.64 亿元,同比增长 7.3%。区级财政支出 75.31 亿元,同比增长 6.3%。全区实现工业增加值 693.35 亿元,同比增长 6.2%。全区 497 家规模以上工业企业实现工业总产值 2044.71 亿元,同比增长 10.5%,销售产值 1940.18 亿元,产销率为 94.9%。规模以上生物医药企业完成工业总产值 344.75 亿元,占全区规模以上工业总产值的 16.9%,同比下降 9.5%。规模以上新材料企业完成工业总产值 353.58 亿元,占全区规模以上工业总产值的 17.3%,同比增长 54.6%。规模以上工业企业实现利润总额 190.67 亿元,同比下降 25.3%。规模以上交通运输业企业共有 93 家,比上一年减少 8 家,实现营业收入 145.52 亿元,同比增长 30.7%。全区实现社会消费品零售总额 323.79 亿元,同比增长 7.6%;批发零售业销售总额 5879.10 亿元,同比增长 27.9%;住宿餐饮业营业额 15.98 亿元,同比下降 14.2%。全区合同外资完成 2.78 亿元,同比增长 22.3%;实际到资 1.92 亿元,同比下降 17.4%。

(二)2023 年 1—9 月海沧区经济社会运行分析

2023 年是全面贯彻落实党的二十大精神的开局之年,厦门全市上下认真贯彻落实市委、市政府工作部署,深入实施"深学争优、敢为争先、实干争效"行动,认真落实稳增长各项政策,海沧区主要指标进一步回升,经济运行呈现恢复向好态势。

1—9月海沧区主要经济指标完成情况如表 1 所示。

表 1 2023 年 1—9 月主要经济指标完成情况

指标名称	单位	累计完成	比增/%
规模以上工业企业总产值	亿元	1381.96	—
规模以上企业增加值	亿元	463.37	−8.7
实际利用外资(错月)	亿美元	1.73	23.2
固定资产投资(含铁路)	亿元	—	−3.2
财政总收入	亿元	185.86	−2.3
财政收入	亿元	35.98	0.3
税收收入	亿元	171.66	−3.4
财政支出	亿元	51.84	9.5
批发零售贸易业销售总额	亿元	4317.81	−3.2
社会消费品零售总额	亿元	250.42	3.0
全体居民人均可支配收入	元	53433	3.0
城镇居民人均可支配收入	元	53328	3.0
全体居民人均消费性支出	元	32239	5.0
城镇居民人均消费性支出	元	32041	5.0

分析 1—9 月海沧区经济运行情况,呈现以下几个特点。

1.经济运行逐步回暖

2023 年前三个季度,海沧区各项经济指标基本与去年持平,平均同比增减维持在 4 个百分点之内。实现地区生产总值 749.71 亿元,同比下降 3.5%。三季度增速分别为−4.5%、−4.3%、−3.5%。全区规模以上工业企业累计完成产值 1381.96 亿元,实现规模以上工业增加值 463.37 亿元,同比下降 8.7%。固定资产投资同比下降 3.2%,投资降幅持续收窄。全区财政总收入 185.86 亿元,同比下降 2.3%;区级财政收入 35.98 亿元,同比增长 0.3%;区级财政支出 51.84 亿元,同比增长 9.5%。税收收入 171.66 亿元,同比下降 3.4%。批发零售贸易业销售额 4317.81 亿元,同比下降 3.2%。社会消费品零售总额 250.42 亿元,同比增长 3.0%。受全球疫情影响,工业经济整体呈下降趋势,其中出口贸易受到较大程度的冲击,出口交货值 311.2 亿元,同比下降 22.4%。在批发零售贸易业中,销售总额略有下降,但住宿餐饮业营业额累计 11.37 亿元,比增 26.8%,说明疫情结束后,居民的消费能力得以释放。

在居民收支方面,海沧区全体居民人均可支配收入 53433 元,同比增长

3.0％,其中,城镇居民人均可支配收入 53328 元,同比增长 3.0％.全体居民人均消费性支出 32239 元,同比增长 5.0％,其中,城镇居民人均消费性支出 32041 元,同比增长 5.0％。居民整体上的收入和消费水平都有小幅度的增长,反映出疫情后居民的收入水平在缓慢提升和消费需求稳步释放。

2. 现代制造业涨势较好

海沧区多年以来坚持"实业立区""产业立区"的理念,紧抓实体经济发展主线,重点打造"3＋1＋1"的现代产业体系,包括半导体与集成电路、生物医药与健康、新材料、其他先进制造业以及现代服务业。目前,厦门海沧已经落户了近 60 家集成电路企业,聚集的产业人才超过 8000 人次,2022 年企业的总营收达 48.7 亿元,同比增长 85.2％,规上工业产值 36.49 亿元,同比增长 106.3％。2023 年 8 月 28 日,"聚焦双碳 向新而行"2023 年厦门市海沧区新能源新材料产业招商推介会(深圳)隆重举行,为海沧区抢占新能源新材料行业风口,加快重点领域招商,为地区注入新的活力和竞争力提供良好契机。作为海沧三大主导战略性新兴产业之一,生物医药产业持续发展壮大,生物医药港综合竞争力进入全国前十。

3.招商引资保持增长

2023 年 9 月 7 日,第二十三届中国国际投资贸易洽谈会在海沧区进行,本届投洽会海沧有 63 个项目签约,总投资超 420 亿元。签约大会上 13 个代表项目集中签约海沧,涵盖制造业、服务业、金融业等行业领域。海沧引进了华碳科技、马銮湾时尚运动带项目;在制造业领域,迎来了嘉德利、宏发电声、铂联科技、拓宝科技等项目;在金融业领域,引入了观硎基金、国兴基金二期、道远基金等项目;在服务业领域,落地了时代智慧、宏东酒店、鱼人海洋公园等项目。2023 年上半年,海沧共推动重大招商项目 33 个,总投资近 350 亿元。

(三)海沧区社会发展情况分析

厦门终于走出了疫情的重围,社会民生迎来了蓬勃发展,在乡村振兴、民生福祉、城乡建设、两岸交流等多方面,海沧区政府始终坚持贯彻党的政策方针,结合省委"深学争优、敢为争先、实干争效"行动,加强自身建设,不断取得新成果。

1.创新推动乡村振兴

近年来,海沧区坚持农业农村优先发展,坚持城乡融合发展,坚持因地制宜科学发展,以城郊现代农业、闽台融合、城乡公共服务一体化为特色,推动乡村全面振兴,努力打造沿海发达型和美乡村海沧样板。2023 年,共策划推进试点示范项目 36 个,项目总投资 2.76 亿元,已推进 9 个项目,年度总投资 2.1 亿元。此外,海沧区积极举办 2023 年厦门国际花卉新品种展,围绕"新花鹭放·绽美国际"主题,与国内外 70 余家企业、科研单位,聚焦花卉产业精准发力,全面推进乡村振兴战略实施。沧区东孚街道过坂社区垃圾分类主题公园成功入选 2022 年度厦门市乡村"五个美丽"建设典型案例,是海沧区唯一获此荣誉的村居。海沧区政府与新疆吉木萨尔县庆阳湖乡、老台乡举行结对共建协议签约仪式,双方明确在产业发展、乡村振兴、组织建设、交流交往等方面进行深入交流合作。

2.全方位完善民生福祉

教育发展方面,海沧区大力推进区内校园修缮,打包生成 4 个百校焕新项目并完成项目立项,总投资 3722 万元,解决各类学校校舍老旧、教学楼外立面瓷砖脱落等问题;积极推动政府、高校和企业的三方合作办学项目,如海沧区政府、中央美院、福建华硕恒一教育科技有限公司合作成立的"中央美术学院附属厦门中学",进一步填补厦门市专业艺术高中空白。海沧区民生综合工程(PPP 项目)首个开工的子项目暨北附学校未来海岸校区改扩建工程项目正式落地。海沧区卫健局隆重举行中医经典传承学习班开班仪式,并由厦门市 A 类人才杨宗保教授开讲第一课,力争为厦门市中医人才队伍建设发展提供海沧样板。此外,海沧区临港高中项目、新阳西幼儿园、沧江高级中学、江科技小学、熹海高级中学、西园科技小学等学校陆续竣工,为全市学生提供了更多的学位,大大缓解了市内教育资源压力。

卫健设施方面,海沧区嵩屿街道养老服务照料中心于 2 月正式投入运营使用,设有棋牌室、影音室、健身康复活动室、多功能室等,通过智慧养老、医养结合的方式,可为辖区 1.1 万余名 60 岁以上老人提供助医、助餐、助行、居家养老等方面服务。4 月,海沧区渐美村安居房完成竣工验收备案,有效填补海沧片区安置房源缺口,解决片区征拆安置问题,推动生活区加速建设发展。

文旅活动方面,4 月,"2023(厦门·海沧)天竺山桐花旅游节"在海沧区天竺山森林公园举办。在中山大学举办的 2023 年中国自然教育大会正式宣布厦门天竺山森林公园获评成为全国自然教育基地(学校),也称作国家级自然教育基地,海沧成功再添一份"国字号"荣誉。体育赛事盛况连连。2023 年中国网球巡回赛 CTA500 厦门站比赛在海沧石塘体育公园隆重开幕;本次赛事为期 2 天,共有 200 多名来自全国各地优秀运动员同场竞技。CUBAL 揭幕战在海沧体育中心举办、第四届中国大学生阳光体育游泳锦标赛在海沧体育中心游泳跳水馆盛大开幕、第二十一届中国大学生游泳锦标赛在海沧体育中心拉开帷幕、2022—2023 年"洲克·泳者之星"杯游泳俱乐部大联盟联赛(厦门站)暨第六届海峡两岸暨香港少年儿童游泳联谊赛在厦门市海沧体育中心游泳跳水馆开赛、厦门市第二十一届运动会暨第十一届老年人体育健身大会在海沧体育中心综合馆隆重开幕。众多体育赛事不仅丰富了海沧区市民的生活,也提升了厦门市海沧区的知名度。

3.扎实推进市政设施建设

省、市重点工程项目海沧南大道(马青路—沧江路段)提升改造工程正式开工,是完善厦门市海沧港区集疏运体系、市区主骨架路网结构的重要民生基础工程。6月份,厦门市路桥集团在海沧区举行厦门电力与清水进岛隧道土建工程海域段盾构始发仪式。该项目长3公里,采用电力进岛与清水进岛共廊合建方式,是目前全国最长的过海综合管廊隧道。海沧区政府和泾源县政府签订了碳汇林项目建设合作协议,海沧区拟投资1000万元在泾源县河源区域建设1000亩高标准碳汇林。今后30年碳汇指标归海沧区所有,项目在2023年春季完成造林。

4.多角度促进两岸交流

两岸在经济、文化、体育多角度深入交流。4月,第十六届海峡两岸(厦门海沧)保生慈济文化节在海沧区青礁慈济祖宫正式开幕,来自台湾、金门与东南亚宗亲信众、青年代表超300人来访交流。本届保生慈济文化节以"健康两岸行·融合促发展"为主题,进一步弘扬保生慈济文化,扩大海峡两岸同胞及海内外侨胞文化交流,增进两岸同胞、海外侨胞情谊。国际茶日,两岸茶文化交流系列活动在厦门天竺山景区四季花谷成功举办。第十一届两岸公益论坛在厦门海沧举办,论坛以"乡村振兴·公益行动"为主题,设置"乡村振兴·公益育才""乡村振兴·公益兴业"两个分论坛及公益沙龙。第三届海峡两岸社会发展论坛在厦门海沧开幕,海沧港区厦金"小三通"电商货运航线启动仪式在海沧区海润大厦举行,全力支持厦门港推进两岸航运深化融合发展。2023年海峡两岸大学生篮球赛在厦门海沧体育中心综合馆正式开幕。赛事为期7天,共邀请16支高校球队参赛,其中8支来自CUBAL球队,8支来自台湾省球队。

二、海沧区经济社会发展存在的问题

面对国内外严峻复杂形势带来的经济下行压力,叠加连续三年经济较高增速带来的高基数,海沧区经济发展仍面临着不少困难和问题。

1.工业下行压力较大

一是外贸下降导致上半年工业企业减产面居高不下。疫情虽已远去,可疫情对全国经济的负面影响余波仍在,全球都处于经济恢复阶段,一方面国外需求下降,另一方面,国外整体的购买力下降,导致国内外贸出口大大缩水,进一步影响国内产能。

二是战略性新兴产业动能亟待培育,新兴产业壮大还需要时间。海沧区在新一代信息技术产业领域中,只有集成电路稍有起色,物联网、通信设备目前还是短板;生物产业在厦门生物医药产业园的聚能下初见成效,药物研发和医疗设备制造方面不断有新的突破,而在新材料产业、数字创意产业、高端装备制造产业以及绿色低碳产业等领域则捉襟见肘。

三是服务业发展基础较为薄弱。现代服务业具有高人力资本含量、高技术含量和高附加值等特点,主要以基础服务、生产和市场服务、个人消费服务三类服务为载体。同质化竞争严重。现代物流方面,海沧港区发挥作用不明显,不能带动区域内物流发展。马銮湾中央商务区缺少金融服务重点产业链,无法形成优势。产业孵化园中,马銮湾智慧产业组团、马銮湾生命健康产业组团应分工合作,共同创造良好的产业创新氛围。

2.投资需求后劲不足

"9·8"期间"金钥匙"启动,来自五湖四海的客商纷纷走进厦门海沧,这虽然为海沧区带来了一批高品质的项目,但有效需求不足仍是经济运行的突出矛盾。一流的营商环境是招商引资的"金字招牌",基础的配套设施不完善则无法吸引更多的企业集聚海沧,甚至还会带来失去既有投资的风险。马銮湾新城片区大型基础设施已基本完成,目前仅有沧江路快速通道、海沧南大道等项目在建,大型基础设施建设少,难以满足区外、省外乃至国外企业的物流运输,供应链的断层将对招商引资造成巨大阻力。

3.创新成效不明显

海沧区在生物医药研发方面不断取得新的突破,但集成电路、新能源新材料等新型战略产业方面的创新成果就显得捉襟见肘。科技型的龙头企业数量不足,产业孵化园间的协调合作力度不够,省级以上高层次人才或团队数量较少,国际化人才不断流失,导致海沧区创新成效不明显。政府、企业和高效三者间的联动不够密切,缺少高效的创新氛围。

三、促进海沧区经济社会发展的政策建议

近年来,海沧区坚持"产业立区"发展定位,牢牢抓住实体经济发展主线,把企业当作我们的"城市合作人",政府层面优化企业服务的举措不断推陈出新。

1.全面贯彻新发展理念

培育壮大战略性新兴产业,筑牢现代化经济体系基础,推动新兴产业成为经济社会发展和产业转型升级的重要力量。通过发展新旧动能转换,支撑区域协调发展,促进经济发展迈向更高质量阶段。夯实产业基础,壮大产业规模,确保产业安全及未来领先优势,这是新兴产业发展的优先方向和着力点。

加大培育发展力度,集中资源与力量,积极引导企业把握产业技术的制高点,利用好全球范围内的创新资源,全面提升国际合作水平。加强国内资源整合,加大优秀人才集聚,重点满足集成电路(IC)、人工智能、生物医药等领域的人才需求,采取重大工程的联合攻关形式,精准实施"卡脖子"攻关计划。同步加强基础研究、应用基础研究,找准并开展关键共性技术、前沿引领技术、现代工程技术和颠覆性技术的研究突破,逐步缓解并最终根治产业发展受制于人的问题。

打造坚实的服务业基础,一是加快发展信息、金融、保险以及会计、咨询、法律服务、科技服务等商务服务行业,促进服务业行业结构优化。二是积极发展文化、体育健身、旅游、教育培训、社区服务、物业管理等需求潜力大的产业。不断拓展新的服务领域,加快发展计算机和软件服务业、创意服务业、动漫服务业、会展服务业等。三是运用现代经营方式和信息技术改造提升传统服务业,推进连锁经营、特许经营、物流配送、代理制、多式联运、电子商务等组织形式和服务方式的发展。四是突出发展竞争力强的大型服务企业集团,促进服务业的集团化、网络化、品牌化经营。

2.完善招商环境

当下应注重产业链招商、招大引强,谋求实现"强链聚变"。围绕三大主导战略性新兴产业、现代制造业、现代服务业等重点领域实行精准招商、专业招商,引进更多固链、补链、强链的优质项目。继续聚焦龙头企业,招大引强,结合现有的优势产业链,制订有针对性的招商计划,力促意向项目早洽谈、洽谈项目早签约、签约项目早落地。此外,还需携手本土"老朋友"企业全速转动增资扩产的引擎,挖掘产业存量潜能。

3. 完善创新体系

以机制创新为引领,以闲置用地空间拓展、可供招商用地梳理等为抓手,不断完善国家创新体系,提升自主研发能力,加快形成以企业为主体、"产学研用"一体化发展的创新机制。注重发展前沿技术与产品,如无人驾驶汽车、增材制造、生物技术、量子计算与通信等。加强高铁、5G、电力等装备的创新发展,获取并保持领先优势。推动部分领域迈向技术领先,如新能源汽车、海洋工程装备、机器人等。加快关键性基础性装备的发展,如大飞机及航空发动机、高档数控机床、高性能医疗器械等,追赶并缩小与强国的差距。引导产业集聚入园,强化专业协作,发挥集群优势,高效集约利用土地,统筹各区(开发区、片区)产业布局,协调各区(开发区、片区)产业差异化、特色化和协同化发展,减少同质化竞争。

199

四、2024年海沧区经济社会发展预测与展望

旧岁已展千重锦,新年再进百尺竿。2024年是努力摆脱疫情影响、全力加快经济恢复和发展的关键一年,既要正视挑战,也要看到机遇。2023年10月份发布的《东亚与太平洋经济半年报》指出,东亚与太平洋地区(EAP)大多数发展中经济体已从2020年以来的一系列冲击中恢复并继续增长,但增速有所放缓,并预测中国2023年经济增速比增5.1%,2024年比增4.4%。作为亚太地区最大的出口贸易国,中国的出口下降势必对其他国家的进出口贸易造成不小的影响。预计2024年,海沧区地区生产总值维持在1000亿元左右,商贸业同比增长5%左右,居民人均收入同比增长5%左右。

2023年对全国经济来说都是艰难的一年,2024年海沧区依然会面临着巨大的挑战。海沧区委区政府将带领海沧广大干部群众,攻坚克难,推动各项工作取得新成就。海沧的生物医药港综合竞争力跻身全国十强,新能源新材料产业培育了厦钨新能源等一批优质企业,集成电路产业增速迅猛,产业能级不断提升,先进制造业和现代服务业取得良好的发展成效。海沧区要专注于新一代信息技术、智能制造、医疗大健康、环保新能源、新材料等新兴产业领域投资,打造高质量的现代产业集聚区、高水平的跨岛发展标杆区、高颜值的生态文明示范区、高层次的深化改革先行区、高品质的民生福祉样板区。海沧将以"创先争优、走在前列"的劲头奋力拼搏,向海图强千帆竞,踏浪而行卷千澜。

集美大学工商管理学院　　雷　宏　薛成虎

同安区经济社会运行情况分析及预测

一、经济社会运行概况

(一)2022年同安区经济社会运行回顾

2022年全区完成地区生产总值705.63亿元,同比增长3.7%。其中,第一产业实现增加值11.33亿元,同比增长3.7%;第二产业实现增加值375.08亿元,同比增长1.7%;第三产业实现增加值319.21亿元,同比增长6.1%,三次产业结构为1.6:53.2:45.2。实现规模以上工业增加值同比增长0.6%,高技术产业增加值完成62.38亿元,同比增长12.9%。固定资产投资同比增长35.8%。社会消费品零售总额完成423.13亿元,同比增长7.2%。全区全体居民人均可支配收入52419元,同比增长5.7%。其中,城镇居民人均可支配收入59272元,同比增长5.0%;农村居民人均可支配收入29675元,同比增长7.7%。

(二)2023年1—9月同安区经济社会运行概况

1.经济指标概况

2023年以来,同安区巩固拓展稳经济一揽子政策措施,主要指标总体处于合理区间。

2023年1—9月,同安区主要经济指标完成情况如下:全区地区生产总值完成502.88亿元,比去年同期增长1.0%。全区规模以上工业企业完成工业增加值比去年同期下降6.9%。全区固定资产完成投资比去年同期增长9.7%。社会消费品零售总额完成329.27亿元,比去年同期下降3.4%。全区公共预算总收入100.42亿元,同比增加18.9%;区级预算收入完成27.53亿元,比去年同期下降3.8%。全体居民人均可支配收入完成44102元,比去年同期增长4.0%,其中,城镇居民人均可支配收入48858元,比去年同期增长2.8%;农村居民人均可支配收入农村居民人均可支配收入26722元,比去年同期增长5.8%。

2.社会运行概况

加快推动项目落实。2023年是同安区的"项目建设提速年"。加快推动同安老城历史风貌区保护利用,凤南和祥平西、西湖等片区城市更新,同安工业集中区和食品工业园等传统产业园区提档升级,加速人产城融合发展。在引领产业发展方面,加快推动厦门新能安、华润啤酒生产基地等82个亿元以上项目;在基础设施建设方面,紧盯晋同高速、同安北大道(厦沙高速—同安大道段)、同丙路(旧324线至卿朴路)改造工程等84个亿元以上项目进度;在民生社会事业方面,抓牢新城市民服务中心、教育补短板PPP项目等50个亿元以上项目建设。

推动招商引资数量、质量提升。2023年是同安区的"招商引资提质年",在新能源、新材料、产业投资基金、农业乡村振兴等领域,持续加大政策支持力度,吸引越来越多的优质企业落户同安。推动中关村硬创空间等重点招商项目取得实质进展;吸引中科海锐(厦门)研究院科技有限公司等3家企业入驻;厦门科学城I号孵化器正式交付使用,已有30余家企业入驻。围绕厦门时代、新能安、海辰储能等龙头企业,同翔高新城同安片区积极引进科达利精密结构件、思坦科技Micro-LED等一批项目,并积极推进中能瑞新、和储能源、海辰三期等项目及一批产业配套项目签约落地。目前,同翔高新城同安片区已累计落户重大产业项目41个,计划总投资约458亿元,其中投资百亿能级项目1个,投资10亿元以上重大产业项目8个。

提升民生保障质量。与经济发展齐头并进的,是不断织牢的民生保障网。2023年1—9月,同安区优质教育资源不断增加,位于新城美峰片区的市教科院附属中小学预计明年秋季即可开始招生;位于新城西柯街道的厦门五缘实验学校同安校区已经开始桩基施工,预计在2025年9月投用。这两所学校开始招生后,将为新城新增近8000个学位。2023年,新投用的厦门市苏颂医院是同安新城片区内的首个"三甲"标准综合医院,已经引入哈尔滨医科大学的科教学科和人才资源,将为同安新城和周边区域居民提供全方位的优质医疗服务,同安优质医疗资源得到提升。高端医养项目"泰康家园·鹭园"吸引不少高端客群,为居民提供多位一体的高品质医疗生活服务。

二、2023年1—9月经济社会运行情况分析

(一)同安区经济社会运行情况分析

1.生产总值增速平缓

1—9月,同安区实现生产总值502.88亿元,比去年同期增长1.0%,三次产业结构为1.6∶46.9∶51.5,二次产业占比较上半年有所下降,三次产业占比有所上升。其中第一产业完成增加值7.82亿元,比去年同期下降0.4%;第二产业完成增加值235.83亿元,比去年同期下降6.0%,降幅较上半年收窄

3.1个百分点;第三产业完成增加值259.23亿元,比去年同期增长8.9%。

2.工业降幅持续收窄

1—9月,全区工业增加值降幅收窄,规模以上工业企业增加值增速较上半年收窄4.9个百分点。1—9月,全区在统的30个行业大类中,累计产值实现增长的行业6个,下降的24个。从累计产值增速看,增速最快的行业为电气机械和器材制造业,比去年同期增长107.9%;其次为酒、饮料和精制茶制造业,比去年同期增长40.1%。

从产销率看,1—9月全区规模以上工业产销率为94.5%,较去年同期上升1.7个百分点,其中7个行业累计产销率达100%。从环比上看,第三季度产值环比增长的行业21个,比第二度增加8个;第三季度产值环比下降的行业有9个。其中化学纤维制造业及计算机、通信和其他电子设备制造业2个行业第三季度产值较第二季度增长超60%以上。

从趋势看,全区工业生产正逐渐企稳,主要体现在规模以上工业企业的发展。1—9月,全区规模以上企业实现工业总产值982.49亿元,比去年同期增长9.8%;1—9月,全区规模以上工业企业增加值244.23亿元,比去年同期增长6.9%,增速居全市第三。

重点企业、高新企业发展加快。1—9月,新"纳统"企业发展势头强劲,124家新上规模企业累计产值比去年同期增长242.1%。火炬企业运行平稳,102家火炬企业累计产值比去年同期增长60.4%。高技术制造业企业稳步增长,全区72家高技术制造业企业累计产值比去年同期增长54.1%;累计增加值比去年同期增长23.9%。工业总产值前20名企业完成产值325.27亿元,比去年同期增长33.6%,合力拉动全区规模以上工业产值增长9.1个百分点。

3.商贸业整体平稳

1—9月,同安区实现社会消费品零售总额329.27亿元,比去年同期下降3.4%。其中全区限上社会消费品零售总额完成196.01亿元,比去年同期下降7.3%。从消费形态看,商品零售额、餐饮收入有减有增,累计实现限额以上商品零售额192.56亿元,比去年同期下降7.5%;实现餐饮收入3.45亿元,比去年同期增长7.8%。

1—9月,同安区批发业销售额、住宿业营业额及餐饮业营业额均保持较好增长。一是批发业增势良好。累计实现销售额2221.30亿元,比去年同期增长48.0%,其中限额以上批发业累计实现商品销售额2134.80亿元,比去年同期增长50.6%。销售额占限上批发业销售额比重最大的金属材料类销售,累计销售额比去年同期增长59.2%。二是住宿业高速增长。累计实现营业额4.67亿元,比去年同期增长64.5%,其中限上住宿业实现营业额4.66亿元,比去年同期增长 64.7％。三是餐饮业营业额持续复苏。累计实现营业额 4.95 亿元,比去年同期增长 10.7％,增速较上半年提升 5.1 个百分点。

批发零售业稳步增长。1—9 月,同安区批发零售贸易业累计实现商品销售额 2460.32 亿元,比去年同期增长 41.0％。批发业销售保持两位数增长。1—9 月,同安区全区批发业累计实现商品销售额 2221.30 亿元,比去年同期增长 48.0％。其中全区限额以上批发业累计实现商品销售额 2134.80 亿元,比去年同期增长 50.6％。头部企业持续发力,全区限额以上批发业销售额达 10 亿元以上企业 38 家,合计实现商品销售额 1762.29 亿元,比去年同期增长 78.6％。零售业销售额负增长。1—9 月,全区零售业累计实现商品销售额 239.01 亿元,比去年同期下降 1.7％。其中全区限额以上零售业累计实现商品销售额 196.97 亿元,比去年同期下降 4.1％。

住宿业高速增长。1—9 月,全区住宿业实现营业额 4.67 亿元,比去年同期增长 64.5％,其中全区限上住宿业实现营业额 4.66 亿元,比去年同期增长 64.7％。餐饮业逐渐复苏。1—9 月,全区餐饮业实现营业额 4.95 亿元,比去年同期增长 10.7％。其中实现限上餐饮业营业额 2.67 亿元,比去年同期增长 1.5％。

4.农林牧渔业稍有增长

1—9 月,同安区实现农林牧渔业总产值 16.74 亿元,比去年同期增长 0.6％;累计实现增加值 9.67 亿元,比去年同期增长 0.4％,对 GDP 的贡献率为 0.9％。但行业整体下降趋势较为明显,从种植业看,蔬菜、水果、食用菌等产量均有一定程度下降;从畜牧业看,生猪市场行情低迷,生猪出栏量比去年同期下降 4.4％,季末存栏量比去年同期下降 17.0％。

5.固定资产投资增速较快

1—9 月,固定资产投资增长 9.7％。2023 年初,同安区梳理项目 813 个,估算总投资达 2407.05 亿元。目前为止,同安区已签约 101 个项目,计划三年投资总额为 395.66 亿元,实际到位内资金额为 45.46 亿元,实际到位外资金额为 6.90 亿元,项目累计完成投资额 116.60 亿元。

从投资方向分析,工业投资完成 133.16 亿元,比去年同期增长 82％,拉动全区固投增长 23.4 个百分点;基础设施投资完成 54.28 亿元,比去年同期增长 192％;房地产投资完成 185.48 亿元,比去年同期增长 17.4％;社会事业及其他投资完成 31.26 亿元,比去年同期下降 44.3％,拉低全区固投 9.7 个百分点。

(二)同安区经济社会运行中困难及问题分析

1.生产总值增速有待稳定回升

1—9 月全区生产总值增长 1.0％,比第二季度略回升,但较之 2022 年同期4.8%的增长数据,增幅下降较多,第二产业、第三产业对生产总值的拉动力度也减缓。经济发展需要质的提升和量的增长,生产总值增速稳定回升尚需加大努力。

2.产业链的构建和提升还有待深化

同安区产业链构建及提升还有较大空间。一是产业链布局与区域定位的结合度不够清晰。除环东海域同安新城的布局以外,其他产业链的布局还可进一步完善,比如新文旅产业链构建要结合同安新城老城的不同发展定位优化文旅资源配置。二是产业链的企业升级优化还要加大力度。要推动产业链向"4＋4＋6"产业体系方向优化,推动现有的水暖厨卫向智能家居发展、机械制造向高端智能制造发展、打造食品生物医药产业链等,传统企业的升级优化更为迫切。三是产业链布局和提升还必须加大招商和技术资金引进。

3.城乡居民收入有待稳定提高

2023年全体居民人均可支配收入和农村居民人均可支配收入的增幅较去年有下降。在目前经济大环境下,就业压力增大和物价有上涨,持续保障城乡居民可支配收入稳定提高,是政府需要加大关注的问题。同时,同安区的人均GDP低于其他区,在民生项目方面还有很多事要做。一是医疗资源还有待增加。全区的大医院即还在申报三甲的第三医院,满足全区医疗需求还有待引进优质医疗资源。二是工业集中区和农村的优质基础教育资源不足。三是老城区和农村的养老问题还需进一步解决。

三、加快推进同安区经济社会高质量发展的对策

1.保持经济稳定增长,推动产业结构优化升级

政策措施精准发力。目前经济运行面临的外部环境复杂严峻,国内经济恢复基础仍待巩固,经济回稳向上不易。2023年第四季度和2024年,是拓展回稳向上态势的关键窗口期,但需要稳经济政策措施和接续政策精准发力。第四季度经济在全年分量最重,不少政策在第四季度发挥更大效能,区委区政府要进一步增强做好经济工作的责任感和紧迫感,精准抓好落实,全力以赴完成全年经济目标任务,努力保持经济运行在合理区间。

促进产业集群发展。同翔高新城目标是打造成厦门最大的新能源产业集聚区,紧抓龙头企业带动引领,全力"强链、补链、延链",聚力形成集群将带动同安区域经济升级发展。应出台有利企业发展的政策措施,以促进其产业集群稳定发展。一要进一步将老城区、新城老城连接区、工业园区的发展定位与产业链布局明确关联。二要做好传统产业企业持续动能推动,促使其向高端产业转化升级。三要在招商中加大引进人工智能、大数据等新经济企业的力

度,加强新经济扶持引导,做大新经济规模。四要进一步营造优良的营商环境,吸引更多的高新企业、新兴产业落户同安,增强经济实力。

2.聚焦重点项目,推动固定投资增长

坚持总量结构并举。以稳投资、增项目、优服务为抓手推动固定资产投资稳定增长,以保证经济平稳增长。在确保新城建设和新城房地产投资稳定增长的同时,关注社会事业及其他投资项目的进展,在今年完美收官基础上为增强明年发展后劲打好基础。

坚持招商引资扩能。围绕重点产业链群和重点产业项目上下游产业链,聚力引进一批优质项目。看准快消品发展新机遇,加大对新消费产业项目的招商引资和扶持。

3.抓住农业发展新机遇,提升居民收入水平

发挥都市农业优势。农村居民收入水平提高与新型农业发展途径相关。同安有预制菜产业发展的得天独厚优势:拥有全省最大的食品产业基地,全市唯一的轻工食品园及8个产业园区;产业链条上的企业近万家,食品生产及配套企业齐全;冷链物流上的京东亚洲一号物流园、顺丰创新产业园、极兔速递福建总部都落地同安。一定要抓住预制菜产业发展机遇,做强都市农业,不断提高农村居民收入水平。

增强同安城区的吸引力。发挥同安的厦门科学城核心区"三谷"优势,吸引重点项目投资的同时注重吸引高科技和高技能人才,提供更多就业机会,加大新城区配套建设和社区建设力度,加快产城人融合发展。持续做好同安老城区改造建设,尤其是更新改进交通设施,扩增同安区与其他城区的交通联系,便利区内居民出行多元。发挥同安工业强区、传承文化育区等优势,拓宽就业渠道,提供优质的居住环境和工作生活环境,以不断提高居民收入水平。

四、同安区 2024 年的发展与展望

2024年,同安区将坚持真抓实干,扎实推进高质量发展,坚持发展实体经济上,抢抓新材料、新能源、预制菜等新领域新赛道,持续围绕上下游产业链强链、补链、延链,建设现代化产业体系,推动经济实现质的有效提升和量的合理增长。

2024年,同安区应按照以人为本、以城促产、以产带城的"人城产"发展理念,加快推动环东海域同安新城和同翔高新城(同安片区)成为产城融合新区,持续推进老城区与传统工业区的融合发展,以推动产业高质发展、完善城乡配套建设为抓手,推动产业园区向现代化城区转型,实现空间融合、功能融合、人

口融合,打造人口－空间－服务"三位一体",实现产业和城区良性互动、相互促进、共生共荣,提升城市综合承载力。依托环东海域同安新城,以美峰科创园(创谷)、新经济产业园(云谷)、银城智谷(智谷)为重点,打造厦门科学城同安发展极。按照"科产城人"高度融合的理念,瞄准5G、人工智能、新材料、生命健康、区块链等前沿科技和未来产业发展,加速创新资源集聚,引进"大院大所"和顶尖科研机构,谋划建设未来虚拟大学园,布局建设大科学装置、科学仪器中心、科技孵化器等重大科研基础设施集群以及各类创新平台。

2024年,同安区应继续坚持农业农村优先发展,以莲花、汀溪、五显三个镇为发展核心,围绕产业兴旺、生态宜居、乡风文明、治理有效、生活富裕的总要求,实施乡村建设行动,统筹推进乡村产业振兴、人才振兴、文化振兴、生态振兴和组织振兴,着力在科技创新、开放发展、补齐短板和机制体制创新上实现新突破,推动实现农业全面升级、农村全面进步、农民全面发展,提高农民幸福指数,打造乡村振兴样板区,引领全市乡村振兴战略实施。

厦门市社会科学院　陈戈铮

翔安区经济社会运行情况分析及预测

2023年是全面贯彻党的二十大精神开局之年,是"十四五"规划实施的关键一年,也是翔安建区二十周年,开局关乎全局,起步决定后程,做好各项工作意义尤为重大。2022年以来,翔安区坚持以习近平新时代中国特色社会主义思想为指引,以迎接党的二十大召开和学习宣传贯彻党的二十大精神为主线。翔安区应继续牢牢把握厦门市纵深推进"跨岛发展"战略机遇,在推进高质量发展中促进共同富裕,在服务跨岛发展大局中创造高品质生活,加快建设创新、繁荣、生态、活力、幸福"五个翔安",努力将翔安建成宜居宜业、富有活力的现代化国际化产城人融合新标杆。

一、翔安区经济社会发展情况

2022年以来,翔安区坚决落实"疫情要防住、经济要稳住、发展要安全"重要要求,高效统筹疫情防控和经济社会发展,统筹发展和安全,扎实做好"两稳一保一防"工作,较好完成了区五届人大一次会议确定的目标。

(一)2022年经济社会运行回顾

2022年全年地区生产总值887.14亿元,同比增长6.0%,规上工业增加值增长9.0%,累计完成固定资产投资865.06亿元,同比增长12.2%;财政总收入98.43亿元,同比增长23.4%;累计实现社会消费品零售总额134.81亿元,同比增长3.8%;全体居民人均可支配收入42490元,同比增长6.1%;其中,实现农民人均纯收入29305元,同比增长8.4%;城镇人均可支配收入50243元,同比增长5.3%;实际利用外资1.23亿元。其中第四季度实现地区生产总值258.37亿元,规模以上工业总产值428.61亿元,固定资产投资182.53亿元,财政总收入19.32亿元,社会消费品零售总额30.18亿元,实际利用外资0.19万元。

(二)2023年1—9月经济社会运行情况

1.整体经济稳中有进

2023年以来,翔安区紧紧围绕统筹推进"五位一体"总体布局和协调推进"四个全面"战略布局,立足新发展阶段,完整、准确、全面贯彻新发展理念,积极服务和融入新发展格局,牢牢把握新征程新方位新使命,坚持稳中求进工作总基调,更大力度推动"五个新跃升"、更高水平建设"五个翔安"。截止到2023年9月,全区累计实现地区生产总值641.07亿元,累计同比增长6.6%。其中,第一产业累计完成额为6.21亿元,同比减少10.5%,第二产业累计完成额为426.00亿元,同比增长7.3%,第三产业累计完成额为208.85亿元,同比增长5.5%。整体经济的发展动力和活力持续增强。

2.固定资产投资提质提速

翔安区加强与各市级指挥部和市有关部门的协调联动,举全区之力为省市重大片区、重点项目建设提供坚强保障,加快推动项目建设,不断扩大有效投资,为翔安经济社会高质量发展赋能蓄力。2023年以来,翔安全力服务保障航空新城框架全面铺开,推动新体育中心、新会展中心建成投用,支持同翔高新城向东拓展,助力厦门海洋高新技术产业园落地建设,加快东山等区级片区开发,同时完善市政配套措施,引进大型商业综合体,推动城市发展形成"新骨架",促进城市功能品质实现新提升。从工作落实看,厦门新体育中心项目基本完工,翔安大桥主桥已正式通车,厦门跨海交通正式迈入"五桥两隧"新格局,厦门市"两环八射"快速路网得到进一步完善。截止到2023年9月,翔安区完成固定资产投资511.21亿元,同比减少25.1%,在全市中居于领先水平。

3.产业转型升级持续推进

翔安区持续聚焦实体经济,实施产业强城,力促产业升级迈出更快步伐。产业链群方面,聚焦构建"4+3+3"现代化产业体系。布局第三代半导体等先进领域和面板核心材料、集成电路设计封测等短板环节,推动天马8.6代、粒芯科技建设;大力发展智能电网、数控装备等高端制造,推动科华数能、科惟智能动建;依托中创新航等龙头引领,主攻锂电池、新型储能等方向,实施新能源产业发展"五个一"行动。规上工业增加值增长到359.48亿元,同比增长13.6%。产业结构方面,壮大三产规模,推动生产型、生活型服务业加快发展,推动厦航新基地、鹭燕医药落地建设。截至2023年9月,翔安区三大产业产值比重分别为0.97%、66.45%、32.58%,产业结构实现进一步优化。产业空间方面,开展建园、旧改、兴楼行动,为产业项目落地提供充足空间。策划新建数字经济产业园三期、生物医药产业园,配合推进海洋高新产业园、"专精特新"产业园。产业动能方面,规划建设厦门科学城(莲河片区),支持嘉庚、生物制品、新能源等重点实验室高水平发展,深化"群英领翔"人才计划,开展产业链招商专项行动。

4.招商引资质效不断提高

2023年,翔安区招商引资的重点紧扣产业发展方向,加力引进优质项目,全力补链延链强链,推动产业发展能级再上新台阶。翔安区招商引资的提升主要体现在三个方面:一是深化投融资体制改革。拓宽 PPP、TOT、EOD34 等市场化融资渠道,更大力度争取专项债资金和政策性开发性金融工具,保障重点项目资金需求。优化财政投融资项目管理机制,提升项目决策科学性和资金使用有效性。二是深化对外开放交流。深化"五个交流"工程,打造台胞台企登陆第一家园"第一站"首选门户和台青发展友好型城区。全力争取自贸试验区扩区、空港综合保税区设立,实施港澳侨商回归行动,引侨资、聚侨力、汇侨智,推动外资外贸稳定增长。三是深化营商环境建设。健全"益企飞翔"常态帮扶机制,推广产业链及工业品供需对接平台,提升市域内产业链供应链配套水平。截至 2023 年 9 月,实现实际利用外资 1.11 亿美元,同比增长 6.1%。

5.民生保障水平不断提升

翔安区坚持以人民为中心,着力解决民生急难愁盼问题,织密织牢社会保障网。公共服务方面,加快建设 13 所中小学幼儿园,新增学位 5070 个;建成翔安职校新校区;力促区妇幼保健院新院、复旦儿科厦门医院翔安院区开工建设。就业方面,实施就业优先政策,保持稳岗拓岗政策支持力度,加强被征地农渔民等困难群体就业帮扶,支持快递外卖等新就业形态发展,深化产教融合、校企合作。社会保障方面,稳妥实施被征地人员养老保险衔接政策,保障困难群众基本生活;健全养老、生育支持体系,有序推进养老妇幼设施提档升级和公共设施适老化、适龄化改造。绿色生态方面,启动新一轮砂场、畜禽养殖场、建筑渣土、废弃矿坑等专项整治,实施一批国土绿化、生态补水、安全水系、截污纳管工程。

二、翔安区经济社会运行中存在的问题与原因分析

翔安区经济社会整体发展呈现良好态势,但还存在一些问题,主要表现在:

1.产业结构需进一步优化

翔安区积极赋能新发展格局,全力补链延链强链,奋力打造高质量发展产业新高地,在各方面均取得了丰硕成果,但仍存在产业链创新链融合不够,产业发展动能接续不足的问题。翔安区政策、区位、产业三者之间的协同优势尚未充分发挥,天马、ABB 等龙头企业作为"链主"还未培育出强大的资源配置能力和协同创新组织动力,由其牵头的协同创新项目占比还不够大,这导致了创新链与产业链难以深度融合,产业上下游协同合作程度不高、核心凝聚力不强。并且部分中小企业未能融入到供应链、创新链中,集聚循环效应难以形成。

2.产城融合需进一步加强

围绕"一心两翼多组团"的发展格局,翔安区正进行大规模开发建设,随着各类基础设施建设越来越完备,医疗、教育和生态绿化也同步推进,辖区居民的幸福感与获得感进一步提升,但仍存在一些问题。其一,产业发展如何为城市功能完善和宜居性提高而服务仍需深入探讨。翔安区部分开发区缺少必要产业和城市功能的支撑,导致城市低效率空间蔓延,以人才为主的高端要素难以集聚,制约着城市和区域创新发展。其二,在重大片区的规划与建设中,涉及很多村庄的征地与拆迁。落实农村预留发展用地政策对增进民生福祉、推动重点项目的实施与建设具有重大意义。但目前农村预留发展用地相关政策仍未修订完成,部分发展用地建设历史遗留问题还未得到有效解决。

3.民生保障需进一步推进

翔安区着力打造安全舒适、近悦远来的城市生活空间,为辖区人民实现美好生活提供坚实载体,但仍存在部分民生事业短板未补齐。在社会保障方面,社会保障统筹层次有待提高。被征地和海域退养人员养老保险相关政策亟须加快落地和实施。部分农民工、灵活就业人员、新业态就业人员等人群没有被纳入社会保障,再分配对弱势群体生活质量的改善有限。教育方面,翔安区初高中学位缺口仍存在,区内学生升学压力较大,岛内外师资水平均衡程度不够,乡镇学校课后延时服务不齐,全区办学结构还需进一步优化。公共服务方面,人社政务服务线上线下融合不够,全区一体化政务服务发展水平参差不齐,服务能力与普惠全区人民的目标还有差距。

4.生态文明建设需进一步加强

翔安区全面贯彻习近平生态文明思想,牢牢把握"跨岛发展"重要战略机遇,完整、准确、全面贯彻新发展理念,翔安生态文明建设不断取得新成效,但仍存在一些值得改进的地方。一方面,现存环境治理问题亟须解决。污水站点管理不健全、海漂垃圾治理不完善、工地扬尘防治不规范等问题未彻底解决,且社区危房、农村生活污水等问题仍存在。另一方面,整体环保监管措施存在缺口。湖水治理返黑返臭监管需要进一步推进,部分地区海水养殖规范度仍需提升,一些企业在发展过程中未能彻底承担起环保之责。这些问题反映出区内环保绩效的考核制度和激励机制不完善,公众参与环保监管的程度不高。

三、促进翔安区经济社会发展的对策与建议

针对翔安区经济社会发展中存在的问题,结合翔安区自身区位特点和未来经济社会发展目标,提出以下建议:

1.聚焦创新驱动,助力产业结构升级

翔安区的产业创新集群不能在分割化的空间中去发展,必须要在要素自由流动的空间中去发展。一方面,应加快新旧动能转化,提升产业链韧性。围绕翔安重点产业链,集中优质资源合力推进关键核心技术攻关。同时加快培育战略性新兴产业,筹建新能源产业园、生物医药产业园。另一方面,应积极培育发展动能。要大力发展专业化众创空间,科技企业孵化器、加速器等孵化平台,积极构筑"众创空间+育成中心+加速器+产业基地"产业培育体系,增强翔安区产业发展后劲。积极推进"国际化人才招聘专窗"工作,深化"群英领翔"人才计划,大力推进一批新能源技术产教融合实践基地建设。此外,要加强信息化和工业化深度融合,推动数字经济和实体经济深度融合,在创新引领、现代供应链等领域培育新增长极,强力构建现代化产业发展体系。

2.完善发展规划,推动产城人融合

翔安区当前正处于工业化提升期、城镇化提速期、基本公共服务提质期,为了推动产城人融合,必须牢牢把握厦门市纵深推进"跨岛发展"战略机遇,把"以人为本"的理念作为城区发展的基石。一方面要提升城区品质,用高质量项目支撑高质量发展,加快建设滨海东大道和翔安南路沿线整治提升等东体配套提升项目;同时加快打造翔安中心城区,南部新城推动文化艺术中心等公共建筑群开工,在新城核心区建设一批高品质公园步道,满足群众需求;加快推进城中村试点建设,围绕"五个改造"思路,规划打造一批新时代城中村治理样板。另一方面要积极筹划文旅产业发展、文艺活动组织、景区发展建设等重点工作。翔安区应扎实推进文旅项目建设,构建高质量公共文化服务体系。

3.提升公共服务,增进民生福祉

翔安区要在经济发展的同时,推进城区品质的优化提升,切实做好民生配套,提高辖区居民的幸福感和获得感。在社会保障方面,要立足自身实际,努力推动养老服务高质量发展,全力构建多元化、多层次的养老服务供给体系。具体而言,未来可以推动专业机构服务向社区、家庭延伸,让居家养老享受专业照护服务,积极创新养老服务模式。在教育方面,积极推进"名校跨岛"和"百校焕新"战略落地实施,推进教师队伍建设全链条协同创新。在公共服务方面,要推动公共服务向农村延伸、社会事业向农村覆盖,增强基本公共服务的均衡性。同时,结合实际推动政府公共服务方式创新,加强数字政府建设,提升跨区域政务协同与要素流转效率。

4.落实各项机制,实现高质量招商引资

围绕翔安产业链条延伸及龙头企业配套,开展高强度高质量的招商投资有利于提振市场信心、增强发展后劲。其一,继续深化"引强入翔",增强产业发展后劲。坚持产业链招商,围绕构建现代产业体系,科学编制产业链招商计划,瞄准重点招商目标企业开展精准招商。强化招商推介,坚持加大招商引资力度,积极主动对接投资商,引导企业来翔投资。其二,完善招商引资全周期服务保障机制,促进在谈项目签约落地、落地项目到资,开工建设和投产生效,提升招商项目"落地率"和"投资完成率"。利用区企业金融服务中心,强化金融资源"精准滴灌",实现金融赋能产业再升级。其三,强化政策支持,提振市场主体信心,要持续开展减税降费,加大力度实施翔安提振市场信心 22 条,加快出台鼓励新能源、数字经济、会展等产业发展政策包。

5.聚焦绿色治理,推动生态文明建设

首先,要秉承"生态修复、城市修补"的发展理念,逐步推进农村人居环境整治,深化实施怀远湖综合整治、农村污水全收集治理、危房改造等重大项目,大力开展生态环境整治提升,为后续文化商业旅游开发等奠定生态产品价值外溢和提升的基础条件。其次,要高效统筹生态环境保护和经济社会发展,积极助力翔安人与自然和谐共生。打造智慧生态,努力实现生态治理技术的现代化。积极探索经济高质量发展与生态环境建设的双赢道路。最后,要立足区位优势,优化生态产业布局,建设具有重要影响力的海洋文化产业基地。推动产业、文化、旅游的深度融合,通过都市渔港产业综合体、海滨休闲观光区、海丝文化艺术区、海洋新兴产业区"一港三区"的产业布局,打造产业鲜明、文旅融合、生态宜居的渔港特色旅游产业。

四、翔安区经济发展预测与展望

2023 年是为全面建设社会主义现代化国家奠定基础的重要一年,也是翔安建区二十周年,希望与挑战并存。2024 年翔安区应继续推动经济实现质的有效提升和量的合理增长。继续坚持以习近平新时代中国特色社会主义思想为指导,全面贯彻落实党的二十大精神,深入贯彻习近平总书记来闽考察重要讲话精神和致厦门经济特区建设 40 周年贺信重要精神,牢牢把握新征程新方位新使命,坚持稳中求进工作总基调,开辟发展新领域新赛道,不断塑造发展新动能新优势,更大力度推动"五个新跃升"、更高水平建设"五个翔安",努力为厦门率先建成富强民主文明和谐美丽的社会主义现代化城市作出翔安新的更大贡献。

厦门大学经济学院　张传国　杜玉洁

厦门市推进跨岛发展战略情况分析及建议

厦门市作为我国首批设立的四个经济特区之一,在跨岛发展战略的指引下,岛内岛外六个区协同发展、日新月异;在全面推进中国式现代化建设的大背景下,厦门正稳步实现"岛内大提升、岛外大发展"战略宏伟蓝图。

一、总体情况

(一)跨岛发展战略的实施

21世纪初的厦门仍是发展极不均衡,岛内外发展落差巨大。岛内是蓬勃发展的经济特区,而岛外多数地方被戏称为"大农村",城市建设发展受空间制约严重。

2002年6月,时任福建省委副书记、省长的习近平提出"厦门本岛基本饱和,而岛外发展明显滞后",并发出"提升本岛、跨岛发展"的动员令。

2010年初,厦门启动岛内外一体化建设战略。岛内要"两保持、两降低、两提升"。同年9月6日,时任国家副主席的习近平同志在视察集美新城时,对厦门推进岛内外一体化建设的发展战略给予肯定。2014年1月,市十四届人大三次会议审议通过《美丽厦门战略规划》,以跨岛发展战略为核心,向"一岛一带多中心"展开。2016年,厦门城市总体规划进行新一轮修订,提出了构建"一岛一带多中心"组团式城市发展新格局,规划融入"多规合一"理念。2019年,厦门作出"岛内大提升、岛外大发展"决策部署。2020年,厦门市委市政府先后召开"岛内大提升,岛外大发展"推进会和加快建设高颜值厦门大会。

(二)跨岛发展战略的意义

"提升本岛、跨岛发展"重大战略的提出,为破解厦门城市发展难题指明了前进方向。大力推进跨岛发展,科学规划城市定位,有助于加快推进规划、基础设施建设、基本公共服务一体化,为岛内岛外协调发展奠定基础;大力推进跨岛发展,科学布局产业建设,有助于推动战略性新兴产业和现代服务业协调发展,为全市经济发展提供强劲的产业支撑;大力推进跨岛发展,加快生态文明建设,有助于保障改善民生,让广大人民群众在发展中得到更多实惠。

(三)跨岛发展战略的成效

通过实施跨岛发展战略,按照"规划一体化、基础设施一体化、基本公共服务一体化"的总体思路,厦门市实施跨岛发展战略的 21 年来,取得了如下成效:

1.跨岛发展推动岛内外城市功能调整

厦门将 160 平方千米城市建成区面积,扩大到 405 平方千米,其中岛外占比达七成。

2.跨岛发展推动岛内外交通体系完善

一条条跨海通道让天堑变通途,厦门大桥、海沧大桥、集美大桥、杏林大桥、翔安隧道、海沧隧道、翔安大桥将厦门岛与岛外连接,勾连起全天候立体式跨海进出岛通道体系。厦门铁路、机场、港口等对外交通枢纽由岛内"小三角"外扩至岛外"大三角",跨岛轨道交通从零到目前"三向出岛",城市快速路网"环湾放射"的总体格局已基本形成。

3.跨岛发展推动岛内外产业深度融合

厦门市"4+4+6"现代化产业体系加快形成,2022 年数字经济规模超4500 亿元。重点发展的产业中,生物医药、新能源、新材料等产业布局在岛外,商贸物流、金融服务、文旅创意等产业岛内外互促发展。

4.跨岛发展激发了厦门发展新动能

2002—2021 年,厦门市 GDP 实现年均11.4%的快速增长。2022 年,厦门市 GDP 达 7802.7 亿元,增长 4.4%,增速居全国副省级城市第一;其中岛外区域 GDP 占比达46.1%,超过七成的规上工业增加值和固定资产投资来自岛外。详见表 1 和表 2。

表 1 厦门市 2002—2022 年 GDP

年份	GDP/亿元	增速/%	年份	GDP/亿元	增速/%	年份	GDP/亿元	增速/%
2022	7802.7	4.4	2015	3806.94	7.2	2008	1619.93	11.1
2021	7033.89	8.1	2014	3443.26	9.2	2007	1421.65	16.1
2020	6435.02	5.7	2013	3142.58	9.4	2006	1150.68	16.7
2019	6015.04	7.9	2012	2922.09	12.1	2005	966.29	16
2018	5468.61	18.7	2011	2622.16	15.1	2004	883.95	16
2017	4607.83	7.6	2010	2149.1	15.1	2003	759.69	17.2
2016	4118.13	7.9	2009	1790.87	8	2002	648.36	15.5

数据来源:厦门市政府网站发布的年度国民经济和社会发展统计公报。

表 2　2022 年厦门市各区 GDP

	思明区	湖里区	海沧区	集美区	翔安区	同安区
GDP/亿元	2258.1	1529.41	938.24	876	781.79	640.36
增速/%	8.2	7.2	11.9	6.8	7.3	6.8
岛内外 GDP 占比/%	53.9		46.1			

数据来源:厦门市统计局发布的厦门经济特区年鉴。

5.跨岛发展引导人口布局更合理

根据厦门市统计局抽样调查推算,2022 年末全市常住人口为 530.8 万人,与 2021 年末常住人口 528 万人,相比增加 2.8 万人。其中,思明区 106.4 万人,湖里区 99.6 万人,集美区 109.1 万人,海沧区 62.0 万人,同安区 89.2 万人,翔安区 64.5 万人。岛内人口比重降至 38.81%,远远低于岛外。全市常住人口城镇化率从 2002 年的 52%提高到 90.19%,城市化进程走在全国前列。

厦门的跨岛发展实践和丰硕成果,已经成为习近平新时代中国特色社会主义思想在厦门的具体实践和鲜活案例。

二、发展现状

(一)2022 年跨岛发展战略推进情况

根据厦门市政府 2022 年工作报告信息,2022 年厦门市跨岛发展战略推进情况如下:

1.跨岛发展纵深推进

岛内大提升加速推进,推动钟宅、中山路、湖滨等重点片区有机更新,推进后浦社等城中村改造提升,改造岛内老旧小区 4 万户,字节跳动、厦门国际银行等总部项目加快建设。岛外新城片区加快环湾成势,马銮湾新城"两湾＋四岛"水陆新界域形态渐显,南岸中心绿轴公园全面开工;同安新城公共配套持续完善,官浔中学、环东海域医院等主体工程完工;翔安新城积极推动东体中轴商务区成片综合开发,新体育中心、新会展中心加速建设;同翔高新城天马第 6 代柔性 AMOLED、中创新航三期、海辰新能源等重大产业项目建设取得积极进展;集美新城配套设施持续升级,市青少年足球训练中心训练场主体结构完工。

2.基础设施日趋完善

厦门新机场航站楼展开施工,飞行区及配套工程初步设计获国家和省联合批复。东渡港区 0#～4#泊位改建工程建成投用,海润码头全智能化项目试投产,海沧疏港通道建成通车。轨道3号线南延段、6号线(集同段)开工建设,开展轨道交通新一轮线路规划和三期建规编制报批。福厦高铁厦门段铺轨贯通,翔安大桥成功合龙。西水东调高、低线水源连通工程建成通水,新建改造供水管道45.1千米、天然气管道86.9千米、综合管廊13千米。

3.区域协同步伐加快

闽西南协同发展区建设深入推进,海沧区—漳州台商投资区、翔安区—南安市毗邻区加快融合发展,厦漳泉城市联盟高速石井段建成通车,轨道6号线漳州(角美)延伸段加快建设,海沧医院与龙池医院合作成立医联体。33个涉厦闽西南协同发展区重大项目完成投资169.6亿元;4个经济合作区新签约项目61个,总投资331.2亿元。

4.社会事业稳步推进

14个社会事业项目全年实际完成投资56.2亿元,超年度投资计划11.3亿元,完成年度计划投资的125.3%。开工建设生物制品科学与技术福建省创新实验室;加快推进集美新城厦门二中集美校区、厦门新体育中心、厦门市妇幼保健院集美院区等项目建设;建成四川大学华西厦门医院、厦门市环东海域医院等项目。

(二)2023年1—9月跨岛发展战略推进情况

2023年厦门市重点项目461个,总投资11939.37亿元,年度计划投资1406.34亿元。其中产业项目161个,年度计划投资466.51亿元,包括厦门时代新能源电池产业基地(一期)、字节跳动厦门总部大楼、厦门新会展中心、马銮湾招商花园城等项目。社会事业项目155个,年度计划投资214.13亿元,包括双十海附东屿校区、厦门外附小洪文校区、厦门实验中学新校区工程、厦门五缘实验学校同安校区、厦门天文馆等项目。基础设施项目134个,年度计划投资416.66亿元,包括厦门翔安新机场、厦门思明区湖滨片区城市更新综合配套工程、厦门第三东通道、厦门轨道交通等项目。新城配套项目11个,年度计划投资309.03亿元,包括马銮湾新城海沧片区基础设施及配套工程、同安新城公建设施完善工程、翔安新城市政配套完善工程等。

厦门市发改委发布的数据显示,2023年1—9月跨岛发展战略推进情况如下:

1.从总体情况看

截至9月底全市重点项目推进成效显著,130个省重点项目计划投资621.6亿元,实际完成投资738.6亿元,完成全年计划的90.0%;507个市重点项目计划投资975.5亿元,实际完成投资1407.5亿元,完成全年计划的95.9%。

2.从建设进度看

截至 9 月底全市重点项目计划开工 51 个,实际开工 58 个,开工率113.7%;计划竣工 38 个,实际竣工 44 个,竣工率 115.8%。从交地情况看,截至 9 月底全市计划交地 6272.4 亩,实际交地 10386.1 亩,完成序时计划的165.6%,完成全年计划的 92.5%。

3.从所属部门看

截至 9 月底全市省重点项目完成情况各单位类别位居第一的分别是湖里区政府、马銮湾新城片区指挥部和火炬管委会;同安区政府、同翔高新城片区指挥部、市建设局、市轨道集团在推进市重点项目上表现突出,分别在各自的单位类别上位列第一。

4.从分属领域看

截至 9 月底,医疗方面:岛外实有投用医疗床位数是 2002 年的近 5 倍,四川大学华西厦门医院、厦门环东海域医院等优质医疗资源布局岛外。保障房方面:全市已建 65 个保障性住房项目,提供房源约 14.5 万套,其中岛外房源占比高达 81.4%。交通方面:9 月 28 日,福厦高铁正式开通运营,这是我国首条设计时速 350 千米的跨海高铁,展现我国高铁技术的强大实力,为"海西经济区"交流合作提供更好的交通保障与服务支撑。教育方面:厦门已有 14 所优质学校在岛外建设实质性校区,所有项目建成后,将确保岛外每个区至少有 2 所优质高中学校,仅高中学位就可提供近 2 万个。

三、存在问题分析

在跨岛发展战略的指引下,厦门市岛内外协同发展不断深化。随着城镇化进一步提升,在进一步推进跨岛发展战略同时,也还有一些亟待解决的问题。

1.岛内外资源使用不均衡

截至 2022 年末,根据厦门市政府公开数据,厦门市整个市域土地面积为1700.61 平方千米,其中岛内土地面积 157.98 平方千米(含鼓浪屿),仅占9.29%;全市户籍人口 293.00 万人,其中思明、湖里两区合计 131.90 万人,约占全市户籍人口的 45.00%。根据福建省各市统计局数据计算,厦门市常住人口平均人口密度为 3121 人/平方千米,在全国地级市中排名第四,远远高于福建省其他各市,约为福州的 4.42 倍、泉州的 3.87 倍、漳州的 7.76 倍(见表 3)。而岛内人口密度达到 18556 人/平方千米,是全市的均值的 5.95 倍。

表3　福建省各市常住人口平均人口密度

单位：人/平方千米

地级市	福州	厦门	泉州	漳州	莆田	宁德	龙岩	三明	南平
人口密度	706	3121	806	402	762	235	143	107	101

注：以上结果根据各市统计局公开数据计算得来。

平均人口密度过大导致岛内自然资源和公共服务设施承载压力也非常大，以生活、生产必需的水资源为例，结合2022年《中国地质调查成果快讯》发布的"厦漳泉同城化地区综合地质调查"数据和以往研究文献来看，厦门是水资源严重短缺的城市。以常住人口计算人均水资源占有量，只有福建省人均水资源量的1/7，约为全国人均水资源量的1/4。

2.岛内外产业布局不协调

岛内岛外经济密度差距仍然较大——按照统计局公开数据测算，2022年，厦门岛内经济密度24.0亿元/平方千米，岛外仅为2.09亿元/平方公里，二者相差约12倍。究其原因，一方面，岛内现存的中低端第三产业，占用大量的空间资源，加大了厦门岛综合承载负担；另一方面，岛外产业链（群）尚未形成集中效应，配套设施和关联产业也还需要较长时间形成体系。

民进厦门市委经建委曾指出厦门产业转移过程中存在的一些问题。厦门市一直面临环境容量与环境压力剧增的压力，虽然鼓浪屿上的工厂基本外迁完毕，但岛内还有不少占地面积大的工业企业尚未外迁，如北大生物和联想科技等，东渡码头片区也未完全搬迁完。岛内湖里片区还存留不少村级"开发区"，用工量大的企业还面临设施不配套的问题。此外，厦门岛内湖里片区专业市场（如汽车市场、建材市场、农产品市场等）也不适合在岛内发展。

3.岛内外公共服务不对等

由于岛内外差别的存在，导致要素配置从岛外和农村单向流向岛内，岛内外公共不对等情况不断扩大。主要表现在：一是城市规划注重城区和近郊，岛外农村各镇和行政村的规划相对滞后，农村违规利用土地现象严重。二是由于历史原因，厦门的发展格局一直处于小岛型城市的状态，岛内基础设施建设已臻成熟，岛外发展相对滞后。以公交为例，据交通部门数据统计，2023年厦门市共计181条公交线路，按行驶路线统计，岛内线路共计98条，约占总数的54%；岛外线路83条，约占总数的46%。此外，厦门已经取消公交的过桥费，但岛外公交中的跨区线路收费标准基本都是2元/人次。三是文化教育、医疗卫生等社会事业的优质资源长期以来主要集中在岛内，岛外近年来民生服务保障有所改善，但与岛内比仍有较大差距。

219

四、建议与对策

厦门正在全力推动高质量发展,逐步达到岛内外一体化和城乡一体、整体资源配置效率最大化的目标,这就要求我们必须按照"岛内大提升、岛外大发展"的要求,加快推进跨岛发展战略的实施。

(一)理论依据

2019年8月26日,习近平同志在中央财经委员会第五次会议上发表讲话,强调应发挥各地区比较优势,促进各类要素合理流动和高效集聚,增强创新发展动力,形成优势互补、高质量发展的区域经济布局。促进岛内外发展一体化,实施跨岛发展战略,本质要求也是促进优势互补,实现区域协调的高质量发展。可以从岛内外规划、岛内外要素配置、岛内外基本公共服务、岛内外基础设施建设、岛内外产业布局等层面来落实跨岛发展战略。

(二)具体举措

1.从岛内外规划层面推进跨岛发展战略

按照"全域厦门"的理念,全市规划可以分为三个层级:第一层级,即厦门本岛,要遵循保持传统风格与特色、降低开发强度、优化环境品质、全面提升城市功能(包括生态功能)的原则;第二层级,岛外四大新城区(集美、同安、翔安、海沧)组团,按照高起点、高标准、高层级、高水平的要求规划建设,逐步建成现代化国际性滨海新城;第三层级,即厦门北部远郊山区,着重保持良好生态环境,保障城市生态平衡,确保厦门城市可持续发展。根据以上功能定位,编制等各类专项规划,形成"多规合一"新机制。

2.从岛内外要素配置层面推进跨岛发展战略

岛内外发展失衡,归根到底是要素配置的失衡。要推进岛内外跨岛发展,就必须改变要素配置的流向,促进要素更多地向岛外、农村流动。这就要求政府,在投资导向上,要制定一系列政策措施,引导各种要素重点配置到岛外;在功能布局上,尽量把岛内的部分功能向岛外分流和延伸;在产业布局上,尽量把加工制造业从岛内转移到岛外;在财政资金安排上更多地向岛外倾斜,引导产业性项目更多地投向岛外。

3.从岛内外基本公共服务层面推进跨岛发展战略

基本公共服务是指与民生息息相关的公共服务,主要包括教育、卫生、文化、住房、就业、社会保障、社会治安等。在实施基本公共服务均等化过程中,公共服务水平可以有高低的差别,但制度应当是统一的。关键在于改革城乡二元制度,按照"完善体系、对接制度、提高水平、重点支持"的整体思路,逐步促进岛内外优势互补,进而实现区域协调的高质量发展。

4.通过岛内外基础设施建设推进跨岛发展战略

推进岛内外基础设施建设,就是要将岛外基础设施建设纳入全市基础设施建设的总体规划。把岛外基础设施建设的重点放在中心镇,高起点、高标准推进基础设施建设,加快城市基础设施向农村延伸,逐步完善岛外地区基础设施,改善岛外居民的生活环境。此外,促进岛内外优势互补,必须与提升岛内基础设施建设相结合,特别是提升老旧小区(包括城中村)的基础设施建设。

5.从岛内外产业布局层面推进跨岛发展战略

推进岛内外产业布局均衡发展,要求各级政府在制定产业发展规划和产业政策时,充分发挥岛内对岛外、城市对农村的辐射作用,以及岛外对岛内、农村对城市的促进作用,实现岛内外和城乡产业相互融合、良性互动、协调发展。推进岛内外产业布局科学合理,必须强化三次产业的内在联系,形成岛内外区域分工合理、特色优势鲜明的产业布局和空间结构。要以现代生态农业理念,破解农业发展难题;以现代服务业为纽带,推动三次产业融合升级,形成岛内外产业相互促进、联动发展的新格局。推进岛内外产业布局形成规模,需要促使岛内外产业结成利益共同体,改变传统资源配置方式,并以产业链为主导,重新整合岛内外资源要素,实现优势互补,提高资源配置效率。

(三)发展建议

结合厦门市"十四五"规划和 2035 年远景目标,为更深层次推进跨岛发展战略,有如下建议:

1.跨出海岛,促进岛内外一体化

跨岛发展战略要求"农村工业化与城市化结合"。"高起点、高标准、高层次、高水平"建设岛外新城,加快建设"一区三中心",持续深化岛内外一体化城市新格局。实施行政区划调整,统筹城乡发展,扎实推进跨越式发展,建成连通岛内外的一批重大基础设施,全面启动岛外重点片区建设。创新主体功能区建设,实施"多规合一"、社区治理等一系列改革创新,持续拓展"一岛一带多中心"城市空间布局。

2.跨出城市,持续推进区域融合

跨岛发展战略,要求"提升本岛与拓展海湾结合"。跨岛发展使厦门逐步成为湾区城市。今后厦门要加速推进海湾型城市建设,并以厦门东南国际航运中心为纽带,突出厦门在粤闽浙沿海城市群的中心地位,不断完善厦漳泉都市圈发展规划,推动九龙江口南北岸、围头湾东西岸融合发展,推动厦漳泉金澎一体化发展,与长三角、粤港澳两大城市群形成区域协同发展新局面。

3.跨出海峡,探索两岸融合发展

厦门与台湾地域相近、语言相通、文化同源,厦门经济特区因台而设,在承接台湾地区产业转移、引进台资和吸引台湾人才方面成效显著。近年来,厦门与金门之间沟通紧密,通电、通气、通桥等工作有序推进,厦金"一日生活圈"初步成型。跨岛发展可进一步把加强两岸融合发展作为主要内容之一,在产业合作、人才交流、基础设施互联互通方面进一步探路。

4.跨出海洋,服务国家对外开放

厦门作为国际性的滨海旅游城市,举足轻重的港口地位使其成为福建省贸易和文化的代表。从承办厦门金砖会晤到国际马拉松、国际铁人三项赛等国际赛事落户厦门,都展现了厦门的开放包容、与时俱进。厦门向海而生、以港立市,必须重视海洋、经略海洋,积极推进跨岛发展战略,发挥多区叠加优势,提升在全球产业链供应链上的资源配置能力,更好地融入"双循环"发展新格局。

当下厦门,应以习近平新时代中国特色社会主义思想为引领,持续深入贯彻落实习近平总书记为厦门擘画的跨岛发展蓝图,切实发挥经济特区先行先试、敢为人先的开拓精神,踔厉奋发、守正创新、勇毅前行,沿着习近平总书记指引的道路继续朝着"高素质高颜值现代化国际化"城市目标阔步迈进。

集美大学诚毅学院　张　景
厦门华厦学院　上官伟

厦门市火炬高新区经济社会运行情况分析及预测

厦门国家火炬高技术产业开发区(简称"火炬高新区")1991年被国务院批准为全国首批国家级高新区,是全国三个以"火炬"冠名的国家高新区之一。先后获得国家高新技术产品出口基地、国家对台科技合作与交流基地、国家海外高层次人才创新创业基地、国家双创示范基地等18块"国字号"招牌,是福厦泉国家自主创新示范区厦门片区的核心区。经过30多年发展,现已发展成为厦门创新驱动发展主引擎和创新创业主平台。火炬高新区作为国家首批国土资源节约集约模范区,以占厦门市总面积不到3%的产业发展空间,实现全市超40%的工业总产值,高新技术产业产值占比近80%,连续8年综合发展水平考核全省第一,发展质量和效益全国领先。2023年,火炬高新区在全国169家高新区中,综合排名跃居第11位。

一、总体情况分析

近年来,火炬高新区在厦门市委市政府的坚强领导下,立足"发展高科技,实现产业化",积极实施"一区多园"跨岛发展战略,建成了火炬园、厦门软件园(一、二、三期)、厦门创新创业园、同翔高新城、火炬(翔安)产业区等多园区产业发展大平台。园区分布在厦门思明、湖里、集美、同安、翔安五个行政区,与各行政区相互融合,形成各具特色的产业集群。

火炬高新区围绕厦门市"4+4+6"现代化产业体系,持续发挥高新产业集群和专业招商优势,着力招大引强、招精引优,进一步夯实筑牢产业根基。重点发展壮大电子信息产业(涵盖平板显示、计算机与通讯设备、半导体和集成电路、软件与信息服务四个细分领域)、机械装备(电力电器)产业、新能源产业等产业链群,以及人工智能、新材料、物联网与工业互联网、医药与智慧健康等产业链群。目前,聚集各类企业23000多家;国家级高新技术企业超1500家,占全市比重超40%。现有年营收超亿元企业400余家、"瞪羚"企业100余家、境内外上市公司67家;建设各类创新平台200多个,其中国家级孵化器5个,国家备案众创空间25家。

(一)2022年全年总体情况

2022年,火炬高新区按照"疫情要防住、经济要稳住、发展要安全"的要求,积极克服各种超预期因素叠加影响,推动经济保持平稳健康发展。完成规上工业总产值 3626 亿元,增长 3.9%;规上互联网软件业实现营收近 300 亿元,增速近 9%;全社会固投 423.7 亿元,增长 27.4%;实际利用外资 6.26 亿美元,增长 27.6%。"国家双创示范基地"建设第四次获国务院办公厅督查激励。一是产业发展量质齐升。积极实施先进制造业倍增计划,围绕"链主"企业补链拓链延链,全年签约 133 个重点项目,三年计划总投资 780.6 亿元;新增厦门时代、中创新航三期、天马 8.6 代等 3 个百亿级项目,新增中创新航 1 家百亿级企业。二是市场主体更具活力。强化企业科技创新主体地位,新增中国专利优秀奖 5 个及国家企业技术中心、国家技术创新示范企业、国家知识产权示范企业、国家级科技企业孵化器各 1 家;吸引高层次人才 537 人,同比增长 167.2%。三是营商环境不断优化。实施"益企服务"专项行动,举办"企业接待日""企业对接会"等活动 15 场,累计帮助企业解决 9 个方面 72 个具体问题。推出 26 条助企惠企"硬核"举措,全年拨付各类财政扶持资金近 40 亿元,落实退减缓免税费约 34 亿元。四是片区开发提速提效。高标准建设同翔高新城,推动 98 个基础设施配套项目、32 个城市功能配套项目加快建设。11 个省重点项目完成投资 189.56 亿元,27 个市重点项目完成投资 228.84 亿元,分别完成年度计划的 113.3% 和 114.6%。五是对外交流再谱新篇。促成工信部 3 家部属机构厦门分支机构、中俄数字经济研究中心等优质项目落地,金砖未来创新园企业入驻率达 95%。上线"火炬金砖服务驿站",打造火炬金砖服务品牌。

(二)2023 年前三季度总体情况

2023 年,火炬高新区全力推动经济运行企稳回升、有效投资提质提效,不断巩固经济回升向好势头。1—9 月,完成固定资产投资 389 亿元,同比增长 23.8%,高于全省 20.8 个百分点,高于全市 25.9 个百分点;实现一般公共预算总收入 110.37 亿元,增长 2.7%。一是强化创新发展。推出"企业创新税收指数",推动金融资本等要素资源向科创型企业倾斜,新增"独角兽"企业 1 家、国家专精特新"小巨人"企业 10 家。强化各类创业孵化载体专业服务能力建设,助推石墨烯孵化企业的 1 项科技成果获评科技部"2022 年度中国科学十大进展"。以赛引才促招取得成效,新增高层次人才 399 名,其中国家级重点人才、科技部创新人才推进计划人才各 1 名。二是强化招商引资。围绕重点产业细化制订产业链招商工作方案,组建新能源与新材料、集成电路与传感器、软件和信息服务业、基金 4 个招商工作专班,累计入库项目超 100 个,三年计划投资额超 125 亿元。发挥区产业引导基金招投联动、以投促引作用,新增基金类企业 33 家,实缴到资约 17 亿元;落地产业类项目 16 个,总投资约 6.7 亿元。《厦门火炬高技术产业开发区双向投资报告》入选国务院发展研究中心的《中国双向投资报告 2023》典型成功案例。三是强化"益企服务"。出台进一步深化益企服务工作意见及实施方案,修订"厂易贷"等政策规定,加大增产增效、技改奖补、数字经济等政策兑现和宣贯力度,拨付各项财政扶持资金约 39.83 亿元。发挥火炬智能制造、金融服务和产业联合会等各类平台作用,做好戴尔(中国)、天马微、友达等产值大户生产经营状况的跟踪服务,紧抓科华数据、施耐德等市场前景较好的腰部企业在厦深耕,推动弘信新能源、亿联通讯等年初新增的 70 家规上企业加快发展。四是强化园区建设。40 个市重点项目完成投资约 190.04 亿元,完成年度计划 87.05%,超序时进度约 12 个百分点。推进金砖创新基地核心区建设,促成冠捷、科华、万基等企业拓展与巴西项目合作;推动工信部部属单位、中俄数字研究中心等项目开展运营。力促厦门时代一期、海辰锂电二期等重点项目加速建设;推动科华慧云、嘉戎技术工业中心等 23 个项目动工建设,总投资超 100 亿元;推动华尔达、唯科等 12 个项目建成,总投资超 98 亿元。园区标准化建设综合评分连续三年全省排名第一。

二、问题与挑战分析

在看到工作成效的同时,也要清醒认识到火炬高新区发展仍存在一些问题与挑战:一是园区经济增长压力仍然较大。面对风高浪急的国际环境和艰巨繁重的国内改革发展稳定任务,经济运行不确定性依然存在。如受中美关系影响,辖区重点企业产值下滑明显,发展趋势还不明朗;部分企业客户订单外流东南亚等地,导致厦门厂订单较预期大幅减少;受消费类电子产品价格下滑、汇率波动等因素影响,部分企业产值和利润下滑明显,增资扩产信心不足。二是园区产业结构亟待优化。高新区部分主导产业增加值率偏低,且企业多处于产业链中游、两头承压,无法将成本转嫁到终端产品上,拉低高新区增加值增速。如目前动力电池受上游原材料价格波动和下游整车厂压价,以及同业竞争压力叠加影响,导致订单减少、产品单价降幅明显。三是要素资源供给能力有待提升。根据 2023 年以来园区重点招引项目洽谈和存量企业提质增效政策需求情况看,高新区在资金、载体、应用场景等要素资源供给方面仍存在短板。如部分企业提出亟需本地市场场景应用示范案例等。四是重点项目接续不足。在国内各地市招商引资竞争程度不断加剧的大背景下,高新区重点项目接续存在压力。随着前期重大项目陆续建成投产,新储备的拟开工重大产业项目数量和投资规模有所减少,固定资产投资增长压力较大。

三、预测与展望

2023年以来,受世界经济复苏动力不足、国内周期性结构性矛盾交织叠加影响,特别是厦门正处在转型发展爬坡过坎的攻坚期,全市经济发展形势严峻,火炬高新区发展也面临前所未有的挑战。展望未来,厦门经济社会发展虽"形"有波动,但"势"仍向好,随着综合改革试点、发展动能转换、稳增长政策红利、金砖创新基地建设等积极效应不断显现,必将有力推动火炬高新区实现经济社会高质量发展。

1.2023年主要经济指标预测

规上工业总产值方面,预计可实现全年规上工业产值和增加值转正目标,第四季度将完成规上工业总产值970亿元,较去年同期增长20%以上,全年预计完成3380亿元。固定资产投资方面,第四季度将完成固定资产投资126亿元,全年实现固定资产投资约515亿元,累计增速超20%以上,超额完成市下达的490亿元目标任务。

2.2024年主要经济指标预测

基于火炬高新区提出的年度工作目标和重大招商项目产能持续释放、重点企业产值回升态势明显等积极因素分析。规上工业总产值方面,预计可实现规上工业总产值增速10%以上,即净增300亿元左右。固定资产投资方面,预计可实现固定资产投资增速10%以上,即完成550亿元左右。

3.下一阶段主要发展目标

预计到2025年,建成产业高端、创新活跃、产城融合、开放协同、治理高效的一流高科技园区,进入国家高新区第一梯队,建设金砖国家新工业革命伙伴关系创新基地核心区,增强园区影响力、竞争力和创新力,成为生产生活生态相得益彰、宜居宜业的科技新城典范。到2035年,园区成为亚太地区富有影响力的一流科技园区。

四、对策与建议

下一步,火炬高新区要围绕中心、服务大局,锚定"建设成为创新驱动发展示范区和高质量发展先行区"的目标定位,持续加速产业集聚、释放创新动能、深化跨岛发展,为厦门努力率先实现社会主义现代化贡献火炬力量。

1.大力实施科技创新引领工程

坚持科技是第一生产力、人才是第一资源、创新是第一动力,切实把发展动能转换到依靠科技创新上来。强化企业科技创新主体地位,培育创新型高成长企业,推动行业龙头企业牵头建立创新联合体。持续推进高新区新型工业化进程,依托高新区智能制造平台等服务资源,面向重点企业开展综合诊断评估、需求挖掘、资源匹配推送、服务对接撮合、人才培养等智能制造服务。优化创新创业生态,持续拓展国际化人才引进渠道,推动元宇宙、生物医药、物联网等专业孵化器的建设运营,营造有利于科技型中小微企业成长的良好环境。

2.加快构建现代化产业体系

坚持把发展经济的着力点放在实体经济上,聚焦厦门"4+4+6"现代化产业体系,全面提升产业核心竞争力。科学做好经济运行监测,切实抓好对经济指标影响较大、关键性的企业或项目的投产见效并在厦深耕,加快推动新型显示产业进一步做强龙头,新能源产业进一步做大规模。推动产业供需对接,充分发挥火炬金融服务平台、高新区产业联合会等作用,搭建资金、技术、上下游供应链等交流对接平台,切实帮助企业降本增效,更好地拓市场、抢订单。加强产业布局研究,瞄准科技前沿产业,组织开展重点产业链调研分析,促进主导产业与新一代信息技术融合创新,构建协同创新、融合共生的新经济产业生态圈。

3.推进招商引资和项目建设

坚持大招商、招大商、大员招商,力促项目落地开工,深化项目全生命周期管理,推动招商引资和项目建设提速增效。持续发挥招商专班作用,有序推进境内外驻点招商工作,继续加大产业链招商、基金招商力度,提升科学招商、精准招商、靶向招商质效。加快推进项目建设,推动天马 8.6 代、厦门时代、联芯等重点项目加快释放投资,推动科达利、和储能源、全磊化合物半导体等拿地项目抓紧动工,推动海辰三期、宁德时代储能实证平台、施耐德工业园等项目及早签署投资协议。深化"益企服务"工作,持续开展每月企业接待日、定期专题座谈会、不定期现场走访调研等常态化联络对接,开展上市后备企业精准辅导和中小企业培育工作。

4.打造一流高科技园区

坚持"一区多园"跨岛发展战略,坚决破除思想藩篱,不断提升园区综合承载力和整体发展能级。强化统筹协调,加强与各区、市直各相关部门的对接协同,统筹做好片区配套项目建设,落实好资金、土地等各类要素保障。加快园区载体建设,持续推进金砖创新基地核心区、福建省人工智能产业园、"数字+行业"专业园区以及开元创新社区、湖边水库东科创园等软件园拓展区的开发建设。做好园区管理服务,推动火炬高新区经济运行大脑暨智慧地图项目建设,提升园区交通、教育、医疗等配套水平,不断提升园区标准化建设水平。

厦门市委政策调研室　柯贤明

中国(福建)自由贸易试验区厦门片区经济发展情况分析及预测

一、福建自由贸易试验区厦门片区总体概述

2022年,中国(福建)自由贸易试验区厦门片区(以下简称"厦门自贸片区")坚持以习近平新时代中国特色社会主义思想为指导,深入贯彻党的十九大和十九届历次全会精神,认真学习宣传贯彻党的二十大精神,坚决贯彻落实习近平总书记重要讲话重要指示批示精神尤其是来闽考察重要讲话和致厦门经济特区建设40周年贺信重要精神,在市委的正确领导下,坚持稳字当头、稳中求进,着力提高效率、提升效能、提增效益,积极克服国内外各种超预期因素叠加影响,扎实做好"两稳两促"工作,经济社会保持平稳健康发展。

(一)主要经济指标完成情况

据海关统计,2023年1—9月,厦门市外贸进出口7150.9亿元,同比增长4.6%;其中进口3774.7亿元,增长11.8%,出口3376.2亿元,下降2.5%。

1—9月,厦门市海关特殊监管区域进出口1638.98亿元,同比增长24%。其中,出口864.77亿元,同比增长28.5%;进口774.21亿元,同比增长19.4%。

(二)经济运行特点分析

(1)民营企业是最大外贸主体。前三季度,厦门市民营企业进出口3223.2亿元,增长21.2%,占同期厦门市外贸进出口总值的45.1%。同期,国有企业进出口占比34.2%;外商投资企业进出口占比20.7%。

(2)出口以机电产品和劳动密集型产品为主。前三季度,厦门市出口机电产品1677亿元,占出口总值的49.7%;出口劳动密集型产品848.6亿元,占比25.1%。

(3)进口以金属矿砂、机电产品和农产品为主。前三季度,厦门市进口金属矿砂783.9亿元,占进口总值的20.8%;进口机电产品698.5亿元,占比18.5%;进口农产品629.5亿元,占比16.7%。

(4)东盟、欧盟和美国是前三大贸易伙伴。前三季度,厦门市对东盟进出口1266.6亿元,占进出口总值的17.7%;对欧盟进出口980亿元,占比13.7%;对美国进出口885.2亿元,占比12.4%。

（5）对金砖国家贸易往来不断深化。前三季度，厦门市自金砖国家进口616.5亿元，增长29.8%；出口229.2亿元，增长8.1%。其中，进口煤炭、金属矿砂分别增长81.6%和11.3%；出口汽车激增16.8倍，出口服装增长24.1%。

（6）对金砖国家贸易往来不断深化。1—7月，厦门市对金砖国家进出口规模达478.9亿元，增长20.7%。进口三成以上为金属矿及矿砂，出口前两类商品为服装和钢材。

二、2023年以来取得的成果

（一）深化改革创新取得新成效

1.制度创新的先导示范

（1）创新试验任务加速推进。福建自贸试验区紧紧围绕制度创新这一核心任务，聚集重点领域、关键环节，持续开展深层次改革探索。2023年福建自贸办委托第三方机构对创新举措开展评估，有59项创新成果入选福建自贸试验区第20批创新举措，其中全国首创26项、对台特色6项，厦门自贸片区入选33项创新举措，其中全国首创有16项，占比61.5%。截至2023年11月，福建自贸试验区发布的20批次创新举措共有全国首创272项，其中厦门自贸片区142项，占比52.2%。累计先后获批75项攸关厦门发展的先行先试政策。

（2）自由贸易试验区制度创新再成模范。2023年1月，中山大学自贸区综合研究院在广州召开新闻发布会发布了《中国自由贸易试验区发展蓝皮书（2021—2022）》及"2021—2022年度中国自由贸易试验区制度创新十佳案例"，厦门自贸片区新型离岸国际贸易推动国内国际双循环发展成功入选"制度创新十佳案例"，作为年度金融改革创新领域"制度创新十佳案例"奖得主，厦门自贸片区在聚焦新型离岸贸易业务、解决离岸贸易的痛点和堵点等方面实践具有代表性创新性，为国家跨境供应链业务发展积累了经验，推动了外汇结算便利化改革和税制改革研究，与一般贸易和境内贸易的供应链形成互补，推动构建国内国际双循环新发展格局。

（3）发布国内首部临时仲裁指南。2023年9月，《中国（福建）自由贸易试验区临时仲裁指南》（下文简称《指南》）由中国海事仲裁委员会、中国（福建）自由贸易试验区厦门片区管理委员会、厦门市贸促会、厦门市律师协会在厦门联合发布。这是国内第一部关于临时仲裁如何开展的实践指引，阐明在自贸区开展临时仲裁的前提条件，突出了临时仲裁区别于机构仲裁的差异性实践，强调了仲裁机构在必要时提供管理的服务范围，对于进一步推动临时仲裁在我国落地发展具有重要的引领作用。

229

2.稳步推进综保区建设

2023年1月1日,厦门象屿保税区与厦门象屿综合保税区整合优化为新的厦门象屿综合保税区,整合优化后的综合保税区规划面积0.64平方千米。这标志着厦门所有海关特殊监管区域均已转型为综合保税区。

3.全面启动厦门自贸片区提升行动

2023年,厦门市再度入选2023年促进跨境贸易便利化专项行动城市。紧紧围绕提升服务国家战略能力、提升服务高质量发展能级两个核心,印发实施《福建自贸试验区厦门片区提升行动工作方案》。其中,25项任务的102项具体措施,已实施57项,正在推进45项,落实率55.9%。主动开展对标国际高标准经贸规则课题研究,重点对标梳理CPTPP和DEPA协定中厦门有条件、有基础、有能力先行先试探索实践的条款。

4.打造首家"航运金融中心"

2023年6月,厦门市首家"航运金融中心"在厦门自贸片区正式揭牌,是我市首家面向航运企业的专属金融服务机构,将为厦门航运企业提供个性化、高品质的"一站式"金融服务。

(二)扩大对外开放展现新活力

1.打造世界级产业集群

厦门自贸片区正努力探索建设"丝路航运经济服务中心"和"自贸基金港",以促进贸易、投资和金融服务的发展扩大和深化国际合作。自贸先行区立足片区产业实际,围绕数字化、国际化、市场化、创新型的规划发展,在国际商贸、海商海事、知识产权、金融等领域精准发力,率先全省出台针对法务产业、母基金等专项扶持政策,打造国际法务运营平台和知识产权要素供给侧保障集聚区,积极引进国际组织、境内外仲裁机构、头部律所,致力打造国际商事海事争端解决优选地。

此外,2023年9月,来自厦门自贸片区国家"芯火"双创基地企业的厦门亿芯源半导体科技有限公司、智汇芯联(厦门)微电子有限公司在2023年琴珠澳集成电路产业促进峰会上获奖。厦门国家"芯火"双创基地是我市集成电路重点集聚区之一,基地构建全国首条集成电路设计全产业生态链,已集聚集成电路企业数219家。多年来基地持续为集成电路企业提供全过程、全方位、一体化的技术及检测服务,搭建"一站式"产业公共服务平台为厦门地区集成电路设计企业提供完整的产业服务和创新创业生态环境。基地2023年1—8月实现产值超13亿元,比增11.38%,推动了厦门集成电路产业集聚创新发展。

2."一带一路"建设成效显著

厦门海关数据显示 2013 年以来(截至 2023 年 8 月 31 日,下同)厦门市对共建"一带一路"国家进出口 30020.1 亿元,其中,出口 15468.7 亿元,进口 14551.4 亿元。

民营企业是厦门对共建"一带一路"国家贸易的"排头兵",2013 年以来进出口 11992.3 亿元,占同期厦门市对共建国家贸易总值的 39.9%。国有企业进出口 10320.5 亿元,占比 34.4%,外商投资企业进出口 7705 亿元,占比 25.7%。

纺织服装、鞋靴、钢材是厦门市对共建"一带一路"国家的主要出口商品,2013 年以来分别出口 3952.4 亿元、1124.1 亿元、643.8 亿元。进口则以金属矿砂、煤、集成电路等商品为主,2013 年以来分别进口 2237.3 亿元、1570.3 亿元、1205 亿元。

3.两岸融合深入发展

(1)建设两岸融合发展示范区。厦门自贸片区发挥沿海近台优势围绕建设两岸融合发展示范区在金融、文化等 50 多个领域率先对台开放,拓宽投资新领域,培育新业态新模式,构建了交流交往新机制,积极有效推进了两岸融合发展的探索实践。为落实落细同等待遇,厦门自贸片区推动仲信国际融资租赁、台骏国际融资租赁、日盛融资租赁等台资融资租赁机构在厦门自贸片区设立分公司。率先开展台胞大陆居住证注册内资企业试点,已有华辉联合咨询、阡陌贸易、众凯人力资源等 15 家完成内资企业注册登记。截至 2023 年 9 月,厦门自贸片区累计注册台资企业 950 家,其中,2023 年 1—8 月,厦门自贸片区新增注册台资企业 154 家。

(2)开通对台跨境电商"大三通"海运快线。为拓展两岸物流通道,开通厦门港首条直达台北港的跨境电商"大三通"海运快线,实现夕发朝至。厦门自贸区推进厦门—金门—台湾本岛的跨境电商物流通道建设,海沧港开通跨境电商厦金航线,已开行 48 个航班、2207 标箱、货值 1.27 亿美元。"厦金台"海运快件包船航班已提升到每周 15 班。2023 年 1—7 月,对台海运快件 1.63 万标箱、同比增长 595.8%,件数 867.97 万件、同比增长 544.1%。在促进两岸交流交往方面,持续推进两岸三创基地建设,举办创业培训、线上直播、政策申报辅导、创新比赛等创业活动。厦门自贸片区一品创客、云创智谷、厦嶝等三创基地实际入驻企业 567 家、入驻办公台企 103 家、入驻台青 145 人。

(3)试点推进两岸航运人才交流培养计划。2023 年 9 月,海峡两岸联合培养国际邮轮人才第二期培训班的 15 名台湾青年学生完成在厦门的培训和考试。厦门自贸片区管委会发挥片区台商发展服务中心的优势,联合厦门海事局出台《关于支持鼓励台胞来厦参加船员培训和申请证书的若干措施》,为台胞来厦参加国际邮轮和"大、小三通"客船乘务员培训、客船船员特殊培训、管理级或操作级船员补差培训以及游艇驾驶证培训,并考取大陆海事局颁发的船员证书,创造更加便利的条件。截至目前,已累计完成38名台胞来厦参与相关船员培训,促进两岸交流融通。

(4)打造台胞台企登陆第一家园的"第一站"。2023年6月,全国首单创新保险"两岸通保"落户厦门、厦门自贸片区台商发展服务中心正式揭牌、"两岸行业标准共通服务平台"上线等一项项惠台便利化举措不断落深落细,坚定着台胞台企在厦发展的信心。

4.深化金砖创新基地建设

(1)深化经贸合作。2023年以来,厦门持续深化与其他金砖国家经贸合作。国内首条金砖城市跨境电商空运专线"厦门—圣保罗"航线于2023年2月正式开通。5月25日,首列回程中欧(厦门)班列索利卡姆斯克(俄罗斯)—厦门(中国)顺利抵达厦门,时隔两年厦门联通俄罗斯回程通道重启。中欧(厦门)班列稳定运行,中俄线累计发运401列,货值近79亿元;1—7月,厦门对其他金砖国家进出口661.2亿元,同比增长39.2%。

(2)创新驱动,持续推动项目签约落地。厦门金砖国家新工业革命伙伴关系创新基地自2020年12月启动建设以来,围绕"国家所需、福建厦门所能、金砖国家所愿",聚焦"新工业革命"主题,不断健全运行机制,拓展政策协调机制,深化人才培养,促进项目开发。截至2023年8月,厦门金砖创新基地已签约77个金砖合作项目,投资额达385亿元。

(3)多措并举,深化金砖人才培养合作。在厦门自贸片区举办2023年首场金砖创新基地标准化与知识产权系列培训,聚焦企业参与国际标准制定以及知识产权交易、成果转化等主题,助力企业涉外出海。

(4)举办金砖投资贸易促进论坛。2023年4月,金砖投资贸易促进论坛在厦门举办。厦门市相关政府部门、金砖国家工商理事会中方理事单位代表、厦门企业代表以及俄罗斯、印度、南非等金砖国家及亚太地区金融机构与企业等近百位代表参会。活动吸引多家来自金砖国家的企业的第三国境外机构在自贸区工行开立人民币和多币种NRA账户(境外机构境内账户)。

(三)提升营商环境树立新标杆

1.构建港口物流供应链立体网络

2023年3月,中远海运港口公司与海沧区政府、海投集团三方正式签署战略合作备忘录,将在厦门自贸片区海沧园区打造国际供应链平台。项目启动后,中远海运港口有限公司、海投集团将成立合资公司,在海沧打造国际供应链平台,以海沧港区为核心,通过科技手段和信息技术,对港口及临港资源整合优化,突破码头固态节点的限制,实现"连点成线,连线成面",形成辐射全球的有竞争力的港口物流供应链立体网络。并将通过"港口＋供应链"模式,立足厦门,打造面向全球的供应链管理服务网络。

2. 招商引资成果丰硕

2023年1—6月,厦门自贸区累计新增3272家企业、注册资本314.43亿元,其中外资企业155家、注册资本160.71亿元。截至6月,实有企业48279家、注册资本8200.74亿元,其中外资企业2269家、注册资本1570.34亿元。1—6月,完成合同利用外资15亿美元;完成实际利用外资5.45亿元,完成下达任务的33.8%。56个项目纳入合同签约项目管理,总投资额104.21亿元,推动落地中国网厦门总部基地项目、象盛商业保理、再惠网络科技、中远海运港口国际供应链平台、北神国通能源、金景城濮、航天人才科技等重点项目。

2023年9月的"9·8"投洽会上,厦门自贸片区积极参加福建省重大项目集中签约、中国—中亚合作论坛、"中银e企赢"投资贸易对接会等签约7场,项目32个,总投资60.1亿元;其中外资项目6个,合同外资金额34.2亿元,项目涵盖供应链、航运物流、跨境电商、融资租赁、生物科技等领域,有力夯实了片区发展后劲。

3. 全力建设数字自贸区

(1)加强数字监管。厦门自贸片区进口商品溯源平台汇聚并生成400多种商品近600万条进口商品的溯源数据,初步建成片区进口商品溯源链条,实现"来源可查、去向可追、责任可究"的数字监管链条。厦门自贸片区企业综合信息基础平台自2022年底建成以来,归集了10多个部门、8个业务系统的数据,涉及自贸片区企业680多万条数据,可初步对片区企业5万多家企业进行全景画像。

(2)创新"单一窗口＋服务贸易"模式。将服贸、在岸外包、离岸外包、技术出口、展会、资质、法律咨询、商标、人才、骨干、培训、新纳统等事项的政策申报工作从线下转为线上,拓展"单一窗口"服务贸易功能,促进服务贸易领域信息共享。

(3)推进厦门数字口岸平台建设。有效整合厦门口岸信息化项目和数据资源,增强数字化协同服务能力,构建统一、智能、高效、全国领先的口岸数字化平台。

4. 加快海丝法务区自贸先行区建设

海丝中央法务区自贸先行区建设成效得到省、市各级领导的肯定。中国海事仲裁委员会"海上丝路仲裁中心"落地并开展实质运营。海丝中央法务区国际法务运营平台,引进国际商事争端预防与解决组织(厦门)代表处、中国海事仲裁委员会海上丝路仲裁中心等国际组织、头部企业;平台产业载体国际邮轮母港"海上世界"初步形成金融、服贸、法务、文化等产业集聚,130余家优质企业、机构协同构建法务、商务生态圈。创新打造知识产权要素供给侧保障集聚区,联合自愿参与法务区建设的33家知识产权服务机构,发布《海丝中央法务区自贸先行区知识产权全要素服务链企业名录》,为企业提供"一站式"知识产权全链条服务。打造"知识产权CBD",引进国家知识产权局专利检索咨询中心厦门代办处、厦门知识产权运营公共服务平台等国家、省、市级公共服务机构。

三、厦门自贸片区的问题

1.对台金融服务存在差距

尽管厦门自贸片区与台湾地区的经济交流日益密切,但在金融服务方面存在一定的差距。台湾地区以金融业为支柱产业,其金融市场发达,金融机构数量众多,金融科技应用较为成熟。而相比之下,厦门自贸片区在对台金融服务的创新方面,存在相对滞后的情况。

一方面,厦门自贸片区缺乏面向台湾金融市场的创新产品和服务。因此,厦门自贸片区需要增强金融科技创新的力度,加强与台湾地区的合作与交流,引入台湾金融科技企业,共同推动金融科技的应用和发展。

另一方面,在金融服务创新过程中,金融监管机构对于金融创新的态度相对谨慎,对于跨境金融业务的审批和监管存在一定限制,这也制约了对台金融服务的创新和发展。因此,需要加强两岸金融监管机构的沟通与合作,建立更加有效和灵活的监管机制,为跨境金融业务的发展提供更多的便利和支持。

2.跨境电商人才培养困难

厦门市是我国首批电子商务示范城市,伴随近几年厦门自贸片区的快速发展,未来跨境电子商务将成为厦门外贸增长最快的领域。但目前人才问题成为发展跨境电子商务亟须解决的问题,因此电商人才培养方案的探讨与实施具有重要意义。

厦门的跨境电商发展取得重大突破,预计将是厦门未来5年最大的发展机遇,但跨境电商所需要的高端人才目前仍较短缺。电子商务企业对电商人才具有个性化的要求,总体上需要精通电商、外贸、英语等行业知识,虽然目前厦门大部分高校开设了电子商务专业,但企业更需要有经验的电子商务人才。

3.制度创新存在壁垒

当前,在大数据和人工智能的支持下,数据已成为金融创新的核心资源。然而,由于数据保护意识差异、数据流通机制不完善等原因,导致跨境数据流动受到了限制。为了解决这个问题,需要加强跨境数据安全合作和交流,建立跨境数据流动的合作机制,促进各类数据的安全传输和共享。

另外,监管壁垒也成为制约金融创新的一大因素。由于金融监管制度和标准不同,跨境金融业务合作受到一定的制约。不同的监管要求和流程可能导致跨境金融业务的烦琐和不确定性增加,阻碍了金融创新的发展。

4.发展空间不够宽广

在发展过程中,厦门自贸片区面临的一个重要问题是发展空间不够宽广。

首先,厦门作为一个岛屿城市,地理位置相对狭小,土地资源有限,给厦门自贸片区的发展带来了一定的局限性。

其次,厦门市的人口密集度相对较高,人口数量众多,这也是自贸片区发展面临的一个挑战。交通拥堵、住房供应不足、教育医疗资源紧张等问题,影响了自贸片区的吸引力和企业的发展。此外,人口密集还导致土地价格上升,进一步加剧了发展空间的狭窄。

另外,厦门自贸片区的产业布局相对狭窄,主要以电子信息、生物医药、制造业等为主,其他领域的发展相对滞后。这也导致自贸片区的产业多样化程度较低,企业的产业链和价值链相对薄弱,难以形成较为完整的产业生态系统。这一问题在当前经济结构转型升级的背景下,亟待解决。

四、厦门自贸片区发展的对策建议

1.积极争取扩区提质,建设更高水平厦门自贸片区

积极争取中央支持厦门自贸片区扩区,争取在空间范围和功能政策上取得新的重大突破,赋予自贸片区更大的改革自主权,实现发展空间扩围,政策、环境提质,成果、产业增效。推动自贸片区与拟扩新片区之间融合发展,在更大空间范围共享政策、要素及资源,有效破解自贸片区建设面临的片区(区块)碎片化、资源分散化、产业规模小、管理协调难等问题,为扩区奠定更坚实的基础。

2.持续发挥沿海近台优势,提升服务国家战略能力

深化闽台各领域融合,建设两岸融合发展示范区,打造台胞台企登陆第一家园。加强互联互通和经贸交流,深度融入共建"一带一路"。持续拓展与金砖国家及"金砖+"国家交流交往,推动金砖创新基地建设走深走实。

建设两岸融合发展示范区。坚持以通促融、以惠促融、以情促融。深化闽台农业、精密机械、集成电路、石化、金融、文教、医卫等产业合作。优化对台货运航线,鼓励台湾海运、空运物流公司在区内设立机构,发展闽台海空联运。打造两岸电商物流基地,建设数字贸易产业园。

3.加快现代特色产业发展,提升高质量发展新动能

做大做强先进制造业。设立或引进更多具备物联网终端产品认证资质的检测认证机构,为物联网相关企业提供"一站式"技术服务。建设物联网应用平台,扩大物联网在三次产业中的应用,进一步壮大物联网产业集群。整合区内外集成电路产业资源,完善集成电路设计公共服务平台,上线集成电路保税业务信息化系统,优化光刻机等重点生产设备进口业务流程,放宽外籍集成电路高级技术人员引进工作年龄限制,为集成电路设计企业提供保税研发"一站式"服务。加快集成电路重点项目建设,加强厦门国家"芯火"双创基地、海沧信息产业园和翔安集成电路产业集中区等集成电路园区合作。支持建设两岸集成电路测试省级公共服务平台,深化两岸集成电路技术研发、人才培养等领域合作。

4.营造一流营商环境,提升市场主体活力

借鉴国内外先进做法,聚焦企业所需、群众所盼,纵深推进"放管服"改革,打造市场化、法治化、便利化、国际化营商环境。

打造知识产权保护先行区。加强知识产权国际合作,建设知识产权运营平台和文化版权进出口基地。完善涉外知识产权保护机制,健全各级知识产权公共服务机构,积极引进中国(厦门)知识产权保护中心,用好国家知识产权局专利检索咨询中心厦门代办处、厦门知识产权运营公共服务平台,为企业提供资源共享、多级协作的知识产权服务。建设知识产权中央商务区,推进知识产权服务要素集聚,推动知识产权证券化项目落地,深化知识产权保护运用创新。

5.提升引领示范效应

持续深化"双自联动"叠加效应。推动生物材料特殊物品出入境公共服务平台升级,培育壮大集成电路研发设计产业链等。

推进区域协调发展和联动创新。加强与南沙自贸片区、龙岩高新技术开发区联动创新发展等。扩大面向全球的高标准自由贸易网络。

6.提升对外开放合作层级

加强国际经贸规则探索。尽快将对标 CPTTP、DEPA 等国际高标准经贸规则的专题研究成果转化为清单化、项目化的工作任务,分阶段推动落实,培育形成一批标志性项目,力争成为全国首创。

优化提升投资贸易管理新机制。推进市场准入承诺即准营改革试点等。优化提升跨境金融服务新体制,积极争取 QFLP 试点等。强化数字领域开放制度支撑,支持企业使用国际互联网数据专用通道拓展数字化服务应用场景等。

厦门理工学院经济与管理学院　　潘福斌　欧承扬

专题篇

专题一
厦门城市竞争力问题研究

RCEP、"一带一路"倡议与厦门城市
竞争力发展研究

2023年以来,中国经济并不如人们原先预期的那样随着新冠肺炎疫情的结束而迅速恢复甚至反弹。厦门更甚。2023年上半年,厦门市GDP增速仅约为1.2%,大幅低于同期福建省(3.8%)和全国(5.5%)水平。其中,出口更是负增长,约为−1.1%,较2022年同期大幅下滑14.7个百分点;实际利用外资规模增速在去年上半年−23.0%的基础上,再大幅下跌38.5%。因此,如何尽快扭转厦门外贸进而厦门经济增长的颓势,已成为当前厦门市决策部门需要重点关注的重大问题。

2022年1月1日,中国与东盟十国、日本、韩国、澳大利亚、新西兰签署的全球最大自贸区——《区域全面经济伙伴关系协定》(RCEP)正式生效实施。RCEP覆盖全球30%的人口、经济规模、贸易规模以及投资流量,是全球最大的一体化市场,对于东亚经济的持续开放发展具有里程碑式的重大意义。可以说,共建"一带一路"以及对缔约国具有约束力的RCEP将是未来一段时间内中国实现更高水平对外开放、加快经济增长复苏以及构建人类命运共同体的最重要的支撑平台之一。厦门市作为"一带一路"特别是"21世纪海上丝绸之路"建设的重要基地,在共建"一带一路"方面具备得天独厚的优势。同时,由于区位相邻、侨胞渊源,厦门市与RCEP成员国特别是东盟十国之间的经贸往来紧密,产业链、供应链覆盖东亚、东南亚的大部分地区,有必要切实抓住共建"一带一路"和全面推进《区域全面经济伙伴关系协定》(RCEP)的新机遇,立足本地优势产业,加快提升城市竞争力,构建开放经济发展新格局,将优势转化为发展动力,抓住机遇"引进来""走出去",形成对外开放和经济社会发展的新格局。

一、厦门市经济社会发展状况分析

(一)经济发展概况

1.经济总量及增速变化状况

图1显示,2001—2022年,厦门经济实力全面提高,GDP从558.3亿元增

长到 7802.7 亿元,21 年间增长了 1297.58％,年均名义增速高达 13.4％。分阶段看,2001—2007 年是厦门市经济的中高速增长阶段,增速稳定在 14％～18％;2008 年,受国际金融危机影响,厦门市经济增速急剧放缓,2009 年 GDP 增速仅为 8.3％。2010 年、2011 年,在"四万亿"政策刺激下,GDP 增速短暂回升至 15％左右。但 2012 年之后,经济增速又开始下行,并持续到 2015 年。2016 年之后,经济增速反弹企稳,出现持续的小幅上升,GDP 增速由 2015 年的 7.1％小幅增加到 2019 年的 7.9％。但随后,新冠肺炎疫情暴发,中断了厦门经济复苏的步伐,2020 年 GDP 增速仅为 5.8％,创下自 1983 年以来的增速新低。2021 年,在出口增速的快速带动以及上年低基数的作用下,GDP 增速反弹到 8.1％,为七年来的最高增速,但 2022 年 GDP 增速再度下降至 4.4％。2023 年上半年,GDP 增速更是只有 1.2％,经济持续下行的态势明显。

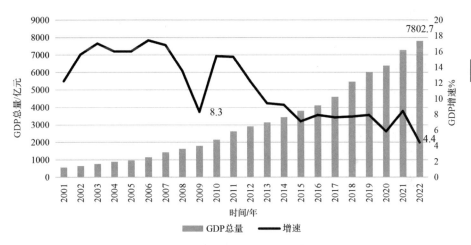

图 1 2001 年以来厦门经济总量及其增速变化

注:原始数据来源于中国经济数据库(CEIC)、厦门经济特区年鉴、中国城市统计年鉴、厦门市国民经济和社会发展统计公报。

分时期看(见图 2),"十五"时期 GDP 年均增速最高,达到 15.4％,"十一五"时期次之,约为 14.3％,"十二五"时期再次之,约为 10.6％,到"十三五"时期,年均增速跌破两位数,仅为 7.4％。而"十四五"时期的前两年,平均增速进一步跌到 6.25％。因此,从不同五年规划期的经济增速变化看,新世纪以来,厦门市经济在"十二五"时期是增速下降最快的五年规划期,较"十一五"时期降低了约 3.7 个百分。进一步从经济总量的年均增量看,尽管"十三五"时期厦门市 GDP 年均增速是最低的,但这一时期的 GDP 年均增量却是最高的,达到了 515.4 亿元,分别是前三个五年规划期的 5.55 倍、2.18 倍和 1.55 倍,年均增量的跨期增幅达到55.4％,高于"十二五"时期的40.6％,但低于"十一五"时期的154.7％。

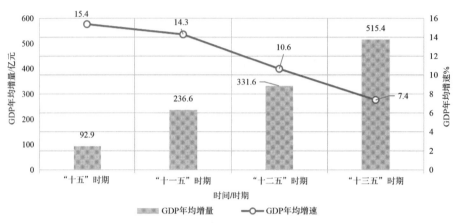

图2　2001年以来不同五年规划期厦门经济年均增量及增速变化

2.产业结构变化状况

　　2001年以来,经济服务化是厦门经济结构变化的最显著特征。如图3所示,2001年,厦门三次产业的构成为3.9∶50.7∶45.3,第二产业要高出第三产业5.4个百分点,第一产业占比也还有3.9％。到2022年,三次产业的构成演变为0.4∶41.4∶58.2,第二产业的比重大幅下降9.3个百分点,第一产业比重也跌至0.4％,减少了3.5个百分点,唯有第三产业比重继续上升,提高到58.2％。其中,"十五"时期,第二产业的比重要高于第三产业,"十一五"时期,

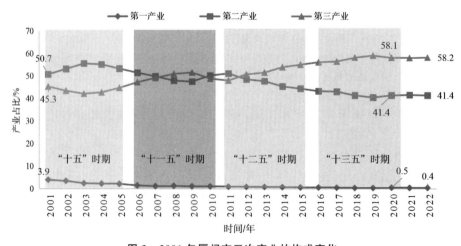

图3　2001年厦门市三次产业的构成变化

表 1 2001 年以来厦门市服务业的内部构成演变

单位：%

时间	交通运输、仓储和邮政业	信息传输、软件和信息技术服务业	批发和零售业	住宿和餐饮业	金融业	房地产业	租赁和商务服务业	科教文卫	居民服务、修理和其他服务业
2001 年	15.2	6.5	27.0	4.5	13.2	14.5	2.0	8.9	0.8
2002 年	15.4	6.6	28.5	4.0	13.3	13.1	2.2	9.4	0.8
2003 年	14.7	6.3	29.6	4.0	12.5	14.5	2.2	9.3	0.7
2004 年	15.6	6.0	27.9	4.1	11.0	14.3	2.4	10.1	0.8
2005 年	15.3	6.2	26.0	3.7	10.8	16.1	2.4	10.7	0.7
2006 年	13.6	6.5	24.5	3.8	12.3	16.0	2.9	11.4	0.8
2007 年	11.4	6.6	23.6	4.2	14.6	16.4	3.2	11.7	0.7
2008 年	11.2	5.2	24.0	4.8	17.3	12.5	4.5	11.6	0.9
2009 年	10.2	4.6	22.4	4.8	16.4	16.7	4.1	12.5	0.7
2010 年	10.9	4.8	24.4	5.1	16.3	13.2	4.5	12.3	1.2
2011 年	12.1	4.8	23.7	5.3	17.4	12.4	4.4	11.6	1.2
2012 年	12.0	4.5	22.0	5.0	17.9	15.7	4.0	11.1	1.3
2013 年	11.9	4.2	20.8	4.7	18.3	17.2	4.1	11.3	1.3
2014 年	11.6	5.0	19.5	4.4	19.4	16.4	4.9	11.3	1.4
2015 年	9.5	5.9	19.7	3.3	19.9	13.9	5.8	13.9	1.0
2016 年	9.6	6.2	20.5	3.2	18.5	15.5	5.1	13.5	1.0
2017 年	9.7	6.5	19.1	3.0	19.0	15.2	5.1	13.4	1.0
2018 年	8.6	6.6	17.4	2.9	18.8	14.9	6.2	14.4	0.9
2019 年	8.4	7.2	17.9	2.8	19.7	14.3	6.3	13.3	0.9
2020 年	7.4	7.5	19.8	2.2	21.1	12.3	7.6	13.0	0.7
2021 年	8.0	7.8	21.6	2.3	19.8	9.4	10.0	12.3	0.6
2022 年	7.5	—	22.9	2.2	19.7	8.9	—	—	—
"十五"时期	15.3	6.3	27.8	4.1	12.1	14.5	2.2	9.7	0.8
"十一五"时期	11.4	5.5	23.8	4.5	15.4	15.0	3.8	11.9	0.9
"十二五"时期	11.4	4.9	21.1	4.6	18.6	15.1	4.6	11.8	1.2
"十三五"时期	8.7	6.8	18.9	2.8	19.4	14.5	6.0	13.5	0.9

注：整理自《厦门特区经济年鉴-2023》。

二产和三产比重基本相当,"十二五"时期,三产比重开始拉开与二产比重的差距,而"十三五"时期,三产比重持续上升,与二产比重的差距也在不断扩大。因此,从产业构成变化上看,"十三五"时期厦门市经济服务化程度大幅提升。

进一步,从服务业内部结构看,对比"十五"时期的服务业内部构成,"十三五"时期,金融业是厦门服务业比重增加最快的行业,由12.1%提高到19.4%,大幅上涨了7.3个百分点①;次之是科教文卫(包括科学研究和技术服务业、教育业、卫生和社会工作业、文化体育和娱乐业等四个行业),从9.7%提高到13.5%,上涨了3.8个百分点。此外,房地产业比重由"十五"时期的14.5%,先提高到"十一五"时期、"十二五"时期的15.0%、15.1%,再下降至"十三五"时期的14.5%,二十年间基本持平。不过,从年度数据看,自2016年起,房地产业占服务业的比重已经连续六年出现下降。2022年,房地产业比重约为8.9%,较2016年的最高点大幅下降了6.6个百分点。传统批发和零售业比重则是由27.8%大幅下降至18.9%,降低了8.9个百分点。类似的,相对具有外部服务能力的交通运输仓储和邮政业也由15.3%大幅下降至8.7%。不过,两大新兴服务业——信息传输软件和信息技术服务业、租赁和商务服务业的比重则分别出现不同程度的提升。其中,信息传输软件和信息技术服务业在过去二十年里平均比重提高了0.5个百分点。自2013年之后,该行业比重就一直呈现稳步上升态势,2021年,比重达到7.8%,较2013年增加了3.6个百分点。租赁和商务服务业的比重更是出现较大幅度的提升,涨幅约为3.8%,2021年,租赁和商务服务业的比重进一步提高到10.0%,先后赶超交通运输仓储和邮政业、房地产业,成为厦门市仅次于批发和零售业、金融业之后的第三大服务行业,增长势头迅猛。因此,厦门市服务业的比重上升主要是来自金融业、科教文卫以及租赁和商务服务业等以服务本地经济为主的服务业,其产生的对外服务辐射能力较小,对外服务竞争力有限,难以对服务贸易进而经济增长形成足够的贡献。

3.固定资产投资变化状况

2022年,厦门市固定资产投资总额约为2971.1亿元,较1994年的93.4亿元增长了近31倍,年均增速达到12.7%,高于同期GDP年均增速。其中,2001—2006年是厦门市固定资产投资总额增长最快的时期,最高时即2006年曾达到65.5%。之后,受国际金融危机的冲击,投资增速迅速下降。到2009年,名义增速降至-5.5%。2010年,在"四万亿"政策的刺激下,投资增速快速反弹,恢复到15.1%。2011年、2012年基本保持稳定,但2013年再次

---

① 与之对比,全国金融业占服务业的比重约为14.2%,美国等发达国家的金融业占服务业比重大约为8%~10%。

大幅下跌到 1.1%。2014 年、2015 年回到 20% 左右的增速。2016 年之后，厦门市固定资产投资总额增速开始稳步下行，维持在 10% 的水平。2020 年，尽管遭受到新冠肺炎疫情的巨大冲击，但投资增速仍达到 8.8%，较 2019 年仅小幅下降了 0.2 个百分点，比同期全国固定资产投资增速高约 5.9 个百分点，基本抵御住疫情冲击带来的负面效应。2021 年，增速继续提高到 11.3%。2022 年，小幅跌至 10.2%。但到了 2023 年上半年，固定资产投资增速却断崖式下跌至 −8.7%，情况不容乐观。

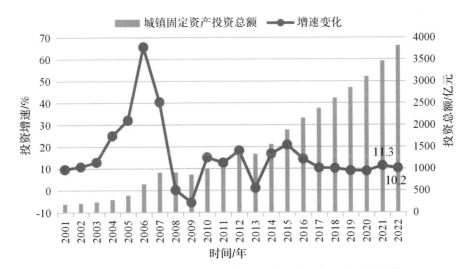

图 4　2001—2022 年厦门市城镇固定资产投资总额及其增速变化

注：全社会固定资产投资总额的统计口径在 2012 年和 2016 年发生了两次重大改变，导致数据前后不可比。本文使用城镇固定资产投资总额指标来表征全社会固定资产投资总额，以便于对厦门市的固定资产投资进行长时期的可比口径变化研究。数据整理自历年厦门经济特区年鉴。

分产业看，厦门固定资产投资总额始终以第二、第三产业为主。从 2005 年起，二者合计约占到全部固定资产投资比重的 99% 以上。而在第二、第三产业中，又以第三产业为主。2022 年，厦门第三产业固定资产投资占全部固定资产投资的比重约为 78.3%，比第二产业的比重高 56.6 个百分点。从变化趋势上看，2005—2020 年，第二产业的投资比重由 2005 年的 30.5% 下降到 2020 年的 18.3%，减少了约 12.2 个百分点。而第三产业的投资比重则由 2005 年的 69.3% 提高到 2020 年的 81.6%，增加了 12.3 个百分点（见图 5）。不过，从近三年的投资增速变动情况看，厦门市第二产业投资年均增速约为 10.4%，要高于第三产业固定资产投资年均增速 1.3 个百分点。受此影响，到 2022 年，第二产业投资比重略有回升，增加到 21.7%，比 2020 年增加 3.4 个百分点,第三产业投资比重则相应下降了3.3个百分点。这种投资结构的变化,与同时期厦门的产业结构日趋服务化的状况紧密相关。如前面图3所示,2020年,厦门市第三产业占GDP的比重达到58.1%,较2005年的43.0%大幅增加15.1个百分点。2022年,第三产业占比进一步微小增加到58.2%。

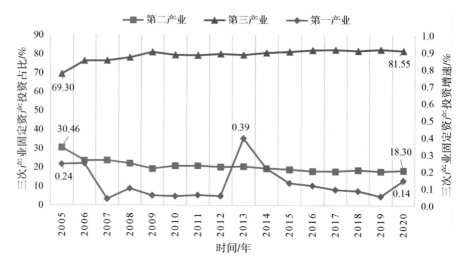

图5 2005年以来厦门市三次产业固定资产投资比重变化

注:整理自历年厦门经济特区年鉴;由于2021年数据缺失,这里只列入截止到2020年的数据。

进一步,从行业分布看,房地产开发投资是厦门市固定资产投资的第一大行业,次之为城市基础设施投资,工业投资比重较小。1994—2022年,房地产开发投资占城镇固定资产投资的年均比重约为35.9%,城市基础设施建设投资的年均比重约为31.5%,二者合计占比达到67.4%,超过固定资产投资总额的2/3。工业投资的年均比重约为20.8%,低于城市基础设施建设投资和房地产开发投资占比10.7个和15.1个百分点。因此,厦门市城镇固定资产投资的重点主要是在房地产开发投资和城市基础设施建设投资。不过,从增速变化看(见表2),房地产开发投资的平均增速由“十一五”时期的22.4%,大幅下降至“十二五”时期的14.7%以及“十三五”时期的6.7%,2021年、2022年进一步下降为1.3%和−0.5%;工业投资平均增速则先升后降,由“十一五”时期的13.8%,先提高到“十二五”时期的14.9%,再减缓至“十三五”时期的10.0%。其中,占工业投资比重85%左右的制造业投资平均增速则是逐期下滑,由19.8%,下降至17.4%和10.2%。制造业投资与工业投资增速之间的差距也由“十一五”时期的6.0个百分点下降到“十三五”时期的0.2个百分点。显然,制造业投资减速是造成工业投资增速放缓的关键原因。2021年、2022年,工

表2　厦门市部分行业固定资产投资增速变化

单位：%

时间	交通运输邮政仓储业	工业	制造业	社会事业	城市基础设施	房地产开发
2006 年	98.5	25.1	46.3	72.7	59.2	32.3
2007 年	14.7	41	40.1	25.2	20.5	61.6
2008 年	10	−2.3	−3.6	−13.3	−1.6	−6.3
2009 年	17.4	−18.2	−18.4	−12.6	12.6	−9.9
2010 年	−3.7	23.6	34.6	0	−3.2	34.5
"十一五"时期	27.4	13.8	19.8	14.4	17.5	22.4
2011 年	10	29.5	34.3	78.1	17.2	10.1
2012 年	20.7	14.2	14.1	37.4	14.9	18.4
2013 年	13.3	2.3	15.1	−15.9	5.5	2.5
2014 年	6.7	9.9	8.7	11.7	9.2	32.4
2015 年	39	18.7	15	35.9	38.5	9.9
"十二五"时期	17.9	14.9	17.4	29.4	17.1	14.7
2016 年	59.8	12.2	18.2	−15.5	34.2	−1.1
2017 年	7.3	7.8	4.5	10.6	14.8	14.9
2018 年	42	12	13.7	18.1	16.8	0.5
2019 年	−16.8	5.2	5.8	70	1.8	1.7
2020 年	−17.6	12.9	8.6	29.8	−5.2	17.4
"十三五"时期	14.9	10.0	10.2	22.6	12.5	6.7
2021 年	−8.1	22.6	30.2	6.1	24.0	1.3
2022 年	41.6%	28.0	28.5	3.1	19.9	−0.5

注：数据整理自历年厦门市国民经济和社会发展统计公报。

业投资增速和制造业投资增速均出现大幅反弹，分别达到 22.6%、28.0% 和 30.2%、28.5%。但 2023 年上半年的情况很可能发生逆转，这两个行业投资增速大概率出现了大幅负增长①。此外，厦门市城镇固定资产投资的第二大支柱——城市基础设施投资增速也在逐期下降，由"十一五"时期的 17.5%，逐

①　统计局进度数据只公布总的固定资产投资增速为 −8.7%。不过，由于同期房地产开发投资增速高达 22.0%，要使得总投资增速为 −8.7%，其他类的投资，如城市基础设施建设投资和工业投资必然会出现大幅度的负增长。

渐下降为"十二五"时期的 17.2％和"十三五"时期的 12.5％。不过,类似的,2021 年、2022 年,城市基础设施投资增速也出现大幅提升,分别达到 24.0％和19.9％。其中,2022 年交通运输邮政仓储业的投资增速更是达到 41.6％。可以看出,一方面,随着城市经济发展到一定水平,各主导行业投资空间相对缩小,投资增速出现了持续下降的趋势;另一方面,房地产开发投资趋于减速,投资结构偏向制造业和城市基础设施建设。

最后,分所有制形式看,与福建省私营经济较发达的省情有所不同,长期以来,国有经济一直是厦门市社会经济发展的主力军。2002—2017 年,厦门市国有及含有国有股份的经济单位固定资产投资占全部城镇固定资产投资比重年均约为 46.4％,远高于私营个体年均 3.0％的投资占比,也高于港澳台商投资占比(6.7％)和外商投资占比(7.3％)。从变化趋势上看,2014 年之后,国有及国有股份固定资产投资占比持续增长,由 41.2％迅速提升至 2017 年的 52.3％,增加了 11.1 个百分点。同期私营个体固定资产投资占比仅上涨了 1.0 个百分点;港澳台商和外商固定资产投资占比则分别下降了 2.5 个和 1.4 个百分点。

4.社会消费品零售总额变化状况

2001—2022 年,厦门社会消费品零售总额由 173.5 亿元增长到 2665.4 亿元,增长了约 14.4 倍,年均增速约为 13.2％,小幅高于同时期 GDP 的名义增长倍数(12.4 倍)和年均增速(12.9％),与同时期固定资产投资的增长倍数(14.6 倍)和年均增速(13.3％)基本持平。分时期看(见表 3),"十一五"时期是厦门社会消费品零售总额增速最快的时期,平均增速达到 19.3％,接近同期全社会固定资产投资的平均增速(20.3％),与全社会固定资产投资的年均增量差距只有 20.48 亿元。"十二五"时期、"十三五"时期,社会消费品零售总额年均增速分别下降为 11.2％和 8.5％,与同期全社会固定资产投资增速差距分别扩大到 5.8 个和 2.0 个百分点,同期年均增量差距也分别扩张为 48.0 亿元和 80.99 亿元。

表 3　2001 年以来不同时期的投资和消费变化

变量	指标	单位	"十五"时期	"十一五"时期	"十二五"时期	"十三五"时期
社会消费品零售总额	年均增速	％	13.9	19.3	11.2	8.5
	年均增量	亿元	32.88	99.79	130.87	163.54
全社会固定资产投资	年均增速	％	18.1	20.3	17.0	10.5
	年均增量	亿元	43.73	120.27	178.87	244.53
新增固定资产	年均增速	％	3.4	17.5	5.5	8.0

注:整理自《厦门特区经济年鉴-2021》。

居民消费方面(见图 6),2001—2022 年,厦门市城镇居民和农村居民的人均消费支出分别由 8490 元、3282 元提高到 45165 元和 26696 元,增长了 4.32 倍和 7.13 倍,年均增速分别为 8.3%和 10.5%,低于同时期社会消费品零售总额和经济增长速度。城乡居民之间的消费差距也由 5208 元扩大到 18469 元,是原有差距的 3.55 倍。此外,从居民消费支出的结构看,厦门市居民的消费支出主要集中于居住支出和食品烟酒。2022 年,这两项支出的占比分别为 33.0%和 29.7%。前者远高于全国平均水平(23.4%),后者则是与全国平均水平持平。其他包括教育文化娱乐支出、医疗保健支出等的比重因此均低于全国平均水平。

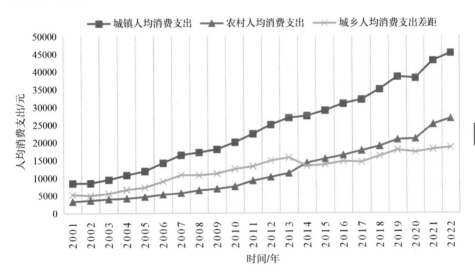

图 6　厦门市城镇、农村人均消费支出及差距

注:整理自《厦门特区经济年鉴-2021》。

5.对外贸易变化状况

从对外贸易总额看(见图 7),厦门市对外贸易在过去的 40 多年间发展的极为迅速。1981 年特区新立之初,厦门市的进出口总额约为 1.51 亿美元,其中出口占九成以上,达到 1.41 亿美元,进口仅为 0.1 亿美元。2001 年,厦门市进出口贸易总额增长到 110.7 亿美元,其中出口为 65.0 亿美元,进口为 45.7 亿美元,较 1981 年分别增长了 72.2 倍、45.1 倍和 448.3 倍,二十年间年均增速分别为 23.9%、21.1%和 35.7%。2022 年,厦门市进出口贸易总量达到 1371.5 亿美元,其中出口约为 692.6 亿美元,进口约为 678.9 亿美元,分别是 2001 年的 12.4 倍、10.6 倍和 14.8 倍,年均增速分别为 13.4%、12.5%和 14.4%。

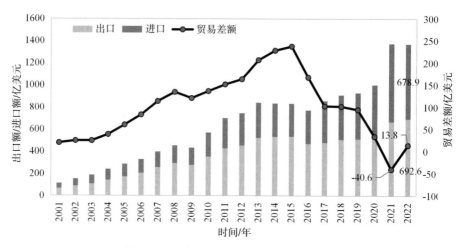

图7　2001年以来厦门市出口与进口总额

注：整理自《厦门经济特区年鉴-2023》、中国经济数据库(CEIC)。

从贸易差额看，在2000年之前，进出口贸易差额基本维持在10亿美元以内，多数年份均为贸易顺差。加入WTO之后，进出口贸易差额持续快速增长，长期保持贸易顺差。到2008年国际金融危机爆发之时，进出口贸易顺差规模已突破100亿美元关口，达到134.0亿美元；2009年小幅回调之后，又开始了新一轮的迅猛增长势头，到2013年，贸易顺差额突破200亿美元，2015年达到历史最高点，约为237.0亿美元。随后，贸易顺差迅速缩小，到2020年，贸易顺差额减少到33.4亿美元，基本回到21世纪初的水平。2021年，尽管出口大幅提升，但进口增长的幅度更大，导致进出口贸易在时隔25年之后再次出现逆差，规模达40.6亿美元，创下有史以来最大的贸易逆差额。2022年，贸易差额迅速由负转正，实现逆转，全年顺差约为13.8亿美元。

(二)社会发展概况

1.人均GDP和居民可支配收入变化

人均GDP方面，2001—2022年，厦门市人均GDP由26336元提高到147387元，增长了4.60倍，年均增速约为8.5%，低于同期GDP的年均名义增速和实际增速(分别为13.4%和11.4%)。分时期看，从"十五"时期到"十三五"时期，人均GDP的实际增速分别为8.8%、8.5%、4.8%和4.4%，呈现持续下降的趋势。受此影响，2020年之前，厦门人均GDP的排名始终位居全省第一，在15个副省级城市中最高曾排在第三位。但在2021年，厦门人均GDP排名却首次被福州超过，掉到全省第二。在副省级城市中的排名也下降到第八位，较2020年下跌3位。2022年，厦门人均GDP排名重回全省第一，在副省级城市中的排名也回升到第六位,但仍低于深圳、南京、宁波、广州和杭州。

居民可支配收入方面,2001—2022 年,厦门市城镇和农村居民人均可支配收入分别从 11365 元、4322 元提高到 70467 元、32323 元(见图 8),分别增长了 5.20 倍、6.48 倍,年均增速分别为 9.1% 和 10.1%,涨幅超过人均 GDP。不过,厦门市城镇和农村居民的收入差距也由 2001 年的 7043 元迅速增长到 2022 年的 38144 元,城乡居民可支配收入的差距始终位居福建省首位。从居民收入结构来看,工资性收入是居民收入的主要来源。2022 年,城镇居民工资性收入占居民收入的比重超过 70%,达到 71.1%;次之为财产净收入,占比约为 13.4%;经营净收入和转移净收入分别只占 8.1% 和 7.4%。同期农村居民工资性收入占 62.4%,经营净收入占 22.4%,转移净收入占 10.3%,财产净收入仅占 4.9%。与城镇居民相比,农村居民对于经营净收入和转移净收入的依赖程度要高一些,财产净收入明显偏少。

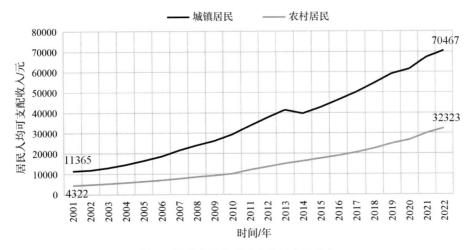

图 8　厦门市城乡居民人均可支配收入

注:2012 年以前(含 2012)农村数据为人均纯收入,之后为人均可支配收入。

2.财政收支的增速及构成变化

2001 年,厦门市财政总收入约为 110.5 亿元,其中地方级财政收入约为 51.9 亿元,财政支出约为 59.1 亿元。到 2022 年,财政总收入达到 1493.8 亿元,其中地方级财政收入达到 883.8 亿元,财政支出约为 1088.7 亿元(见图 9)。22 年间,财政总收入和地方级财政收入均增长了 12.5 倍,远远超过同期人均 GDP 和居民可支配收入的增长倍数。财政支出增长了 13.7 倍,同样远远超过居民消费支出的增长倍数。从不同时期的增速变化看,从"十五"时期到"十三五"时期,财政总收入的增速分别为 18.3%、20.4%、13.9% 和 6.2%,

地方级财政收入的增速分别为 16.7％、23.2％、16.1％和 5.3％,财政支出的增速分别为 16.8％、19.4％、16.4％和8.6％。可以看出,财政收支的增速在"十三五"时期都出现了较大幅度的下降,其趋势变化与经济增长的时期变化基本吻合。经济增长减速是财政收支增速放缓的根本原因新冠肺炎疫情冲击只是加大了财政收支的增速波动,并不是导致其增速下行的主要因素。

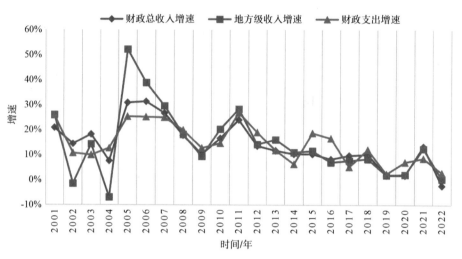

图 9 2001 年以来厦门市财政收支的增速变化

注:整理自历年厦门特区经济年鉴。

3.就业人数及构成变化

2001 年以来,厦门市城镇从业人员的数量及构成都发生了较大的变化。2001 年,厦门市城镇非私营单位从业人员以及私营和个体从业人员数合计约为 64.08 万人,到 2018 年,急剧增长到 424.36 万人,18 年间增长了 562.23％。而从构成上看,2001 年城镇非私营单位从业人员数约为 51.14 万人,大约是同期城镇私营和个体从业人员数的 3.95 倍。2009 年之后,私营和个体从业人员数大幅度增加,目前已超过城镇非私营单位人员数。到 2015 年,城镇私营和个体从业人员数达到 171.76 万人,超过城镇非私营单位从业人员数约 34.99 万人。2019 年,城镇私营和个体从业人员数约为 253.15 万人,大约是城镇非私营单位就业人员数的 2 倍(见图 10)。

分产业看,2001 年以来,厦门市城镇非私营单位的劳动力主要从第一产业向第二、第三产业转移。到 2020 年,城镇非私营单位中的第二产业和第三产业劳动力占三次产业劳动力的比重合计达到 99.99％,第一产业劳动力比重几乎可以忽略不计。进一步从二三产业看,2001—2011 年,城镇非私营单位的劳动力主要集中在第二产业,第二产业的劳动力占比稳定在 70％左右,而

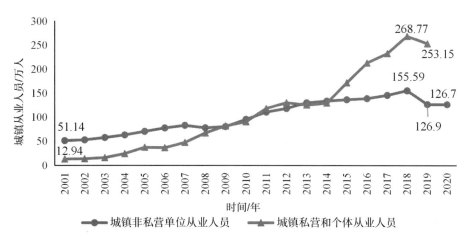

图 10　2001 年以来厦门市城镇从业人员数的变化

注:整理自历年厦门特区经济年鉴。

第三产业劳动力占比则稳定在 30％左右。但在 2011 年之后,随着厦门经济结构渐趋服务化,第三产业的就业人数开始快速增长。到 2019 年,城镇非私营单位中第三产业劳动力占比已经达到 47.07％,仅比第二产业劳动力占比低 4.85 个百分点(见图 11)。

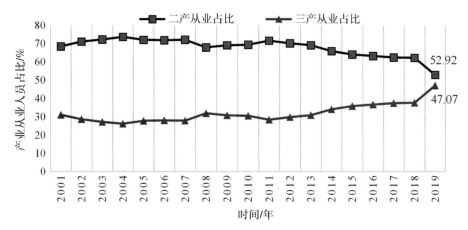

图 11　厦门市城镇非私营单位二、三产从业人员占比

注:整理自历年厦门特区经济年鉴。

4.基本公共服务的变化

首先,教育方面,通过高校合并、省市共建等,厦门市高等学校数从 2001 年的 4 所增至 2022 年 16 所,高等教育在校学生数由 2.8 万人上升到约 21.2

万人。但更能代表本地公共教育资源的中学和小学数量则产生了分化,前者由 2001 年的 64 所增加到 2021 年的 136 所,增加 2 倍多;后者则从 376 所降为 297 所,减少了 79 所。小学数量下降的主要原因是民办学校的快速发展以及岛外农村小学的合并和撤销。与之对应,中学教育的师生比(每百名学生拥有的教师数)从 2001 的 6.28 提高到 2020 年的 7.16;小学教育的师生比则仅从 2001 年的 5.09 增加至 5.20,基本保持稳定。与同类城市相比,2020 年,宁波、青岛和深圳的小学师生比分别为 5.66、6.35 和 5.58,中学师生比分别为 8.29、8.90 和 8.03,均高于厦门市的水平。

其次,医疗卫生资源方面,2001 年,厦门市医院及卫生院数约有 51 所,到 2022 年,增加到 77 所,涨幅为 51.0%;每千人拥有的病床数由 2001 年的 218.3 张增加到 2016 年的 300.5 张,涨幅为 37.7%,在一定程度上纾解了群众"看病难"的问题。但与其他城市相比,厦门市的医疗资源还是相对匮乏。2020 年,青岛和大连每千人拥有的医院和卫生院数分别为 4.55 个和 3.96 个,远高于厦门 1.49 个的水平。同时,厦门还存在缺乏具有影响力的高等医院、城乡间医疗资源分配不均等问题。因此,尽管厦门医疗卫生资源取得了长足的进步,但仍有待进一步加强。

二、厦门城市竞争力指标体系构建及相关测算

(一)城市竞争力指标体系构建

围绕上述分析的各项指标,接下来,本文将遵循《2022—2023 年厦门市经济社会发展与预测蓝皮书》构建的厦门市城市竞争力评价指标体系[①],采用熵值法先计算出各项指标的权重系数,再加权求和得到最终的厦门城市竞争力综合指数,涉及的指标详见表 4。指标选取尽可能科学地、全面地反映城市竞争力的内涵,同时,既能够体现单个指标的价值,又可以与构建城市竞争力平

---

① 《2022—2023 年厦门市经济社会发展与预测蓝皮书》一书中的厦门城市竞争力问题研究专题,提出了一个包含 5 个一级指标和 28 个二级指标的城市竞争力评价指标体系。其中,5 个一级指标分别为城市经济实力指标、产业竞争力指标、城市畅通能力指标、环境吸引力指标以及创新潜力指标;28 个二级指标则包括经济总量、市场购买力、工业结构、物资通达程度、居民生活保障、城市开放度等。具体测算方法采用的是熵值法。测算的步骤如下:先利用熵值法获取每个指标的权重,再将其加权求和,得到最终的竞争力评价指数。熵值法的基本原理是利用各变量的熵值来显示其蕴含信息的重要程度,并以此为基础计算对应的权重。熵(entropy)是克劳修斯在 1850 年创造的术语,表示一种能量在空间中分布的均匀程度。熵越大说明系统越混乱,携带的信息越少;熵越小说明系统越有序,携带的信息越多。

均指标体系建立的初衷保持一致。对应的数据均整理自历年《厦门特区经济年鉴》,具备权威性、代表性和可比性。样本时期为 2010—2022 年。

表 4　厦门城市竞争力评价指标体系

一级指标	二级指标	代理变量	单位	指标代码	分类代码
城市经济实力	经济总量	GDP	亿元	a1	A1
	平均水平	人均 GDP	万元	a2	A2
	市场购买力	社会消费品零售总额	亿元	a3	A3
	政府实力	财政收入	亿元	a4	A4
	居民实力	城镇居民人均可支配收入	万元	a5	A5
产业竞争力	工业结构	二产占比	%	a6	B1
	服务业结构	三产占比	%	a7	B2
	工业生产率	第二产业劳动生产率	万元	a8	B3
	服务业生产率	第三产业劳动生产率	万元	a9	B4
	产业规模	规模以上工业总产值	亿元	a10	B5
	劳动力成本	职工平均工资	万元	a11	B6
城市畅通能力	物资通达程度	公路通车里程数	公里	a12	C1
	网络水平	互联网用户数	万户	a13	C2
	通信业务	邮电业务量可比价	亿元	a14	C3
	货运水平	货运量	亿吨	a15	C4
	客运水平	客运量	亿人次	a16	C5
环境吸引力	居民生活保障	城镇单位就业人员占比	%	a17	D1
	医疗卫生状况	每百人拥有医卫人员数	人	a18	D2
	自然环境	园林绿地面积	万公顷	a19	D3
	公共交通	每万人拥有公交车辆	辆	a20	D4
创新潜力	城市开放度	外贸依存度	%	a21	E1
	城市发展动力	城市化水平	%	a22	E2
	引进外资能力	实际利用外资	亿美元	a23	E3
	消费潜力	城镇居民人均消费性支出	万元	a24	E4
	基建水平	全社会固定资产投资总额	亿元	a25	E5
	教育科研潜力	每万人拥有大学生人数	人	a26	E6
	文化状况	人均公共图书藏书量	册	a27	E7
	科研投入	人均 R&D 支出	元	a28	E8

(二)指标权重系数与城市竞争力的测算结果

表 5 给出了熵值法下各个指标对应的权重系数测算结果,从中可以看到:

第一,产业竞争力指标对城市竞争力指数的贡献份额最大,权重达到33.9%,次之为创新潜力指标,权重约为20.6%,二者合计超过一半的权重。这意味着,产业竞争力和创新潜力是城市竞争力指标主要的考虑因素。

第二,从单个二级指标的权重看,排名前八的指标分别是工业结构(10.7%)、工业生产率(8.8%)、通信业务(7.9%)、服务业生产率(6.9%)、居民生活保障(5.1%)、城市开放度(4.3%)、市场购买力(4.0%)和引进外资能力(3.6%),基本涵盖5个一级指标的内容范畴,分布相对均匀,表明指标构建具有合理性,能够较为全面、多维度地反映城市竞争力水平。

第三,对比城市畅通能力指标和城市经济实力指标,在相同指标个数下,城市畅通能力指标对城市竞争力的权重贡献要更大。这显示,城市资源要素的流通对城市竞争力的作用要大于总量规模指标。因此,对厦门而言,本身经济体量的大小并不是决定其竞争力的关键,若能充分发挥区位优势,更高效地利用港口、航空等禀赋优势,畅通物流,可能更有助于提升厦门城市的综合竞争力。

表5　各指标权重计算结果

一级指标	二级指标	指标代码	分类指标代码	权重	一级指标权重
城市经济实力	经济总量	a1	A1	0.034	0.137
	平均水平	a2	A2	0.022	
	市场购买力	a3	A3	0.040	
	政府实力	a4	A4	0.017	
	居民实力	a5	A5	0.024	
产业竞争力	工业结构	a6	B1	0.107	0.339
	服务业结构	a7	B2	0.016	
	工业生产率	a8	B3	0.088	
	服务业生产率	a9	B4	0.069	
	产业规模	a10	B5	0.027	
	劳动力成本	a11	B6	0.032	
城市畅通能力	物资通达程度	a12	C1	0.030	0.187
	网络水平	a13	C2	0.021	
	通信业务	a14	C3	0.079	
	货运水平	a15	C4	0.026	
	客运水平	a16	C5	0.031	

续表

一级指标	二级指标	指标代码	分类指标代码	权重	一级指标权重
环境吸引力	居民生活保障	a17	D1	0.051	0.131
	医疗卫生状况	a18	D2	0.019	
	自然环境	a19	D3	0.027	
	公共交通	a20	D4	0.034	
创新潜力	城市开放度	a21	E1	0.043	0.206
	城市发展动力	a22	E2	0.027	
	引进外资能力	a23	E3	0.036	
	消费潜力	a24	E4	0.023	
	基建水平	a25	E5	0.029	
	教育科研潜力	a26	E6	0.022	
	文化状况	a27	E7	0.010	
	科研投入	a28	E8	0.016	

3.城市竞争力的测算结果

结合上述指标的权重系数,最终可以加权得到2010—2022年厦门城市竞争力综合及分项指数的变化情况(见图12、图13),测算的结果显示:

第一,样本期间,厦门城市竞争力整体上保持上升态势。2010—2022年,厦门城市竞争力指数由0.218上升到0.644(见图12)。不过,分时期看,"十二五"时期,厦门城市竞争力提升较为反复;"十三五"前期、新冠肺炎疫情发生之前(2016—2019年)则出现较快提升,而在新冠肺炎疫情发生之后的2019年之后,竞争力指数的增长趋势开始重新趋缓。因此,疫情还是在一定程度上抑制了厦门市的城市竞争力提升。

第二,从分项指数看,城市经济实力指标呈现出"一路上扬"的趋势,始终保持着快速上升的势头,并且在5个指标的得分排序上,由2010年的最低位跃升到2021年的最高位;产业竞争力指数在2016年之前呈现逐年下降的趋势,但之后开始稳步提升,并于2022年成为得分仅次于城市经济实力指标的分项指数;城市畅通能力指标在新冠肺炎疫情暴发之前,与城市经济实力指标几乎保持着相同的增长趋势,但2020年之后,该指数开始急转直下,2021年、2022年的得分跌至倒数第二;环境吸引力指标在"十二五"时期的得分一直排在5项指标的最前面,但2016年之后,逐渐被其他分项指标赶上,并于2018年之后出现得分持续下降的情况,2020年开始排名持续垫底;创新潜力指标

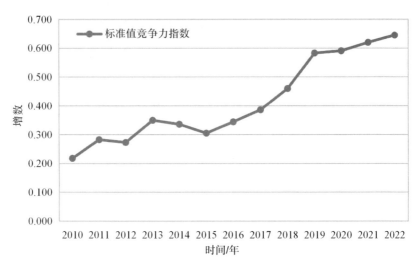

图12 2010—2022年厦门城市竞争力指数变化

注：作者测算。

的得分则呈现小幅"振荡"上涨的趋势，得分位次在第二和第三之间徘徊，保持相对平稳的增长姿态（见图13）。

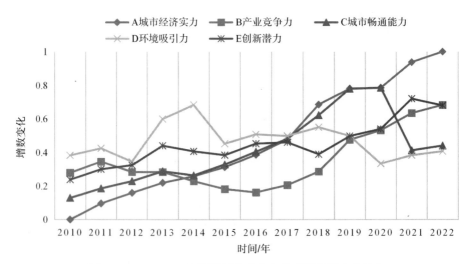

图13 2010—2022年厦门城市竞争力分项指数的变化情况

注：作者测算。

因此，可以看出，样本期间，阻碍厦门城市综合竞争力持续快速提升的关键因素在于环境吸引力的持续下降以及2019年之后城市畅通能力的大幅下滑。前者可能受制于高昂的房价成本和相对积弱的产业发展环境；后者则证实,作为典型的港口型城市,厦门城市的综合竞争力提升还有赖于货物货运的充分流动。而与之对应的是,促使厦门城市综合竞争力在"十三五"前期快速提升的关键因素是产业竞争力指数的较快上涨。一旦产业竞争力增长趋缓,城市综合竞争力增长也相应减速。

三、RCEP、"一带一路"倡议对厦门城市竞争力的影响

(一)作用基础

从 20 世纪 80 年代中期开始的本轮经济全球化与此前两次经济全球化的重大区别之一,就是本轮经济全球化使国际分工从产业间分工深入到产业内、产品加工过程的分工,全球价值链分工逐步形成。全球价值链分工带来了世界要素资源的优化重组,促进了国际贸易新规则的生成,同时也促进了不同地区、不同程度的区域合作蓬勃发展,这在维护国家和地区的经济秩序、抵御经济风险方面起到了巨大作用。

2011 年东盟最先提出《区域全面经济伙伴关系协定》(RCEP)的构想。2012 年,东盟十国加上中国在内其他 6 个国家("10+6"国,包括印度)领导人发布《启动〈区域全面经济伙伴关系协定〉谈判的联合声明》。此后,在经过 3 次领导人会议、19 次部长级会议、31 轮谈判和协商后,终于在 2020 年 11 月达成一致意见,除印度之外的 15 个国家(中国、日本、韩国、澳大利亚、新西兰、东盟十国)成功签署协定。2022 年 1 月 1 日,RCEP 正式生效实施,随后各成员国陆续加入实施。2023 年 6 月 2 日,菲律宾成为最后一个正式加入 RCEP 的国家。至此,RCEP 对东盟 10 国和澳大利亚、中国、日本、韩国、新西兰等 15 个签署国全面生效实施。RCEP 的全面生效实施意味着全球最大的自由贸易协定诞生,其涵盖的地区经济规模约为 25.6 万亿美元,约占全球经济体量 29.3%,区域内贸易额达到 10.4 万亿美元,约占全球贸易总额 27.4%,辐射人口约 22.6 亿人,约占世界人口 30%,标志着全球人口最多、经贸规模最大、最具发展潜力的自由贸易区进入全面实施的新阶段。从贸易量看,在 RCEP 生效的第一年即 2022 年,中国与 RCEP 的其他成员进出口总额就达到 12.95 万亿元,同比增长 7.5%,占中国外贸进出口总额的 30.8%。其中,中国对 8 个 RCEP 成员的进出口增速均超过两位数。从双向投资来看,2022 年,中国对 RCEP 其他成员的非金融类直接投资 179.6 亿美元,增长 18.9%,吸收其他成员国的直接投资规模为 235.3 亿美元,增长 23.1%,双向投资的增速都高于总体水平。

与 RCEP 大约同时,2013 年,中国提出建设"丝绸之路经济带"与"21 世纪海上丝绸之路"(统称"一带一路"倡议),旨在构建中亚到欧洲的合作经济

区,推进海上通道开放与合作,进而推动中国与整个欧亚大陆共同发展。中国提出"一带一路"倡议,一方面是为应对中美贸易摩擦带来的冲击,缓解国际政治环境压力;另一方面则是中国积极提升自身经济资源要素的使用效率,主动拓展与周边国家外交及对外经贸新局面的创新之举。"一带一路"倡议总体上而言,是国际经济合作倡议,尽管在一定程度上需要政治、文化等方面进行配合,但仍然是一个以国际经济合作为主的倡议。从2013年至今,共建"一带一路"取得了卓越成效,其共同合作的理念被各国广泛接受。

因此,"一带一路"倡议是根据沿线各国的国情和政治政策情况,提升沿线各国经济水平的倡议,在推动本地区基础设施建设方面发挥着关键作用,而RCEP协定通过协调跨境贸易和投资规则,加强软件的"互联互通"。"一带一路"倡议和RCEP协定二者具有互补性,以实现可持续增长和包容性发展为共同目标。具体而言,二者的作用表现在:

1.有利于促进全球经济增长,加快推进多边贸易体制的形成

在全球层面上,无论是RCEP还是"一带一路"倡议,都会有助于促进全球贸易额的增长,特别是在当前"逆全球化"的潮流背景下,这两大区域间的合作协议犹如两股清流,稳定住了全球贸易的增长趋势。另据美国彼得森国际经济研究所的测算,到2030年,RCEP可使世界收入每年新增2090亿美元,世界贸易每年新增5000亿美元。[①] 在地区层面,RCEP协定和"一带一路"倡议都极大地推动了多边共赢的国际经济发展新秩序。RCEP协定主要针对东南亚地区,协定的实行将有助于该地区推进多边贸易一体化,使得商品流通更加顺畅。同时,RCEP协定也会将中国、韩国和日本结合在一起,不断推进区域价值链融合、升级,推动区域经济全面创新发展。"一带一路"倡议则已经在一定程度上将"一带一路"沿线国家串联起来,共同发展、共同成长。二者结合将有助于中国构建更加有利于相关项目落地的经济空间,通过加强交通、能源、通信等领域的互联互通,促进地区经济协同发展。

2.促进亚太地区国际贸易良性循环,带动中国对外贸易和投资发展

RCEP协定整合拓展了15国间多个自由贸易协定,削减了关税和非关税壁垒,统一了区域内规则,推动了亚太经济一体化发展。协定共有20个章节,涵盖货物贸易、服务贸易、投资和自然人临时移动等四个方面的市场开放,纳入了知识产权、电子商务、竞争等现代化议题。其核心在于增强了货物贸易、

---

① Peterson Institute for International Economics. East Asia decouples from the United States:Trade war,Covid-19,and East Asia's new trade blocs[R].Washington:PIIE,2020:5,34.

服务贸易、投资以及人口流动方面的市场开放,尤其在关税上取得了重大突破,给予了"渐进式"零关税政策。中国作为 RCEP 协定的主要推动者,必然也会产生对外贸易与投资的溢出效应。与此同时,中国也是"一带一路"倡议的领路人。RCEP 协定与"一带一路"倡议将发挥叠加效益,在"一带一路"倡议的纽带作用下,产生多重的发展效果。这对于消除贸易保护主义的负面影响,促进国际贸易的良性循环,无疑具有十分重大的现实意义。

3.进一步提升中国的影响力

"一带一路"倡议后发先至,实施多年,成果丰硕。实践证明,这是中国在积极加入全球化进程中提出的重要国际合作方案,目标在于搭建"合作共赢"的新型的国际合作平台,以经济互通促进政治互信、民心相通和文明互鉴,推动相关国家和地区通过"共商、共建、共享"实现共同发展,加快构建新时代人类命运共同体。全面生效实施之后的 RCEP 协定则有望成为新冠肺炎疫情之后亚洲经济乃至世界经济增长的新引擎,为"一带一路"倡议注入了新的活力。根据海关总署统计,2018 年中国对 RCEP 其他成员国的投资总额达 160 亿美元,其他成员国在中国的投资总额达到 140 亿美元。到 2022 年,中国对 RCEP 其他成员的非金融类直接投资总额提高到 179.6 亿美元,而吸收其他成员国的直接投资规模更达到 235.3 亿美元。同时,随着中高端制造业实力的提升,中国在国际分工中逐渐从"微笑曲线"底端走向两端的高附加值环节。RCEP 协定的生效将进一步引导细化区域贸易分工,东盟国家承接的制造环节,将在一定程度上推动中国产业链延伸与价值链提升。可以说,"一带一路"倡议给予中国及沿线国家一个更高水平的开放型经济新体制,而 RCEP 协定的全面生效实施将赋予"一带一路"倡议更大的动力和更新的变化。

总之,党的十九届五中全会就"十四五"期间实行高水平对外开放、开拓合作共赢新局面,提出了一系列设想:推动共建"一带一路"高质量发展,坚持共商共建共享原则,深化务实合作;推进基础设施互联互通,积极拓展第三方市场合作;构筑互利共赢的产业链供应链合作体系,深化国际产能合作,扩大双向贸易和投资;坚持以企业为主体,以市场为导向,遵循国际惯例和债务可持续原则,健全多元化投融资体系;推进战略、规划、机制对接,加强政策、规则、标准联通;深化公共卫生、数字经济、绿色发展、科技教育合作,促进人文交流;等等。这些都为新时代厦门推进高质量"一带一路"建设指明了方向和路径。RCEP 的全面生效实施则形成了全球最大的自由贸易区。这是一个以发展中经济体为中心的区域自贸协定,也是世界上人口数量最多、成员结构最多元、发展潜力最大的贸易协定,不仅将对所有成员国之间的经济和贸易发挥非常积极的作用,也将对世界经济发展产生巨大影响。该协定可以帮助中国积极参与多双边区域投资贸易合作机制,推动制定新兴领域经济治理规则,提高中国参与国际经济发展和金融治理的能力,有效促进全球治理变局向着有利于中国的方向发展,对于当前中国更加积极有效地加入和引领区域经济一体化,推进新型全球化,均具有极为重要的意义。

对厦门而言,"一带一路"倡议和RCEP将为厦门提供前所未有的国际大市场,为厦门进一步提升城市竞争力迎来了极好的机遇。厦门海关数据显示,自RCEP正式生效实施以来,RCEP关税方面的优惠、清关效率和物流效率的提高,帮助厦门企业在进出口环节节约了时间和成本,同时更进一步促进厦门产业链聚集发展。厦门外贸企业深化国际合作、开拓海外市场有了新的活力。2023年1—8月,厦门市对RCEP成员国进出口2063.48亿元,同比增长1.96%,其中进口高达1246.83亿元,出口816.65亿元。但这仅仅是在外贸方面取得的成绩。能否有效利用"一带一路"倡议和RCEP的融合机遇,提升厦门城市综合竞争力,进而推动厦门经济摆脱当前低迷增长态势,将是决策者需要重点考虑的问题。

(二)实证检验

为进一步分析"一带一路"倡议和RCEP对厦门城市综合竞争力的影响,接下来,本文将利用厦门市季度指标数据,结合前述构建的厦门城市综合竞争力指数,通过熵值法构建厦门市季度综合竞争力指数,并以此为基础,实证检验"一带一路"、RCEP协议对厦门城市竞争力的作用效应,为后续的政策建议提供经验证据。

受制于数据的可获得性,本文纳入计算季度竞争力的指标有21个,涉及GDP总量、规模以上工业产值占比、二产结构、三产结构、对外贸易依存度、固定资产投资、房地产开发投资、实际利用外资、出口总额、进口总额、社会消费品零售总额、地方财政收入、地方财政支出、金融机构各项人民币存款、金融机构各项人民币贷款、港口货物吞吐量、物价水平、城镇居民人均可支配收入、农村居民人均可支配收入、城镇居民人均消费支出及农村居民人均消费支出等。采用熵值法赋权之后发现,与前述年度竞争力指标类似的是,单个指标权重最大的是规模以上工业产值占比(6.9%),其次是反映城市经济实力的社会消费品零售总额,权重约为6.7%。最终,根据季度指标测算出来的厦门城市季度竞争力指数如图14所示。可以看到,与年度竞争力指数类似,在2010—2016年阶段,城市竞争力指数相对增长缓慢;2017年之后开始振动提升,数值也由0.3左右提高到2021年的0.6左右;2022年,除第一季度达到0.733之外,四个季度均值为0.658,与前述年度数值(0.644)基本接近。

进一步,本文通过设置"一带一路"变量和RCEP变量,利用计量回归方法,实证检验共建"一带一路"及RCEP全面实施生效对厦门城市综合竞争力的作用。其中,变量的指标代理方面,被解释变量为前述测算的厦门季度城市

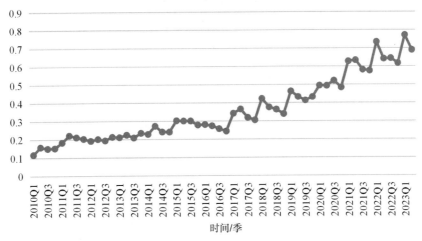

图14　2010年以来厦门季度城市竞争力指数变化

注:作者测算。

263

综合竞争力指数(用CI表示);解释变量中,"一带一路"变量设置为2013年之后(包含2013年)各季度数值为1、2013年之前各季度数值为0的二元虚拟政策变量。RCEP变量的情况类似,由于其2022年1月1日正式实施,这里假定2022年之后(包含2022年)的各季度数值为1、2022年之前的各季度数值为0。这两个变量的符号预期为正,分别代表共建"一带一路"、RCEP实施生效将有助于提升厦门城市综合竞争力。为捕捉政策的年度效应变化,特别是共建时间较久的"一带一路"年度边际效应变化,模型还控制了年度时间变量。最终,估计结果见表6,从中可以看到:

首先,所有方程中的"一带一路"变量及RCEP变量的估计系数均显著为正,表明共建"一带一路"及RCEP协议实施生效都会对厦门城市竞争力产生积极的正向作用。

其次,方程(5)、(6)的估计结果显示,RCEP变量的估计系数均要大于"一带一路"变量,尤其是控制了对应的年度时间变量之后,RCEP的估计系数显著增加(由0.319提高到0.510),而"一带一路"变量则是大幅缩小(由0.180减少为0.036),这意味着相较于共建"一带一路",RCEP可能更有助于提升厦门城市的综合竞争力。从地理距离看,厦门是国内与东南亚地区距离最近的城市之一,同时,厦门长期是以外向型经济为主的港口城市,贸易是主线,对外投资能力相对较差,因此,与"一带一路"偏向共建属性相比,更倾向于清除贸易壁垒的RCEP会对厦门城市的社会经济发展更为有利。

表6　模型估计结果

变量	方程(1) 竞争力 指数 CI	方程(2) 竞争力 指数 CI	方程(3) 竞争力 指数 CI	方程(4) 竞争力 指数 CI	方程(5) 竞争力 指数 CI	方程(6) 竞争力 指数 CI
"一带一路"变量	0.225***	0.585***			0.180***	0.036***
	(0.027)	(0.035)			(0.023)	(0.012)
RCEP 变量			0.364***	0.412***	0.319***	0.510***
			(0.029)	(0.035)	(0.031)	(0.033)
年度时间变量	未控制	控制	未控制	控制	未控制	控制
截距项	0.183***	0.144***	0.318***	0.318***	0.183***	0.183***
	(0.009)	(0.009)	(0.019)	(0.020)	(0.009)	(0.010)
样本数	54	54	54	54	54	54
拟合优度	0.3031	0.9830	0.4512	0.4555	0.6373	0.9772
F 统计量	70.99	195.92	148.09	96.17	217.35	179.17

注：***、**、*分别表示在1%、5%和10%水平上显著；括号中的数字表示经过稳健性调整的标准误差。

最后,利用方程(2)的估计结果,可以计算出共建"一带一路"倡议对厦门城市综合竞争力作用的边际变化。图15显示,样本期内,共建"一带一路"倡议的年度边际作用效应整体上呈现增长态势,表明共建"一带一路"时间越久,其对厦门城市综合竞争力提升的激励效应会越大。

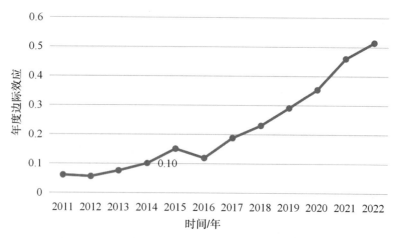

图 15　共建"一带一路"倡议对厦门城市综合竞争力提升的年度边际效应
　　注:作者测算。

四、提升厦门城市竞争力的措施建议

厦门作为改革开放的前沿城市、海上丝绸之路的重要节点城市,必须坚定不移地通过高水平全面扩大开放,积极融入共建"一带一路"倡议及 RCEP 协定,充分利用两大战略带来的机遇,迎难而上,在新的国际政治经济环境下,探索出新型的对外开放和外贸发展路径。厦门应充分利用 RCEP 协定全面实施生效的契机,以"一带一路"建设为指引,迎接新一轮外商投资,同时促进厦门企业更好地"走出去",进一步提升厦门的城市综合竞争力。

结合前述分析,本文的政策建议如下:

1.持续优化营商环境,摆脱优惠政策束缚,创造更为平等和公平竞争的市场环境,更深层次地提升厦门城市环境吸引力

"一带一路"倡议和加入 RCEP,是中国进一步扩大对外开放的新举措。厦门市应结合本地发展实际,出台实施 RCEP 工作方案或行动计划,优化营商环境,强化与 RCEP 成员的经贸合作,切实提高对企业的支持和服务水平,助力企业把握协定机遇,系统推进高质量实施工作,推动更深融入区域大市场。具体而言,一是加强宣讲培训,做好企业专项服务。加强 RCEP 专题培训和政策宣讲,针对不同行业开展精准培训,将优惠政策解读贯穿各类企业;研究梳理本地区优势进出口产品清单,开展 RCEP 成员关税减让对比和贸易大数据分析,向企业宣讲分析本地优势产品重点出口目的地,助力企业更好开拓 RCEP 区域市场;鼓励电子机械、新能源等重点行业开展精细化培训,帮助企业充分理解、用好协定政策红利;通过"线上+线下"形式,选准重点企业进行靶向服务,推进原产地证书"智能审核+自助打印",推广原产地证书全流程数字化服务,开拓和增加面向 RCEP 成员的外贸班轮、空运航线等,不断提升物流和供应链综合服务水平,增强口岸通关效率和通行能力等。二是加快转变政府职能,进一步优化营商环境建设。通过积极创建"服务型"政府,切实从"管理企业"向"服务企业"转变,最大限度地实现行政提速、审批畅通和办事高效。对辖区内重点企业、重点行业,由一把手牵头,"每周一夜谈"、"每周一业谈",时刻关注和了解企业和主导产业的运行状况,及时帮助解决企业面临的实际困难,助企纾困,提振企业投资信心。三是借助于当前国务院发布的《促进民营经济发展壮大 31 条》、中共福建省委省政府《关于实施新时代民营经济强省战略,推进高质量发展的意见》以及厦门市委市政府关于《厦门市促进民营经济发展壮大的若干措施》的契机,进一步发展和壮大厦门民营经济。通过加强科技创新平台建设、强化人才战略支撑、鼓励加大科技创新投入,增强民营企业创新活力,激发民营企业内生发展动力。进一步破除市场准入壁垒,清理规范行政审批许可事项,完善公平竞争市场体系,支持和鼓励民间资本积极介入市重点产业、重要区域、重大项目,促进民营企业深度融入国内国际"双循环"发展格局,拓展民营企业的市场发展空间。优化政务服务,提升法治环境,促进民营经济人士的健康成长,营造优良的民营企业发展环境。四是健全政府部门行政效能评估监督制度,从源头治理,从机制入手,坚决清除一切不利于发展的体制障碍。从适应企业的实际需求出发,由单一进行审、批、办手续转向搞好产业指导、信息咨询,促进市场体系的健全完善。

2.充分享受政策红利,发挥两大战略在促进厦门产业链供应链合作、提升厦门产业结构升级等方面的积极作用,通过增强产业竞争力来带动厦门城市综合竞争力提升,进而推动厦门高质量发展

严格实施与 RCEP 强制性义务对应的国内法律法规规章,力落实好 RCEP 鼓励性义务,不断提高地方治理能力,吸引产业、资金、人才等集聚,带动本地产业结构升级。利用"9·8"贸洽会、海峡论坛等平台,进一步加强与 RCEP 成员的产业合作,推介特色优势产品,开展贸易投资项目对接,大力发展面向 RCEP 成员国的中间品生产和贸易;遵循国际产业分工规律,加大重点产业靶向招商力度,推动一批重大项目落地。需沿着厦门本地优势工业的延伸链条强化对"一带一路"沿线国家、RCEP 成员的招商引资,宁可招商速度慢一些,"精挑细选",也不可盲目招商。

3.做好平台政策服务工作,鼓励厦门企业"走出去"发展

一是考虑建设与"一带一路"沿线国家、RCEP 成员国当地企业合作建设的海外产业园区,探索园区式的"走出去"方式。二是发挥侨商优势,借助海外华侨华人力量,营造企业"走出去"的良好氛围。厦门的海外华人华侨优势突出,"一带一路"沿线国家、东南亚地区闽籍华侨华人数量众多。厦门应积极发挥海外华侨华人的优势,完善企业"走出去"服务体系,营造厦门企业"走出去"的良好氛围。可以通过定期组织政府有关部门和侨商、企业家赴境外考察投资环境和项目,搭建厦门企业与侨商、侨智对接平台,支持厦门企业与侨商合作、实现互利共赢等方式,建立长期跟踪管理和监督境外投资企业的有效服务机制。三是发挥人文优势,推动文化产品贸易。厦门市的网络游戏、动漫、移动互联网应用、创意设计、会展等已经形成相当规模的集群效应。厦门市应在政府层面注重与"一带一路"沿线国家和 RCEP 成员国的人文交流,以南洋文化节、嘉庚论坛、厦门大学马来西亚校区、中国-东盟海洋学院等扩大与东盟等国家的人文交流,建设人文交流合作基地。利用厦门举办的各类国际会议、国际体育赛事、国际旅游节、国际艺术节、国际影视活动等,推动厦门文化企业的营销宣传。四是创新企业"走出去"的路径模式。厦门企业可以跟随在央企大项目、大投资这样的"领头雁"之后,借助央企项目的配套需求、基础设施修建带来的便利以及其他多方面便利,降低企业投资的成本和风险,提高对外投资的成功率。同时,根据企业的意愿和政府的产业发展方向,由行业协会等机构组织中小企业先"组团"后"出海",抱团"走出去"。鼓励厦门企业在海外设立研发机构,带动企业"走出去"。五是成立专门对外投资管理与服务机构,强化企业"走出去"的信息支持。考虑整合发改委、经贸信息委、外办、侨办等部门的对外投资服务职能,设立专门的对外投资管理与服务机构,进一步明确政府职责,建立更为清晰的服务管理体系。可以在厦门投资较为集中的东盟国家设立分支机构,向主要经贸往来的东盟国家和城市推广厦门企业,树立厦门企业的良好形象。在此基础上,建设企业"走出去"信息服务平台。加大对"走出去"信息服务的投入力度,如建设国内外企业数据库,为企业"走出去"提供实时查询国内外企业基础信息和信用信息的服务;建设各国贸易投资政策法规和招商项目信息数据库;建设网上在线咨询系统;等等。

4.加强资源吸聚能力,建设海陆空连接枢纽,进一步优化城市畅通能力

共建"一带一路"倡议和 RCEP 协议涉及的国家和地区众多,海运是连接彼此物流的主要运输方式,因此发挥港口物流优势是厦门牢牢抓住两大战略发展契机的重点之一。要加快吸纳人力、财力、物力等资源,完善港口设备和基础设施建设,扩展港口腹地范围,通过港口与铁路物流运输的信息共享平台和通关体系,建立合理的海铁联运运营模式,实现港口信息化、智能化管理,加强与厦门航空港、福建省周边港口的联动,将厦门打造成中国东南沿海的海陆空连接枢纽。一是鼓励有实力的物流企业"走出去",积极向内陆和海外地区扩张,设立分支机构,参与区域物流的竞争;二是吸引其他地区的优秀企业参与厦门港口、物流园区等物流节点的开发建设,加强港口腹地物流市场需求的开发力度。在双向投资中,厦门可充分利用独特的区位优势,积极探索与台湾、东南亚地区的有效对接模式,推动厦门与"一带一路"沿线国家和 RCEP 成员国的物流运输合作,将厦门建设成为一个海陆空连接枢纽中心。

参考文献

[1]陈传发."一带一路"建设与厦门"走出去·引进来"战略构想[J].厦门科技,2015(6):1-3.

[2]何军明."一带一路"战略下厦门市企业"走出去"的问题与对策[J].厦门特区党委党校学报,2016(4):6-10.

[3]彭虹,关琰珠,袁泽. RCEP 背景下推动厦门跨境电商产业健康发展的法律保障研究[J].厦门科技,2022(6):10-13.

[4]厦门市社会科学界联合会,厦门市社会科学院. 2022—2023 年厦门市经济社会发展与预测蓝皮书[M].厦门大学出版社,2022.

[5]Peterson Institute for International Economics. East Asia decouples

from the United States：Trade war，Covid-19，and East Asia's new trade blocs[R]. Washington：PIIE，2020：5，34.

课题负责人、统稿：李文溥
执　　　　笔：王燕武

厦门市构建服务业为主导的产业体系
与城市竞争力研究

近十余年来,第三产业已成为厦门市经济增长的一大"亮点",在城市经济结构中占有重要地位,也是经济增长的主动力之一。当一个经济体进入中高收入阶段,经济服务化就成为必然的发展趋势。发展服务业,重点在城市,尤其是大中型城市,关键是中心城市的现代服务业。厦门位于我国东南沿海经济发达地区,是东南沿海最发达的中心城市之一,因此,构建以服务业为主导的产业体系,尤其是发展现代服务业,是厦门市未来提高城市竞争力的必由之路。然而,就厦门市的各类服务业发展现状而言,目前厦门市的现代服务业尤其是现代生产性服务业仍存在规模偏小、结构不合理等问题。本文通过参考中国社会科学院发布的城市竞争力排名和已有文献并运用主成分分析法,分析厦门在社会和谐、综合经济、科技创新、城市交流能力等方面所存在的竞争力不足问题,并且分析在服务业竞争力方面,厦门在当地生产要素、城市交流能力、生产性服务业竞争力等方面所存在的短板。在此基础上,运用灰色关联度分析方法,分析厦门市服务业产业结构升级速率、第三产业产值总体占比的提升,如何从服务业竞争力、提升经济实力、创新发展潜力等方面促进厦门市城市竞争力的提高。最后,从服务业内部结构优化和城市竞争力提升两个方面提出对策建议。

一、厦门市服务业及生产性服务业发展状况

(一)厦门第三产业发展概况

产业分类是把具有不同特点的产业按照一定标准划分成各种不同类型的产业,以便进行产业研究和管理。根据我国国家统计局 2018 年修订并发布的《三次产业划分规定》,第三产业即服务业是指除第一产业、第二产业以外的其他行业。第三产业包含流通和服务两大部门,有四种具体分类:(1)流通部门,包括商业饮食业、邮电通讯业、交通运输业、物资供销和仓储业;(2)为生产和生活服务的部门,包括金融业、保险业、地质普查业、房地产管理业、公用事业、居民服务业、旅游业、信息咨询服务业和各类技术服务业等;(3)

为提高科学文化水平和居民素质服务的部门,包括教育、文化、广播、电视、科学研究、卫生、体育和社会福利事业等;(4)国家机关、政党机关、社会团体、警察、军队等。

改革开放四十多年来,厦门工业从劳动密集型的加工制造业起步,逐步转向资本密集型和技术密集型产业。伴随着厦门经济的高速增长与工业经济的迅速发展,第三产业在厦门经济中的重要性正在不断凸显。

1.第三产业在厦门经济中占重要地位

2014—2019年,厦门第三产业增加值占厦门地区生产总值的比重从54.7%上升到59.1%、年均增长0.88个百分点;受新冠肺炎疫情影响,2020—2022年第三产业增加值占比有所下降,但三年平均占比仍高于2018年水平。即便是受疫情影响较为严重的2022年,厦门第三产业增加值占GDP比重仍为58.2%。[1]

扫码阅览
彩图

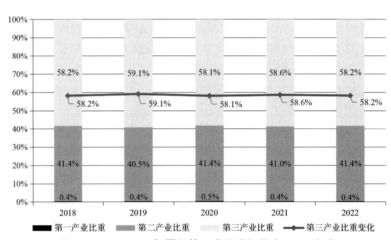

图1 2018—2022年厦门第三产业增加值占GDP比重

数据来源:各年份厦门经济特区年鉴、厦门市国民经济和社会发展统计

2.第三产业成为拉动GDP增长的重要发力点

2019年之前,厦门市第三产业增速连续高于同期GDP增速。受新冠肺炎疫情影响,2020—2022年厦门市第三产业增速较疫情前有所放缓,2022年第三产业增加值为4539.83亿元,增长10.1%,对GDP增长的贡献率达到54.4%,拉动GDP增长5.9个百分点,在三大产业中仍居首位。厦门"十

---

[1] 《厦门市2022年国民经济和社会发展统计公报》。

四五"规划纲要①提出,要聚焦包括文旅会展、现代物流、金融服务、家政服务等现代服务业重点领域,同时积极培育包括生物医药与健康、数字创意等"新赛道"产业。随着厦门经济结构的转型升级与服务业内部结构的持续优化,未来,第三产业将会成为推动厦门经济增长和城市竞争力提升更加重要的动力。

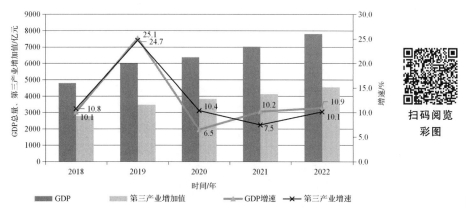

扫码阅览
彩图

图 2 2018—2022 年厦门 GDP 总量、第三产业增加值及各自增速情况
数据来源:各年份厦门经济特区年鉴、厦门市国民经济和社会发展统计公报。

3.第三产业对就业的带动作用明显

随着制造业技术升级、机器人与人工智能在工业领域逐渐得到广泛的应用,第二产业的劳动力需求有下降趋势,第三产业将成为未来吸纳劳动力就业的重点领域。如图 3 所示,从各产业城镇非私营单位年末从业人数来看,2018、2019、2020、2021 年四年间第二产业从业人员比重分别为 62.23%、52.92%、50.81%、50.41%,下降趋势明显;而第三产业从业人员比重分别为37.66%、47.07%、49.18%、49.58%,即便是受新冠肺炎疫情影响较为严重的2020 年和 2021 年,厦门第三产业从业人员比重仍高于 2019 年疫情前水平并保持一定的上升趋势。随着区域一体化、城市化进程加快,厦漳泉都市圈、闽西南协作区合作深入推进,厦门市服务业市场空间广阔,未来第三产业对就业的带动作用将会得到进一步释放。

---

① 即《厦门市国民经济和社会发展第十四个五年规划和二○三五年远景目标纲要》,以下简称厦门"十四五"规划纲要。

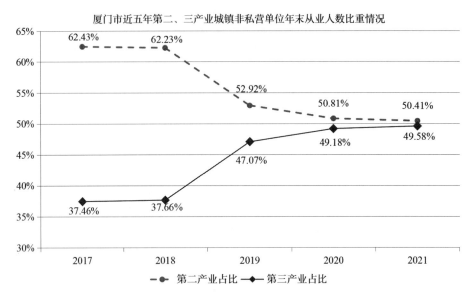

厦门市近五年第二、三产业城镇非私营单位年末从业人数比重情况

图3 2017—2021年厦门第二、三产业城镇非私营单位年末从业人数比重情况

数据来源:各年份厦门经济特区年鉴。

4.第三产业内部结构持续优化升级

第三产业可以分为两个部分:一是传统服务业,主要包括批发和零售业、住宿和餐饮业、交通运输、仓储和邮政业;二是现代服务业,尤其是现代生产性服务业,包括金融业、房地产业、信息传送、软件和信息技术服务业、科学研究和技术服务业等行业。"十四五"时期是厦门全方位推动高质量发展超越、更高水平建设高素质、高颜值现代化国际化城市的关键时期,推进现代服务业高质量发展是贯彻新发展理念,主动融入新发展格局的重要举措。当前,厦门在传统服务业领域的优势不断得到巩固,2022年厦门消费品零售总额为2665.36亿元,增长3.1%,实现外贸进出口总值9225.59亿元,比上年增长4.0%[①];2021年厦门批发零售业实现增加值905.79亿元,占第三产业增加值的25.31%。同时,厦门新兴产业动能不断增强,金融、现代物流、文化旅游、软件信息服务等产业集群营收超千亿[②]。2021年厦门金融业实现增加值865.50亿元,占第三产业增加值的21.0%,对GDP增长的贡献率达12.01%,拉动GDP增长1.22个百分点;2021年厦门规模以上信息传输、软件和信息技术服务业实现营业收入615.19亿元,同比增长15.1%,增长迅速。此外,跨境电

① 《厦门市2022年国民经济和社会发展统计公报》。

② 《厦门市"十四五"现代服务业发展规划》,以下简称厦门"十四五"现代服务业规划。

商、直播经济、社区新零售等新商业模式蓬勃发展,2021年厦门全市限额以上企业通过互联网实现零售额591.99亿元,同比增长19.6%。[①]

5.第三产业的高增速使其投资需求迅速增长

2022年,厦门完成固定资产投资2971.08亿元,增长10.2%,其中第一产业投资0.97亿元,下降65.3%,第二产业投资644.07亿元,增长28.0%,第三产业投资2326.04亿元,增长6.2%。2022年厦门第三产业固定资产投资额占全部固定资产投资比重高达78.3%,居三大产业首位,而且远远超过其他两大产业占比之和。第三产业的固定资产投资为拉动厦门经济增长做出了突出的贡献。

厦门"十四五"现代服务业规划指出,立足新发展阶段、贯彻新发展理念,积极服务和主动融入新发展格局,要以现代服务业高质量发展促进产业升级。伴随着厦门市产业体系转型升级与更大范围、更宽领域、更深层次对外开放的不断推进,第三产业将成为未来厦门市经济发展和城市经济竞争力提升最重要的动力之一。

(二)厦门市生产性服务业发展概况

生产性服务业,也称生产者服务业,指为生产经营活动以及政府管理等提供中间服务的服务产业。厦门营收超千亿的产业集群如金融、现代物流、软件信息服务等,多属于生产性服务业。"十四五"现代服务业发展规划强调,应持续增强厦门市现代服务业的生产服务功能。

1.厦门市生产性服务业发展概况

2021年厦门市第三产业增加值4121.94亿元,同比增长7.5%,对厦门市地区生产总值增长的贡献率为44.2%,拉动经济增长4.5个百分点。其中,批零业、交通业、金融业、营利性服务业增加值分别增长23.0%、10.0%、7.0%、7.2%,合计对服务业增长的贡献率达92.0%。2021年交通运输、仓储和邮政业及批发零售业分别实现增加值321.39亿元和905.79亿元,在厦门地区生产总值中占比分别为4.6%和12.9%;金融服务业实现增加值865.50亿元,比上年增长7.0%;信息传输、软件和信息技术服务业实现营收615.19亿元,增长15.1%。在保持较快发展速度的同时,生产性服务业内部结构逐步改善,过去以批发零售和物流为主,现在,科技服务、信息服务等新兴服务业的比重正在不断上升。生产性服务业的就业吸纳能力较强,2021年批发零售业从业人数达90906人,交通运输、仓储和邮政业就业人数达68313人,信息传送、软件和信息技术服务业和金融业就业人数分别是32862人和46823人。[②]

273

---

① 《厦门经济特区年鉴-2022》。

② 《厦门经济特区年鉴-2022》。

（1）批发零售业稳步发展，消费品市场传递积极信号

2021年，厦门批发零售业销售额增长43.0%，高于全省平均水平11.3个百分点；2021年厦门实现社会消费品零售总额2584.07亿元，比上年增长12.7%，高出全省平均水平3.3个百分点，两年平均增长7.0%，高出全省平均水平3.2个百分点。2021年厦门限额以上零售额实现1570.18亿元，比上年增长13.8%，高出全省平均水平2.6个百分点。其中，2021年厦门限额以上企业通过互联网实现零售额591.99亿元，比上年增长19.6%。从零售商品分类来看，衣着与汽车类零售发挥主力作用。2021年衣着类零售额达到420.92亿元，比上年增长36.9%，占全市限额以上零售额的26.8%，增长贡献率达59.6%；汽车类零售额达到383.07亿元，增长6.6%，占限额以上零售额的24.4%。[①]

（2）交通运输总体稳定，物流业保持增长

2021年厦门市交通运输、仓储和邮政行业实现增加值321.39亿元，同比增长16.5%，约占当年全市GDP的4.6%，占比有所回升。全年公路运输总周转量254.26亿吨公里，同比增长20.7%；邮政业实现业务收入90.49亿元，同比增长13.2%，其中快递业务收入81.98亿元，同比增长21.3%；航空运输业实现营业收入198.24亿元，同比增长0.2%。

受疫情影响，2021年厦门市全年交通运输客运量有所下降，货运量大幅增长，全年公路、铁路、港口、航空全年客运量4336.44万人、同比下降了4.9%，货运量达33609.57万吨，同比增长17%。公路方面，全年公路客运量1154.45万人次，同比下降了5.6%，货运量达20712.92万吨，同比增长22.1%。铁路方面，厦门站和厦门北站完成旅客发送1532.13万人，同比增长2.0%，比2020年有所回升；货物发送量827.13万吨，同比增长9.7%。港口方面，2021年港口货物吞吐量达2.28亿吨，同比增长9.7%，其中集装箱吞吐量达1240.63万吨。航空方面，2021年厦门空港累计旅客吞吐量为1495.19万人次，同比下降了10.5%；空港货邮吞吐量达29.77万吨，同比增长6.9%。物流方面，全市物流产业实现总收入1527.14亿元，比上年增长17.3%。快递业务量5.91亿件，增长8.6%；快递业务收入累计完成81.98亿元，增长21.3%。

受新冠肺炎疫情影响，2022年厦门市交通运输、仓储和邮政业实现增加值340.25亿元，同比下降了3.2%，其增加值约占当年全市GDP的4.4%。全市旅客运输、周转量受新冠肺炎疫情影响较为明显，2022年厦门市旅客运输量3772.92万人次，同比下降了18.8%；旅客周转量241.44亿人公里，同比下降了25.6%。货物运输、周转量则保持较快增长，2022年厦门市全年完成

---

① 《厦门经济特区年鉴-2022》。

货物运输量 4.31 亿吨,同比增长 10.1％;完成货物周转量 3183.90 亿吨公里,同比增长 13.0％。完成邮政行业业务总量 107.97 亿元,同比增长 18.2％。

(3)"互联网＋"生态塑造良性循环,新业态下产业融合加速升级

2021 年,厦门市信息传输、软件和信息技术服务业(以下简称"信息软件技术服务业")实现营业收入 615.19 亿元,同比增长 15.1％。其中,软件和信息技术服务业营收占比最高,2021 年厦门市软件和信息技术服务业实现营业收入 300.16 亿元,同比增长 18.3％;互联网和相关服务业实现营业收入 221.44 亿元,同比增长 13.9％,与互联网、信息技术相关联的经济新业态的发展推动了厦门市的信息传输、软件和信息技术服务业蓬勃发展。5G 通信技术的迅速普及,为厦门市信息软件技术服务业的发展提供了有力的基础设施支撑。

2022 年,厦门市移动电话用户数达到 680.26 万户,比 2021 年增加了 14.14 万户,其中 4G 移动电话用户达 374.74 万户,占比达 55.09％,比 2021 年的占比下降了十多个百分点;与此同时,5G 移动电话用户 246.01 万户,占比达 36.16％,比 2021 年的占比提高了 13.3 个百分点。未来,伴随着"互联网＋"消费场景应用的进一步扩展,信息软件技术服务业将与其他服务业实现多方联动,从而成为推动二三产业深度融合、推动厦门市产业整合升级的重要力量。

(4)金融服务业

存款规模方面,住户存款规模大幅扩大。至 2022 年末,中外资金融机构本外币各项存款余额 16167.02 亿元,比上年末增长 9.5％。中资金融机构人民币各项存款余额 15211.31 亿元,增长 9.4％,其中住户存款余额 5202.63 亿元,增长 24.2％,非金融企业存款余额 6126.58 亿元,增长 15.0％。

贷款规模方面,中短期贷款和长期贷款都稳步扩大。至 2022 年末,中外资金融机构本外币各项贷款余额 17319.33 亿元,比上年末增长 13.1％。中资金融机构人民币各项贷款余额 16538.72 亿元,增长 14.5％,其中短期贷款余额 4698.51 亿元、增长 11.6％,中长期贷款余额 10326.90 亿元、增长 15.7％。

2.厦门生产性服务业所存在的问题

自"十二五"时期以来,厦门市生产性服务业得到了较快发展。然而,与先进城市相比,仍然存在差距。总的来说,厦门市生产性服务业存在着规模较小、内部结构不合理、地区布局不平衡、人才匮乏、骨干企业数量少等问题。

(1)规模较小

厦门市的生产性服务业与国内一、二线城市相比,仍存在一定差距。2020 年厦门生产性服务业增加值共 2522.79 亿元,同年深圳生产性服务业增加值为 12360.74 亿元,厦门生产性服务业增加值仅为深圳的 1/5。从人均角度来

看,2020年厦门市人均生产性服务业增加值为4.90万元,同年深圳则为7.12万元/人,两相比较,厦门仍有较大差距。从占比角度来看,2020年厦门生产性服务业增加值占服务业总增加值的比重为68.13%,约占地区生产总值的39.52%;而同年深圳生产性服务业增加值占服务业总增加值的比重为71.32%,约占地区生产总值的44.53%。可见,厦门生产性服务业与国内一线城市相比仍有差距。

(2)内部结构不合理

如图4所示,在生产性服务业中,金融业的比重最大,其次是仓储物流,而科学研究和技术服务、信息软件技术服务、商务服务等产业的占比较低。厦门金融服务业发展较快,一方面是因为厦门的经济结构中房地产业比重较大,另一方面则是因为厦门作为经济特区、福建省的经济中心城市,在福建省具有较高的金融地位。然而,厦门的金融业仍以间接金融为主,直接金融占比较低,在服务实体经济、支持创新等方面还有较大发展空间。厦门港作为中国东部沿海最重要的对外贸易港口之一,具有优秀的货物运输能力,厦门市交通运输、仓储和邮政业因而在全市服务业中属于传统优势产业。然而,租赁和商务服务业、信息软件技术服务业、科学研究和技术服务业占比仍然较小,而且增长较慢,表明这部分现代服务业仍然是厦门生产性服务业发展的薄弱环节。与此同时,其他传统服务业占比仍然较大,2017—2021年虽然占比有小幅下降,但总体仍保持在50%以上。总体而言,厦门市第三产业中传统服务业占比较大、现代服务业仍处于发展初期阶段,生产性服务业发展水平较低、内部结构亦不合理,这是厦门自身现有的经济发展水平所决定的。

扫码阅览彩图

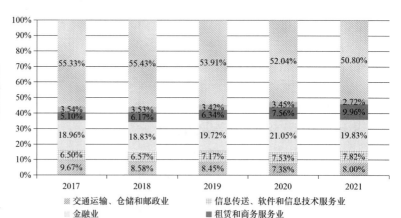

图4 2017—2021年厦门服务业内部结构

数据来源:各年份厦门经济特区年鉴。

（3）服务业人才结构不适应服务业转型升级需求

在生产性服务业中，以信息软件技术服务业、科学研究、技术服务业为代表的现代服务业对技术、人才的要求较高。然而，如图 5 所示，从厦门对高素质人才的市场需求情况看，传统服务业仍然占据主导地位，以金融业为主；而信息软件技术服务业、科学研究、技术服务业对人才的需求较小，这和厦门市此类生产性服务业规模较小有关，也使得厦门市在与其他城市的人才竞争中处于劣势。高素质人才的严重缺乏也对厦门市生产性服务业的进一步发展造成了极大的阻碍，不利于厦门服务业内部结构的转型升级。

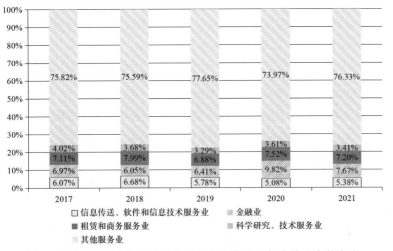

扫码阅览
彩图

277

图 5　厦门市 2021 年第三产业城镇非私营单位年末从业人数占比

数据来源：《厦门经济特区年鉴-2022》。

（4）缺乏领军企业

厦门"十四五"现代服务业规划指出，当前厦门市企业综合竞争力仍有待提高，高质量、高水平、具有龙头带动作用的服务业骨干企业数量不足，辐射带动力强的优势产业和知名服务品牌仍然较少。与深圳、苏州、宁波等相比，厦门城市范围较小，城市人口规模较小，市场规模与需求量不足，而且经济腹地较小，难以支撑具有全国影响力的大型服务企业，这是厦门生产性服务业发展缓慢的客观原因之一。

二、厦门市城市与服务业竞争力发展状况

城市竞争力是一个综合概念，指城市在社会、经济结构、价值观念、文化、制度政策等多个因素综合作用下在自身区域内进行资源优化配置的能力，是城市在经济、社会、科技、环境等方面综合能力的集中体现。本部分将首先对

厦门城市竞争力现状进行分析,然后通过建立指标体系,对厦门市城市竞争力和服务业竞争力现状进行系统性分析,使用主成分分析法比较厦门与省内其他城市的竞争力。

(一)厦门城市竞争力现状分析

本章通过两种测算方式对厦门市的城市竞争力进行分析:(1)中国社会科学院财经战略研究院于各年发布的中国城市竞争力报告中所使用的城市竞争力指标,该报告按照指标最小化原则,通过长期研究构建了一系列分项竞争力,并对2021年中国291个城市的各方面竞争力进行了全面、综合的衡量与比较,其主要内容包括综合经济竞争力、科技创新竞争力、社会和谐竞争力、经济活力竞争力和可持续竞争力;(2)参考现有学术文献,选择关于城市竞争力分析的分指标,主要包括城市经济实力、产业竞争能力、城市交流能力、人居环境吸引力、发展创新潜力,使用主成分分析法对福建省省内主要城市进行评分比较。

1.基于中国社会科学院城市竞争力指标的分析

如表1所示,根据中国社会科学院财经战略研究院发布的《中国城市竞争力报告No.19——超大、特大城市:健康基准与理想标杆》(以下简称《报告No.19》),2021年厦门市综合经济竞争力居全国第19位、城市科技创新竞争力居全国第15位、城市经济活力竞争力居全国第7位、城市可持续竞争力居全国第10位,而城市社会和谐竞争力则未进入前20名。

表1 2021年厦门城市竞争力排名情况

竞争力	综合经济	科技创新	经济活力	可持续	社会和谐
排名	19	15	7	10	＞20

本章对2021—2022年厦门市的综合经济竞争力、城市科技创新竞争力、城市经济活力竞争力、城市可持续竞争力与城市社会和谐竞争力进行分析。

(1)综合经济竞争力。综合经济竞争力能够反映城市的经济实力。2021年厦门全市GDP首次突破7000亿元大关,2020—2021年GDP平均增长率为6.9%,居全国副省级城市排名的第一位,2022年全市实现地区生产总值7802.66亿元,主要经济指标保持平稳增长态势。

(2)科技创新竞争力。城市科技创新能力代表城市的科创能力。到2021年,厦门市拥有技术先进型服务企业66家,省级科技小巨人企业490家,市级科技企业孵化器54家,其中国家级10家。全市国家、省、市级重点实验室211家,工程技术研究中心128家,企业技术中心254家,国家级博士后科研工作站34家,省级博士后创新实践基地14家,省、市级新型研发机构60家。全市国家备案众创空间45家,国家专业化众创空间3家,省级众创空间92家,市级众创空间 134 家。创新型企业众多是厦门城市科技创新能力的不断提升的重要基础。2021 年厦门城市科技创新能力比 2020 年上升了 7 个名次,进步明显。

（3）经济活力竞争力。城市经济活力竞争力能够反映一个城市的经商便利度、青年人才比例、经济增长率等情况。2021 年厦门城市经济活力竞争力排名比2020 年的排名大幅上升,表明厦门在吸引人才、营商环境建设等方面表现优异。

（4）可持续竞争力。城市可持续竞争力是一个城市提升自身在经济、社会、生态、创新、全球联系等方面的优势,并寻求系统优化,以持续满足公民复杂而高级的福利效用的能力。2021 年厦门市城市可持续竞争力排名比 2020年上升 4 位,提升幅度很大,从全国第十一到二十位跻身于全国前十位。在节能减排方面,2022 年厦门全市每万元地区生产总值耗电 430.35 千瓦·时,比上年降低了 36.03 千瓦·时,每万元地区生产总值耗水 6.08 吨,降低 0.60 吨。在环境保护和治理方面,2022 年厦门市空气质量综合指数(2.56)在全国 168个重点城市中排名第九,PM$_{2.5}$ 浓度为 17 微克/米^3,全省排名第一;饮用水水源地、主要流域国控断面、主要流域省控断面、小流域省考断面、小流域"以奖促治"断面实现"五个 100% 达标";近岸海域水质良好,全年优良水质点位比86.4%,比上年上升 4.6 个百分点;土壤环境质量保持稳定,危险废物处置利用率 100%;全年城市声环境功能区昼间、夜间达标率分别为 100%、86.2%,继续保持全国领先水平。[①]

（5）社会和谐竞争力。城市社会和谐竞争力衡量城市的社会安全水平,受社会公平、居住成本、开放度等因素的影响。厦门市环境优美,社会安全,城市开放水平高。但厦门房价收入比值较大,居住成本高昂,这一因素或许是厦门市未能跻身《报告 No.19》中城市社会和谐竞争力排名前 20 的主要原因之一。

2.基于主成分分析法测度指标的分析

通过参考现有文献,本章选择了五个方面的指标(如表 2 所示),并运用主成分分析法对厦门市的城市竞争力进行测度,进一步将其与福州市、泉州市的城市竞争力进行对比分析。本章将城市竞争力的评价指标归纳为如下五个方面:

（1）城市经济实力。使用经济总量及其平均水平、市场购买力和政府购买力四个变量,并分别以 GDP(亿元)、人均 GDP(万元)、城乡居民人均生活消费支出(元)、一般公共预算收入(亿元)作为各变量代理指标。

（2）产业竞争能力。使用产业结构、技术创新能力、工业效益和产业规模四个变量,并分别以二第三产业产值占 GDP 的比重、每千人有效发明专利数(件)、人均全年规模以上工业企业实现的利润总和(万元)、二三产业固定资产

---

① 《厦门市 2022 年国民经济和社会发展统计公报》。

投资(亿元)作为各变量代理指标。

（3）城市交流能力。使用商品集散能力、物资通达程度、网络利用程度和通讯频密程度四个变量,并分别以社会消费品零售总额(亿元)、公路通车里程(公里)、移动互联网用户数(万户)、邮电业务总量(亿元)作为各变量代理指标。

（4）人居环境吸引力。使用居民生活保障度、医疗卫生保障度、自然环境舒适度和公共交通便利度四个变量,并分别以城乡居民人均可支配收入(元)、每千人拥有卫生技术人员数、人均公园绿地面积(米²)、人均公路通车里程(米)作为各变量代理指标。

（5）发展创新潜力。使用城市发展动力、引进外资能力、基础设施水平和教育科研水平等四个变量,并分别以城镇化率、人均当年实际使用外资额(万美元)、人均全社会固定资产投资(万元)、全日制在校学生数占全市人口比重作为各变量代理指标。

表 2　城市竞争力评价指标体系

城市竞争力	变量	代理指标
城市经济实力	经济总量	GDP(亿元)
	经济平均水平	人均 GDP(万元)
	市场购买力	城乡居民人均生活消费支出(元)
	政府购买力	一般公共预算收入(亿元)
产业竞争能力	产业结构	二三产业产值占 GDP 的比重
	技术创新能力	每千人有效发明专利数(件)
	工业效益	人均全年规模以上工业企业实现利润(万元)
	产业规模	二三产业固定资产投资(亿元)
城市交流能力	商品集散能力	社会消费品零售总额(亿元)
	物资通达程度	公路通车里程(公里)
	网络利用程度	移动互联网用户数(万户)
	通讯频密程度	邮电业务总量(亿元)
人居环境吸引力	居民生活保障度	城乡居民人均可支配收入(元)
	医疗卫生保障度	每千人拥有卫生技术人员数
	自然环境舒适度	人均公园绿地面积(米²)
	公共交通便利度	人均公路通车里程(米)
发展创新潜力	城市发展动力	城镇化率
	引进外资能力	人均当年实际利用外资额(万美元)
	基础设施水平	人均全社会固定资产投资(万元)
	教育科研水平	全日制在校学生数占全市人口比重

在评价城市竞争力时,往往需要综合多方面的因素、选取多方面的指标,对不同城市进行全面的比较。然而,传统的多指标评价体系往往依据专家的判断和经验对各项具体指标的重要程度进行判断和赋权,存在主观性强的弊端,缺乏普适性、稳定性与科学性。因此,结合已有研究,本章使用基于定量研究的主成分分析法对城市竞争力进行综合评价。

本章以厦门、福州、泉州三个城市为样本,分别对其城市经济实力、产业竞争能力、城市交流能力、人居环境吸引力与发展潜力五个方面的指标开展主成分分析。

表 3 展示了厦门、福州、泉州在城市经济实力、产业竞争能力、城市交流能力、人居环境吸引力和发展创新潜力五个方面的主成分分析结果。由该表可知,厦门市在经济实力、产业竞争力、发展创新潜力方面优于泉州市,在城市交流能力和人居环境吸引力方面优于福州市。总体来说,厦门市的城市竞争力并未达到最优,目前在福建省内的三个城市中居于中间地位。

表 3　2021 年厦门、福州、泉州城市竞争力分力得分

城市	经济实力	产业竞争力	城市交流能力	人居环境吸引力	发展创新潜力
厦门	0.40	−0.25	−0.23	0.24	0.47
福州	0.47	0.87	−0.62	−0.83	0.68
泉州	−0.87	−0.62	0.85	0.59	−1.15

数据来源:厦门市、福州市、泉州市 2022 年统计年鉴及公报,经作者测算整理。

基于中国社会科学院发布的《报告 No.19》与本章借鉴已有研究进行的主成分分析的结果可知,厦门在全国城市中的竞争力排名在稳步提升,尤其是在经济实力、可持续竞争力和科技创新实力等方面排名提升较快。在福建省内,厦门城市竞争力在厦门市、福州市、泉州市三个城市中总体上居于中间地位。

(二)厦门服务业竞争力发展状况

由上文分析可知,服务业对现阶段提升厦门城市竞争力具有重要作用,因此,有必要对此作进一步研究。在本部分中,我们采取与上一部分评价厦门城市竞争力相同的方式进行厦门服务业竞争力发展状况分析:(1)通过寻找报告中与服务业竞争力相关的指标进行分析,主要包括当地要素竞争力、营商硬环境竞争力、营商软环境竞争力、全球联系竞争力、环境韧性竞争力;(2)通过参考现有学术文献并选择关于服务业竞争力的分指标,主要包括服务业规模、服务业竞争效率、城市交流能力、生产性服务业竞争力,使用主成分分析法对福建省省内主要城市进行评分。

1.基于中国社会科学院城市竞争力指标的分析

如表4所示,根据《报告 No.19》,2021 年厦门市当地要素竞争力位居全国第 20 位、营商硬环境竞争力居全国第 15 位、营商软环境竞争力居全国第 7 位、全球联系竞争力居全国第 10 位,环境韧性竞争力居全国第 8 位。

表 4　2021 年厦门服务业竞争力排名情况

竞争力	当地要素	营商硬环境	营商软环境	全球联系	环境韧性
排名	20	7	17	8	8

(1)城市当地要素竞争力是对城市各方面能力水平的综合考量,主要的评价指标为资本、创新和人才。2021 年,厦门市取代大连市,首次进入中国城市当地要素竞争力前 20 名。

(2)营商硬环境竞争力衡量一个城市为市场主体所提供的物质基础保障程度。依托于海陆空交通枢纽的交通优势,2021 年厦门市在中国城市营商硬环境竞争力排名之中位居全国第 7,比 2020 年上升 5 名。

(3)营商软环境竞争力则考虑城市为市场主体所提供的制度机制环境。2021 年,厦门市的营商软环境竞争力在全国排名第 17。

(4)全球联系竞争力是指城市在引进利用外资、进出口、对外交流等方面的综合竞争力。2021 年厦门全球联系竞争力位居全国第 8 位,比 2020 年上升 3 位,进入全国前 10 名。

(5)环境韧性竞争力代表了城市在环境清洁度、节能减排、能源利用效率等方面的实力。2021 年厦门环境韧性竞争力居全国第 8 位。自“十三五”以来,厦门市国家生态文明试验区建设取得显著成效,空气质量、建成区绿化覆盖率等居全国前列,获评“国家生态市”“国家生态园林城市”等荣誉称号。

2.基于主成分分析法测度指标的分析

通过参考现有文献,本章选择了如下四个方面指标进行分析(如表5所示):

(1)服务业规模。使用第三产业增加值、第三产业平均水平、市场购买力、政府购买力四个变量,并分别以第三产业 GDP(亿元)、人均第三产业 GDP(万元)、城乡居民人均生活消费支出(元)、一般公共预算收入(亿元)作为各变量代理指标。

(2)服务业竞争效率。使用服务业占比、技术创新能力、第三产业规模、服务业生产率四个变量,并分别以第三产业产值占 GDP 的比重、人均有效发明专利数(件)、人均第三产业固定资产投资(万元)、单位服务业从业者创造的

GDP(万元)作为各变量代理指标。

　　(3)城市交流能力。使用商品集散能力、物资通达程度、网络利用程度和通信频密程度四个变量,并分别以社会消费品零售总额(亿元)、公路通车里程(公里)、移动互联网用户数(万户)、邮电业务总量(亿元)作为各变量代理指标。

　　(4)生产性服务业竞争力。使用生产性服务业增加值、生产性服务业平均水平、生产性服务业占比、人才充裕度四个变量,并分别以生产性服务业增加值(亿元)、人均生产性服务业增加值(万元)、生产性服务业占第三产业的比重、全日制在校学生数占全市人口比重作为各变量代理指标。

表 5　服务业竞争力评价指标体系

服务业竞争力	变量	代理指标
服务业规模	第三产业 GDP	第三产业 GDP(亿元)
	第三产业平均水平	人均第三产业 GDP(万元)
	市场购买力	城乡居民人均生活消费支出(元)
	政府购买力	一般公共预算收入(亿元)
服务业竞争效率	服务业占比	第三产业产值占 GDP 的比重
	技术创新能力	人均有效发明专利数(件)
	第三产业规模	人均第三产业固定资产投资(万元)
	服务业生产率	单位服务业从业者创造的 GDP(万元)
城市交流能力	商品集散能力	社会消费品零售总额(亿元)
	物资通达程度	公路通车里程(公里)
	网络利用程度	移动互联网用户数(万户)
	通信频密程度	邮电业务总量(亿元)
生产性服务业竞争力	生产性服务业增加值	生产性服务业增加值(亿元)
	生产性服务业平均水平	人均生产性服务业增加值(万元)
	生产性服务业占比	生产性服务业占第三产业的比重
	人才充裕度	全日制在校学生数占全市人口比重

　　表 6 展示了厦门、福州、泉州在服务业规模、服务业竞争效率、城市交流能力、生产性服务业竞争力四个方面的主成分分析结果。由该表可知,厦门的服

务业规模优于福州和泉州,服务业竞争效率、城市交流能力和生产性服务业竞争力在三个城市当中居于中间地位。总体而言,厦门市在福建省内的服务业竞争力主要体现在服务业规模方面,而服务业竞争效率和生产性服务业竞争力方面的优势并不明显。

表6　2021年厦门、福州、泉州服务业竞争力分力得分

城市	服务业规模	服务业竞争效率	城市交流能力	生产性服务业竞争力
厦门	0.64	0.51	−0.28	0.54
福州	0.51	0.64	−0.57	0.61
泉州	−1.15	−1.15	0.85	−1.15

数据来源:厦门市、福州市、泉州市2022年统计年鉴及公报,经作者测算整理。

综上所述,通过分析可知,厦门市服务业竞争力在全国城市中的排名持续提升。然而,在福建省内,厦门服务业竞争力的优势仅体现为服务业规模优势,而服务业竞争效率和生产性服务业竞争力相对服务业规模优势来说存在不足。在产业持续转型升级的大背景下,服务业已经成为厦门市经济增长的核心引擎。然而,正如前文所述,厦门市生产性服务业规模不足,对经济拉动能力有限,而且生产性服务业在省内竞争力不足。目前阶段,发展生产性服务业是厦门市第三产业内部结构优化的重点,提升服务业竞争力,特别是生产性服务业竞争力,是现阶段提高厦门市城市竞争力的核心所在、关键所在。

三、服务业发展提升城市竞争力的机制分析

城市竞争力是多因素的系统合成结果,影响城市竞争力的因素及其影响程度,会随着经济发展阶段的不断演进而变化。城市化可以理解为经济模式和生产方式的变化,涉及各要素的集聚以及居民生产生活方式的相互作用,城市形态发展变迁的背后必然伴随着产业的兴衰变化和居民生产生活方式的改变。因此,可以认为,影响城市竞争力变化的关键始终在于城市发展过程中与其他城市相比的资源吸引、控制与转化能力,市场占领和控制能力,价值创造能力等。

随着中国经济进入中等偏上收入阶段,经济服务化趋势日益明显,发展服务业特别是现代生产性服务业,对于满足居民日益增长的服务消费需求,促进工业转型升级,提高城市竞争力具有重要作用。

因此,本章从城市的经济主体竞争力、产业竞争能力、社会服务能力、商贸

流通便利程度以及人居环境吸引力五个方面出发,对以服务业为主导的产业体系影响城市竞争力的作用机理进行分析。

(1)经济主体竞争力。目前,服务业已经成为城市经济的主体,在厦门的经济结构中,第三产业所占比重已经超过 50%。2022 年,厦门市第三产业对 GDP 增长的贡献率达到 54.4%,拉动 GDP 增长 5.9 个百分点,而且在三大产业中居首位,服务业已经成为厦门市经济增长的核心驱动力。在以服务业为主体的后工业经济时代的城市经济体中,服务业的增长速度和发展效率直接决定了城市竞争力的高低。能否加快服务业内部结构优化和转型升级,成为能否巩固提升厦门城市竞争力的关键因素。

(2)产业竞争能力。伴随着工业转型升级的进程不断推进,新兴科技作用于企业生产已经成为必然趋势。大数据、物联网、云计算、人工智能等新型信息技术与企业生产的深度结合,是未来工业生产效率提升的关键。因此,发展包括科学研究和技术服务业、信息软件技术服务业在内的知识密集型现代生产性服务业,除本身实现的增加值外,还能够通过服务于工业制造业以及其他传统服务业,从技术端提升城市所有产业的竞争能力,进而实现城市竞争力的提升。

(3)社会服务能力。从就业与人才吸纳角度来看,随着劳动生产率的提高和人工智能的应用,第二产业对劳动力的需求逐渐降低。相对而言,第三产业的发展会对劳动力产生较大的需求,对于人才素质要求较高的现代服务业更是能够通过较高的薪酬吸引高端人才进入城市。从人民生活质量角度来看,发展包括文化、文创、文旅产业在内的服务业,能够塑造良好的城市形象,丰富居民精神生活,从而增强人民的幸福感与满意度。因此,发展第三产业,重视第三产业在发展国民经济和改善人民生活中的作用,能够有效提高城市竞争力。

(4)商贸流通便利程度。商贸服务业与生产性服务业的发展将带来人流、物流和商流的集中。这将进一步提升城市经济服务、辐射、优化周边地区资源配置的功能,从而扩大城市发展的经济腹地,在更广泛区域内形成产业分工与要素流动,进而有助于提升城市的竞争力。

(5)人居环境吸引力。城市人居环境的改善有助于吸引人才,从而提升城市的人力资本水平和人才竞争优势。而人居环境的改善则需要依靠服务业发展来为之提供相应的资源和保障。现代生活性服务业是牵引人才流动和提升城市档次、品位的一个重要因素,通过服务业来提升居民对于城市的满足感和荣誉度,可以提升城市的人才竞争力。

综上所述,构建以服务业为主导的产业体系可以从城市的经济主体竞争力、产业竞争能力、社会服务能力、商贸流通便利度以及人居环境吸引力等五个方面推动城市竞争力的提升。产业发展是决定城市竞争力的基础和根本，在以服务业为主导的后工业化时代的城市经济体中，服务业发展质量直接决定了城市的经济实力与产业实力。同时，城市商贸流通、要素流动的便利程度是影响现代服务业发展和城市吸引生产要素的重要因素，也就决定了城市的竞争力。在经济发展进入中高收入阶段，人力资本的作用越加凸显，能否吸引到优秀人才就决定了城市竞争力的高低，而现代服务业发展质量是人才流动的主要考量因素之一。

四、厦门产业结构转型升级与城市竞争力之间的灰色关联度分析

(一)厦门服务业及城市竞争力状况的横向比较

1.厦门服务业发展状况横向比较

(1)基于中国社会科学院城市竞争力分项指标进行分析。如表7所示，根据4个城市在《报告No.19》中与服务业相关的竞争力(当地要素、营商硬环境、营商软环境、全球联系、环境韧性)排名可以发现，深圳市在4个城市中，各分项竞争力均居首位，厦门市在当地要素方面排名较落后，仅超过了宁波市。

表7　2021年厦门等城市服务业竞争力排名情况

城市	当地要素	营商硬环境	营商软环境	全球联系	环境韧性
厦门	20	7	17	8	8
深圳	1	2	6	4	3
苏州	14	11	>20	11	9
宁波	>20	19	>20	6	17

(2)基于主成分分析法测度指标进行分析。表8展示了2021年厦门、深圳、苏州、宁波在服务业规模、服务业竞争效率、城市交流能力、生产性服务业竞争力方面的主成分分析结果。可以看出，与《报告No.19》中的服务业竞争力排名的结果一致，深圳市服务业竞争力分项得分均居首位，凸显出其在全国服务业主导产业体系的标杆地位。而对于厦门市来说，其在服务业规模、城市交流能力方面与其他3个城市相比存在较为明显的不足，生产性服务业竞争力与深圳市相差较大，这也与前文对厦门生产性服务业竞争力不足的分析一致。目前厦门市服务业竞争力不足的短板，不仅来自服务业总体规模不足，更来自生产性服务业规模小、结构不合理等问题。

表 8　2021 年厦门、深圳、苏州、宁波服务业竞争力分项得分

城市	服务业规模	服务业竞争效率	城市交流能力	生产性服务业竞争力
厦门	−0.57	0.84	−0.77	−0.07
深圳	1.50	0.41	1.47	1.43
苏州	−0.43	−0.64	−0.43	−0.74
宁波	−0.51	−0.62	−0.26	−0.63

数据来源：厦门市、深圳市、苏州市、宁波市 2022 年统计年鉴及公报，经作者测算整理。

2.厦门城市竞争力状况横向比较

（1）基于中国社会科学院城市竞争力指标进行分析。表 9 展示了《报告 No.19》中厦门、深圳、苏州、宁波相应指标的城市竞争力排名情况。在这些城市中，除社会和谐指标外，深圳市的各项指标均领先于其他城市，而厦门市经济活力竞争力指标较为靠前，在综合经济、科技创新、社会和谐方面的指标则排名较落后。

表 9　2021 年厦门、深圳、苏州、宁波城市竞争力排名情况

城市	综合经济	科技创新	经济活力	可持续	社会和谐
厦门	19	15	7	10	>20
深圳	2	3	1	2	20
苏州	6	12	12	8	18
宁波	13	>20	15	>20	>20

（2）基于主成分分析法测度指标进行分析。厦门、深圳、苏州、宁波在城市经济实力、产业竞争能力、城市交流能力、人居环境吸引力和发展创新潜力五个方面的主成分分析结果如表 10 所示。与各城市在《报告 No.19》中的相对名次整体一致，除人居环境吸引力指标外，深圳市其他各指标排名均处于高位。厦门在产业竞争力、人居环境吸引力方面的指标排名靠前，而在经济实力、城市交流能力方面的指标则存在短板，发展创新潜力方面的指标优势不够明显。

表10 2021年厦门、深圳、苏州、宁波城市竞争力分力得分

城市	经济实力	产业竞争力	城市交流能力	人居环境吸引力	发展创新潜力
厦门	−0.73	0.60	−0.77	0.33	0.05
深圳	1.46	0.53	1.47	−1.18	0.31
苏州	−0.16	−0.26	−0.43	−0.32	0.71
宁波	−0.57	−0.86	−0.26	1.18	−1.07

数据来源:厦门市、深圳市、苏州市、宁波市2022年统计年鉴及公报,经作者测算整理。

(二)厦门产业结构升级与城市竞争力之间的灰色关联度分析

1.厦门产业结构升级与城市竞争力的灰色关联度分析

由以上分析可知,目前厦门市产业结构升级的重点和关键在于加快服务业的转型升级,特别是发展现代生产性服务业。因此,本章在本部分首先构建反映厦门市服务业产业结构升级情况的指标,通过参考已有文献和历年厦门经济特区年鉴,从产业结构升级速率、产业结构升级方向和产业结构偏离程度三个方面构建指标。将各指标构建完毕后,本文通过上文主成分分析法选取分别代表厦门市城市竞争力的五个指标,并综合厦门市服务业产业结构升级指标与城市竞争力指标开展灰色关联度分析。

本章首先对产业结构升级情况进行指标测度。基于已有文献,我们特别关注厦门市的服务业发展情况,并选取了产业结构升级速率(Moore值、α值、产业结构年均变动值k)、产业结构升级方向(比重变化值、超前系数)、产业结构偏离程度(泰尔指数)三类测度指标,对厦门市的服务业产业结构升级情况进行测度。各指标的构建原理如下所示:

(1)产业结构升级速率

产业结构升级速率一般通过Moore值、α值与产业结构年均变动值K进行测度。

Moore值基于空间向量原理,通过对不同产业部分进行划分进而构建一组n维向量,然后通过计算两个时期内两向量空间夹角大小来衡量产业结构的变化程度。Moore值的构建方法如下:

$$M_t^+ = \cos\alpha = \sum_{i=1}^{n} \frac{w_{i0} w_{it}}{\sqrt{\sum_{i=1}^{n} w_{i0}^2} \sqrt{\sum_{i=1}^{n} w_{it}^2}}$$

其中M_t^+为Moore值;w_{i0}代表第i个行业在基期内占GDP的比重;w_{it}代表第i个行业在报告期内占GDP的比重;n为产业部门数;α值代表两个时期内产业结构变化速度,α值越大,产业结构的变化速度越快。

产业结构年均变动值 K 能够反映一定时期内产业结构的年均变化绝对值,构建方式如下:

$$K = \frac{1}{m} \sum_{i=1}^{n} |q_{it} - q_{i0}|$$

其中 q_{i0} 和 q_{it} 分别表示基期和报告期第 i 个行业的构成比例,n 为产业部门数,m 表示基期到报告期之间的年份数。

表 11 展示了厦门市 2015—2019 年、2015—2021 年两个时间段服务业产业结构的 Moore 值、α 值、K 值(%)的年平均变动值。

表 11　厦门市服务业产业结构变动情况

时间段	Moore 值	α 值	K 值/%
2015—2019 年	0.9961	0.0888	1.45
2015—2021 年	0.9903	0.1391	1.63

数据来源:各年份厦门经济特区年鉴,经作者测算整理。

由表 11 可知,厦门市服务业产业结构升级的变动速率有所提高。α 值由 0.0888 上升至 0.1391,产业结构年均变动值由 1.45% 上升至 1.63%。这与上文对厦门市服务业现状分析得到的结论一致,即厦门市服务业结构不断调整,第三产业已经成为厦门市经济增长的一大"亮点"。

(2)产业结构升级方向

我们使用比重变化值和超前系数来分析服务业内部不同子产业的变化情况。比重变化值为产业在报告期所占比重减去其在基期所占比重,产业结构超前系数能够测度某一产业的增长相对于整个经济系统增长趋势的超前程度,对于产业结构内部的变动方向具有一定的说明性。产业结构超前系数的计算方法如下:

$$\begin{cases} E_i = \beta_i + \dfrac{(\beta_i - 1)}{V_t} \\ V_t = \dfrac{1}{n} \ln \dfrac{\text{GDP}_t}{\text{GDP}_0} \end{cases}$$

其中 E_i 表示第 i 个子行业的超前系数,如 $E_i > 1$,说明该子行业相对于地区整体经济发展来说具有超前发展倾向、在 GDP 中所占比重具备上升趋势,反之则代表该子行业相对于地区整体经济发展而言存在滞后倾向、在 GDP 中所占比重呈下降趋势;β_i 表示第 i 个子行业的报告期份额和基期份额之比;V_t 则表示 0 时期到 t 时期地区 GDP 的年均增长率。

表 12　厦门市第三产业结构变化及超前系数

服务业子行业	比重变化值/%		超前系数 E_i	
	一阶段	二阶段	一阶段	二阶段
交通运输、仓储和邮政业	−0.26	−0.68	0.52	−0.39
信息传送、软件和信息技术服务业	0.97	1.14	3.89	4.77
批发和零售业	−0.26	2.06	0.77	3.05
住宿和餐饮业	−0.21	−0.50	−0.13	−1.92
金融业	0.69	1.35	1.61	2.32
房地产业	0.84	−1.14	2.07	−0.61
租赁和商务服务业	0.55	1.23	2.69	5.16
科学研究、技术服务业	0.15	0.14	1.76	1.83
水利、环境和公共设施管理业	−0.01	−0.15	0.77	−1.96
居民服务、修理和其他服务业	0.36	0.15	5.24	2.93
教育	0.03	0.07	1.09	1.21
卫生和社会工作	0.17	−0.01	2.00	0.94
文化、体育和娱乐业	−0.16	−0.25	−0.83	−2.20
公共管理、社会保障和社会组织	1.15	0.90	5.46	4.85

注：“一阶段”和“二阶段”分别表示 2015—2019 年、2015—2021 年。

数据来源：各年份厦门经济特区年鉴，经作者测算整理。

如表 12 所示，在一阶段（2015—2019 年），绝大多数子行业比重变化值均为正数，与此期间厦门市第三产业占比上升的趋势保持一致。在全部子行业中，"信息传送、软件和信息技术服务业""金融业""房地产业""租赁和商务服务业""公共管理、社会保障和社会组织"的上升幅度较高且超前系数均大于1，其中"信息传递、软件和信息技术服务业""金融业""租赁和商务服务业"均为生产性服务业。而传统优势服务业如"批发和零售业""交通运输""仓储和邮政业"的比重变化值为负值，超前系数小于1，这说明在"十三五"时期，厦门市的现代服务业增长势头显著，服务业内部产业结构得到了一定的优化。

与第一个阶段相比，第二个阶段（2015—2021 年）各子行业的变化趋势有所改变。"房地产业""住宿与餐饮业"比重变化值与超前系数出现明显下滑，现代服务业如"信息传递、软件和信息技术服务业""金融业"的比重变化值与超前系数则明显上升。这在相当程度上与新冠肺炎疫情对于厦门第三产业的影响有关。

总体而言，自 2015 年来，厦门市服务业结构转型升级成效显著，厦门市服务业产业结构升级的变动速率有所提高，服务业结构不断调整，其中现代服务业发展超前倾向更显著，为"十四五"现代服务业进一步的发展提供了良好的基础。

(3)产业结构偏离程度

参考现有研究,我们在测度产业结构合理化程度时,构建如下泰尔指数:

$$TL_t = \sum_{i=1}^{n} \frac{Y_{it}}{Y_t} \ln\left(\frac{Y_{it}}{Y_t} \Big/ \frac{L_{it}}{L_t}\right)$$

其中 TL_t 为 t 年的泰尔指数 Y_t 和 L_t 分别表示均衡状态下该年的行业主营业务收入与年均从业人数;Y_{it} 和 L_{it} 分别表示第 i 个子行业的主营业务收入与年平均从业人数,n 为子产业个数。构建泰尔指数能够较好地衡量子产业对均衡状态的偏离程度,泰尔指数越高,子产业对均衡状态的偏离越严重。考虑到数据可得性,本文使用子行业增加值作为 Y_{it} 的代表,并使用第三产业整体增加值作为 Y_t 的代表,使用子行业年末从业人数和服务业年末总从业人数作为 L_{it} 和 L_t 的代表。如表 13 所示,2015—2021 年,厦门市的泰尔指数呈现出明显的上升趋势,厦门市的服务业资源分配存在十分明显的偏离趋势,传统服务业仍然占据较大的资源配置,而现代生产性服务业的发展较为迟缓,这说明厦门市服务业内部结构存在不合理的问题,与前文的分析结果一致。

表 13　厦门服务业产业结构偏离程度测度结果

服务业子行业	2015	2017	2019	2021
交通运输、仓储和邮政业	−0.0353	−0.0224	−0.0331	−0.0284
信息传送、软件和信息技术服务业	0.0027	0.0044	0.0156	0.0249
批发和零售业	0.0422	0.0458	0.0680	0.0844
住宿和餐饮业	−0.0256	−0.0235	−0.0246	−0.0260
金融业	0.2159	0.1897	0.2215	0.2100
房地产业	0.0441	0.0696	0.0575	0.0257
租赁和商务服务业	−0.0080	−0.0169	−0.0051	0.0034
科学研究、技术服务业	−0.0029	−0.0045	0.0013	0.0002
水利、环境和公共设施管理业	−0.0098	−0.0104	−0.0113	−0.0102
居民服务、修理和其他服务业	−0.0040	−0.0149	−0.0118	−0.0123
教育	−0.0387	−0.0412	−0.0442	−0.0456
卫生和社会工作	−0.0176	−0.0172	−0.0184	−0.0193
文化、体育和娱乐业	−0.0021	−0.0043	−0.0029	−0.0037
公共管理、社会保障和社会组织	−0.0197	−0.0116	−0.0322	−0.0194
TL 值	0.1412	0.1425	0.1805	0.1839

数据来源:各年份厦门经济特区年鉴,经作者测算整理。

综上所述,本文从产业结构升级速率、产业结构升级方向、产业结构偏离程度三方面对厦门市的服务业产业结构升级情况进行了指标构建。综合三方面的指标构建结果分析可知,2015 年以来,厦门市服务业产业结构的变动速率加快,产业结构内部加速调整,至制定"十四五"规划时,厦门市服务业产业结构转型已有一定成效。然而,历年厦门服务业产业结构偏离度逐年增加,服务业内部结构仍存在不合理的问题,生产性服务业的引领作用仍不明显。

接下来,我们构建模型进行厦门市产业升级与城市竞争力之间的灰色关联度分析。一般来说,灰色关联度分析主要分为如下三个步骤:(1)确定反映系统行为特征的参考数列(母序列)和影响系统行为的因素组成的比较数列(子序列);(2)对母序列和子序列进行无量纲化处理;(3)计算母序列和子序列的灰色关联系数。令 $\{x_{0k}\}$ 表示母序列、$\{x_{ik}\}$ 表示第 i 个子序列,那么第 i 个子序列在第 k 期的灰色关联系数可由下列公式计算得到:

$$\varphi_{ik} = \frac{\min\limits_i \min\limits_k |x_{0k}-x_{ik}| + \rho \max\limits_i \max\limits_k |x_{0k}-x_{ik}|}{|x_{0k}-x_{ik}| + \rho \max\limits_i \max\limits_k |x_{0k}-x_{ik}|}$$

其中 ρ 为分辨系数,通常取 0.5。通过上述运算,可以得到第 i 个子序列的灰色关联系数序列 $\{\varphi_{ik}\}$。φ_{ik} 的值越接近 1,表明相关性越好。出于整体比较的考虑,本文通过取各关联系数序列的平均值得到灰色关联系数序列的代理变量 r_i,计算公式如下所示:

$$r_i = \frac{1}{N}\sum_{k=1}^N \varphi_{ik}$$

在数据选取方面,考虑到数据的可得性,本文选取 2019—2021 年作为研究区间,母序列包括上文构建的产业结构升级速率(Moore 值、α 值、产业结构年均变动值)、产业结构升级方向(比重变化值、超前系数)、产业结构偏离程度(泰尔指数)三类测度指标;子序列则包括在主成分分析法中选取并优化的简化代理变量,包括 GDP、第三产业增加值占 GDP 的比重、社会消费品零售总额、城乡居民人均可支配收入、当年实际利用外资额,作为城市经济实力、服务业竞争力、城市交流能力、人居环境吸引力和发展创新潜力的代理变量。

产业结构升级速率、产业结构升级方向、产业结构偏离程度的灰色关联度分析结果如表14、表15、表16所示。

表 14　灰色关联度分析结果——产业结构升级速率

评价项	Moore 值	α 值	K 值
GDP	0.549(2)	0.980(1)	0.842(2)
第三产业增加值占比	0.687(1)	0.465(5)	0.464(5)
社会消费品零售总额	0.483(5)	0.808(4)	0.718(4)
城乡居民人均可支配收入	0.509(4)	0.882(3)	0.772(3)
当年实际利用外资额	0.526(3)	0.944(2)	0.970(1)

注:括号内为排名。

数据来源:各年份厦门市经济特区年鉴。

表 15　灰色关联度分析结果——产业结构升级方向

评价项	比重变化值	超前系数
GDP	0.652(4)	0.659(4)
第三产业增加值占比	0.727(1)	0.700(1)
社会消费品零售总额	0.660(2)	0.664(3)
城乡居民人均可支配收入	0.657(3)	0.665(2)
当年实际利用外资额	0.636(5)	0.636(5)

注:括号内为排名。

数据来源:各年份厦门市经济特区年鉴。

表 16　灰色关联度分析结果——产业结构偏离程度

评价项	TL 值
GDP	0.575(5)
第三产业增加值占比	0.789(1)
社会消费品零售总额	0.616(2)
城乡居民人均可支配收入	0.589(3)
当年实际利用外资额	0.580(4)

注:括号内为排名。

数据来源:各年份厦门市经济特区年鉴。

2.产业结构升级与城市竞争力的灰色关联度结果分析

(1)服务业产业结构升级速率与城市竞争力分析。由表 14 可知,Moore 值与第三产业增加值占比关联度最高,关联系数为 0.727;α 值与 GDP 关联度最高,关联系数为 0.980;K 值与当年实际外资利用额的关联度最高,关联系数为 0.970。这表明,样本期间,厦门城市竞争力中的城市经济实力、服务业竞争力、创新发展潜力三个分项竞争力直接受益于服务业产业结构升级速率的提升。

（2）服务业产业结构升级方向与城市竞争力分析。由表 15 可知，比重变化值和超前系数均与第三产业增加值占比关联度最高，关联系数分别为 0.727 和 0.700。这说明在现阶段，第三产业增加值占比的提升能够显著提升厦门市的服务业竞争效率。

（3）服务业产业结构偏离程度与城市竞争力分析。由表 16 可知，TL 值与第三产业增加值占比的关联性系数为 0.789，显著高于其他子序列的关联性系数，这说明产业结构偏离程度对服务业竞争力有较大影响。结合上文对厦门市第三产业 TL 指数的分析，除金融业以外的生产性服务业，特别是信息传递、软件和信息技术服务业等子产业的数值相较于传统的房地产、批发和零售业来说均比较小，而这些现代服务业作为第三产业未来发展的重点领域和未来市场需求的集中领域，其效率仍然有待优化，因此如果从第三产业内部结构优化的角度出发，在未来如果产业结构偏离趋势无法改善，可能不利于厦门城市竞争力的提升。

五、对策与建议

本章采用主成分分析法和灰色关联度分析法，研究分析了厦门市构建服务业为主导的产业体系与城市竞争力之间的关系并进行不同城市之间的比较。我们的研究发现，当前厦门市第三产业在经济结构占有重要地位，对促进经济增长有重要作用。我们还进行了城市之间的比较分析，在服务业竞争力方面，当前厦门市在当地要素、城市交流能力、生产性服务业竞争力等方面存在短板。

我们进一步通过灰色关联度分析发现，厦门市服务业产业结构升级速率的提升从服务业竞争力、经济实力、创新发展潜力等方面促进了厦门市城市竞争力的提升。但是，从泰尔指数来看，厦门服务业产业结构偏离程度却在加剧，传统服务业仍然占据较大份额，而现代生产性服务业仍旧有待优化。基于此，我们从服务业内部结构优化和城市竞争力提升两方面提出对策建议。

(一)服务业内部结构优化

目前，传统服务业仍在厦门市服务业结构中占据主要地位，近年来厦门市服务业占比的大幅提升主要源于批发和零售业、房地产业规模的迅速扩大，现代生产性服务业，诸如"信息传递、软件和信息技术服务业""科学研究、技术服务业""金融业""租赁与商务服务业"等产业发展较为迟缓。城市竞争力的提升要依靠城市产业结构的转型升级，第二产业向技能型、数字型产业的转型升级决定了厦门产业发展的高度，而第二产业的转型升级又要依赖于现代生产性服务业的发展。因此,若要通过产业转型升级来提升厦门的城市竞争力,发展现代服务业尤为重要,这将是未来厦门服务业发展和内部结构优化调整的重点。基于此,我们提出如下对策建议:

1.固本升级传统服务业

对于传统服务业而言,应积极巩固产业优势,并不断探索与新技术、新商业模式相结合的新业态,集中现有优势资源发展新兴服务业并实现行业内部运转模式的改造升级。例如,在供应链和物流服务方面,应鼓励供应链核心企业建设产业供应链综合服务平台,推进数字化供应链服务平台建设,并构建配套现代化综合运输体系,发展智慧物流新业态。

2.加快布局现代生产性服务业

如前文分析,服务业内部结构不合理是当前阻碍厦门城市竞争力提升的重要因素之一,厦门需要通过产业结构的转型升级来推动城市竞争力的提升,而这又依赖于现代服务业的发展。构建厦门现代服务业体系并提升厦门城市竞争力,重点在于发展现代生产性服务业,以此来构建特色服务业产业体系。在现代生产性服务业中,要特别注重新技术应用对服务业产业升级的引领作用,加速推动5G、人工智能、大数据、区块链等新技术落地应用。除软性激励外,应通过加快数字基础设施建设、搭建高速智能信息网络等硬件基础设施为数字赋能生产性服务业提供发展基础。

3.扶持做强服务业龙头企业

缺乏龙头企业是厦门服务业竞争力较弱的原因之一,需要通过扶持服务业龙头企业做大做强、推动大中小企业融通发展来激活服务业市场活力,从而提升厦门城市竞争力。要积极引进世界500强的服务业龙头企业和行业领军企业在厦门设立区域总部,培育发展总部经济;要通过服务业龙头企业的带动来提升厦门服务业的整体竞争力。

(二)城市竞争力提升

如前文所述,尽管厦门市在经济活力、可持续发展、经济开放度等方面展现出强大的城市竞争力,但其在社会和谐、当地要素、城市交流能力、发展创新能力等方面仍有不足。基于此,我们提出如下政策建议:

1.提升当地生产要素水平

在社会和谐与当地要素方面,要优化人才政策,打造人才服务体系并提高社会和谐度,从人才引进端和培育端提高人才吸引力。要加强财政、就业等政策协同,提升经济发展拉动就业能力,增强创业政策扶持力度,激发创业带动就业活力。要从收入分配体系改革、完善社会保障体系、深化人才培养体制、社会服务体系建设、提高居民可支配收入、降低房价进而有效降低房价收入比等多方面入手,建立吸引人才与培育人才的制度保障,进而提升生产要素水平与社会和谐度。

2.推动城市交流与要素流动

在城市内部方面,要推进岛外统一协调发展,在推动岛内城市水平提升的同时不断向岛外拓展城市空间,优化城市空间布局,形成"一岛一带多中心"的城市空间格局。在城市交流方面,要立足厦漳泉都市圈核心区,实施"东通西拓、南联北延"的空间发展策略,构建区域一体化发展新格局。同时要推动两岸深度融合和海上合作战略支点建设,积极拓展内陆腹地空间,推进闽西南区域协同发展,集合高速公路、沿海铁路和海空信息重要港口优势,参与同粤港澳大湾区和长三角城市群实现的区域分工协作。

3.激发创新动能与发展潜力

针对厦门发展创新能力不足的问题,要深化科研"放管服"改革,最大程度激发社会各主体创新积极性与创新活力。同时,要完善公共创新平台体系,在人工智能、新型显示、集成电路、新材料、生物医药等重点领域,加快引进、建设关键共性技术创新平台,提升共性基础技术供给能力。要强化和发挥企业在技术创新中的重要作用,通过税收减免、费用补助等政策激励企业加大研发投入,引导规模以上工业企业设立研发机构。

参考文献

[1]王延军,温娇秀,吴静茹.产业结构变动与我国宏观经济波动[J].华东经济管理,2011,25(2):21-23.

[2]吴聘奇.福州、厦门城市竞争力比较分析及对策研究[D].福建师范大学,2005.

[3]倪鹏飞.中国城市竞争力报告 No.19——超大、特大城市:健康基准与理想标杆[M].北京:中国社会科学院出版社,2021.

[4]宁波市发展和改革委员会.宁波市国民经济和社会发展第十四个五年规划和二〇三五年远景目标纲要.[EB/OL].(2021-03-30).[2023-10-15].https://www.ningbo.gov.cn/art/2021/3/30/art_1229095999_1632777.html.

[5]宁波市人民政府.宁波市现代服务业发展"十四五"规划.[EB/OL].(2021-12-29).[2023.10.15].https://www.ningbo.gov.cn/art/2021/12/29/art_1229096009_3912791.html.

[6]深圳市发展和改革委员会.深圳市国民经济和社会发展第十三个五年规划纲要.[EB/OL].(2016-04-12).[2023-10-15].http://www.sz.gov.cn/cn/

xxgk/zfxxgj/ghjh/content/post_1351382.html.

[7]深圳市发展和改革委员会.深圳市国民经济和社会发展第十四个五年规划和二〇三五年远景目标纲要.[EB/OL].(2021-06-09).[2023-10-15].http://www.sz.gov.cn/cn/xxgk/zfxxgj/ghjh/content/post_8854038.html?COLLCC=1888614213&eqid=ad710c17000310ea000000066472cb34.

[8]苏州市发展和改革委员会.苏州市国民经济和社会发展第十四个五年规划和二〇三五年远景目标纲要.[EB/OL].(2021-03-11).[2023-10-15].https://www.suzhou.gov.cn/szsrmzf/szyw/202103/dc8cc2cc8a104dbe9b235781643f8b72.shtml.

[9]厦门市发展和改革委员会.厦门市国民经济和社会发展第十四个五年规划和二〇三五年远景目标纲要.[EB/OL].(2021-03-26).[2023-10-15].https://www.xm.gov.cn/zwgk/flfg/sfwj/202103/t20210326_2527296.htm.

[10]厦门市人民政府办公厅.厦门市"十四五"现代服务业发展规划.[EB/OL].(2022-09-17).[2023-10-15].https://www.xm.gov.cn/zwgk/flfg/sfbwj/202209/t20220930_2692189.htm

课题负责人、统稿:李文溥

执　　　　笔:蔡伟毅　孟小淇　洪啸军

科技金融、产业升级与厦门市创新竞争力

一、引言

为加快实施创新驱动发展战略,我国2016年出台了《国家创新驱动发展战略纲要》。《纲要》提出在进入创新型国家行列的前提下,把我国在2030年跻身创新型国家前列、2050年成为世界科技创新型强国列为目标。2022年党的二十大报告指出,"必须坚持科技是第一生产力、人才是第一资源、创新是第一动力,深入实施科教兴国战略、人才强国战略、创新驱动发展战略,开辟发展新领域新赛道,不断塑造发展新动能新优势"。近年来我国创新驱动发展战略取得显著效果,创新能力得到较大提升。世界知识产权组织发布的《2022年全球创新指数报告》显示,我国全球创新指数排名第11位,较2021年上升了1位,9项细分指标(包括创新投入、国内市场规模、产业集群发展情况等)均排名全球第一。2022年我国研发经费投入达30870亿元,比上年增长10.4%,近十年增长幅度达200%,基础研究经费支出为1951亿元,比上年增长7.4%。在新一轮技术革命和产业革命背景下,如果一个城市能够抓住创新机遇将其转化为自身的独特竞争力和现实生产力,那么它将在科技创新潮流和激烈的世界竞争中脱颖而出,带动所在区域和国家的快速发展。因此,如何提升城市创新竞争力,成为各级政府和学术界关注的一个问题。

提升城市创新竞争力可以通过多种方式加以实现,其中,科技金融、产业升级是两个不可忽视的重要途径,现有研究已证实上述两个因素对城市创新竞争力的促进作用。关于科技金融对于城市创新的推动作用,已有研究大多认为科技金融能够通过促进资本形成、健全金融体系、优化资源配置、开发人力资本、提供开放的制度环境、技术扩散等方式提升城市创新竞争力(李媛媛,2020;杜宝贵、廉玉金,2022)。王栋等(2019)学者认为科技金融可以通过优化资源配置从而提升企业的机会识别能力、外部信息使用能力等,从而助力区域创新;张云等(2022)学者指出科技金融可以有效降低企业融资成本,缓解企业创新活动中的资金约束,从而提升创新绩效;侯世英等(2020)学者认为金融科技和科技金融两者的协同交互作用显著促进区域创新能力的提升,但这种影响存在着明显的区域异质性。从金融资源方面来看,学者们主要论证了科技

金融投入和科技金融人才对创新的影响;韩景旺等(2020)学者认为科技金融对科技创新存在着正向的促进效应,其中,资本市场投入对创新的影响程度最大,商业银行科技贷款对科技创新的影响程度最小,政府的财政科技投入和企业自主研发投入对科技创新影响程度居于两者之间;张玉喜等(2015)认为科技金融投入与科技创新之间存在着显著的正相关关系;李灿芳提出无论是在发达地区、中等发达地区还是不发达地区,科技金融资金投入和科技人员投入对科技创新均存在着显著的正向促进作用。在环境方面,学者大多关注制度环境和开放水平对于创新的影响。马凌远等(2019)认为科技金融政策显著提升了试点地区的创新水平,且这种促进作用在地方政府效率、初始创新水平较高的地区更为显著;郑石明等(2020)学者指出科技和金融结合试点政策显著促进了试点地区的技术创新,但大城市因更易聚集各类创新要素,所以试点政策存在明显的"大城市效应";王栋等(2019)认为区域金融科技的发展有效扩大了金融市场规模、提高区域投资开放度和贸易开放度,进而优化金融生态,提高区域创新研发效率。

产业升级对于城市创新竞争力的推动作用也得到了许多学者的证实。而产业升级则可以通过需求拉动效应、地区协同效应、国际贸易效应带动企业、地区、国家三个层面的创新能力(吴丰华 等,2013)。从微观角度看,产业结构升级带动了市场的扩大和细分,从而进一步带动了需求扩张,更多的企业将进入市场,并进行持续性的创新以争夺更多的消费者,这就是所谓的"需求拉动的创新"(Zweimuller et al.,2005);此外,产业结构优化还能通过拉动地区创新需求、促进市场的扩张与细分、吸引资源要素投入等方式促进区域创新(许丹 等,2023)。近年来,我国大力发展数字经济、科技金融,通过产业结构转型升级推动供给侧结构性改革,取得了丰富的成果,一系列新业态、新应用、新产品等创新成果不断涌现。因此,本文旨在探究科技金融、产业升级对城市创新竞争力的影响。

厦门市是我国最早实行改革开放的地区,40 年来经济迅速增长。近十几年来,为实施创新驱动发展战略,坚持创新在厦门市现代化建设全局中的核心地位,厦门市先后出台了《厦门经济特区科学技术进步条例》《厦门经济特区促进科技创新若干规定》《厦门市科技创新引领工程实施方案》等文件,旨在解决制约厦门市科技创新发展的问题,补足创新发展短板。在这些政策的指引下,厦门市创新投入近十年增长了 590%,创新成果显著。2021 年,中国科技信息研究所发布的《国家创新型城市创新能力评价报告》对全国 78 个创新型城市的创新能力进行评价,其中厦门市居第 12 位。2023 年 4 月,《厦门市科技创新引领工程实施方案》中进一步明确厦门创新工作的具体目标:到 2026 年,建成具有全国重要影响力的厦门科学城,实现全社会研究与试验发展经费投入强度达 3.6% 以上,国家高新技术企业突破 5000 家,每万人口高价值发明专利拥有量突破 23 件,公民具备科学素质的比例突破 20%,城市创新能力指数提升至国家创新型城市前 10 位,届时,以科技创新为主引擎的发展动力机制基本形成,厦门市将初步实现城市发展动能转换。虽然厦门市已取得了一批创新成果,但探究如何解决厦门市创新发展的痛点,进一步发挥厦门市创新发展潜能,对于提高厦门城市创新竞争力仍具有重要现实意义。

本文运用主成分分析法和熵权法对 2000—2022 年厦门市创新竞争力综合得分进行测度,并与同期深圳市、青岛市、宁波市三个计划单列市进行比较分析,探讨厦门市创新竞争力的发展现状与不足,在此基础上,实证考察科技金融和产业升级对厦门城市创新竞争力的促进作用,并提出相应的政策建议,以期为厦门市提高城市创新竞争力提供可行性的政策建议。

二、城市创新竞争力研究现状与意义

(一)研究现状

目前,城市创新竞争力在学界是一个较新的概念,学界认为城市创新竞争力是由城市竞争力引申而来的,并且以城市竞争力、城市创新系统、城市创新能力等概念为重要基础。尽管目前关于城市创新竞争力的相关研究较少,但已有不少文献围绕城市竞争力、城市创新能力、区域创新竞争力、创新型城市竞争力等与城市创新竞争力高度相关的概念和理论展开大量讨论,可以在一定程度上为城市创新竞争力研究提供参考和借鉴。本节将从城市竞争力、城市创新能力两方面对已有文献进行梳理和总结。

1.城市竞争力

(1)城市竞争力概念界定

虽然城市创新竞争力的概念尚未有权威界定,但已有研究对该概念的阐述大都建立在城市竞争力这一概念之上。Webster(2000)等认为城市竞争力是一种特定能力,这种特定能力使得一个城市得以生产与销售比其他城市更好的产品。倪鹏飞(2001)则提出城市竞争力是一个城市拥有与具备的吸引、争夺、拥有、控制和转化资源,争夺、占领和控制市场,创造价值、为该城市的居民提供福利的能力,这种能力使得该城市在与其他城市竞争的过程中占据巨大的优势。线实等(2014)将城市竞争力界定为在多维因素的作用下,一个城市有效吸引、控制和转化有限资源,从而创造更多财富、实现可持续发展、提高当地居民生活质量的能力。世界银行于 2015 年提出,城市竞争力是促进城市中的企业与产业增加就业、提升生产力、增加市民收入的能力,因此提升城市竞争力,是消除贫困、增进共享繁荣的过程。邓玲等(2019)从系统论的角度出发,把城市竞争力定义为一个城市通过子系统以及外部环境的相互作用下比其他城市更能占据优势的能力。曹清峰等(2020)提出,城市竞争力本质上是为城市发展提供更多价值和福利的能力。不同学者对城市竞争力的概念阐述虽存在视角和内容的差异,但均与资源、市场、财富和比较优势等要素紧密相关。

(2)城市竞争力评价模型

基于城市竞争力的概念内涵,国内外学者设计了相关评估模型。Michael Porter(1990)提出了"钻石模型",该模型将国家竞争力模型运用到城市层面,在城市和国家之间、微观与宏观之间建立起联系。该模型虽然主要用于评价国家竞争力,但是由于产业发展对于城市竞争力具有重要影响,因此该模型也同样适用于城市层面。值得注意的是,该模型存在着一定的缺陷,它并没有考虑环境、文化等因素的影响,因此该模型用于城市竞争力分析得到的结果并不准确。之后,Kresl(1995)构建了"双框架理论模型",该模型用制造业增加值、商品零售额、商业服务收入来表示城市的显性竞争力,并运用所计算出的城市竞争力综合得分对美国的部分城市进行排名。此后,Kresl又指出决定这一排名的既包括经济要素又包括战略要素,经济要素主要是基础设施、区位、环节、经济结构等,战略要素主要指的是政府效率、公司部门协作以及制度弹性、城市远景,城市竞争力评价模型的要素得到了进一步丰富。1999年,Begg提出"迷宫模型",该模型通过强调投入和产出之间的交互影响来体现城市绩效,在得到相同产出的情况下,投入越少说明城市竞争力越强,且该模型还强调提高城市竞争力的最终目标是提高居民的生活质量,从经济效率和社会福利角度对城市竞争力进行评价。

基于我国国情,我国学者也构建了一批城市竞争力评价模型。倪鹏飞(2003)提出"弓弦箭"模型与"飞轮"模型。"弓弦箭"模型认为城市综合竞争力系统(箭)=硬竞争力(弓)。其中,"弓"表示人才、资本、科技、环境、基础设施、区位要素;"弦"主要包括秩序、文化、制度、管理、开放等要素;城市产业群是具体发挥硬竞争力和软竞争力功能的"箭",三者协调搭配才能共同构成城市综合竞争力。"飞轮模型"从系统层次界定城市综合竞争力,模型将城市综合竞争力系统分为三个系统,从内到外分别是核心层(称为城市本体竞争力,主要包括城市人才、产业、企业和公共部门能带来的竞争力)、中间层(内部环境竞争力,涉及城生活环境、创新环境、商务环境)、边缘层(城市外部环境竞争力,主要是指城市所位于的区域、国家以及国际环境情况)。北京国家城市发展研究院(IUD)连玉明等(2003)设计了"城市价值链模型"。该模型提出"五要素论",强调综合竞争力在内涵上是一个较为复杂的价值链体系,体系中包括五要素,即城市实力系统、城市能力系统、城市活力系统、城市潜力系统、城市魅力系统,并将城市的资源配置和价值制造过程视为一个价值链体系,提出提升城市竞争力要建立在对价值活动中的各个环节进行相应分解,并对价值系统进行有效整合的基础之上。

（3）评价指标体系

基于上述理论模型,国内外学者均构建了可计量、可比较的评价指标体系,为城市竞争力评价提供量化工具。Michael Porter(1990)构建了包含企业战略、企业经营、微观环境在内的46项指标,采用定量和定性相结合的方式进行城市竞争力评价。Peter(1999)通过构建现实性和解释性框架相结合的指标体系,将多指标综合评价的判别分析法与回归分析法相结合,用这种思路来评价美国部分城市的城市竞争力,他认为城市竞争力影响因素分为经济因素和战略因素,并采用了回归分析法对美国所研究城市的城市竞争力进行了测算,根据测算结果进行相应的解释和排名。Kresl(1995)认同Peter将影响因素分为战略因素与经济因素的做法,但他认为城市竞争力指标体系应给予居民生活质量和商务环境竞争力相关指标更高的权重。Huggins(1998)提出了三要素模型来衡量城市竞争力,三要素囊括:①商业密度、科技企业比重和经济参与率;②生产率;③工人成果、收入以及失业。Douglas Webster(2000)在当时已有研究的基础上,引入人力资源和制度环境,所构建出的指标体系包括4个一级指标(经济结构、区域性禀赋、人力资源和制度环境)、21个二级指标和76个要素指标。Begg(2002)则认为城市竞争力最终的研究标准是居民的生活标准与生活质量,因此他提出的城市竞争力评价体系侧重于从城市产出增长、就业增长、重要部门增长等角度构建。此外,Linnamaa(1998)的城市竞争力评价模型中引入了网络因素。

倪鹏飞(2001)构建了包含88项评价指标的弓箭模型。廖远涛等(2004)提出了由5个一级指标、23个二级指标、140个三级指标构成的新城市竞争力模型。李锦珠和方文明(2005)从城市经济实力、城市资金实力、城市开放程度、社会服务设施水平、城市环境状况、城市产业结构等6个方面选取20个指标,并运用主成分分析法评价分析珠三角地区9个城市的城市竞争力。吕红平等(2008)从经济实力、发展潜力等两个方面选取29个指标,运用层次分析法评价分析河北省11个城市的竞争力。满强等(2010)从经济、科技文化、基础设施、开放程度、生态环境等5个方面选取22项指标,运用熵值法评价了辽宁省14个地级市的竞争力水平。董旭等(2017)对城市竞争力评价体系进行了重构,一级指标包括基础竞争力和核心竞争力,二级指标为12项。陆璟等(2019)从经济竞争力、开放竞争力、科技竞争力、文化竞争力、城乡竞争力、生态竞争力等6个方面选取25项指标,运用因子分析法分析评价淮海经济区20个城市的城市竞争力。

2.城市创新能力

(1)城市创新能力内涵

"创新"的概念最早由熊彼特在《经济发展理论》中提出,熊彼特认为创新主要来源于生产过程,来源于某些具有新思想和敢于冒险的企业家个体,具有革命性、破坏性、应用性等特点,不仅仅体现为新产品的出现,还包括新的产品技术的应用、新的产业组织形式、新的生产要素来源和新的市场拓展。而随着研究的发展,大多学者认为城市创新能力的内涵是指对区域要素的重新整合、创新成果的商业化应用以及创新作为一种城市职能在创新系统和创新网络中所发挥的作用。

(2)城市创新能力影响因素

已有研究中,对城市创新能力的影响因素的分析集中于外商直接投资、产学研合作、政府参与、产业升级、金融发展、官员更替、产权结构等(吴丰华 等,2013)。其中,人力资本作为重要的创新生产要素,也是影响创新能力的重要因素(孙文杰 等,2009)。余元春等(2017)认为在高校、企业、政府等多元主体开展的产学研合作中,创新绩效能够显著提升。对于政府参与对于创新能力的影响尚未达成一致的看法,白俊红等(2017)提出政府的研发支出可以弥补创新市场的资金不足,为创新活动的开展提供重要保障;肖文(2014)提出政府的资金补助将对投资产生一定的挤出效应,从而对创新产生较大的消极影响。外商直接投资对于东道国创新能力的影响存在着一定的争议,FDI 在模仿效应、劳动流动、反向工程的作用下将会对贸易输出国的创新活动产生积极影响,但王红领等(2006)提出在国家的贸易交流过程中,外商直接投资带来的知识和技术的溢出效应是双向的,而且可能会对贸易输入国的创新活动带来一定的消极影响。此外,李健等(2017)认为产权结构将在很大程度上影响资源配置,因此会对企业的创新能力和创新绩效产生重要的影响。

(3)城市创新能力评价研究

诸多国内外学者和研究机构以创新的定义、特征以及创新系统的组成要素为基础,构建了城市创新能力的综合评价体系。在国际竞争力会议上,Porter 等(1999)首次提出了国家创新能力指数,通过选取 17 个 OECD 国家的面板数据进行回归分析,描述和评估了国家创新体系的发展程度,国家创新体系主要包括创新能力、创新绩效和新兴国家的国际创新中心分析。Landry(2000)建立了城市创新活力评价指标体系,该项指标体系侧重于城市创意、文化、人才和城市的包容性的体现,认为城市创新活力主要体现为主体的包容性和同理心。

中国社会科学院城市与竞争力研究中心从创新投入竞争力、创新产出竞争力、创新基础竞争力、创新环境竞争力、创新可持续发展竞争力 5 个方面构建了指标评价体系,对中国15个副省级城市的创新竞争力进行评价,并发布了《中国城市创新竞争力发展报告2018》,其中,深圳市以较强的综合创新能力位居副省级城市首位,这个报告的指标体系成为了创新能力研究中较为权威的指标体系,受到较多学者的广泛引用。首都科技发展战略研究院发布的《中国城市科技创新发展报告2019》对我国289个城市的科技创新指数进行了排名,其中,北京在创新资源、创新绩效和创新服务三个方面均位于榜首,在一定程度上凸显了北京作为全国的科技创新中心的重要地位。中国城市创新能力科学评价课题组依据高质量发展的要求,对中国一些城市进行跟踪调查、数据分析,构建了包括从科技转化能力、创新支撑能力、创新环境、创新文化力在内的一级指标,以此为基础进行中国城市创新能力评价体系的构建,并对全国668个城市按照副省级以上城市、省会级、地级市、县级市进行分类,在此基础上进行创新能力的综合评价,并形成了《中国城市创新报告2019》。

随着中国创新驱动发展战略的提出,国内学者开始关注城市创新能力的研究。许多学者通过建立创新能力评价体系,运用主成分分析、聚类分析、模糊综合评审模型、熵权法等方法进行了大量的实证研究(梁政骥 等,2012)。在创新能力评价的相关研究中,学者们更倾向于从知识创新能力、技术创新能力、产业创新能力、环境创新能力、政府行为能力和服务创新能力等多个维度构建评价体系,来反映城市的综合创新能力(谢科范 等,2009)。吴宇军等(2011)综合了知识竞争力指数,将中国的副省级城市和直辖市按照综合评分分为了综合型创新、产业创新、科技创新、两型示范、开放创新和体制机制创新等几种创新模式。曹勇等(2013)对中国4个直辖市的创新能力进行了实证研究,认为创新要素的投入水平、城市经济发展水平和创新成果转化水平构成了影响城市创新能力的主要因素。方创琳等(2014)从居住环境、政府体制、产业和自主创新能力等因素出发,对中国的创新型城市进行了评估,并进一步分析了中国创新型城市建设的空间分异特征。从创新价值链视角看,创新能力可由不同创新阶段的产出或者效率水平表示。在两阶段价值链模型中,创新包括技术开发与创新成果转化两个部分;而在三阶段价值链的分析框架中,创新能力体现在知识创新、研发创新和产品创新三个方面(余泳泽 等,2013)。陈静等(2019)以创新绩效、创新产出、创新投入为一级指标,以包括高新技术企业数高新技术产业产值、规模以上工业主营业务收入等18个指标在内的数据作为二级指标,对城市创新竞争力进行测算,并强调了采用的主成分分析法、信息熵值法的可靠性,对山东省6个创新型城市进行分析和比较。吴妍妍(2019)以创新投入、创新环境、创新绩效为一级指标,形成包括科技投入、人才资源、经济文化环境等在内的7个二级指标和包括全社会R&D经费支出、财政科技拨款等在内的18个指标,测算8个长三角城市的创新竞争力,并提出提升创新竞争力的政策建议。吴晓波等(2020)以浙江、上海、广东等6个省市为主要研究对象,从创新资源、创新过程、创新产出三个维度出发,构建了区域创新能力评价体系,并提出技术成果的市场价值、技术商业化能力和高新技术产业发展是影响区域创新发展的重要因素。王承云等(2020)通过参考《中国城市创新竞争力发展报告(2018)》中的相关指标,选取了其中最具权威性的2个指标(创新能力、创新环境)共7个因子进行城市综合创新竞争力的测算。陈建斌等(2021)基于五大发展理念,选用创新发展、开放发展、协调发展、绿色发展、共享发展5项指标作为一级指标,31个量化指标作为二级指标,用主成分分析法分析东部地区GDP排名前100的城市与深圳综合竞争力,研究得出深圳创新竞争力排名第三,进一步得出显著影响创新竞争力的变量间相互作用的影响力大于单独作用的结论。

(二)研究意义

本文的研究意义主要如下:

1.丰富了城市创新竞争力的研究

目前来看,虽然有城市竞争力、城市创新系统、城市创新能力等概念作为基础,但关于城市创新竞争力的研究仍然较少。本文在已有研究基础上进一步拓展了城市创新竞争力的研究,并采用了主成分分析法和熵权法、使用城市创新环境竞争力、创新投入竞争力、创新产出竞争力、创新可持续发展竞争力作为一级指标,并构建8个二级指标对厦门市创新竞争力进行了测算,并与深圳市、宁波市、青岛市进行比较,分析厦门市创新竞争力的现状、厘清厦门市创新短板,从而为城市创新竞争力的测算以及影响因素的相关文献提供了有益补充。

2.为厦门市城市创新竞争力提升提供了新思路

本文不仅通过指数测算量化分析了厦门市城市创新竞争力现状以及不足之处,且通过实证验证了科技金融对于城市创新竞争力的促进作用,从而为政府提升厦门市城市创新竞争力提供了政策着力点。根据本文研究结论,政府应关注厦门市创新产出效率的提升,并以科技金融政策作为主要抓手。

三、城市创新竞争力内涵及评价指标体系的构建

(一)城市创新竞争力的内涵

从上述分析可知,城市创新竞争力是城市竞争力概念在创新领域的具体化。目前,学界对于城市创新竞争力的具体内涵还未达成共识,但大部分文献认为城市创新竞争力与城市创新基础、创新环境、创新投入、创新产出等密切相关。更广泛地说,城市创新竞争力包括城市在全球范围内对创新资源和要

素的吸引力、整合力,对创新空间的扩张力和竞争市场的争夺力,以及对其他城市和地区的影响力、带动力、辐射力。如果一个城市能够抓住创新机遇将其转化为自身的独特竞争力和现实生产力,那么它将在科技创新潮流和激烈的世界竞争中脱颖而出,带动所在区域的快速发展。因此,理解、测度和培育城市创新竞争力的重要性可见一斑。

在新技术革命和工业革命的背景下,科技创新能力成为综合国力提升、经济社会发展的关键因素和重要驱动力。发达国家凭借其在科技领域的先发优势引领全球科技创新,发展中国家也在抢抓科技创新浪潮的机会,不断增加对前沿科技和新兴产业的投入,实施创新驱动发展战略,争取把握科技创新的主动权。从目前城市创新竞争力的发展水平来看,发达国家的城市处于领先位置。北京大学首都发展研究院院长李国平对我国城市群发展现状做出如下研判:①城市群已成为我国人口和经济活动的主要空间载体;②我国城市群人口和经济集聚能力强,发展活力旺盛。各大城市集聚的生产要素和创新人才为培育和提高创新竞争力提供了物质基础和前提,也是我国城市发展格局和实施新型城镇化的重要支撑。

厦门市是我国首批经济特区之一,并先后被设为计划单列市和副省级城市。厦门凭借区位和政策优势,率先实行改革开放,在近半个世纪以来得风气之先,发展成为我国东南沿海区域经济发展的中心城市、福建省各类创新要素和资源的重要聚集地。在新的历史时期,厦门承载着引领、辐射我国东南沿海地区创新发展,促进两岸共同发展的重大历史任务。在"新工业革命"时代和创新驱动发展战略的背景下,城市创新竞争力水平的提升是厦门市可持续发展的必由之路,加快推进创新型城市的建设对于加快经济发展方式转变、提升厦门市综合竞争力意义重大。

(二)城市创新竞争力评价指标体系构建和测度方法

城市创新竞争力反映的是一个城市在创新方面的内在能力、外在动力和发展潜力,受到诸多因素的综合影响,概念层次、内涵丰富。因此构建城市创新竞争力的评价指标体系,首先要全面把握和深入分析城市创新竞争力的构成要素,理解各个构成要素包含的主要内容。其次要兼顾系统性和层次性、完备性和独立性、一般性和可比性、科学性和可操作性、动态性和稳定性(李军军等,2018)。尽管目前统一的城市创新竞争力指标体系还未形成,但已有文献从城市创新能力、区域创新竞争力、创新型城市竞争力等视角对城市创新能力或创新竞争力的构成要素进行分析,对于构建城市创新竞争力的评价指标具有一定的参考价值。在此基础上,不少学者结合研究目的、数据可得性和测度方法可行性构建了多样化的城市创新竞争力评价指标体系,如陈伟雄等(2018)提出的"五要素"指标体系,陈建斌等(2021)基于五大发展理念提出的城市综合竞争能力影响因子体系,杨云超等(2022)构建的城市科技创新力指标体系等。测度方法方面,大部分文献均采用主成分分析法、熵权法和集群分析等方法对综合得分进行测算,主要是因为上述评价体系维度多样、指标数量多,需要进行降维处理。本文将结合现有文献提出的评价指标体系和数据可得性原则对厦门市创新竞争力进行测度、分析和评价,并与深圳、青岛、宁波三个计划单列市①进行比较分析。

四、厦门市创新竞争力测度、评价与比较分析

(一)厦门市创新竞争力的测度与评价

1.指标体系设计和数据来源

由于城市的创新竞争力水平由多种因素共同决定,层次多元、概念丰富,目前学界还未就城市创新竞争力的评价形成较为一致的共识,但国内外不少机构和学者从创新的定义、特征以及创新系统的组成要素为基础,构建了城市综合竞争力评价体系。其中,中国社会科学院城市与竞争力研究中心(以下简称"研究中心")构建的指标评价体系因其综合性、全面性、层次性和可操作性等优点,成为了国内创新能力研究中较为权威的指标体系,受到较多学者的广泛引用。为了对四个城市创新竞争力进行全面评估,同时考虑数据可得性、指标可测度等因素,本文参考研究中心、李军军和朱浩君(2018)的做法,选定创新投入竞争力、创新产出竞争力、创新环境竞争力和创新可持续发展竞争力四个要素层指标,根据四个要素层的内涵、构成及特点,进一步细分各要素,选择基础层指标。基础层指标由可直接度量的指标构成,也是整个创新竞争力指标体系的最基本层面和操作层面。与研究中心、李军军等(2018)不同的是,本文并未选取总量指标和创新基础竞争力相关指标进行测度,原因如下:一是本文认为各城市经济体量存在差异,总量指标的数值大小并不能说明创新竞争力的高低,而应从人均值进行比较;二是本文在进行基准回归分析时选用人均GDP、人均财政收入、人均存款额和城镇化率等创新基础竞争力指标作为控制变量,若将其加入测度体系会导致相关性过强的问题。

基于创新驱动发展战略在我国的经济实践和公开数据披露,本文选取2000—2022年厦门市的年度数据和2012—2022年深圳市、宁波市和青岛市的年度数据对基础性指标进行测度。对于部分数据缺失值(主要是2022年未披露数据),本文运用插值法予以补足。

---

① 由于大连市并未公布市辖区层面数据,出于数据比较口径统一考虑,本文暂不将大连市纳入比较范围。

数据来源主要为中国城市统计年鉴、各市和各经济特区统计年鉴、各市和各经济特区国民经济和社会发展统计公报、CSMAR 数据库。指标体系中由 4 个基础层指标组成,分别为创新环境竞争力(主要表征创新人才、数字基础设施建设情况)、创新投入竞争力(主要表征企业对创新活动的人力、资本投入)、创新产出竞争力(主要表征城市创新成果)、创新可持续发展竞争力(主要表征创新储备资源投入情况),上述要素层指标共由 8 个基础指标间接测度,部分基础指标由其他指标测算得到,如人均 R&D 经费、人均公共教育经费、人均科技支出、每万人授权专利数和每万人注册商标数等(具体见表1)。需要说明的是,由于厦门市和深圳市仅设市辖区,为了尽可能保证统计数据行政区划范围的统一,青岛市和宁波市的常住人口数、从业人数、一般公共预算支出中的教育支出和科技支出均剔除下辖县市数据,仅使用市辖区层面数据进行计算。

表 1　厦门市城市创新竞争力评价指标体系

要素层	基础层	指标解释
创新环境竞争力	高校在校生数占比	普通高等学校在校生数/常住人口数
	国际互联网用户数占比	国际互联网用户数/常住人口
创新投入竞争力	R&D 人员数占比	R&D 人员数/从业人数
	人均 R&D 经费支出	R&D 经费支出/常住人口数
创新产出竞争力	每万人授权专利数	国内专利授权数/常住人口数
	每万人注册商标数	注册商标数/常住人口数
创新可持续发展竞争力	人均教育经费支出	一般公共预算支出中的教育支出/常住人口
	人均科技支出	一般公共预算支出中的科技支出/常住人口

2.模型测算与厦门市城市创新竞争力

(1)厦门市城市综合创新竞争力综合得分分析

为了对厦门市的城市创新竞争力得分进行综合评价,本文分别使用主成分分析法和熵权法对 2000—2022 年厦门市创新竞争力综合指数进行测算。考虑到我国从 2013 年开始提出创新驱动发展战略,因此在这一部分内容中,只展现 2012—2022 年的测算结果,在基准回归部分则使用 2000—2022 年的测算结果进行分析。具体测算结果分别见图 1 和图 2。需要说明的是,本文使用主成分分析法计算得到的城市创新竞争力综合得分是没有上限的绝对值。

从图 1 和图 2 可知,使用主成分分析法和熵权法进行计算的得分绝对值存在差异,但发展趋势大体一致。除了 2019—2020 年厦门市城市创新竞争力综合得分有所下降,2012—2022 年厦门市创新竞争力综合得分总体呈上升趋

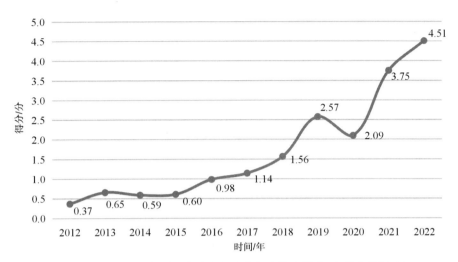

图1 2012—2022年厦门市城市创新竞争力综合得分(主成分分析法)

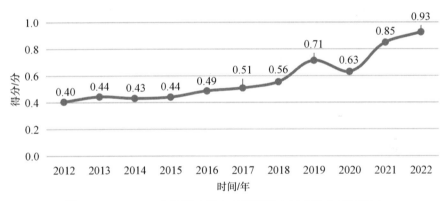

图2 2012—2022年厦门市城市创新竞争力综合得分(熵权法)

势,说明在创新驱动发展战略正式提出后的10年间,厦门市贯彻落实创新发展战略,城市创新竞争力不断提高,赋能东南片区高质量发展。

(2)创新竞争力各要素指标得分分析

为了进一步分析厦门市城市创新竞争力提高的可能原因,本文使用熵权法[①]对厦门市城市创新竞争力的四个基础层要素指标(创新环境竞争力、创新投入竞争力、创新产出竞争力和创新可持续发展竞争力)分别进行了测度。

————————————

① 在四个分项指标测度时,本文仅使用熵权法并未使用主成分分析法。主要原因是在小样本情况下,可选指标数量受限制,使用主成分分析法测算得到的结果会失去原有的统计意义和经济学含义。后文同。

①创新环境竞争力和创新可持续发展竞争力。从图3可知,厦门市创新环境竞争力和创新可持续发展竞争力得分均呈现上升趋势,其中创新可持续发展竞争力提升的速度更快。本文选取高校在校学生/常住人口数和国际互联网用户数/常住人口数表征创新环境竞争力,这两项指标一定程度上可以刻画厦门市的高等教育规模和互联网普及率,体现了厦门市创新竞争力的人才储备和数字基础设施等软硬件环境基础。创新环境竞争力得分的提高可说明厦门市在人才储备和数字基础设施建设方面取得了一定成果。

创新可持续发展竞争力则由当年的人均教育经费支出和人均科技经费支出间接测度,城市的教育经费和科技经费投入主要用于高素质人才培养和科技产业、企业发展支持,体现了厦门市政府对于创新产业培育的资金支持。需要注意的是,这两项财政支出的作用发挥具有滞后性和长期性,体现在当期的教育经费和科研经费投入的预期成果在未来才可能得到兑现。虽然教育和科技财政支出与城市创新能力的提升并不是简单的线性关系,但是当期的人均教育经费和人均科技经费和创新可持续发展竞争力得分的提高说明厦门市政府为城市的创新持续发展提供更充分的资金支持,形成对厦门市创新可持续发展能力的较好预期。

图3 2012—2022年厦门市创新环境竞争力和创新可持续发展竞争力得分

②创新投入竞争力和创新产出竞争力。由图4可知,2012—2022年,厦门市创新投入竞争力得分逐年上升,本文使用人均R&D经费和R&D人员数/从业人员数间接测度创新投入,这两个指标是厦门市在创新研发领域人才和资金投入的直接体现。该项得分逐年上升说明近十年厦门市重视创新研发领域的人才队伍建设和资金投入,为研发工作提供支持。2012—2018年,厦门市创新产出竞争力得分基本保持在0.1,2018—2022年得分波动较大,在2019年和2021年分别达到0.2和0.22分。比较图4两个指标的变

化趋势可知,厦门市创新投入竞争力和创新产出竞争力并不是简单的线性正相关关系,创新领域的投入转化为产出具有滞后性,并且会受到其他因素的影响。

图4 2012—2022年厦门市创新投入竞争力和创新产出发展竞争力得分

311

(二)厦门市与其他计划单列市城市创新竞争力比较分析

1.厦门市与其他计划单列市创新竞争力综合得分比较分析

为了进一步分析厦门市创新发展的比较优势和不足,本文使用主成分分析法和熵权法测度了深圳市、青岛市和宁波市的城市创新竞争力得分,并与厦门市进行比较分析。具体结果见图5和图6。需要说明的是,主成分分析法测算得到的负值是因为运用该方法计算时对数据作了标准化处理,把平均水平表示为0,因此得分为负值可以理解为:该市低于当年所有比较对象的平均水平。

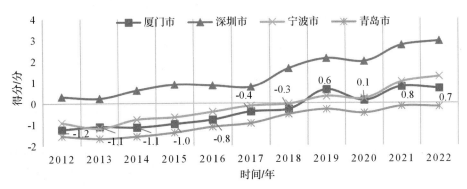

图5 2012—2022年厦门市和深圳市、宁波市、青岛市创新竞争力得分比较(主成分分析法)

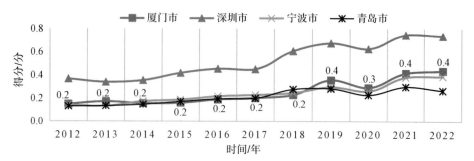

图6 2012—2022年厦门市和深圳市、宁波市、青岛市创新竞争力得分比较(熵权法)

从图5和图6可知,两个测算方法呈现的得分及变化趋势基本一致。2012—2022年,深圳市城市创新竞争力综合得分大幅领先于厦门市、宁波市和青岛市。深圳市强大的创新能力与其雄厚的经济基础、高新科技产业培育和高新技术企业集聚密不可分。从图5主成分分析法的测算结果可知,2012—2018年厦门市创新竞争力得分为负值,说明在这6年间,厦门市的创新竞争力低于四个城市的平均水平。2018—2022年,厦门市创新竞争力得分由负转正,呈现较大幅度的提高,2022年位于四个计划单列市的第二名(熵权法)或第三名(主成分分析法)。此外,宁波市创新竞争力的主成分分析法得分也在2012—2022年由负转正,青岛市创新竞争力的提高则较为缓慢。

2.厦门市与其他计划单列市创新竞争力分项指标比较分析

为了进一步分析各计划单列市在城市创新竞争力存在差异的原因,本文运用熵权法对厦门市、深圳市、青岛市和宁波市的重要单项指标进行比较分析。

(1)创新环境竞争力比较

从图7可知,2012—2022年,与深圳市、宁波市和青岛市相比,厦门市创新环境竞争力得分一直位于前列,且在稳步提升。深圳市竞争力得分处在低位的可能原因是,本文使用高校在校学生/常住人口数和国际互联网用户数/常住人口数间接测度,深圳市作为我国经济发达地区和主要人口流入区,常住人口数量远高于另外三个城市,因此导致这两个指标测度的数值较小。

(2)创新投入竞争力比较

从图8可知,2012—2022年四个城市的创新投入竞争力得分均呈现上升趋势,说明四个城市在这十年间均在提高创新人才和创新资金投入。厦门市创新投入竞争力得分从2018年开始上升速度加快,到2022年该项得分位列第二。深圳市的创新投入竞争力得分远高于其他三个城市,与创新竞争力综合得分的情况一致。

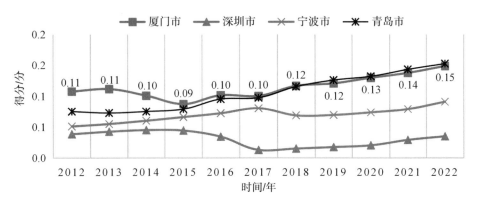

图 7　2012—2022 年四个计划单列市创新环境竞争力得分对比

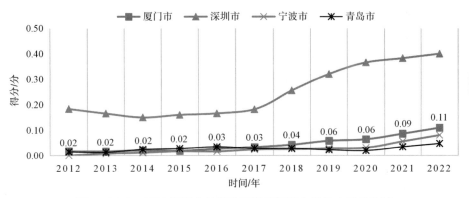

图 8　2012—2022 年四个计划单列是创新投入竞争力得分比较

（3）创新产出竞争力比较

从图 9 来看,四个城市的创新产出竞争力得分均出现了波动,在 2019—2022 年波动尤为明显,原因可能是近三年受新冠肺炎疫情的影响,科技创新资源要素流通受阻,创新活动的连续性、稳定性受到影响。厦门市创新产出竞争力得分从 2012 年的 0.03 上升到 2022 年的 0.09,仅次于深圳市,位列第二。从变化趋势看,2012—2018 年,厦门市创新产出竞争力得分在 0.03 和 0.04 的低位浮动,2018—2022 年得分波动上升,说明厦门市从 2019 年开始创新产出成果数量有所增加。

（4）创新可持续发展竞争力

从图 10 可知,2012—2022 年,四个城市的创新可持续发展竞争力得分整体上均呈现上升趋势,但青岛市在 2019—2020 年有明显的下降。厦门市创新可持续发展竞争力得分逐年提高,但与深圳市、宁波市仍然存在差距。

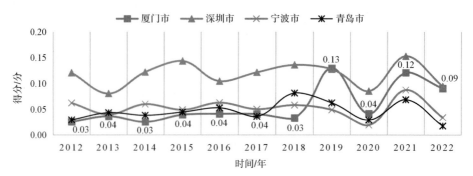

图 9　2012—2022 年四个计划单列市创新产出竞争力得分比较

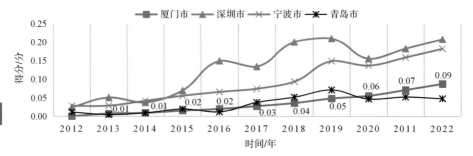

图 10　2012—2022 年四个计划单列市创新可持续竞争力得分比较

(三)厦门市创新竞争力总体评价

1.厦门市创新竞争力呈上升趋势,发展态势强劲

数据表明,厦门市城市创新竞争力综合得分呈现稳步上升态势,而且从 2018 年开始,创新竞争力提高速度加快。深圳市创新竞争力综合得分遥遥领先,处于四个计划单列市乃至全国的创新领军地位。2012 年厦门市城市创新竞争力综合得分排名第三,2022 年上升至第二,展现出强有力的创新发展潜力和可持续发展动力。

2.厦门市创新投入逐年上升,但需注重提高创新产出效率

数据表明,厦门市创新投入竞争力得分逐年上升,创新产出呈现波动上升趋势,说明创新投入与成果产出之间并不是简单的正向线性相关关系,而且创新投入在当期并不一定就能产生创新成果。因此如何将创新环境和创新资源整合,提高创新产出效率,改变短期功利性导向,给予科研创新人员更宽松的研发环境,是今后厦门市需要着重关注的问题。

3.厦门市创新环境良好,拥有可持续创新能力

数据表明,厦门市创新环境竞争力和创新可持续发展竞争力稳步提高,特

别是创新环境竞争力在四个城市中处于领先位置。这说明厦门市为创新活动开展营造了良好的环境,并且通过政府财政投入切实支持高素质人才培养和创新活动的开展。

五、科技金融、产业升级与城市创新竞争力:研究假说

(一)概念界定

1.科技金融的内涵

"科技金融"概念最早出现在深圳,提出后受到学术界的广泛关注。不少研究者都对其开展了广泛研究。其中赵昌文等(2009)最早提出了科技金融的定义。他认为科技金融是以金融资源提供者为主体所进行的一系列金融手段和创新活动的有机结合,是促进科技开发、成果转化和高新技术发展的一系列金融工具、金融制度、金融政策与金融服务的系统性、创新性安排,是由科学与技术创新活动提供金融资源的政府、企业、市场、社会中介机构等主体及其在科技创新融资过程中的行为活动共同组成的一个体系,是国家科技创新体系和金融体系的重要组成部分。这一观点得到学术界的广泛认同。在此之后,也有学者从不同角度对这个概念做了补充。洪银兴(2011)认为科技金融是资本向科技创新领域汇聚的金融活动;房汉廷(2015)认为科技金融的本质是将高技术产业与现代金融服务相结合,是实现创新型经济社会发展最高级形式,并能够从服务业发展水平与生态化完整程度上体现出来;邵传林和王丽萍(2016)认为科技金融为科技和金融的有效结合提供了最便捷以及最高效的途径;武力超等(2019)从技术发展和金融服务理论上展开分析,强调技术与金融服务的关系实质上是指技术发展和金融服务领域相互融通。

根据上述定义可知,科技金融是一个围绕金融、创新以及产业展开的综合性概念。结合以往研究,本文将科技金融界定为:科技金融是促进科技开发、成果转化和高新技术发展的一系列金融工具,既包括产业发展的金融体系、金融政策和金融服务体系,也包括为科学和技术创新活动提供金融资源的政府、企业、市场、社会中介组织等。

根据该内涵,本文对厦门市 2000—2022 年的科技金融情况进行了测算[①],结果如图 11 所示。从图中可以看出,从 2000 年到 2022 年,厦门市科技金融水平呈现上升趋势。

315

---

① 指标具体测算详见本文"六、科技金融、产业升级与厦门市创新竞争力:实证分析"中的"变量选择与数据来源",产业结构升级同。

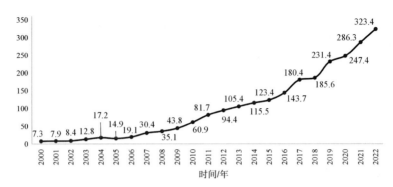

图 11　2000—2022 年厦门市科技金融发展趋势

2.产业结构升级

根据已有文献的研究思路,产业结构升级需要从产业结构合理化和产业结构高度化两个角度进行阐述(干春晖 等,2011;韩永辉 等,2017),只有同时实现了产业结构合理化和产业结构高度化,才意味着产业结构最终实现了转型升级。产业结构高度化主要是指产业结构由第一产业为主向第二、三产业为主演进,由低劳动生产率产业向高劳动生产率产业演进,由劳动密集型产业为主向资本密集型、技术密集型产业占优势地位演进,由低附加值、低加工度产业为主向高附加值、高加工产业为主演进的过程。产业结构合理化主要是指不同产业之间的协调程度和耦合发展,更加侧重于生产要素在不同产业之间的合理配置以及有效利用,要求产业结构与当前经济发展要求相适应(干春晖 等,2011)。

出于数据可获得性的考虑,本文以产业结构高级化作为产业结构升级的代理变量,图 12 描绘了 2000—2022 年厦门市产业结构升级的发展趋势。从图中可以看出,从 2000 年到 2022 年,厦门市的产业结构总体呈现上升的趋势,在 2002 年、2009 年、2017 年和 2020 年出现几次波动。

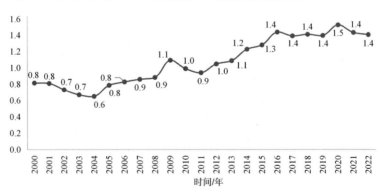

图 12　2000—2022 年厦门市产业结构发展趋势

(二)科技金融对城市创新竞争力的影响

1.科技金融为城市创新活动提供资本支持,从而提升城市创新竞争力

资本是城市建设最重要的要素之一,同时也是城市发展的基础。科技金融能够整合政府、银行等金融机构和资本市场的多方力量,通过拓宽融资渠道、增加融资方式,如 R&D 投入、科技贷款、风险投资、天使投资等渠道为创新活动提供充足的资金来源,满足不同主体的资金需求。其中创新的资金主要来源于政府投入、企业自身和银行的信贷资金,政府可以通过财政补贴、税收优惠等政策,为大学生创业、科技型企业提供平台与发展空间,也可以通过专项基金的设立对科技型企业进行专项贷款从而为创新活动提供资金支持。

2.科技金融有效配置市场资源,从而提升城市创新竞争力

市场资源的有效配置是指资金可以低成本地在供给方和需求方之间进行转移、金融市场对社会上的闲散资金进行高效利用以及投资者可以对投资产品进行自由选择,从而促进资金资本和产业资本之间的转化。在创新活动的前期,由于创新的高风险性与不确定性,科技金融主体基于风险规避的考量不愿进入科技创新活动中,从而出现市场失灵、资源配置效率低下的情况。这种情况下政府可以积极发挥调控作用,通过专项资金支持和出台补贴政策等方式引导企业将生产要素配置到科技创新活动中。对于金融体系来说,其利用闲散资金提供给资金需求方的行为本身就是引导价值运动,通过一般商业贷款、科技专项贷款等为企业提供流动性,鼓励企业进入科技创新领域。因此,科技金融的发展可以引导创新资源优化配置,鼓励更多创新活动开展,从而提升城市创新竞争力。

综上,本文提出假说1。

假说1.科技金融能够提升城市创新竞争力。

(三)科技金融对产业结构升级的影响

1.科技金融通过提高要素配置效率从而促进产业结构升级

首先,科技金融融合技术创新和金融创新,不断优化资本要素配置和提高金融资源利用效率,引导金融机构信贷资源从低效率生产部门流向高效率生产部门,倒逼低效率产业转型升级,提升产业结构合理化水平。

其次,产业升级过程需要科技、金融人才,科技金融在一定程度上能吸收知识性人才,从而改善地区人力资本水平,科技和金融人才将助推产业结构合理化。

最后,科技金融作为促进科技开发、成果转化的助推工具,将在很大程度上降低技术成果转化的交易成本和信息搜寻成本,促进生产要素合理流动,提高要素价格市场化水平,推动产业结构合理化。

2.科技金融通过推动技术进步从而推动产业结构升级

一方面,科技金融提供了良好的环境,在这个环境下,传统企业能更好地学习高新技术企业的生产模式、经营模式,从而促进企业生产模式从低端向中高端转型,通过学习效应促进产业结构升级;另一方面,科技金融投向的企业将有更多资金投入研发创新,从而助推企业尤其是高新技术产业和新兴战略型产业的技术创新,实现技术进步向高技术部门的递增。在更高的技术水平下,一方面,不符合社会需求的低端技术产业将面临淘汰,从而有助于产业从要素驱动转向创新驱动,促进产业升级;另一方面,更高的技术水平提高了劳动生产率,并在一定程度上减少生产对于资源的依赖,减少环境污染,从而实现经济的高质量发展,促使经济由粗放型向集约型转变,促进了产业结构高级化。

根据上述分析,本文提出假说2。

假说2.科技金融能够促进产业结构升级,进而提升城市创新竞争力。

根据以上假说,本文首先对科技金融、产业结构升级、城市创新竞争力三者之间的相关性进行初步检验,结果呈现在图13、图14、图15中,其中城市创新竞争力采用了主成分分析法的结果。

图13描绘了厦门市科技金融和城市创新竞争力之间的关系,从散点图和趋势线可以看出科技金融与城市创新竞争力呈现正相关关系,初步验证了假说1。

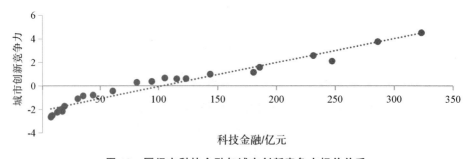

图13 厦门市科技金融与城市创新竞争力相关关系

图14描绘了产业升级与城市创新竞争力之间的相关关系,从散点图和趋势线可以看出两者之间大体呈现正相关关系。

图15描绘了科技金融与产业结构升级之间的关系,从散点图和趋势线可以看出二者呈现正相关关系,初步验证了假说2。

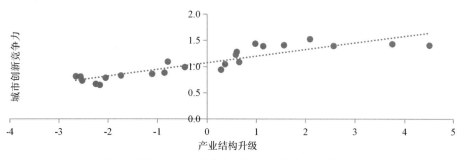

图 14   厦门市产业结构与城市创新竞争力相关关系

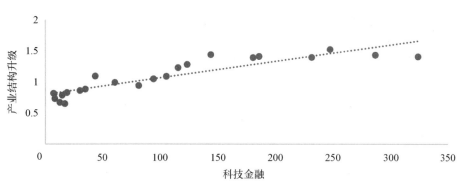

图 15   厦门市科技金融与产业结构相关关系

之后本文将通过基准回归对三者间的关系进行实证检验。

六、科技金融、产业升级与厦门市创新竞争力:实证分析

(一)变量选择与数据来源

1.科技金融

本文的核心解释变量是科技金融。根据上述科技金融的定义可知,科技金融即促进科技开发、成果转化和高新技术发展的一系列金融工具,既包括产业发展的金融体系、金融政策和金融服务体系,也包括为科学和技术创新活动提供金融资源的政府、企业、市场、社会中介组织等。根据该定义,本文参考汪淑娟等(2021)的指标测度方法,使用 2000—2022 年厦门市政府财政科技支出、研发经费支出和厦门市高新技术企业获得的政府补贴三项指标求和进行测度。前两项指标均能从历年厦门经济特区年鉴直接获得。需要特别说明的是第三项指标,本文参考李希义等(2008)的做法,根据 CSMAR 企业资质认定数据库筛选出厦门市的高新技术企业,并与政府补贴数据进行匹配

后按年度加总,获得2000—2012年的厦门市高新技术企业补贴总额年度数据。

2.产业升级

产业升级是本文另一个核心解释变量。产业结构优化的主体是产业结构,产业结构升级主要体现为产业高级化和产业合理化。出于数据可得性考虑,本文采用产业结构高级化作为产业升级的代理变量。于春晖等(2011)认为上世纪70年代之后信息技术革命对主要工业化国家的产业结构产生了极大的冲击,出现了"经济服务化"的趋势。在信息化推动下的经济结构的服务化是产业结构升级的一种重要特征,鉴于在"经济服务化"过程中的一个典型事实是第三产业的增长率要快于第二产业的增长率(吴敬琏,2008),本文参考于春晖等(2011)的做法,采用第三产业增加值与第二产业增加值之比作为产业结构高级化的度量。

3.城市创新竞争力

城市创新竞争力是本文的被解释变量。如前文所述,本文设定创新环境竞争力、创新投入竞争力、创新产出竞争力和创新可持续发展竞争力为要素层指标,并运用8个基础性指标测算厦门市城市创新竞争力。本文将采用第三部分主成分分析法和熵权法测度的厦门市城市创新竞争力综合得分对被解释变量进行测度。

(二)模型设定和基准回归分析

本文主要关注厦门市科技金融、产业升级和城市创新竞争力三者间的关系,且不同城市的发展水平和趋势差异较大,因此本文仅选择厦门市2002—2022年的时间序列数据进行基准回归分析。

1.科技金融和城市创新竞争力回归结果

为验证假说1,本文构建如下基准回归模型:

$$\text{city\_inno} = \beta_0 + \beta_1 \times \text{fintech} + \beta_2 \times \text{controls} + \varepsilon_t \tag{1}$$

其中,city_inno表示城市创新竞争力;fintech表示科技金融;controls表示控制变量,包括人均财政收入、城镇化率、人均金融存款额等城市层面控制变量;ε_t表示随机扰动项。基准回归结果如表2所示。

表2的回归结果表明,在两种测度方法下,厦门市科技金融和城市创新竞争力间具有显著的正相关关系,说明厦门市科技金融能够促进城市创新竞争力提升。

表2　科技金融对城市创新竞争力的影响

变量	(1) 城市创新竞争力 （主成分分析法）	(2) 城市创新竞争力 （熵权法）
科技金融	0.168***	0.024***
	(0.045)	(0.005)
Constant	−3.341**	−0.0759
	(1.474)	(0.181)
控制变量	是	是
样本量	23	23
R^2	0.971	0.973

注：括号内的数值为 t 统计量，***、** 和 * 分别表示 1%、5% 和 10% 的显著性水平。本文以下各表同。

2.科技金融和城市创新竞争力分项指标回归结果

为进一步探讨科技金融对创新环境、创新投入、创新产出和创新可持续发展的关系，本文使用 OLS 模型对四个分项指标进行回归分析：

$$\text{sub\_cityinno} = \beta_3 + \beta_4 \times \text{fintech} + \beta_5 \times \text{controls} + \varepsilon_{i,t} \tag{2}$$

其中，sub_cityinno 表示城市创新竞争力四个分项指标，其他变量与模型（1）含义相同。

表3　科技金融对各分项指标的影响

变量	(1) 创新环境	(2) 创新投入	(3) 创新产出	(4) 创新可持续发展
科技金融	0.002	0.007***	0.008**	0.008**
	(0.002)	(0.002)	(0.004)	(0.004)
Constant	−0.020	0.007	−0.048	−0.048
	(0.077)	(0.059)	(0.121)	(0.121)
控制变量	是	是	是	是
样本量	21	21	21	21
R²	0.875	0.966	0.834	0.834

从表3的（1）～（4）列可知，对于厦门市来说，科技金融与创新投入竞争力、创新产出竞争力和创新可持续发展竞争力均具有显著的正相关关系。但是科技金融对创新环境竞争力的提高影响并不显著。

3.科技金融和产业结构升级回归结果

本文使用以下 OLS 模型探讨科技金融和产业结构高级化的相关关系,具体模型如下:

$$upR{trading} = \alpha_0 + \alpha_1 \times fintech + \alpha_2 \times controls + \varepsilon_{i,t} \tag{3}$$

其中,uprading 表示产业结构高级化,其他指标含义同模型(1)。基准回归结果见表4。由表4可知,在加入控制变量时,厦门市科技金融和产业结构高级化在 10% 的显著性水平下存在负相关关系;在未加入控制变量时,二者在 1% 的显著性水平下正相关。这有可能是因为,相比于科技金融,城市的其他特征变量与产业结构升级具有更密切的相关关系。此外,产业升级可以看作是厦门市城市创新竞争力提高的重要表征,因为厦门市高新技术产业主要为新一代信息技术、生物医药与健康、新材料与新能源、海洋高新、数字创意等,分属于第二、第三产业,因此这一结果间接说明科技金融对厦门市城市创新竞争力的促进作用。

表4　科技金融对产业升级的影响

变量	(1) 产业升级	(2) 产业升级
科技金融	0.003***	−0.002*
	(0.0003)	(0.001)
Constant	0.798***	0.010
	(0.045)	(0.009)
控制变量	否	是
样本量	23	23
R²	0.801	0.820

七、结论与政策建议

(一)结论

提升城市创新竞争力是加快打造具有全球影响力的科技创新中心、实施创新驱动发展战略的重要战略举措。为了研究厦门市创新竞争力发展现状和不足,本文根据 2000—2022 年厦门市及其他三个计划单列市数据,运用主成分分析法和熵权法,测算了厦门市的城市创新竞争力综合得分并与其他计划单列市进行比较分析,并运用最小二乘法实证分析厦门市科技金融、产业升级

和城市创新竞争力之间的关系,得到以下结论:

厦门市贯彻落实创新发展战略,创新工作初具成果。从总体发展趋势来看,熵权法和主成分分析法的测算结果均显示,2000—2022年厦门市创新竞争力综合指数呈现上升的趋势。和深圳市、青岛市、宁波市三个计划单列市相比,2018年之前,厦门市的创新竞争力水平低于四个城市的平均水平,且得分低于宁波市和深圳市,但在2018—2022年,主成分分析法测算出的综合城市创新竞争力得分为正值,虽然得分和深圳市仍有差距,但在2019年、2021年、2022年得分已超过宁波,这说明厦门市在10年间的创新工作颇具成效,其城市创新竞争力发展态势强劲。具体分析如下:

第一,厦门市拥有良好的创新环境,贯彻落实创新可持续发展。从单项指标来看,2012—2022年,厦门市的创新环境竞争力和得分逐年上升,且在四个城市中均位于前列,说明厦门市对人才储备和数字基础设施建设等方面的重视;创新可持续发展竞争力得分在这11年间也呈现上升趋势,说明厦门市政府对于创新产业培育给予了一定的资金支持,从而在很大程度上促进了厦门市高素质人才的增加以及科技产业、企业的发展,但是和另外三个城市相比仍有一定差距。

第二,厦门市的创新产出效率亟待提高。经单项指标测算,厦门市创新产出竞争力和创新投入竞争力并不呈现线性正相关关系。2012—2022年,厦门市中创新投入竞争力得分逐年上升,体现了厦门市在创新研发领域的人才和资金投入规模逐年增加,且在2018年超过了宁波市和青岛市,这说明厦门市在近十年里重视研发领域的人才培养和资金投入;而创新产出竞争力在2012—2018年间保持在0.1左右,在2018—2022年得分呈现较大的波动,其中在2020年得分0.08,在2021年得分0.22,这说明创新投入竞争力和创新产出竞争力之间并不是简单的正相关关系,这可能是因为创新领域的投入转化为产出具有一定滞后性,并且投入转化为产出受到其他因素的影响。

第三,厦门市科技金融能够促进创新竞争力提升,其中对创新投入竞争力、创新产出竞争力和创新可持续发展竞争力提升较为显著,但对创新环境竞争力的提升作用并不显著。本文通过实证验证了厦门市科技金融与城市创新竞争力之间的关系,无论是用主成分分析法还是用熵权法进行城市创新竞争力测算,结果均显示科技金融与城市创新竞争力呈现正相关关系。进一步,通过科技金融对创新竞争力各分项指标构建回归模发现科技金融和创新投入竞争力、创新产出竞争力、创新可持续发展竞争力具有显著的正相关关系,这说明科技金融对于城市创新竞争力的促进作用主要是通过提升投入、产出和可持续发展竞争力三方面来实现。

(二)政策建议

基于上述分析,本文提出以下建议,以期为厦门市提升城市创新竞争力并加快实施创新驱动发展战略提供政策参考依据。

第一,进一步推动厦门市创新环境的营造,深化可持续发展。当前厦门市创新环境良好,且创新环境竞争力和创新可持续竞争力得分逐年上升,但是创新可持续竞争力和深圳市、宁波市仍有一定的差距,政府可以进一步增加教育经费和科技经费投入,进一步增加对高素质人才培养和科技产业、企业的支持力度,为创新活动提供更为充分的资金支持,从而提升厦门市创新可持续发展能力。

第二,创新科技金融服务,促进厦门市创新可持续发展竞争力和创新投入竞争力的提高,从而提升厦门市创新竞争力。厦门市创新竞争力得分逐年上升,而科技金融对城市创新竞争力的促进作用已得到证实,政府可以从提升厦门市科技金融服务入手,进一步提升厦门市创新竞争力。一方面,政府应当充分发挥各类金融机构对于城市发展的重要支撑作用,鼓励金融机构因地制宜推出符合厦门本地发展的金融产品和金融服务,解决企业融资渠道单一的问题,丰富融资形式,使得金融机构能更好地为科技型企业尤其是中小企业的创新活动予以资金支持,建立专门的扶持规定以保持企业的现金流与资金链稳定;另一方面,政府可以在一定程度上建立创新贷款风险补偿机制,引导更多社会资本注入科技金融发展,建立起风险补偿和风险共担机制,支持企业创新活动。

第三,营造宽松良好的研发环境,促进创新成果转化。厦门市的创新产出和创新投入之间并不呈现正相关关系,除了当期的创新投入并不一定能形成当期的创新成果以外,政府还可以采取加大知识产权保护和执法力度,简化知识产权申请流程等措施提高创新成果转化效率。如简化知识产权申请流程、细化和明确知识产权归属和利益分配的规定,充分发挥知识产权制度在企业创新过程中的激励作用。

参考文献

[1]白俊红,王钺,蒋伏心,李婧.研发要素流动、空间知识溢出与经济增长[J].经济研究,2017,52(7):109-123.

[2]杜宝贵,廉玉金.科技金融何以助力区域创新?:基于TRE框架的组态研究[J].科学管理研究,2022,40(6):130-137.

[3]李灿芳.科技金融投入对科技创新影响的区域差异分析[J].财会通讯,2022(3):85-90.

[4]张云,李宝伟,冯学良.金融科技提升企业创新绩效了吗?:基于中国A

股上市公司数据的实证分析[J].经济体制改革,2022(1):172-179.

[5]侯世英,宋良荣.金融科技、科技金融与区域研发创新[J].财经理论与实践,2020,41(5):11-19.

[6]韩景旺,陈小荣.河北省科技金融与科技创新互动发展关系的实证研究[J].河北经贸大学学报,2020,41(3):72-81.

[7]郑石明,伍以加,邹克.科技和金融结合试点政策有效吗?:基于双重差分法的研究[J].中国软科学,2020(1):49-58.

[8]马凌远,李晓敏.科技金融政策促进了地区创新水平提升吗?:基于"促进科技和金融结合试点"的准自然实验[J].中国软科学,2019(12):30-42.

[9]王栋,赵志宏.金融科技发展对区域创新绩效的作用研究[J].科学学研究,2019,37(1):45-56.

[10]张玉喜,赵丽丽.中国科技金融投入对科技创新的作用效果:基于静态和动态面板数据模型的实证研究[J].科学学研究,2015,33(2):177-184,214.

[11]曹清峰,倪鹏飞.中国城市体系的层级结构与城市群发展:基于城市全球竞争力、全球联系度及辐射能力的分析[J].西部论坛,2020,30(2):45-56.

[12]曹勇,曹轩祯,罗楚珺,秦以旭.我国四大直辖城市创新能力及其影响因素的比较研究[J].中国软科学,2013(6):162-170.

[13]陈建斌,曹馨丹,肖紫宁,黄婉君.基于五大发展理念的城市创新竞争力评价及影响因素研究[J].重庆社会科学,2021(12):30-44.

[14]陈静,岳海鸥,武张亮.山东省六个国家创新型城市的创新竞争力评价:基于主成分分析和集对分析[J].情报工程,2019,5(1):84-97.

[15]陈伟雄.城市创新竞争力的研究意义、构成要素与主要特征[J].经济研究参考,2018(45):3-11.

[16]邓玲,胡双梅.西部地区城市可持续竞争力评价研究[J].四川大学学报(哲学社会科学版),2019(1):181-192.

[17]董旭,吴传清.城市竞争力评价的理论模型、体系与方法:一个文献综述[J].湖北经济学院学报,2017,15(1):66-72.

[18]方创琳,马海涛,王振波,李广东.中国创新型城市的可持续发展:定量评估与创新未来(英文)[J].Journal of Geographical Sciences,2014,24(6):1095-1114.

[19]干春晖,郑若谷,余典范.中国产业结构变迁对经济增长和波动的影响[J].经济研究,2011,46(5):4-16+31.

[20]李希义,房汉廷.我国科技型上市公司的创新性[J].经济管理,2008(11):22-27.

325

[21]李锦珠,方文明.珠江三角洲主要城市竞争力分析[J].统计与决策,2005(11):83-85.

[22]李军军,朱浩军.中国城市创新竞争力的内涵及其评价指标体系[J].经济研究参考,2018(45):52-59.

[23]李琳,韩宝龙,李祖辉,张双武.创新型城市竞争力评价指标体系及实证研究:基于长沙与东部主要城市的比较分析[J].经济地理,2011,31(2):224-229,236.

[24]李伟庆,聂献忠.产业升级与自主创新:机理分析与实证研究[J].科学学研究,2015,33(7):1008-1016.

[25]李媛媛,刘思羽,张春蕾.科技金融能够促进创新型城市发展吗?:基于 SYS-GMM 的动态分析[J].科技管理研究,2020,40(21):54-63.

[26]梁政骥,吕拉昌.基于锡尔系数的广东省城市创新能力差异研究[J].地域研究与开发,2012,31(3):73-77,87.

[27]廖远涛,顾朝林,林炳耀.新城市竞争力模型:层次分析方法[J].经济地理,2004(1):39-42.

[28]陆璟,周礼,沈正平,邱慧.淮海经济区城市竞争力评价[J].江苏师范大学学报(自然科学版),2019,37(2):10-14.

[29]吕红平,董正信,吴伟,葛伟伟,杨栋.河北省各城市竞争力研究[J].人口与发展,2008(4):63-72.

[30]满强,宋玉祥,李飞.基于熵值模型的城市竞争力比较[J].统计与决策,2010(22):57-59.

[31]倪鹏飞.《中国城市竞争力理论研究与实证分析》摘要[J].城市,2001(1):21-24.

[32]倪鹏飞.中国城市竞争力报告[J].决策与信息,2003(7):9-10.

[33]庞瑞芝,范玉,李扬.中国科技创新支撑经济发展了吗?[J].数量经济技术经济研究,2014,31(10):37-52.

[34]孙文杰,沈坤荣.人力资本积累与中国制造业技术创新效率的差异性[J].中国工业经济,2009(3):81-91.

[35]王承云,沈泽洲.江苏省城市综合创新竞争力时空联系研究[J].华东经济管理,2020,34(11):9-17.

[36]王红领,李稻葵,冯俊新.FDI 与自主研发:基于行业数据的经验研究[J].经济研究,2006(2):44-56.

[37]吴丰华,刘瑞明.产业升级与自主创新能力构建:基于中国省际面板数据的实证研究[J].中国工业经济,2013(5):57-69.

[38]吴晓波,李思涵,徐宁,杜健.数字经济背景下浙江省创新型经济发展

评价及赋能对策研究:基于 2014—2017 年六省市的对比分析[J].科技管理研究,2020,40(13):157-164.

[39]吴妍妍.长三角重要城市创新竞争力实证分析与政策研究[J].铜陵学院学报,2019,18(4):7-11.

[40]吴宇军,胡树华,代晓晶.创新型城市创新驱动要素的差异化比较研究[J].中国科技论坛,2011,(10):23-27.

[41]线实,陈振光.城市竞争力与区域城市竞合:一个理论的分析框架[J].经济地理,2014,34(3):1-5.

[42]肖文,林高榜.政府支持、研发管理与技术创新效率:基于中国工业行业的实证分析[J].管理世界,2014(4):71-80.

[43]谢科范,张诗雨,刘骅.重点城市创新能力比较分析[J].管理世界,2009(1):176-177.

[44]徐丹,于渤.空间溢出视角下长三角城市群高技术产业集聚与城市创新:产业结构优化升级的中介效应与时空异质性分析[J].研究与发展管理,2023,35(2):15-29.

[45]余泳泽,刘大勇.创新要素集聚与科技创新的空间外溢效应[J].科研管理,2013,34(1):46-54.

[46]余元春,顾新,陈一君.产学研技术转移"黑箱"解构及效率评价[J].科研管理,2017,38(4):28-37.

[47]张驰,王满仓.科技金融对城市产业结构升级的影响研究:基于"促进科技和金融结合试点"政策的准自然实验[J].经济问题探索,2023,(01):73-86.

[48]Begg, l.Cities and Competitiveness[J]. Urban Studies, 1999,36(5-6):795-809.

[49]Kresl P. The determinants of urban competitiveness: a survey[A]. Kresl, P & G Gappert.

[50]Webster D, Muller L. Urban competitiveness assessment in developing country urban regions: the road forward[R]. Washington DC: The World Bank, 2000:55.

[51]Thousands Oaks.North American Cities and the Global Economy[C]. Thousands Oaks, CA:Sag Publications, 1995.

课题负责人、统稿:李文溥
执　　　笔:余长林　梁颖悦　陈诗苑

厦门市生态环境资源与城市竞争力

习近平总书记指出"绿水青山就是金山银山"、"保护生态环境就是保护生产力,改善生态环境就是发展生产力"。生态环境竞争力就是一个地区通过生态建设、环境保护促进经济社会发展的能力。这种能力不仅包括环境作为经济社会发展的基础或条件,更重要的是包括环境作为经济社会发展动力的能力和环境管理,为公众提供环境公共产品和服务,满足人民群众日益增长的对美好环境需求的能力。开展环境竞争力评价,提升环境竞争力对一个地区促进经济社会发展以及加强生态环境保护、建设生态文明有着十分重要的意义。

厦门市正在全面深入推进生态环境保护工作,深入打好污染防治攻坚战,深化国家生态文明试验区建设,促进经济社会发展全面绿色转型,推进实现生态文明建设领域高质量发展超越,加快建设更高水平的"高颜值生态花园之城"。为了把厦门建设得更加美丽,让高颜值更富魅力,为更高水平建设高素质高颜值现代化国际化城市奠定坚实的生态环境基础,持续"当好生态省建设的排头兵",有必要全面深入分析厦门市生态环境竞争力的现状、进一步提高的空间,并在此基础上提出进一步提升的政策建议。

一、厦门市生态环境资源的现状

(一)空气质量状况

根据《厦门市生态环境质量公报》显示,2022 年,厦门市环境空气质量综合指数为 2.56,空气质量为优的天数为 208 天,良的天数为 148 天,空气质量优良率达到了 97.5%,在全国 168 个环保重点城市中排名第九。

2022 年,厦门市二氧化硫、二氧化氮、可吸入颗粒物、细颗粒物、一氧化碳、臭氧年平均浓度分别为 4 微克/米³、22 微克/米³、32 微克/米³、17 微克/米³、0.6 毫克/米³、134 微克/米³,按照《环境空气质量标准》(GB 3095-2012)评价,二氧化硫、二氧化氮、一氧化碳、可吸入颗粒物年平均浓度均符合国家一级标准,细颗粒物、臭氧年平均浓度均符合国家二级标准。[①]

[①] 数据源于《2022 年厦门市生态环境质量公报》,其中一氧化碳年平均浓度、臭氧年平均浓度分别指一氧化碳 24 小时平均第 95 百分位数浓度、臭氧日最大 8 小时滑动平均值的第 90 百分位数。

从纵向来看,2019 年 9 月至 2023 年 8 月厦门市空气质量指数(AQI)整体形势较好。AQI 是定量描述空气质量状况的非线性无量纲指数,数值越小,表明空气质量越好。图 1 至图 4 展示了厦门市自从 2019 年 9 月以来的空气质量指数情况[①]。从每年 9 月至次年 8 月,厦门市空气质量指数都不同程度地表现出先升高后下降的趋势。整体而言,厦门市夏半年的空气质量情况要好于冬半年。这和厦门市地理位置和气候特征密切相关。厦门地处台湾海峡南部、福建南部的九龙江入海处,是福建沿海岛屿之一,它紧贴大陆边缘,东南面向海洋,西北背靠大陆,在北回归线偏北约 1°,属于南亚热带海洋性季风气候地带,是亚热带中的最南地带,为热带向温带过渡带,因而也具有热带气候的某些特征。厦门受海洋影响较为显著,气温年较差、日较差小,秋温高于春温,湿度大,具有海洋性气候特征。厦门冬季主吹偏北风,夏季主吹偏南风,具有季风性气候特征。

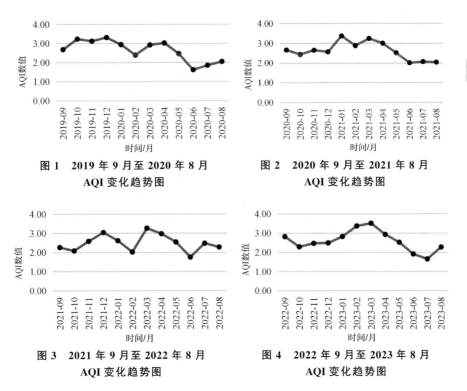

图 1   2019 年 9 月至 2020 年 8 月
AQI 变化趋势图

图 2   2020 年 9 月至 2021 年 8 月
AQI 变化趋势图

图 3   2021 年 9 月至 2022 年 8 月
AQI 变化趋势图

图 4   2022 年 9 月至 2023 年 8 月
AQI 变化趋势图

从厦门在全国 168 个环保重点城市的排名来看,从 2019 年 9 月到 2023 年 8 月,在全国 168 个环保重点城市中,厦门市有 30 个月份位于前 10 名之

---

① 数据来源:《福建省城市环境空气质量状况》月报。

内,只有8个月份没有上榜前20名;除了2022年7月份排名位于51位之外,其余均保持在前30名之内(见表1)[①]。

表1 厦门市2019年9月至2023年8月空气质量全国排名情况

时间	全国排名	时间	全国排名	时间	全国排名	时间	全国排名
2019-09	5	2020-09	22	2021-09	10	2022-09	27
2019-10	24	2020-10	9	2021-10	8	2022-10	6
2019-11	10	2020-11	2	2021-11	7	2022-11	9
2019-12	5	2020-12	1	2021-12	7	2022-12	5
2020-01	9	2021-01	5	2022-01	7	2023-01	7
2020-02	10	2021-02	11	2022-02	4	2023-02	19
2020-03	15	2021-03	15	2022-03	24	2023-03	23
2020-04	6	2021-04	21	2022-04	15	2023-04	15
2020-05	7	2021-05	16	2022-05	13	2023-05	6
2020-06	7	2021-06	7	2022-06	9	2023-06	4
2020-07	8	2021-07	20	2022-07	51	2023-07	3
2020-08	8	2021-08	11	2022-08	24	2023-08	10

数据来源:2019—2023年生态环境部发布的《全国城市空气质量报告》月度数据。

下面来介绍一下各种污染物的纵向具体指标。

1.二氧化硫月均浓度

图5至图8是厦门市二氧化硫月均浓度的波动情况。从每年9月至次年8月,二氧化硫月均浓度没有大幅度波动。以每年9月至次年8月作为一个年度来看,从2019年到2023年的这4个样本年度里,厦门市二氧化硫月均浓度在逐渐下降。

---

① 数据来源:生态环境部发布的《城市空气质量报告》月度数据。从数据上看每年的7—9月份全国空气质量普遍较好,主要原因是夏季我国大部分地区主吹来自海洋的偏南风,有利于空气质量在短期有较大幅度的改善。

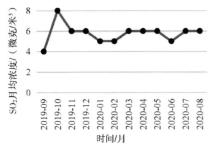

图 5　2019 年 9 月至 2020 年 8 月
SO₂ 月均浓度

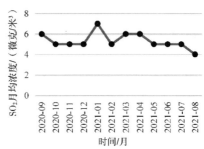

图 6　2020 年 9 月至 2021 年 8 月
SO₂ 月均浓度

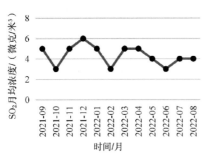

图 7　2021 年 9 月至 2022 年 8 月
SO₂ 月均浓度

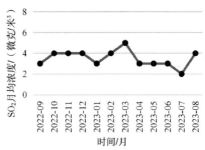

图 8　2022 年 9 月至 2023 年 8 月
SO₂ 月均浓度

2.二氧化氮月均浓度

从图 9 至图 12 可以发现,厦门市二氧化氮月均浓度比较高的月份主要集中在冬半年。这可能是因为冬半年厦门市容易受到来自大陆内部的东北风的影响,北部地带产生的部分污染物会被送到厦门。二氧化氮主要来自工业排放、燃煤等,厦门市 2022 年三次产业结构为 0.4∶41.4∶58.2,第三产业占主导地位,再加上冬季不需要供暖,二氧化氮自产量相对较低。

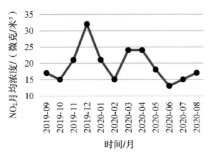

图 9　2019 年 9 月至 2020 年 8 月
NO₂ 月均浓度

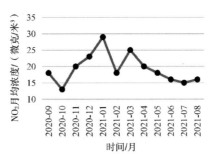

图 10　2020 年 9 月至 2021 年 8 月
NO₂ 月均浓度

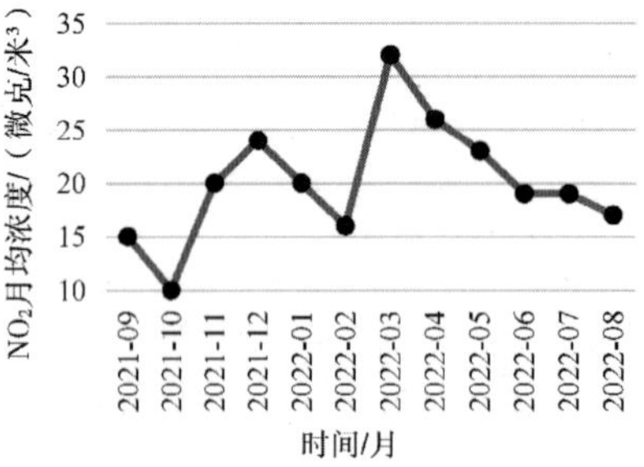

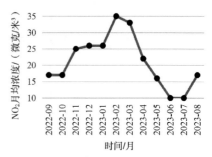

图 11　2021 年 9 月至 2022 年 8 月
NO₂ 月均浓度

图 12　2022 年 9 月至 2023 年 8 月
NO₂ 月均浓度

3.一氧化碳月均浓度

自 2019 年 9 月以来,厦门市一氧化碳月均浓度[①]变化相对稳定,波动幅度不大,波动范围稳定在 0.4～0.8 毫克/米³。从 2023 年 3 月开始,稳定在 0.6 毫克/米³ 以下波动(见图 13 至图 16)。

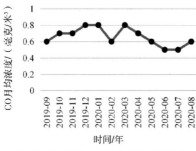

图 13　2019 年 9 月至 2020 年 8 月
CO 月均浓度

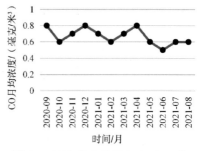

图 14　2020 年 9 月至 2021 年 8 月
CO 月均浓度

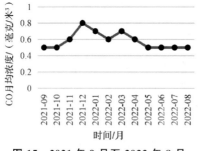

图 15　2021 年 9 月至 2022 年 8 月
CO 月均浓度

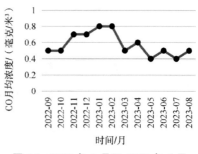

图 16　2022 年 9 月至 2023 年 8 月
CO 月均浓度

①　此处的一氧化碳月均浓度指的是 CO 日均值第 95 百分位数浓度的月平均。

4.细颗粒物(PM₂.₅)和可吸入颗粒物(PM₁₀)月均浓度

PM$_{2.5}$月均浓度变化与 PM$_{10}$月均浓度变化表现出相似的趋势。从每年的 9 月份到次年的 8 月份,颗粒物浓度基本上表现出先升高后下降的特点,并且冬半年污染物浓度要高于夏半年。以每年的 9 月份到次年的 8 月份作为一个年度来看,前 3 个样本年度都在 2 月份有一个小幅度下降(见图 17 至图 20)。

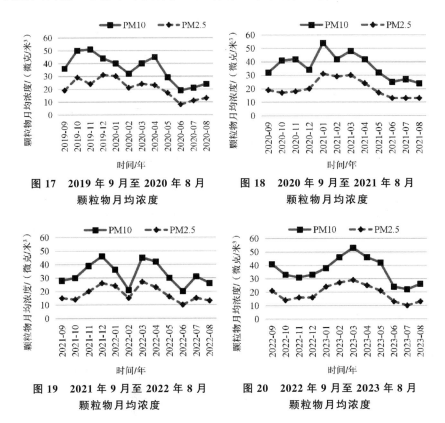

图 17　2019 年 9 月至 2020 年 8 月颗粒物月均浓度

图 18　2020 年 9 月至 2021 年 8 月颗粒物月均浓度

图 19　2021 年 9 月至 2022 年 8 月颗粒物月均浓度

图 20　2022 年 9 月至 2023 年 8 月颗粒物月均浓度

333

5.臭氧月均浓度

根据 2019 年至 2023 年福建省生态环境厅发布的《福建省城市环境空气质量状况》中的月度数据(见表 2),厦门市首要空气污染物是臭氧。从 2019 年 9 月到 2023 年 8 月,厦门市臭氧月均浓度①基本上在 100～160 微克/米³区间内波动。从每年的 9 月到次年的 8 月,厦门市臭氧浓度变化表现出先下降后上升,然后再下降的特点。每年的 6 月份和 12 月份左右,浓度水平相对较低;4 月份和 5 月份左右,浓度水平相对较高(见图 21 至图 24)。

---

① 此处臭氧月度浓度指的是臭氧日最大 8 小时值的第 90 百分位数浓度的月平均。

表2 厦门市2019年9月至2023年8月首要空气污染物情况

时间	首要污染物	时间	首要污染物	时间	首要污染物	时间	首要污染物
2019-09	臭氧	2020-09	臭氧	2021-09	臭氧	2022-09	臭氧
2019-10	臭氧	2020-10	臭氧	2021-10	臭氧	2022-10	臭氧
2019-11	臭氧	2020-11	臭氧	2021-11	臭氧	2022-11	臭氧
2019-12	细颗粒物	2020-12	臭氧	2021-12	细颗粒物 臭氧	2022-12	臭氧
2020-01	细颗粒物	2021-01	细颗粒物	2022-01	细颗粒物	2023-01	细颗粒物 臭氧
2020-02	臭氧	2021-02	细颗粒物	2022-02	臭氧	2023-02	二氧化氮
2020-03	臭氧	2021-03	细颗粒物	2022-03	二氧化氮	2023-03	臭氧
2020-04	臭氧	2021-04	臭氧	2022-04	臭氧	2023-04	臭氧
2020-05	臭氧	2021-05	臭氧	2022-05	臭氧	2023-05	臭氧
2020-06	臭氧	2021-06	臭氧	2022-06	臭氧	2023-06	臭氧
2020-07	臭氧	2021-07	臭氧	2022-07	臭氧	2023-07	臭氧
2020-08	臭氧	2021-08	臭氧	2022-08	臭氧	2023-08	臭氧

数据来源:2019—2023年福建省生态环境厅发布的《福建省城市环境空气质量状况》月度数据。

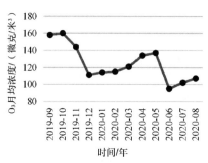

图21 2019年9月至2020年8月
O₃月均浓度

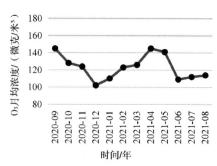

图22 2020年9月至2021年8月
O₃月均浓度

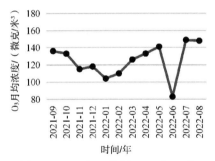
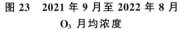
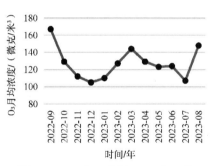

图 23　2021 年 9 月至 2022 年 8 月
O₃ 月均浓度

图 24　2022 年 9 月至 2023 年 8 月
O₃ 月均浓度

(二)声环境状况

2022 年,厦门市区域声环境平均等效声级为 55.8 分贝,总体水平等级为三级;道路交通声环境等效声级为 67.5 分贝,强度水平等级为一级;城市功能区声环境质量较好,昼间、夜间达标率分别为 100% 和 86.2%。

根据《环境噪声监测技术规范城市声环境常规监测》(HJ 640-2012)[1]标准,从 2011 年到 2021 年,厦门市昼间区域声环境等效声级维持在 60.0 分贝以内,强度水平等级处于三级;昼间道路交通声环境等效声级维持在 68.0 分贝以内,强度水平等级处于一级(见表 3)。

表 3　2011—2022 年厦门市昼间区域声环境、道路交通声环境等效声级统计表

单位:分贝(A)

指标	2011	2012	2013	2014	2015	2016	2017	2018	2019	2020	2021	2022
昼间区域声环境等效声级	56.0	56.1	55.6	56.5	56.0	55.5	55.2	55.3	55.8	55.9	55.8	55.8
昼间道路交通声环境等效声级	67.8	67.8	65.6	66.3	67.9	67.8	67.3	66.4	67.2	66.9	67.3	67.5

数据来源:2014—2022 年厦门市生态环境局发布的《厦门市生态环境质量公报》数据。

从 2014 年到 2022 年,厦门市四类声环境功能区达标率在逐渐升高。2022 年,四类功能区声环境达标率均达到了 85%,总体而言,厦门市声环境较好(见表 4)。

---

①　根据《环境噪声监测技术规范城市声环境常规监测》(HJ 640-2012)指标,昼间区域声环境平均等效声级小于或等于 50.0 分贝为好(一级),50.1~55.0 分贝为较好(二级),55.1~60.0 分贝为一般(三级),60.1~65.0 分贝为较差(四级),大于 65.0 分贝为差(五级)。昼间道路交通声环境平均等效声级小于或等于 68.0 分贝为好(一级),68.1~70.0 分贝为较好(二级),70.1~72.0 分贝为一般(三级),72.1~74.0 分贝为较差(四级),大于 74.0 分贝为差(五级)。

表 4　2014—2022 年厦门市声环境功能区达标率①

单位：%

年份	1 类		2 类		3 类		4a 类	
	昼间	夜间	昼间	夜间	昼间	夜间	昼间	夜间
2014	95.0	70.0	100.0	81.3	89.3	78.6	95.0	75.0
2015	95.0	70.0	94.0	68.8	100.0	80.0	100.0	80.0
2016	95.0	70.0	100.0	75.0	100.0	64.3	100.0	90.0
2017	97.5	68.8	100.0	93.8	100.0	64.3	100.0	75.0
2018	100.0	77.5	100.0	100.0	100.0	67.9	100.0	95.0
2019	98.8	75.0	100.0	87.5	96.4	67.9	100.0	95.0
2020	100.0	87.5	100.0	100.0	100.0	86.7	100.0	100.0
2021	100.0	85.0	100.0	91.7	100.0	84.4	100.0	95.0
2022	100.0	86.2	100.0	91.7	100.0	87.5	100.0	100.0

数据来源：2014—2022 年厦门市生态环境局发布的《厦门市生态环境质量公报》数据。

（三）水环境状况

2022 年，厦门市全市地下水资源量为 3.380 亿米³，水资源总量为 12.177 亿米³。按照年末常住人口来计算，2022 年人均水资源量为 229 米³。饮用水水源地、主要流域国控断面、主要流域省控断面、小流域省考断面、小流域"以奖促治"断面实现"五个 100％达标"（见表 5）。

表 5　2011—2022 年厦门市水资源状况

年份	水资源总量/亿米³	地下水资源量/亿米³	人均水资源量/米³	人均地下水资源量/米³
2011	9.38	1.93	259.81	53.41
2012	12.25	2.20	333.90	59.97

---

① 声环境功能区类别依据《声环境质量标准》（GB 3096-2008）。1 类声环境功能区指以居民住宅、医疗卫生、文化教育、科研设计、行政办公为主要功能，需要保持安静的区域。2 类声环境功能区指以商业金融、集市贸易为主要功能，或者居住、商业、工业混杂，需要维护住宅安静的区域。3 类声环境功能区指以工业生产、仓储物流为主要功能，需要防止工业噪声对周围环境产生严重影响的区域。4 类声环境功能区指交通干线两侧一定距离之内，需要防止交通噪声对周围环境产生严重影响的区域，包括 4a 类和 4b 类两种类型。4a 类为高速公路、一级公路、二级公路、城市快速路、城市主干路、城市次干路、城市轨道交通（地面段）、内河航道两侧区域。

续表

年份	水资源总量/亿米³	地下水资源量/亿米³	人均水资源量/米³	人均地下水资源量/米³
2013	13.40	2.40	359.33	64.37
2014	9.83	1.96	257.95	51.42
2015	13.89	2.61	359.77	67.59
2016	25.13	3.73	641.05	95.03
2017	9.21	1.73	229.65	43.14
2018	9.42	2.86	229.25	69.66
2019	10.94	2.99	213.63	58.34
2020	5.45	2.15	105.27	41.51
2021	6.21	2.25	117.54	42.61
2022	12.18	3.38	229.41	63.68

数据来源:厦门市水利局发布的 2011—2022 年《厦门市水资源公报》数据。

2022 年,厦门市近岸海域水质良好,全年优良水质点位比 86.4%,比 2021年上升 4.6 个百分点;优良水质面积比例为 82.0%。从 2018 年到 2022 年,活性磷酸盐、无机氮、化学需氧量浓度水平波动不大,在这 5 年期间,只有 2018年和 2019 年海水水质表现出轻度富营养化(见表 6)。

表 6   2014—2022 年厦门市近岸海域富营养状况

年份	活性磷酸盐/mg/L	无机氮/mg/L	化学需氧量/mg/L	富营养化指数
2018	0.033	0.361	0.56	1.5
2019	0.025	0.31	0.66	1.1
2020	0.020	0.263	0.74	0.86
2021	0.016	0.182	0.59	0.38
2022	0.016	0.199	0.64	0.45

数据来源:2018—2022 年厦门市生态环境局发布的《厦门市生态环境质量公报》数据。

(四)生态环境状况

2022 年,厦门市自然保护区面积为 13897.38 公顷,其中,国家级海洋公园2487 公顷,林业自然保护区面积 3782.38 公顷。全市森林覆盖率为 29.3%,大陆自然岸线保有率达 18.3%(含厦门岛)。拥有公园 198 个,占地面积 4030.84公顷;人均公园绿地面积 14.6 米²;建成区绿化覆盖面积 20501.01 公顷,绿化覆盖率为44.11%。

从2011年到2021年,厦门市建成区绿地面积、城市绿化覆盖面积均有不同程度的扩大,城市建成区绿地率从2011年的36%提高到2021年的41.5%,人均公园绿地面积从11.19米²/人增加至14.84米²/人(见表7)。

表7 2011—2022年厦门市生态环境状况

年份	城市建成区绿地率/%	城市建成区绿地面积/公顷	城市绿化覆盖面积/公顷	城市人均公园绿地面积/(米²/人)
2011	36	8868	17104	11.19
2012	37.33	9865	18131	11.38
2013	37.34	10515	18878	11.47
2014	37.12	11172	19699	11.44
2015	37.16	11785	20373	11.46
2016	39.03	13061	21462	11.47
2017	40.92	14250	22275	14.09
2018	40.79	15888	24667	14.85
2019	40.85	16252	25049	15.60
2020	41.27	16590	25391	14.60
2021	41.50	16831	25609	14.84

数据来源:中国经济社会大数据研究平台。

根据《厦门市生态环境质量公报》,2022年,厦门市土壤环境质量保持稳定,危险废物处置利用率100%;污水集中处理率100%;生活垃圾无害化处理率100%。从2011年到2021年,厦门市污水处理率、城市污水处理厂集中处理率、生活垃圾无害化处理率均有所提高(见表8)。

表8 2011—2022年厦门市污水、生活垃圾处理状况

单位:%

年份	污水处理率	城市污水处理厂集中处理率	生活垃圾无害化处理率
2011	90.40	90.40	98.32
2012	90.70	90.70	99.00
2013	91.62	91.62	99.20
2014	93.38	88.01	100.00
2015	93.62	93.62	100.00

续表

年份	污水处理率	城市污水处理厂集中处理率	生活垃圾无害化处理率
2016	93.63	93.63	97.75
2017	95.77	95.77	100.00
2018	96.02	94.35	100.00
2019	96.36	92.70	100.00
2020	100.00	94.55	100.00
2021	100.00	94.56	100.00

数据来源：中国经济社会大数据研究平台。

二、厦门市生态环境资源与城市竞争力分析

（一）环境竞争力评价模型

1.环境竞争力的含义

环境竞争力是人类社会在经济发展与环境保护矛盾日益加剧背景下提出的竞争力衡量方式（黄茂兴，2010），是一个地区通过环境促进经济社会发展的能力（广州市环境保护科学研究院课题组，2019）。环境竞争力是涉及经济、社会、环境的庞杂的综合性系统，强调人与环境的协调发展，更加注重环境对社会的影响。

现有研究中，大多数都是把环境竞争力作为城市核心竞争力的一部分。中国社会科学院城市与竞争力研究中心的倪鹏飞等主编的《中国城市竞争力报告》将环境竞争力纳入城市竞争力系统，构建了包含环境竞争力的城市竞争力系统。吴朋等（2017）采用建成区绿化覆盖率、环保投入强度、人均公园绿地面积、城镇生活污水处理率、工业固废利用率、生活垃圾无害化处理率来反映生态环境建设情况；黄寰等（2019）用建成区绿地覆盖率、工业二氧化硫排放量、工业烟尘排放量、生活垃圾无害化处理率指标反映环境情况；吴少华等（2021）仅用建成区绿化覆盖率和污水处理厂集中处理率衡量资源环境竞争力；卫劭华（2021）采用空气质量方面的两个指标来反映生态环境情况。

总体来看，在以环境竞争力为城市竞争力子系统的研究里，多数研究涉及了绿化、生活垃圾处理、污水排放、空气质量的某个或某些方面。但指标类目相对较少，不能系统完备地体现环境情况。

本文从环境竞争力的角度出发，构建简明专业的城市环境竞争力模型，将厦门市与其他城市进行比较，分析厦门市生态环境资源的状况及厦门市环境竞争力的优势，提出提升厦门市竞争力的政策建议。

2.指标选取构建

本文主要参考了由社会科学文献出版社出版的《全球环境竞争力报告(2015)》中构建的全球环境竞争力指标体系、2019 年《广州市环境竞争力评价与提升对策研究》中的中国城市环境竞争力评价指标体系。考虑到厦门及其对比城市各年的生态环境质量公报中纳入了声环境的数据,本文也将声环境包含到环境资源竞争力体系中来。

基于科学性、系统性、准确性、简洁性、可比性以及数据可得性的原则,并借鉴已有研究的做法,本文构建了环境资源竞争力评价指标体系(见表 9)。二级指标包括资源禀赋竞争力、环境质量竞争力、环境管理竞争力三个方面。资源禀赋竞争力是指土地资源和水资源的充裕程度,受数据限制,未能包括森林资源情况;环境质量竞争力从空气质量和声环境来衡量,其中空气质量包括了三项主要污染物浓度;环境管理竞争力从环保设施、环保投资、环保治理三个方面进行评价。

表 9　环境资源竞争力评级指标体系

一级指标	二级指标	三级指标	四级指标
环境资源竞争力	资源禀赋竞争力	土地资源	城市人均公园绿地面积 X1
			城市建成区绿地率 X2
		水资源	人均水资源量 X3
			人均地下水资源量 X4
	环境质量竞争力	空气质量	二氧化氮年平均浓度 X5
			二氧化硫年平均浓度 X6
			可吸入颗粒物 PM_{10} 年平均浓度 X7
		声环境	城市区域环境噪声检测等效声级 X8
	环境管理竞争力	环保设施	人均城市公厕数 X9
		环保投资	人均园林绿化投资 X10
			人均市容环境卫生投资 X11
		环保治理	城市道路清扫面积与城市道路面积比 X12
			城市污水处理率 X13
			人均城市生活垃圾清运量 X14
			城市生活垃圾无害化处理率 X15

3.评价方法

本章采用主成分分析法,对 15 个指标进行降维处理,这些转化所得的综合指标即为主成分。每一个主成分都是原始指标的线性组合,而且各个主成分之间互不相关。本文数据主要来源于各城市年鉴、中国统计年鉴以及各城市环境质量公报和水资源公报,数据年份为2011年至2021年。

(二)环境资源竞争力的国内城市比较

1.比较对象的选取

本文选取的比较城市均为沿海城市,分别是和厦门市地理位置比较接近的省内城市中的福州市和泉州市、副省级城市中的青岛市和杭州市、作为四大特区城市之一的深圳市。各城市一些基本信息如表10所示。

表 10 各城市基本信息

城市	城市建成区面积/公里²	常住人口/万人	城市人口密度/(人/公里²)	人均GDP/元	GDP增长率/%	人均GDP增长率/%
福州市	354.36	803	6789	135298	8.4	11.8
泉州市	230	885	2565	128165	8.1	11.6
厦门市	405.56	528	9619	134491	8.1	8.5
深圳市	956.1	1768.16	8901	173663	6.7	8.7
杭州市	801.63	1220.4	4371	149857	8.5	9.0
青岛市	761.52	1025.67	1878	138849	8.4	12.1

数据来源:中国经济社会大数据研究平台,数据年份均为2021年。

2.初步分析结果

本部分分析了2011—2021年厦门市与其他五座城市在土地资源、空气质量、声环境、环保设施和环保治理方面的情况。

(1)各城市土地资源情况

本文用人均公园绿地面积、建成区绿地率这两个指标来反映2011—2021年各城市的土地资源情况。

①人均公园绿地面积①。人均公园绿地面积既受制于城市面积,又受制于城市人口数量。随着城市人口规模不断增大,人均公园绿地面积增长的难度也越来越大。从2011年到2021年,福州市、泉州市、厦门市、青岛市城市人均公园绿地面积都有所增长;只有深圳市和杭州市城市人均公园绿地面积有所下降,其中深圳市人口增长幅度为68.92%,杭州市人口增长幅度为39.67%。

---

① 该指标数据源于各年份中国城市建设统计年鉴,人均公园绿地面积以城区人口和城区暂住人口合计数为分母计算。

根据表 11 中的数据,福州市、泉州市、厦门市、青岛市人均公园绿地面积分别从 2011 年的 11.21 米²/人、11.9 米²/人、11.19 米²/人、14.58 米²/人增长到 2021 年的 14.82 米²/人、14.95 米²/人、14.84 米²/人、18.04 米²/人,深圳市和杭州市分别从 16.5 米²/人、15.5 米²/人下降到 12.44 米²/人、11.2 米²/人。

自 2011 年至 2016 年,厦门市人均公园绿地面积一直保持在 11 米²/人的水平,在这六座城市中处于末位;从 2017 年开始,人均公园绿地面积升到 14 米²/人,达到六座城市的平均水平。

2021 年,厦门市与福州市、泉州市城市人均公园绿地面积均达到了 14.8 米²/人。这 11 年间,福州市与泉州市人口数量增长数量在 100 万之内,厦门市与这两座城市相比,辖区面积较小,仅为 1700 公里²;此外,从 2011 年到 2021 年,厦门市年末常住人口从 361 万人增长到 528 万人,年末常住人口数量比福州市、泉州市增长更多。人均公园绿地面积能在 2021 年与福州市、泉州市达到同一量级水平,说明在这十余年里,厦门市公园绿地建设成果较为明显。尤其是 2017 年 9 月金砖领导人峰会影响显著,厦门人均公园绿地面积从 2016 年的 11.47 米²/人跃升至 2017 年的 14.09 米²/人。

表 11　2011—2021 年各城市人均公园绿地面积

单位:米²/人

年份	福州市	泉州市	厦门市	深圳市	杭州市	青岛市
2011	11.21	11.9	11.19	16.5	15.5	14.58
2012	11.32	13.7	11.38	16.6	15.45	14.58
2013	12.84	13.9	11.47	16.7	15.13	14.58
2014	12.94	14	11.44	16.84	15.5	14.57
2015	13.52	14.1	11.46	16.91	14.59	14.2
2016	14.07	14.2	11.47	16.45	14.42	18.55
2017	14.92	14.4	14.09	15.95	13.77	17.41
2018	15.14	14.6	14.85	15.35	13.8	16.75
2019	15.33	14.63	15.6	14.94	13.55	16.85
2020	15.39	14.87	14.6	15	12.27	19.1
2021	14.82	14.95	14.84	12.44	11.2	18.04

数据来源:中国经济社会大数据研究平台。

②城市建成区绿地率。表 12 列示了 2011—2021 年各城市建成区绿地率情况。从 2011 年到 2021 年,福州市、泉州市、厦门市这三座城市的建成区绿地率都有不同程度的上升,而深圳市、杭州市、青岛市建成区绿地率略微有些下降。金砖国家领导人第九次会晤于 2017 年 9 月在厦门市举办,筹备会议大

大推进了厦门的城市建设步伐,因此 2015—2017 年,厦门市建成区绿地率骤增,从 37.3% 增长到 40.92%,跃居六座城市中的第二位。

表 12　2011—2021 年各城市建成区绿地率

单位:%

年份	福州市	泉州市	厦门市	深圳市	杭州市	青岛市
2011	37.07	37.8	36	36.72	39.68	39.16
2012	37.13	39.32	37.33	36.78	39.7	39.17
2013	39.3	39.5	37.34	36.91	39.71	39.18
2014	39.52	40.21	37.12	37.32	39.71	39.19
2015	40.08	40.27	37.16	37.44	37.3	39.21
2016	40.6	40.3	39.03	37.16	35.99	39.2
2017	41.13	40.3	40.92	36.76	36.51	39.2
2018	41.73	40.3	40.79	37.2	36.57	38.7
2019	42.22	40.33	40.85	36.99	36.83	37.38
2020	42.24	40.48	41.27	39.4	37.63	37.36
2021	40.07	40.59	41.5	36.15	38.7	37.07

数据来源:中国经济社会大数据研究平台。

从数据结果来看,2011—2021 年六座城市的建成区绿地率均值为38.81%,标准差为1.7。在各年份里,各城市之间的建成区绿地率水平接近,差距不大。

图 25 为依据表 12 数据制作的趋势图。

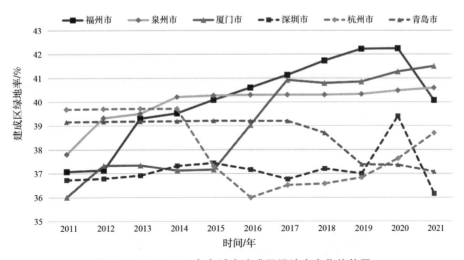

图 25　2011—2021 年各城市建成区绿地率变化趋势图

（2）空气质量情况

图26、图27、图28分别展示了2011—2021年各城市二氧化硫（SO_2）、二氧化氮（NO_2）、可吸入颗粒物（PM_{10}）年均浓度情况。总体来看，从2011年到2021年，这六座城市的二氧化硫、二氧化氮、可吸入颗粒物年均浓度均呈现出下降趋势。

自2011年以来，厦门市二氧化硫、二氧化氮、可吸入颗粒物年均浓度分别从2011年的24微克/米³、48微克/米³、62微克/米³下降到2021年的5微克/米³、24微克/米³、36微克/米³。这三项污染物年均浓度分别于2013年、2014年、2019年达到了国家环境空气质量一级标准[①]。

①二氧化硫年均浓度：从2011年到2021年，这六座城市的二氧化硫年均浓度均不断下降，从2018年开始，这六座城市逐渐趋于同一水平。2011—2016年，厦门市二氧化硫年均浓度高于福州市、泉州市与青岛市，低于杭州市与深圳市。2019年以来，这六座城市二氧化硫年均浓度水平大体相当，维持在4～9微克/米³。2011年以来，厦门市二氧化硫年均浓度不断下降，达到了一个相对低水平的稳定状态，但每年的年均浓度值仍然高于深圳市。

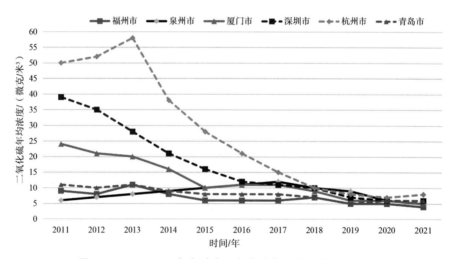

图26　2011—2021年各城市二氧化硫年均浓度变化趋势图

②二氧化氮年均浓度：自2011年以来，各城市二氧化氮年均浓度均表现出下降趋势。在这六座城市中，只有泉州市在2011年到2017年二氧化氮年均浓度一直保持上升态势，其余城市均属于波动式下降状态。杭州市、青岛市二氧化氮年均浓度明显高于其他城市，泉州市浓度水平相对处于低位，福州

---

①　此处所指的国家空气质量标准为《环境空气质量标准》（GB 3095-2012）。

市、厦门市、深圳市三座城市大致相当。从 2011 年到 2018 年，厦门市二氧化
氮年均浓度高于福州市和泉州市，与深圳市几乎一致，略微低于青岛市，明显
好于杭州市。从 2019 年到 2021 年，福州市、泉州市、厦门市、深圳市差距不
大，均好于杭州市与青岛市。

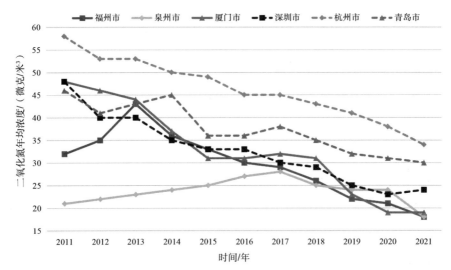

图 27　2011—2021 年各城市二氧化氮年均浓度

　　③可吸入颗粒物年均浓度：从 2011 年到 2021 年，这六座城市的可吸入颗
粒物年均浓度表现出下降趋势。厦门市可吸入颗粒物年均浓度一直处于一个
相对较低的水平，与青岛市、福州市水平相近，好于杭州市、泉州市、深圳市。

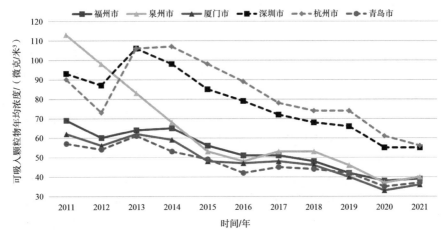

图 28　2011—2021 年各城市可吸入颗粒物年均浓度

（3）各城市声环境情况

表13是各城市在2011年至2021年区域环境噪声监测等效声级的情况。从数据来看，各城市在每一年里的区域环境噪声等级几乎没有差别。总体上，2011年、2014年、2018年至2021年这六个年份的声环境情况要好于其他年份。从2011年到2021年，厦门市区域声环境噪声等级表现出先升高后下降的特点，从2018年开始，逐渐保持在56分贝以下波动。

表13 2011—2021年各城市区域环境噪声监测等效声级情况

单位：分贝（A）

年份	福州市	泉州市	厦门市	深圳市	杭州市	青岛市
2011	56.7	54.7	56	56.7	57	53.7
2012	69.7	68.2	67.8	68.9	67.7	68.4
2013	69.2	68.2	65.6	68.9	69.3	68.9
2014	57.8	54.9	56.5	56.8	56.4	58.2
2015	68.4	68.6	67.9	69.3	68.6	68.5
2016	69.3	68.8	67.8	69.6	67.9	68.2
2017	69.3	70.2	67.3	70	67.8	68.8
2018	57.6	56.5	55.3	57.2	56.8	56.9
2019	57.2	56	55.8	57.2	56.4	56.5
2020	57	56.5	55.9	56.2	56.3	58.7
2021	56.7	55.8	55.8	56.2	55.8	57

数据来源：中国经济社会大数据研究平台。

（4）各城市环保设施情况

从2011年到2021年，福州市人均城市公厕数量从1.26座/万人下降到0.83座/万人；泉州市人均城市公厕数量基本稳定，保持在0.5座/万人左右；深圳市、杭州市人均城市公厕数量分别有小幅度波动，前者从2.47座/万人下降到2.30座/万人，后者从1.63座/万人下降到1.52座/万人；厦门市与青岛市人均城市公厕数量大幅度上升，厦门市从1.21座/万人上升到4.24座/万人，青岛市从0.43座/万人上升到0.99座/万人。

人均城市公厕数量会受到年末常住人口数量的限制。在这11年期间，厦门市年末常住人口从361万人增加到528万人，增长幅度为46.3%；而城市公厕数量从437座增长到2333座，增长幅度为166.4%，显著高于年末常住人口增长速度。从表14中可以看到，厦门市城市公厕数量有两次大幅度增长：一

次是从 2016 年的 557 座增长到 2017 年的 1616 座[①],另一次是从 2019 年的
1744 座增长到 2020 年的 2210 座。

表 14　2011—2021 年各城市人均公厕数量

单位:座/万人

年份	福州市	泉州市	厦门市	深圳市	杭州市	青岛市
2011	1.26	0.56	1.21	2.47	1.63	0.43
2012	1.24	0.51	1.19	2.46	1.62	0.62
2013	1.21	0.52	1.60	2.44	1.62	0.53
2014	1.20	0.51	1.58	1.96	1.41	0.58
2015	1.19	0.51	1.56	1.85	1.43	0.58
2016	0.47	0.50	1.42	2.24	1.40	0.70
2017	0.64	0.59	4.03	2.11	1.55	0.64
2018	0.57	0.60	4.13	2.01	1.54	0.90
2019	0.79	0.52	3.41	2.01	1.48	0.97
2020	0.79	0.53	4.27	2.02	1.53	0.99
2021	0.83	0.59	4.42	2.30	1.52	0.99

数据来源:中国经济社会大数据研究平台。

(5)各城市环保治理情况

本文用污水处理率、生活垃圾无害化处理率、道路清扫面积与城市道路面
积比三个指标来反映 2011—2021 年各城市的环保治理情况。

①城市污水处理率。自 2011 年到 2016 年,福建省内的这三座城市污水
处理率明显低于省外的三座城市。从福建省内这三座城市的比较来看,厦门
市明显好于福州市与泉州市。从 2017 年到 2021 年,各城市污水处理率均有
所提高,平均水平达到了 96.78%。

从 2011 年到 2021 年,厦门市污水处理率不断提高,于 2020 年达到
100%,2021 年持续保持在 100%,明显好于其他五座城市。2022 年《厦门市
政府工作报告》显示,2021 年厦门市加快建设 9 座污水处理厂,新建改造污水

[①]　2016 年,厦门市遭受了"莫兰蒂"台风的重创,城市基础设施等多有毁损;2017 年
9 月,金砖国家领导人第九次会晤在厦门市举办。"莫兰蒂"台风之后,厦门市一方面灾后
重建,一方面筹备金砖会议,城市基础设施建设不断完善。

管网126公里[1],极大提升了污水处理水平,全面完成了污水处理"三个一百"计划(表15)[2]。

表15　2011—2021年各城市污水处理率

单位:%

年份	福州市	泉州市	厦门市	深圳市	杭州市	青岛市
2011	84.58	86.01	90.40	95.46	95.47	96.69
2012	84.70	87.13	90.70	96.10	95.49	91.34
2013	86.37	87.20	91.62	96.22	95.50	94.38
2014	87.73	87.68	93.38	96.60	95.61	94.93
2015	89.98	90.58	93.62	96.63	95.02	95.43
2016	93.21	95.00	93.63	97.62	95.07	96.08
2017	89.67	96.00	95.77	96.81	95.25	97.06
2018	92.70	96.79	96.02	97.16	95.87	97.26
2019	95.33	97.20	96.36	97.72	96.02	97.51
2020	96.88	97.50	100.00	98.11	97.11	98.20
2021	97.70	97.61	100.00	98.28	97.13	98.25

数据来源:中国经济社会大数据研究平台。

②生活垃圾无害化处理率。生活垃圾问题是习近平总书记亲自部署、亲自推动的民生"关键小事"。2016年,习近平总书记主持召开中央财经领导小组会议,强调"普遍推行垃圾分类制度,关系13亿多人生活环境改善,关系垃圾能不能减量化、资源化、无害化处理"。

鉴于数据可得性,本文只分析了这六座城市的生活垃圾无害化处理率这一个指标。从表16中可以看到,从2011年到2021年,这六座城市生活垃圾无害化处理率都处于较高水平;其中,杭州市与青岛市一直保持在100.00%,其他城市小幅波动,总体水平较高。

---

① 中国经济网,http://district.ce.cn/newarea/roll/202201/25/t20220125_37287201.shtml。

② "三个一百"目标是厦门市在2019年提出的污水处理基础建设目标,到2022年要实现总投资100亿元,新增污水处理能力100万吨/日,新改扩建污水管网每年100公里的目标。

表16 2011—2021年各城市生活垃圾无害化处理率

单位:%

年份	福州市	泉州市	厦门市	深圳市	杭州市	青岛市
2011	99.94	100.00	98.32	95.00	100.00	100.00
2012	98.23	99.02	99.00	95.13	100.00	100.00
2013	98.97	99.21	99.20	98.36	100.00	100.00
2014	96.00	98.40	100.00	100.00	100.00	100.00
2015	100.00	98.68	100.00	100.00	100.00	100.00
2016	99.00	98.68	97.75	100.00	100.00	100.00
2017	99.99	98.69	100.00	100.00	100.00	100.00
2018	100.00	100.00	100.00	100.00	100.00	100.00
2019	100.00	100.00	100.00	100.00	100.00	100.00
2020	100.00	100.00	100.00	100.00	100.00	100.00
2021	100.00	100.00	100.00	100.00	100.00	100.00

数据来源:中国经济社会大数据研究平台。

③城市道路清扫面积占比。道路干净整洁程度影响着一个城市的颜值,2020年,住房和城乡建设部印发了《城市市容市貌干净整洁有序安全标准(试行)》,就城市市容市貌的多个方面提出了要求。本文构建了城市道路清扫面积与城市道路面积比值[①]这一指标来反映城市环保治理情况。

表17展示了2011—2021年各城市道路清扫面积与城市道路面积比值。总体而言,在这11年里,深圳市遥遥领先,明显好于其他五座城市;泉州市从2011年的1.39下降到2021年的0.50;福州市、厦门市、杭州市、青岛市波动幅度不大。

① 道路清扫保洁面积与道路面积数据均源自各年份《中国城市建设统计年鉴》,其中道路清扫保洁面积是指报告期末对城市道路和公共场所(主要包括城市行车道、人行道、车行隧道、人行过街地下通道、道路附属绿地、地铁站、高架路、人行过街天桥、立交桥、广场、停车场及其他停车设施等)进行清扫保洁的面积。一天清扫多次的,按清扫保洁面积最大的一次计算。道路面积指道路面积和与道路相通的广场、桥梁、隧道的铺装面积(统计时,将车行道面积、人行道面积分别统计)。人行道面积按道路两侧面积相加计算,包括步行街和广场,不含人车混行的道路。综合以上定义来看,所构造的道路清扫保洁面积与道路面积比值没有范围约束。

表 17　2011—2021 年各城市道路清扫面积与城市道路面积比值

年份	福州市	泉州市	厦门市	深圳市	杭州市	青岛市
2011	0.82	1.39	0.64	1.83	1.00	0.54
2012	0.75	1.00	0.62	1.61	0.95	0.68
2013	1.26	1.18	1.01	1.55	1.18	0.65
2014	1.27	1.12	1.05	1.87	1.18	0.72
2015	0.93	1.00	0.99	1.87	1.11	0.73
2016	1.12	1.01	0.92	1.95	1.24	0.70
2017	1.23	0.54	0.69	2.14	1.68	0.83
2018	1.08	0.55	0.48	2.38	1.00	0.83
2019	1.11	0.55	0.45	2.41	0.95	0.82
2020	0.99	0.54	0.76	2.18	1.11	0.71
2021	0.90	0.50	0.62	1.89	1.04	0.65

数据来源:中国经济社会大数据研究平台。

3.主成分分析结果

本文一共提取了六个主成分①,最后计算出环境资源竞争力综合得分。环境资源竞争力综合得分及排名详见表18,各城市综合得分变化趋势见图29。

由环境资源竞争力得分表可以看出,各城市环境资源综合得分有正数也有负数。若综合得分大于0,说明其环境资源竞争力综合水平在这6座城市中处于平均水平之上;若综合得分小于0,说明其环境资源竞争力综合水平在这6座城市平均水平之下。

自2011年至2021年,厦门市环境资源竞争力不断提升,其资源竞争力综合得分由-0.42提升到0.92,从原来的低于平均水平到领先于其他城市,实现了快速的提高。特别是从2017年以来,厦门市环境资源竞争力得分排名跃居第一位,保持在六座城市的前列(见表18)。

---

① 第一个主成分主要包括人均地下水资源量、可吸入颗粒物年平均浓度、人均城市公厕数、人均市容环境卫生投资、城市污水处理率、人均城市生活垃圾清运量;第二个主成分主要包括城市建成区绿地率、二氧化氮年平均浓度、二氧化硫年平均浓度、人均园林绿化投资、人均城市生活垃圾清运量;第三个主成分主要包括城市人均公园绿地面积、城市道路清扫面积与城市道路面积比、人均园林绿化投资、人均市容环境卫生投资;第四个主成分主要包括城市人均公园绿地面积、城市道路清扫面积与道路面积比、城市污水处理率、城市生活垃圾无害化处理率;第五个主成分主要包括人均水资源总量和城市生活垃圾无害化处理率;第六个主成分主要包括城市建成区绿地率和城市区域环境噪声监测等效声级。

2017 年,厦门市基本完成 19 项生态文明体制改革任务;种养绿植近 100 万株,完成营造林 4.1 万亩,改造道路 216 公里,基本消除 6 处水体黑臭现象[①],有效改善了城市环境。2017 年,厦门市园林绿化投资、市容环境卫生投资大幅度增加,分别从 2016 年的 6610 万元、50002 万元增长到 2017 年的 85045 万元、80650 万元,城市公共厕所数量也从 2016 年的 557 座增长到 2017 年的 1616 座,这对提升厦门市环境资源竞争力具有极大的正向作用,带动了环境资源竞争力综合得分的大幅度增长,得分排名跃居第一。2018 年,厦门市园林绿化投资进一步增长到 215772 万元,市容环境卫生投资增长到 174291 万元,达到 2011 年至 2021 年这 11 年间的最高值,环境资源竞争力综合得分进一步增长。

表 18　环境资源竞争力综合得分及排名表

年份	福州市		泉州市		厦门市		深圳市		杭州市		青岛市	
	得分	排名	得分	排名	得分	排名	得分	排名	得分	排名	得分	排名
2011	−1.33	5	−1.354	6	−0.419	4	0.665	1	0.325	2	0.081	3
2012	−1.607	6	−1.31	5	−0.328	4	0.584	1	0.19	2	−0.185	3
2013	−1.099	5	−1.255	6	−0.184	4	0.93	1	0.286	2	−0.062	3
2014	−1.296	6	−1.232	5	0.022	3	0.939	1	0.252	2	−0.11	4
2015	−0.868	5	−0.992	6	0.076	3	0.921	1	0.153	2	0.01	4
2016	−0.867	6	−0.826	5	−0.2	4	0.955	1	0.342	3	0.546	2
2017	−0.661	6	−0.615	5	0.862	1	0.856	2	0.186	4	0.492	3
2018	−0.431	5	−0.443	6	1.056	1	0.864	2	0.122	4	0.592	3
2019	−0.315	5	−0.491	6	0.891	2	1.07	1	0.051	4	0.552	3
2020	−0.105	5	−0.357	6	0.936	1	0.848	2	−0.084	4	0.719	3
2021	−0.104	4	−0.378	6	0.917	1	0.683	2	−0.12	5	0.653	3

从图 29 中可以看出,自 2011 年至 2021 年,福州市、泉州市、厦门市、青岛市环境资源竞争力综合得分均呈上升趋势,深圳市综合得分相对平稳,波动不大,杭州市综合得分略微下降。

厦门市环境资源竞争力综合得分从 2011 年到 2015 年一直稳定增长,2016 年突然下降之后骤增,2017 年之后有微小波动,综合得分保持在 0.9 左

[①]　数据源于《厦门市第十五届人民代表大会第二次会议政府工作报告——2018 年 1 月 6 日在厦门市第十五届人民代表大会第二次会议上》,http://www.xm.gov.cn/szf/szfg-zbg/201903/t20190306_2229640.htm。

右。相比于福建省内的福州市与泉州市,厦门市环境资源竞争力综合水平一直保持绝对优势,遥遥领先。从2011年以来,福建省内的福州市和泉州市综合得分一直保持上升趋势,前者呈锯齿状上升,后者基本平稳上升。

从2011年到2021年,深圳市环境资源竞争力综合得分一直在六座城市中处于相对领先的地位。从2011年到2021年,深圳市年末常住人口从1046.74万人增长到1768.16万人,人口增长了68.92%,但由于园林绿化投资、市容环境卫生投资、公共厕所建设等活动带来的效果并非一次性的,这些活动的效果相对持久,所以深圳市虽然人口快速增加,但综合得分并没有大幅度降低。在这六座城市中,青岛市与厦门市变化趋势较为相似,从2012年到2021年保持相对平稳的增长,其各项指标在这些年份里相对平稳波动。

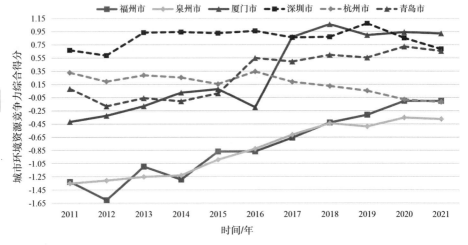

图29　2011—2021年各城市环境资源竞争力综合得分

(三)厦门市与新加坡的环境比较

厦门市生态环境建设在不断跃上新的台阶,根据2019年中国工程院发布的《中国生态文明发展水平评估报告(2015—2017)》,厦门市生态文明指数得分都超过了80分,达到了A级水平,即整体上能达到世界先进水平,位列全国地级及以上城市第一名[①]。

与国内城市相比,厦门市生态环境状况处于前列,具有一定的优势,但放眼国际,厦门市还能进一步做得更好。2021年,厦门市生态环境局印发了《厦门市"十四五"生态环境保护专项规划》,文件中提到,要锚定创建全国生态文明示范市目标,对标新加坡,加快建设更高水平的"高颜值生态花园之城"。

---

① 信息来源于http://epaper.cenews.com.cn/html/2019-04/24/content_82971.htm。

新加坡是东南亚地区的一个岛国,国土面积为 709 公里^2,人口比较密集,面临着较大的资源限制。但凭借着整洁、优美的环境,新加坡闻名于世,享有"花园城市"的美誉。联合国人居署发布的《世界城市状况报告》中对新加坡在污染控制、水处理等多个方面给予了很高的评价(杨艳梅,2020)。

由于数据限制,本文仅仅对厦门市与新加坡 2020 年至 2022 年空气污染物月均浓度情况进行了对比,新加坡数据来源于 CEIC,厦门市数据来源于中国空气质量在线监测分析平台。

就细颗粒物浓度来看,厦门市整体浓度水平高于新加坡略(见图30)。

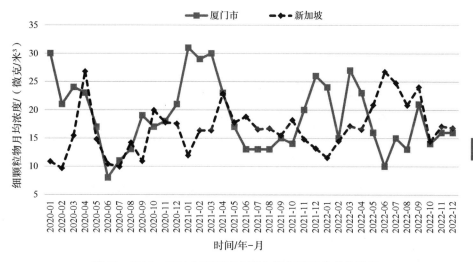

图 30 2010—2022 年厦门市与新加坡细颗粒物月均浓度

图 31 至图 36 分别展示了厦门市与新加坡在 2020 年到 2022 年这三年内细颗粒物(PM$_{2.5}$)月均浓度的变化。总体而言,厦门市在这三年内都表现出先下降后上升的特点,而新加坡表现出先上升后下降的特点。

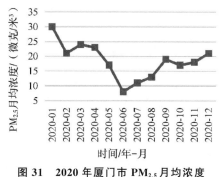

图 31 2020 年厦门市 PM$_{2.5}$ 月均浓度

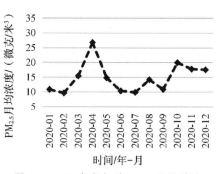

图 32 2020 年新加坡 PM$_{2.5}$ 月均浓度

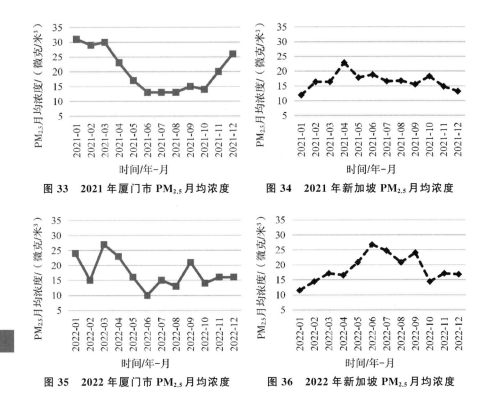

图33　2021年厦门市PM₂.₅月均浓度　　　　图34　2021年新加坡PM₂.₅月均浓度

图35　2022年厦门市PM₂.₅月均浓度　　　　图36　2022年新加坡PM₂.₅月均浓度

从2020年1月到2022年12月,厦门市可吸入颗粒物月均浓度基本上都在新加坡之上(见图37)。

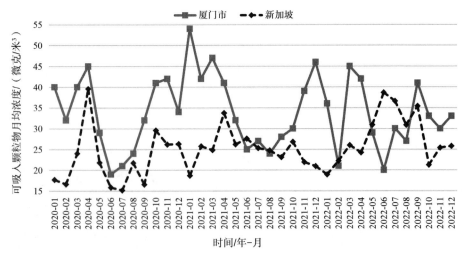

图37　2010—2022年厦门市与新加坡可吸入颗粒物月均浓度

从图 38 至图 43 可以看到,厦门市可吸入颗粒物月均浓度水平基本上先下降之后再上升,新加坡则表现出先上升后下降的特点。每年的 5 月份到 8 月份,厦门市可吸入颗粒物月均浓度保持相对较低的水平。这三年内,厦门市可吸入颗粒物月均浓度水平基本上保持在 20~45 微克/米³ 范围之内。

每年年初和年末的几个月份,厦门市颗粒物浓度显著高于新加坡。这是因为在冬半年,厦门市会受到大陆冷高压影响,加上东北风的作用,北方的大气污染物也会被送到厦门,所以厦门市冬半年的颗粒物月均浓度会比较高(巫凌寒 等,2018)。

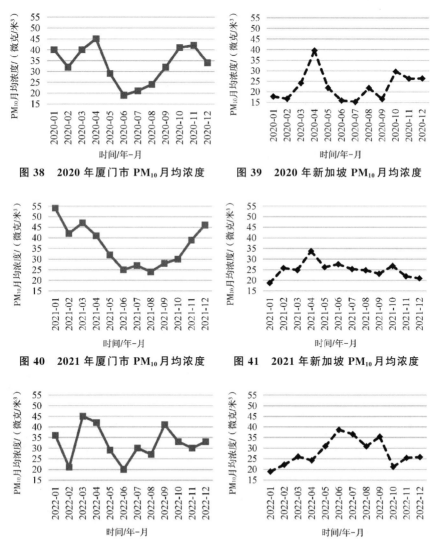

图 38　2020 年厦门市 PM₁₀ 月均浓度　　图 39　2020 年新加坡 PM₁₀ 月均浓度

图 40　2021 年厦门市 PM₁₀ 月均浓度　　图 41　2021 年新加坡 PM₁₀ 月均浓度

图 42　2022 年厦门市 PM₁₀ 月均浓度　　图 43　2022 年新加坡 PM₁₀ 月均浓度

就二氧化氮月均浓度来看,厦门市好于新加坡(图44)。

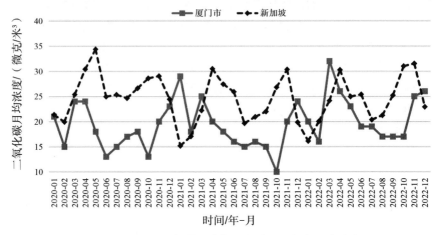

图44 2010—2022年厦门市与新加坡二氧化氮月均浓度

纵观2020—2022年,厦门市二氧化氮月均浓度波动规律性不强,每年的6月份到9月份相对平稳;新加坡二氧化氮月均浓度表现出双峰的特点,一年中的两次峰值分别出现在4月份和11月份左右(见图45至图50)。

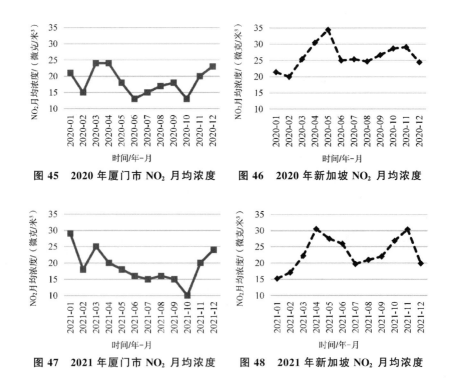

图45 2020年厦门市 NO₂ 月均浓度 **图46 2020年新加坡 NO₂ 月均浓度**

图47 2021年厦门市 NO₂ 月均浓度 **图48 2021年新加坡 NO₂ 月均浓度**

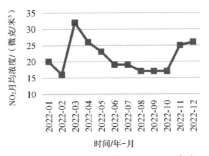

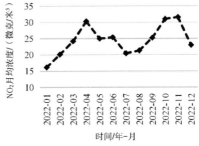

图 49　2022 年厦门市 NO₂ 月均浓度　　图 50　2022 年新加坡 NO₂ 月均浓度

三、厦门生态环境竞争力可以进一步提升的空间

2020 年 11 月，国家发展改革委印发了《国家生态文明试验区改革举措和经验做法推广清单》，内容包括自然资源资产产权、国土空间开发保护、环境治理体系等 14 个方面，共 90 项可复制可推广的改革举措和经验做法。其中，厦门市上榜 5 项（见表 19）。这意味着，厦门市这几个项目已经被作为一个样本，开始面向全国推广。

表 19　厦门市在《国家生态文明试验区改革举措和经验做法推广清单》中上榜项目

名称	具体内容
"多规合一"与项目审批模式改革	厦门市划定城镇开发边界与生态控制线，将 100 多项部门规划整合为 39 类专项规划，形成全域空间"一张蓝图"。建设"多规合一"业务协同平台，汇集三大板块 23 个专题 75 个子专题 257 个图层的空间现状和规划数据，接入市区两级 352 个单位，实现信息共享、决策共商、服务共管。开展项目审批流程再造，实行"统一收件、同时受理、并联审批、同步出件"的审批模式，大幅压缩审批时限、减少审批材料。
生活垃圾分类"厦门模式"	出台生活垃圾分类管理办法，制定大件垃圾管理办法、餐厨垃圾管理办法等 16 项配套制度。城乡一体设计，推进农村生活垃圾分类，建立区镇村三级督导机制。前中后端一起抓：分类环节，统一配备分类垃圾桶，定期清洗；运输环节，配齐分类运输车辆，实现分类直运，封闭转运，避免二次污染；处理环节，提升餐厨垃圾、厨余垃圾、大件垃圾、绿化垃圾等分类处理能力。建设生活垃圾分类收运 APP 平台，方便居民预约回收。分阶段推进，起步阶段抓示范，确定 20 个小区和 45 所学校为示范点；全面铺开阶段抓盲区，针对民营企业、农贸市场等盲点区域，实施辖区属地管理牵头兜底、部门行业管理联动协同机制；提升阶段抓垃圾直运、高楼撤桶，查混装混运。推行小区考核激励机制，推动物业签订垃圾分类责任状，在社区配备垃圾分类专职督导员。突出教育先行，开展"小手拉大手"活动，实现家庭、学校、社区、企业联动。

续表

名称	具体内容
筼筜湖综合治理模式	厦门市坚持"依法治湖、截污处理、清淤筑岸、搞活水体、美化环境"理念,持续推进筼筜湖生态治理。修订出台湖区保护办法,成立湖区保护机构。依法关停重点污染企业,实施环湖截污,完善污水处理设施。开展三期全湖清淤,累计清淤470万米³,护坡筑岸14公里。建设西堤闸门、大型排洪泵站、西水东调系统,实现纳潮入湖的同时,提高内涝防治标准。打通环湖健康步道,营造绿地和红树林,设立白鹭保护区。塑造文化载体,兴建筼筜书院。采用海选方式为公园选出"市民园长",探索共治共管共享模式。
五缘湾片区生态修复与综合开发	厦门市开展陆海环境综合整治,由市土地发展中心作为业主单位,负责规划设计、土地收储和资金筹措等工作,全面推进环境治理、生态修复和综合开发。对村庄实行整村改造,增设绿地和公园;对海域进行全面还海、清淤,拓展海域2公里²;在陆域进行水渠疏浚、设网截污。拆除内湾海堤,实施退塘还海、炸礁疏浚,修复受损海岸线;开展水环境治理,恢复海洋水生态环境;利用抛荒地和沼泽地建设湿地公园。推进片区综合开发,加强交通和科教文卫体等配套设施建设,修建环湾步道,打造处处皆景的休闲空间。
海上环卫机制	厦门市将海漂垃圾治理工作纳入党政领导生态环保目标责任书,将海岸线市容管理考评纳入全市城市综合管理常规考评。建立市级、九龙江入海口、各区海漂垃圾保洁队伍,专门负责海上及岸线、沙滩保洁。市区财政加大资金保障,实现"海上垃圾打捞清理装船—船上垃圾吊装上岸—及时分拣装袋—分类回收资源化无害化处置"链条化无缝衔接。

数据来源:《国家生态文明试验区改革举措和经验做法推广清单》。

尽管厦门市的生态环境竞争力总体来看在全国名列前茅,但是在生态环境竞争力日益成为城市核心竞争力大环境下,其他地区、城市的生态环境竞争力也在不断快速提升。《厦门市"十四五"生态环境保护专项规划》指出,厦门市的生态环境建设存在不少可以进一步提升的空间。

第一,生态环境保护部分领域还存在问题。流域水环境质量需要持续提升,部分溪流特别是支流还存在劣Ⅴ类水体。近岸海域水质需要持续改善,九龙江河口区、西海域部分监测点位未达到海域功能区划水质类别要求。环境空气质量仍受天气变化影响,臭氧污染问题日益凸显。

第二,统筹环境保护与经济协同发展仍有压力。以公路货运为主的运输结构没有根本改变,碳排放仍在增长,碳减排任务繁重,率先碳达峰时间紧迫、压力较大。资源环境承载力已经达到或接近上限的状况没有根本改变,随着城市持续发展,新增城镇人口将相应增加能耗、用水量、生活污水、生活垃圾,新增污染物排放依然较多,保持高位运行的压力较大。同时污染防控重点从工业为主向工业、交通、生活并重的结构性转变,需要聚焦重点领域和重点行业,加强综合治理、系统治理、源头治理。

第三,生态环境质量与群众期待还有差距。厦门地域面积小,资源环境承载力有限,特别是因城镇规模的快速扩张而导致的部分重点企业和工业园区毗邻居住区,随着群众对生态环境质量要求更高,对生态环境污染行为的容忍度更低,企业环境污染重复投诉增加,重复环保投诉问题需要持续化解,需要让老百姓实实在在感受到生态环境质量改善。

第四,环保基础设施还存在短板。全市污水处理设施、管网、泵站等环境基础设施还需进一步完善,城镇污水管网收集系统还不能全覆盖,雨污混流、管网错接混接等历史欠账尚未彻底解决。岛外四区虽已基本实现农村生活污水治理全覆盖,但仍存在农村生活污水收集率和处理率不够高、分散式污水处理设施出水水质不稳定等问题。

第五,现代环境治理体系还不够完善。生态文明体制改革措施的系统性、整体性、协同性尚未充分有效发挥,尚不足以形成系统推动力,现阶段环境监管方式以行政手段为主,经济、科技、市场、宣传等手段应用不足,相关责任主体内生动力尚未得到有效激发,市场化机制还需进一步建立完善。

四、提升厦门市环境竞争力的建议

面对着城市间以及全球大城市的激烈竞争,厦门市应该抓住"十四五"时期带来的创新契机,在合理控制环境成本的前提下,实施特色化的生态环境发展战略,增强环境竞争优势,助力提升城市综合竞争力。

(一)提高资源使用效率,高效节约使用资源

厦门市土地资源有限,要提升资源环境竞争力离不开对自然资源的有效管理和保护。通过精细规划、高效利用,新加坡使其自然资源能够满足城市发展的需要,厦门市可以借鉴。

新加坡国土面积狭小,土地资源紧张,面对这样的限制,新加坡实施了一系列有效的措施。一方面,通过调整升级产业结构来带动土地资源利用效率的提高,从而降低在数量上对土地资源的依赖;另一方面,对土地利用实施了严格的过程管理,通过设置一定的标准筛选并迁出不符合要求的企业(徐国冲等,2020)。

厦门市土地面积小,人口密度大,要实现集约高效利用土地,可以从资源环境承载力的角度出发,科学合理地确定生产、生活、生态空间,提高土地利用效率。坚持推广新技术、新能源,提高资源使用效率,还可以尝试推动重大园区载体建设,促进产业集聚发展,带动产业转型升级。

359

(二)不断完善法律法规体系，严格依法执法

在环境方面,新加坡设立了完备的法律法规体系,几乎涵盖了环境保护的各个领域、各个方面。立法上,新加坡严格遵循分类识别环境治理对象、分批量化环境治理指标的原则,对污染物种类、排放标准以及控制措施都有详尽规定(余敏江 等,2022)。执法上,新加坡实行预防、执法、监督、教育为一体的系统模式,形成了由轻至重的惩罚体系(徐国冲 等,2020)。

目前,厦门市出台了《厦门市环境保护条例》《厦门市生态环境保护工作职责规定》《厦门市生态文明建设目标评价考核办法(试行)》等综合性环保文件,也建立了门类相对比较齐全的法律法规,如《厦门市大气污染排放标准》《厦门经济特区生活垃圾分类管理办法》《厦门近岸海域水环境污染治理方案》等,这些法律法规的落地生根,为厦门市环保发展构筑起了一道道坚实的绿色屏障。厦门市还可以借鉴新加坡的做法,对法律法规进行精细化、明确化的定义,同时加大对环境违法行为的处罚力度,增加其违法成本,树立"铁腕"风范,严格执法,确保相关条款落实到位。

(三)加快环境基础设施建设，加强环保监管机构建设

完善城市公共交通体系,优化岛内外通勤路线,加快构建级配合理的城市路网体系。倡导绿色出行方式,加快淘汰高排放机动车,鼓励使用环保型汽车,构建低碳便捷的城市交通网络。

加快清洁能源使用的配套基础设施建设,在推进燃煤锅炉清洁能源改造的过程中,严格把控新建、改建和扩建项目的燃煤锅炉的审批手续。加快再生资源回收体系建设,努力实行资源综合利用、回收、安全处置的全过程管理,提升废弃资源再生利用的能力。

在城市市容市貌方面,按照相关标准,不断配套完善城市生活垃圾收集设施、固体废物处理基础设施,完善城乡污水处理基础设施与排水建设管理体制,为建设高颜值厦门提供支撑。

加强环境管理机构建设,建立基层专职环保员队伍,提高基层环保管理能力;建设环境风险防范体系和科学有效的环境应急机制;健全生态环境监测管理体系,强化环境质量预警预报,规范监测机构,逐步实现环境监管能力全面提升。

(四)加大环保科技研发力度，加强环保教育宣传

加大生态环境科技方面的资金投入,依托重点企业、在厦高校及各类科研院所,推进绿色化与各领域新兴技术深度融合发展,鼓励各区、开发园区和企业建设节能环保特色产业园等。重视智库建设,坚持培养专业人才与引进高层次创新团队同步推进,加快建设高水平的生态科技创新平台。鼓励企业改

造节能环保技术、开发节能环保产品,依托重点环保企业,推动环保技术研发、科技成果的转移转化和推广应用,积极探索绿色技术创新模式。

环境保护重在教育,应利用媒体、文化设施和文学艺术等形式,普及生态文明知识,深入推进环境保护宣传教育,让绿色低碳意识成为全民的共识,推动提高全社会关心环境、参与环保、贡献环保的行动自觉性,让节约资源和保护环境逐渐成为社会主流风尚。鼓励企业公开环境信息,对企业负责人开展生态环境法律和知识培训等,落实企业环保的主体责任,提高企业生态意识与责任意识。

(五)加强区域合作,集中力量重点解决生态环境保护的突出问题

要制定臭氧污染防治攻坚计划,最主要的一点是对它的前体物(一是氮氧化物,一是挥发性有机物)进行控制。这需要厦漳泉、闽西南各地一起联防联控,加强预测预判,针对前体物产生的企业,提早进行管控。

另外,随着城市的建设发展,厦门市的建筑工地数量也有所增加。截至2022年6月,全市在建工地就有近1700个,产生的扬尘会直接影响细微颗粒物$PM_{2.5}$以及可吸入颗粒物PM_{10}这两项指标,给扬尘污染防治工作带来了非常大的挑战。面对这些特殊时期的特殊问题,需要集中力量重点加以解决。

参考文献

[1]黄寰,吴灿霞,刘丹丹.长江经济带城市竞争力评价及政策建议[J].区域经济评论,2019(6):126-136.

[2]卫劭华.基于因子分析的区域城市竞争力比较研究:来自湖北省内12个地级市的经验证据[J].现代城市研究,2021(12):82-87.

[3]吴朋,董会忠,邱士雷,等.山东半岛城市群城市综合竞争力评价研究:基于改进的灰色TOPSIS法[J].华东经济管理,2017,31(2):27-35.

[4]吴少华,李语佳.基于主成分分析的西部地区城市竞争力评价研究[J].经济问题,2021(11):115-120.

[5]黄茂兴.《提升环境竞争力:应对气候变化的战略选择》[N].光明日报.2010-12-14(10).

[6]张强,何镜清,涂成林,等.广州蓝皮书:2019年中国广州社会形势分析与预测[M].社会科学文献出版社,2019.

[7]巫凌寒,吴伟杰,郑美秀.厦门可吸入物浓度时间分布特征及其成因的初探[J].环境与发展,2018,30(9):165-167,171.

[8]杨艳梅.新加坡如何推动垃圾分类回收[J].智慧中国,2020(1):80-81.

[9]徐国冲,郭轩宇.城市综合承载力的评估框架与提升策略:来自新加坡

的启示[J].上海行政学院学报,2020,21(1):58-68.

[10]余敏江,邹丰.制度与行动者网络:新加坡环境精细化治理的实践及其启示[J].学术研究,2022(7):44-51,177.

课题负责人、统稿:李文溥
执　　　　笔:陈贵富　张艳敏　朱若然

专题二 厦门市生态文明建设体制与政策研究

导　言

　　生态文明建设是中国特色社会主义事业的重要内容,是实现人与自然和谐发展的必然要求,是坚持以人民为中心发展理念,实现中华民族伟大复兴中国梦的时代抉择,是积极应对气候变化、维护全球生态安全的重大举措。习近平总书记指出,生态文明建设是关乎中华民族永续发展的根本大计,保护生态环境就是保护生产力,改善生态环境就是发展生产力,决不以牺牲环境为代价换取一时的经济增长。党的十八大以来,以习近平同志为核心的党中央带领全国各族人民开启了一场生态文明建设的生动实践,先后出台了一系列重大决策部署,我国生态环境保护发生历史性、转折性、全局性转变。党的二十大报告明确指出,"中国式现代化是人与自然和谐共生的现代化",阐明推进生态文明建设、建设人与自然和谐共生的现代化是中国式现代化不可或缺的重要组成部分,是攸关人民福祉的重大社会问题与民族未来的重大政治问题。

　　厦门作为副省级城市、国家生态文明建设示范区,全面落实中央战略部署,全方位推进高质量发展、绿色发展,在率先实现人与自然和谐共生的现代化进程中走在前列,取得了显著成效。本课题从生态文明建设与厦门经济社会的转型发展、生态文明建设体制机制创新、生态文明示范区建设的路径选择三个方面论述厦门市生态文明建设的举措、成效、挑战和政策选择。

　　子课题"生态文明建设与厦门经济社会转型发展"主要研究厦门市生态文明建设的必要性、重要性和优势,生态文明建设的总体规划,从生态经济、生态政治、生态社会、生态环境的视角总结生态文明建设的演进轨迹和建设成效,阐述厦门市在生态文明建设中坚持顶层设计,坚持绿色发展,坚持人民立场,坚持底线思维等方面的经验,进而针对生态文明建设面临的挑战,提出生态文明建设与厦门经济社会转型发展的对策建议。

　　子课题"厦门市生态文明建设体制机制创新"主要研究厦门市在生态文明建设中的顶层设计和体制改革,厦门市生态管理体制、生态服务机制、生态运行机制方面的创新历程、实践和成效,从政府治理转型、经济转型、生态治理社会化视角审视生态管理、服务供给、运行机制面临的新挑战,探讨坚持对外开放,构建具有厦门特色的生态制度体系,推进生态公共服务供给的社会化,改革行政体制,促进生态政策运行科学化的发展新路。

子课题"厦门市生态文明示范区建设的路径选择"主要从国家生态文明建设示范区的视角,审视厦门市生态文明建设示范区制度体系、绿色低碳循环发展经济体系、自然生态整体保护与系统修复、国土空间开发保护格局、生态环境治理体系等方面的主要措施。总结生态环境质量、绿色低碳转型、生态安全屏障、生态文明理念、生态治理体系等方面的建设成效。同时,深入解剖厦门市生态文明示范区建设存在的绿色低碳循环发展、重点领域环境问题、自然资源承载能力、社会多元共治等方面存在的问题。提出健全高效有力的生态制度体系,打造宜居适度的生态空间体系,构建协调发展的生态经济体系,建设安全优美的生态环境体系,形成绿色低碳的生态生活体系,培育幸福和谐的生态文化体系的建设思路。

厦门生态文明建设涉及面广、内容丰富、别具特色,取得了显著成效,可谓多彩多姿、可圈可点。限于篇幅,我们只是选择三个方面的论题进行研究和评述,虽然内容不多,只是侧影,但也足以呈现厦门市生态文明建设的基本样貌。

当然,我们在关注厦门市生态文明建设风景的时候,更要关切生态文明建设面临的诸多挑战,特别是先前的生产生活方式、资源能源开发、产业结构布局与城市化进程使生态环境承载力遭遇损耗,资源能源紧张、社会生产受限、人民利益受损、碳排放压力增大,以及体制机制滞后问题,深切体认加快落实创新驱动战略和绿色发展战略,推动经济社会转型发展,依然任重道远。必须清醒地认识到良好生态环境是人类生存与健康的基础,是最普惠的民生福祉,也是"生产力"和"金山银山"。所以,必须以义不容辞的责任和舍我其谁的担当,继续落实中央和省关于生态文明建设的战略部署,把生态文明建设作为经济社会转型升级中尤为重要的工作抓实办好,切实加快转变生产生活方式、提升资源能源利用率、修复保育自然生态系统、满足民众对美好生活的需要,率先实现人与自然和谐发展的现代化,让厦门的天更蓝、山更绿、水更清、环境更优美。

生态文明建设与厦门经济社会转型发展研究

党的十八大以来,厦门市委、市政府切实贯彻中央关于生态文明建设的战略部署,落实创新驱动战略和绿色发展战略,不仅有顶层设计和系统规划,也有切实可行的举措和实践,有力地推进了经济社会转型升级和高质量发展,推动了人与自然和谐共生的现代化。

一、厦门市生态文明建设与规划

经济社会转型发展内在要求进行生态文明建设,生态文明建设势必成为经济社会转型升级的重要牵引力。多年来,厦门市委、市政府始终坚持从总体上把握经济社会发展大势,坚持以人民为中心的发展思想,贯彻新发展理念,科学认识生态文明建设与经济社会转型升级的辩证关系,明确本市生态文明建设的目标及重点,同时瞄定目标,明确工作主要内容,就实施方案进行了一系列具体、科学的安排部署。

(一)国家生态文明建设的内涵及重点

1.生态文明建设的内涵

"生态"指一切生物的生存状态,以及生物间和生物与环境间环环相扣的关系。生态的原义内含正向性,即与具有"美好""纯真"等意蕴的事物联系在一起。"文明"指人类所创造的财富总和,包括精神财富和物质财富,更多的被赞誉为人类所具有的独特精神伟力。文明是人类在认识和改造世界的过程中逐步形成的思想观念和创造的物质基础以及不断进化的人类本性的具体体现。生态文明是指人类遵循人、自然、社会和谐发展这一客观规律而取得的物质与精神成果的总和,以人与自然、人与人、人与社会和谐共生、良性循环、全面发展、持续繁荣为基本宗旨的文化伦理形态,是人类文明的一种形态,它以尊重和维护自然为前提,以人与人、人与自然、人与社会和谐共生为宗旨,以建立可持续的生产方式和消费方式为内涵,以引导人们走上持续、和谐的发展道路为着眼点。

在我国,生态文明建设的提出有着清晰的历史脉络。早在 2005 年,"生态文明"的全新理念就被率先提出,并在理论与实践探索中被不断赋予新内涵。

党的十七大把"建设生态文明"列为全面建设小康社会的目标之一。党的十七届四中全会把生态文明建设提升至与经济建设、政治建设、文化建设、社会建设并列的战略高度。党的十八大后,生态文明建设被摆在更突出位置。2012年党的十八大做出"大力推进生态文明建设"的重大战略决策,并从 10 个方面擘画出生态文明建设的宏伟蓝图,明确我国生态文明建设的目标方向及工作重点。生态文明建设成为统筹推进"五位一体"总体布局的重要方面。2015年 5 月,中共中央、国务院发布《中共中央国务院关于加快推进生态文明建设的意见》。同年 10 月,十八届五中全会召开,"增强生态文明建设"首度被写入国家五年规划。而后党的十九大又提出"美丽中国"的生态文明建设目标,报告贯穿社会主义生态文明观,在新时代树立起了生态文明建设的重要里程碑,生态文明建设进入新阶段。2018 年,第十三届全国人民代表大会通过的宪法修正案,将宪法第八十九条"国务院行使下列职权"中的第六项"领导和管理经济工作和城乡建设"修改为"领导和管理经济工作和城乡建设、生态文明建设",生态文明建设的顶层设计逐步完善,具体实践有序推进。2022 年 10 月,党的二十大胜利召开,报告在第十部分专门以"推动绿色发展,促进人与自然和谐共生"为题,强调生态文明建设的至关重要性,为进一步加快推进生态文明建设指明了方向。在习近平生态文明思想指引下,"两山理论""人与自然生命共同体""绿色发展""美丽中国""山水林田湖草沙一体化"等思想理论的提出,不断丰富着生态文明建设的内涵,目标方向也愈加具体清晰。

2.生态文明建设的重点

党的二十大报告全面总结了新时代十年伟大变革,指出"生态环境保护发生历史性、转折性、全局性变化,我们的祖国天更蓝、山更绿、水更清"①。报告强调,新征程必须牢固树立和践行"两山"理念,站在人与自然和谐共生的高度谋划发展,加快推进美丽中国建设。生态文明建设已成为中国共产党为人民谋幸福、为民族谋复兴、为世界谋大同的新方向和新作为,成为提升人民获得感、幸福感和安全感的重要组成部分,是人民群众最关切的大事和身边事。作为生态文明建设最直接的受益者,人民群众对生态环境的满意度成为衡量生态文明建设成效的重要依据。生态环境部环境与经济政策研究中心发布的《公民生态环境行为调查报告(2022)》中的相关数据显示,2022 年公众对政府生态环保工作高度认可,普遍认为中央和地方政府生态环保工作力度在不断增强,认为增强的人数占比分别为 69.2% 和 64.7%。公众对所在城市生态环

---

① 习近平.高举中国特色社会主义伟大旗帜 为全面建设社会主义现代化国家而团结奋斗——在中国共产党第二十次全国代表大会上的报告[M].北京:人民出版社,2022:11.

境质量总体较为满意,东部地区公众的满意程度最高。超六成公众认可其获得感和幸福感整体上因政府的生态环保工作在不断增强,17.1%的公众认为其获得感和幸福感增强了很多。^① 生态文明建设已成为经济社会转型进程中民众对美好生活的更高层次需求。站在新的历史方位,社会新的发展要求和民众新的美好需要使当前生态文明建设的目标重点聚焦以下五个方面:

一是总结新时代十年生态文明建设实践经验,分析当前面临的新情况新问题,继续推进生态文明建设,以习近平生态文明思想为指导,正确处理"高质量发展和高水平保护""重点攻坚和协同治理""自然恢复和人工修复""外部约束和内生动力""双碳承诺和自主行动"五大关系。

二是以更高站位、更宽视野、更大力度来谋划和推进新征程生态环境保护工作,谱写新时代生态文明建设新篇章。新时代我国社会主要矛盾发生转变。人民对更优美的生态环境、更优质的生态产品和更适宜的人居环境的期待已成为社会主要矛盾的重要方面。实施生态文明建设,切实满足人民美好需要,是遵循人类社会发展规律,化解社会主要矛盾的必然选择。要始终坚持以人民为中心的发展思想,从长远和大局出发,全力抓好生态文明建设各项工作,为经济社会转型升级和提升民众生活品质提供长效和可持续动力。

三是在新征程上保持加强生态文明建设的战略定力,充分认识高质量经济社会发展与高水平生态环境保护间的内在联系。当前,生态文明建设虽然取得显著成效,但生态环境保护结构性、根源性、趋势性压力尚未根本缓解。我国经济社会发展已进入加快绿色化、低碳化的高质量发展阶段,生态文明建设仍处于压力叠加、负重前行的关键期。必须持之以恒抓好生态文明建设,坚定不移推进高质量发展,让人与自然和谐共生的现代化既成为当下攻坚克难的"动力源",也成为长远可持续发展的"加速器"。

四是推进生态文明建设,要重点持续深入打好污染防治攻坚战,要加快推动发展方式绿色低碳转型,要着力提升生态系统多样性、稳定性、持续性,要积极稳妥推进碳达峰碳中和,要守牢美丽中国建设安全底线。

五是要健全美丽中国建设保障体系。统筹各领域资源,汇聚各方面力量,打好法治、市场、科技、政策"组合拳"。强化法治保障,完善和修订各项法律法规,建立健全制度体系;完善绿色低碳发展经济政策,强化财政支持、税收政策支持、金融支持、价格政策支持;要推动有效市场和有为政府更好结合;同时加强科技支撑,培养造就一支高水平生态环境科技人才队伍,深化人工智能等数

---

① 公民生态环境行为调查报告(2022)发布[N].光明日报,2023-06-27.

字技术应用,构建美丽中国数字化治理体系,建设绿色智慧的数字生态文明。[①]

(二)厦门生态文明建设的缘由

生态环境作为人类赖以生存发展的根基,随人类文明的兴起而面临前所未有的改变。其中,城市文明,特别是城市化对生态环境产生的影响最为深远。生态环境在为城乡居民享受更好生活品质而提供物质基础的同时,却遭受日趋严重的破坏。如何在城市化进程中确保生态环境承载力处于合理区间,早已成为世界各国,特别是城市关注的焦点。改革开放以来,中国社会发生天翻地覆的变化,城市建设在取得巨大成效的同时却多少是以牺牲生态环境为代价的。厦门作为新中国成立后最早批准设立的经济特区、国家社会与经济发展计划单列市以及副省级市,是中国城市文明发展史的亲历者,是中国城市文明的代表之一。厦门市在实施生态文明建设重大战略中的创新探索及取得的经验成就,源自厦门市对习近平生态文明思想的深刻领悟、对国家生态文明建设重大战略的准确把握和对厦门市现代城市经济社会发展的科学规划。

厦门市在全国生态文明建设进程中位列排头并取得巨大成效,一方面是由于厦门市委、市政府始终坚持以习近平生态文明思想为指引,贯彻落实党中央关于生态文明建设的战略方针,勇于探索创新,结合本地实情进行具体安排部署,不遗余力推进生态文明建设;另一方面,在改革开放初期,厦门市委、市政府就已正确意识到城市发展与生态保护之间不是厚此薄彼的对立关系,而是共生共存的辩证统一关系,因此较早开启了生态文明建设的实践探索之路。

1.厦门是习近平生态文明思想的重要孕育地和先行实践地

作为习近平生态文明思想的重要孕育地和先行实践地,厦门市较早开启了生态文明建设之路,这得益于习近平总书记在厦工作期间对生态文明建设的重视和领导。回望厦门市生态文明建设所取得的成就,无不体现着习近平总书记对厦门生态文明建设的亲切关怀和殷殷嘱托。

在厦工作期间,习近平总书记亲自领导编制《1985年—2000年厦门经济社会发展战略》,就厦门早期生态文明建设指明方向,并探索形成了生态治理与修复的具体实践经验。如遵循习近平总书记当时制定的"依法治湖、截污处理、清淤筑岸、搞活水体、美化环境"的20字方针精神,厦门市筼筜湖保护中心持续深入开展湖区治理与生态保护建设,将昔日的"臭水湖"变成"都市绿肺"

---

① 全面推进美丽中国建设 加快推进人与自然和谐共生的现代化[N].人民日报,2023-07-19.

和"城市会客厅",成为我国国土空间生态修复与城市生态文明建设的优秀典型。1986年,时任厦门副市长的习近平通过对厦门最偏远山村细致调研,针对山村区发展实际,因地制宜提出"山上戴帽,山下开发"的发展思路,有效促成了地区产业经济与生态环境保护共同发展,为城市文明建设寻求生态经济发展开辟了的科学路径。1988年8月,习近平同志离厦,先后前往宁德、福州和福建省委、省政府任职,但他始终心系厦门的生态环境保护工作。2002年6月,时任福建省省长的习近平深入厦门调研,作出"跨岛发展"的战略决策,要求厦门建设有利于身心健康、资源节约、布局合理、自然和谐、宜人宜居、富有特色、充满魅力的生态型城市。之后他又提出到2005年,厦门要初步建成新兴海湾生态城市,争取进入国际"花园城市"行列。

一直以来,市委、市政府牢记习近平总书记对厦门"成为生态省建设的排头兵"的殷殷嘱托,自觉践行习近平生态文明思想,高度重视生态文明建设,努力打造高素质高颜值现代化国际化城市。近年来,被誉为"厦门后花园"的同安紧盯"产业兴、百姓富、生态美"三大战略任务,打造生态人文名胜区,走出了一条独具特色的生态文明之路;作为全市最年轻行政新区和"跨岛发展"主战场的翔安,坚持以创建国家生态文明建设示范区为抓手,统筹推进经济高质量发展和生态环境高水平保护,全方位推动高质量发展,开启了"机制活、产业优、百姓富、生态美"的绿色发展之路;作为厦门城市名片的鼓浪屿,在认真贯彻落实习近平总书记就鼓浪屿申遗成功和保护文化遗产作出的重要指示精神后,以实现环保旅游业绿色发展为目标,全面提升自身旅游服务品质,成为全国著名的综合性海岛风景文化旅游区。习近平总书记在2017年于厦门举行的金砖国家领导人第九次会晤上,就厦门生态之美和生态文明建设的成果盛赞到:厦门是"高颜值的生态花园之城,人与自然和谐共生"。2021年12月21日,习近平总书记在致厦门经济特区建设40周年的贺信中,提出了新期盼:新征程上勇立潮头、勇毅前行,努力率先实现社会主义现代化。习近平生态文明思想在厦门市生态文明建设进程中始终具有核心指引力,厦门市必须始终坚持习近平生态文明思想,努力在实现人与自然和谐共生的现代化中探索试验、探路先行。

2.落实中央关于生态文明建设的必然要求

党的十八大以来,以习近平同志为核心的党中央把生态文明建设和生态环境保护摆在治国理政的突出位置,带领全国各族人民接续开展了一系列根本性、开创性、长远性工作,生态文明建设取得显著成效,生态环境得到根本好转。生态文明建设取得成效的同时也为经济社会转型升级提供了科学发展的思路,为经济社会实现高质量发展注入了强大动能。新时代贯彻习近平生态文明思想,落实中央关于生态文明建设的战略任务,以实际行动当好生态文明建设的排头兵,让良好的生态环境成为厦门的靓丽品牌和宝贵财富,对推动厦门经济社会高质量发展、创建国家生态文明建设示范区、建成全国生态文明典范城市、建设高素质高颜值现代化国际化都市具有重大意义。持续推进生态文明建设作为厦门市落实中央关于生态文明建设的战略任务,体现的是通过生态文明建设实现本市经济社会转型升级的这一必然要求。

改革开放以来,厦门作为沿海经济特区,肩负先行实现经济发展与生态保护协同的重大使命,这既是实现经济社会发展的内在要求,也是扛在肩上的政治责任。当前,全国正处经济社会全面转型时期,而厦门则位列经济社会转型升级的第一梯队。要实现厦门市经济社会转型稳中向好,就必须实现经济社会高质量发展和绿色发展,以厦门生态文明建设为牵引力,逐步有序带动本市经济社会转型升级。关于生态文明建设,党的二十大报告提出要以中国式现代化全面推进中华民族伟大复兴,指出中国式现代化是人与自然和谐共生的现代化,促进人与自然和谐共生的现代化是中国式现代化的本质要求之一。对此,厦门市委、市政府始终坚定贯彻党中央关于生态文明建设的战略决策,全面落实中共中央、国务院关于美丽中国、省委省政府关于美丽福建建设的部署,把推动厦门市经济社会发展绿色化、低碳化作为实现高质量发展的关键环节,强调推进生态优先、节约集约、绿色低碳发展,在探索美丽中国建设厦门实践模式中,为推动市域生态环境根本好转、实现地区经济社会持续发展和美丽厦门建设目标提供了有力支撑。

3.厦门推动生态文明建设的优势与必要性

在1986年1月10日召开的厦门市八届人大常委会第十八次会议上,习近平同志提到:"厦门这个宝岛还没有像其他地方那样造成无法治理的污染,或者布局已经严重到无法再调整这种程度,我们应当非常重视和珍惜,好好维持它保护它,进一步地改变、改造它。"厦门市凭借得天独厚的自然生态环境和历史浓郁的人文生态环境,为生态文明建设实践的全面深入开展奠定了良好基础。厦门历届市委、市政府按照党中央、国务院顶层设计和福建省委省政府决策部署,采取了一系列积极有效举措,在推动经济社会发展的同时,取得了生态文明建设的显著成果,特别是构建起了具有全国典范性的生态经济市样板,更为改革开放后确保我国经济社会转型升级、稳中向好提供了生动的实践案例。

厦门是一个植被总量适宜、分布合理且物种多样、景观优美的生态城市绿地系统,地处亚热带,素有"海上花园"美称。厦门港港阔水深、少淤不冻,具有港口城市的潜在优势。得天独厚的自然环境与地理位置使厦门成为中国著名的海滨旅游城市和改革开放前沿阵地。因此,如何协同经济社会发展与生态环境保护,实现经济社会转型升级,就成为厦门城市化建设必须解决的重大课题。

城市生态经济建设是现代化城市发展的必然。人类通过索取自然及其产物来建设城市和发展经济,是人类文明进程的必由之路。但长久以来,人们为追求经济快速发展而忽略城市生态,导致城市生态问题凸显,反过来日益威胁着人类的生存生活和人的全面发展。为适应现代城市建设的需要,必须寻求和探索生态环境与经济社会相互依存、相互促进、良性循环的道路。通过系统的生态文明知识教育提升民众保护生态的自觉意识,在此基础上凭借先进的科学技术、有效的管理手段及科学的生产模式,提高经济生态效益,增强生态系统再生能力,维持生态经济平衡,满足现代城市发展的需要,构建现代城市文明。

(三)厦门市生态文明建设的总体规划

为更好地落实中央和我省关于生态文明建设的一系列决策部署,依据《厦门市国民经济和社会发展第十四个五年规划和二○三五年远景目标纲要》,厦门市确定了"十四五"时期生态文明建设的发展目标与二○三五年的远景目标。2022年1月发布《厦门市"十四五"生态文明建设规划》,基于总体规划,进一步细化了具体实施目标。

1.二○三五年远景目标

依据党的十九大报告和二十大报告精神,厦门市制定了生态文明建设的远景目标,即以构建优美生态环境、满足优质生态产品需求和打造宜居的人居环境、创造最普惠民生福祉、实现生态财富积累为重点,强化生态文明制度完善、体制改革和机制建设,推动生态经济、环境、人文融合发展。同时,着力推动绿色产业转型与低碳发展,形成节约资源和保护环境的空间格局、产业结构、能源利用率、生产生活方式,实现产业生态化和生态产业化。力争实现经济发展与环境污染、资源消耗增长双脱钩,二氧化碳排放在2030年前达到峰值,并持续稳定下降,人居环境质量全面提升,自然生态系统活力显著增强,绿色发展方式和绿色生活方式全面形成,人与自然和谐共生。2035年,率先实现生态文明建设领域超越,跃升为全球生态文明领先城市,全面建成生态亲和的绿色创新城市、和谐宜居的山海生态花园、互联共治的生态智慧之城、全球共享的蓝色开放门户[①],为基本建成社会主义现代化特别是基本实现美丽中国目标贡献厦门力量。

2."十四五"发展目标

"十四五"时期是我国全面建设社会主义现代化国家新征程的开局起步期和向第二个百年奋斗目标进军的第一个五年,也是厦门市全方位推动高质量

---

① 厦门市人民政府办公厅.厦门市"十四五"生态文明建设规[EB/OL].(2022-2-27).https://www.xm.gov.cn/zwgk/flfg/sfbwj/202202/t20220207_2625582.html.

发展超越、更高水平建设高素质高颜值现代化国际化城市的关键五年。"十四五"时期,厦门市生态文明建设以打造全国生态文明典范城市为总体目标,进一步完善生态文明制度体系,推进绿色低碳循环发展,加快形成绿色生产生活方式,提升生态环境质量,完善生态安全格局,促进人与自然和谐共生,特别是使生态系统保护和修复得到强化。到 2025 年,厦门市要实现空气质量、单位地区生产总值能源消耗等生态文明指标居全国前列。形成生态文明建设与花园人居环境"两个领先"综合优势,彰显陆海一体协同发展与生态文明治理创新"两个典范"鲜明特色。产业结构明显转变,碳排放强度保持低位,为 2030 年前碳达峰打下坚实基础。城市与生态深度融合,花园人居环境品质保持领先。强化陆海空间规划与发展联动,深化区域协同合作,创建陆海协同发展典范。整体使得生态经济水平跃升、生态环境质量领先、生态人文全面发展、生态治理创新深化。

二、经济社会转型中的厦门市生态文明建设

世界历史视域下的工业化、城市化发展所导致的环境污染现象是所有现代化国家和城市必然共同面临的难题,但各国甚或同一国家中的不同城市在对待"出现污染后怎么办"的问题时有较大差异:是污染产生后积极治理,主动采取措施控制和预防污染的再次发生,将环境污染控制在一定限度内? 还是在污染发生前便着手防患于未然? 抑或无视环境污染的害处,任由污染泛滥? 这取决于不同国家、不同城市的认知和作为。厦门市对于生态治理的认识也经历了从无到有、逐步深化的过程。20 世纪 80 年代初正处改革开放初期阶段,厦门同样缺乏生态环境保护意识,环境污染相当严重,但在生态问题初现不久,厦门市就意识到环境污染不仅严重影响人居生活环境,长远来看还会阻滞经济社会发展。为此,厦门市迅速开始主动治理和修复生态,从消极治疗到积极预防,从经济、法律、管理、教育、社会服务等方面建立和完善生态治理体系。

党的十八大以来,厦门市生态文明建设在诸如绿色低碳、生态建设、公众参与等方面成绩斐然。在绿色低碳方面,全市万元地区生产总值耗电从 2012 年的 649.2 千瓦·时降为 2022 年的 430 千瓦·时,耗水也从 2012 年的 11.1 吨降为 6.08 吨,能源资源利用率领先全国水平。2022 年末,市建设用地面积 378.06 公里^2,拥有公园 198 个,占地面积 4030.84 公顷,人均公园绿地面积 14.6 米^2,建成区绿化覆盖面积 20501.01 公顷,绿化覆盖率为 44.11%,污水集中处理率 100%,生活垃圾无害化处理率 100%。在生态建设方面,2022 厦门市空气质量综合指数 2.56,在全国 168 个重点城市排名第九,空气质量优良率为 97.5%,主要流域省控断面水环境功能区达标率 100%,公众对生态环境质量满意度达 91.1%,居全省前列。在公众参与方面,突出共创共建共享的绿

色发展理念,生态环保宣传教育力度逐年加大,政府部门通过各种融媒体与公众互动频次逐年升高,民众诉求得到积极回应,公众参与环境保护的各类活动的数量和形式日益丰富多样。

2022年,厦门市成为全国第二个获评国家"生态文明建设示范区"的副省级城市,同安区、翔安区同步获评国家生态文明建设示范区,在全省率先实现国家生态文明建设示范区全覆盖。长期以来,厦门市在生态文明领域取得的成绩实际反映了厦门经济社会良好的发展态势,生态文明建设在为厦门市经济社会发展提供不竭动力的同时又得益于厦门市经济社会的快速发展。放眼长远,在经济社会转型发展的关键期,生态文明建设必然成为推动厦门市经济社会全面转型升级的引领力量。

(一)厦门市生态文明建设的演进轨迹

改革开放伊始,我国环保事业与经济社会协同发展,发展越是向后,经济社会转型升级就越是朝着一条构建生态文明的道路演进。厦门作为改革开放的排头兵,秉持"生态立市、文明兴市、保护优先、科学发展"理念,在生态文明建设领域先行先试、大胆探索,把全域作为生态文明建设试验田,打造高颜值生态花园城市,倾力实现经济、社会、文化、政治与生态协同发展,形成了绿色发展和高质量发展的厦门模式,为全国城市生态文明建设的典范之城。

1.厦门市生态环保事业与改革开放同步(1977—1991)

首先,建立健全生态环保管理和保护机构。1977年7月,厦门市环境保护办公室成立。1978年7月,厦门市成立环境保护委员会,市环境监测站和环境保护科研所同月成立。1980年4月16日,厦门市革命委员会召开的第一次环境保护会议,标志着厦门环保事业全面开启。1986年1月4日,厦门市原环境保护办公室改组为厦门市环境保护局。2001年9月,厦门市环境监测站、湖里环境监测站、杏林环境监测站合并为厦门市环境监测中心站。1990年10月,市所管辖的各行政区所成立的环保局隶属区政府领导。1997年6月,厦门在全国率先进行环保行政管理体制的垂直管理改革,将各行政区的环境保护分局设立为市环保局派出机构。

其次,习近平总书记在福建、厦门工作期间正处我国改革开放初期,为厦门市较早开启生态环保事业打下了基础、指明了方向,同时也使得福建、厦门成为习近平生态文明思想的重要孕育地。在厦工作期间,习近平主持编制《1985—2000年厦门经济社会发展战略》,明确提出厦门要成为"创造良好的生态环境,建设优美、清洁、文明的海港风景城市"。在福建省工作期间,他提出建设生态省的战略构想,勉励厦门要"成为生态省建设的排头兵"。习近平对福建、厦门生态文明建设的早期系列重要指示,表明厦门市在改革开放初期就逐步高效地开展起了生态环保工作,这为未来厦门生态文明建设事业走在全国前列奠定了基础。其中,环境治理绩效可圈可点,如筼筜湖综合整治经验名扬四海,荣获"全国城市环境综合整治优秀项目",被联合国计划开发署评为"东亚海域污染防治与管理"示范工程。又如在 20 世纪 80 年代打响消烟除尘的环保战,通过构造汽化工程,不仅改善能源结构,提高经济效益,而且取消了一大批烟囱,减少了长期影响厦门空气质量的烟尘污染。另外,为解决噪声污染问题,1986 年 9 月市环保局牵头组织相关部门制定和执行《厦门市环境噪声管制办法》,在全国首开先河把老市区主要道路定为机动车辆禁鸣喇叭路段。1988 年 7 月,又率先开展厦门市电磁辐射污染源调查。1991 年 5 月,国家环保局组织全国 17 个省市环保局来厦门召开排污许可证试点工作现场会,推广厦门经验并通过了国家级验收。

2.环境保护与特区经济建设协调发展(1992—2001)

随着改革开放逐步扩大,经济快速发展的同时,环境保护工作也取得良好进展,实现了生态与经济协同发展,形成了"生态经济特区"的靓丽名片。

1993 年 3 月,厦门市出台了《关于建设项目简化环保审批及下放审批权限的若干意见》。1994 年 1 月 1 日零时起,厦门市区禁止销售、燃放烟花爆竹(1997 年 1 月成为法规)。1994—1998 年开始实施海岸带综合管理,成为东亚海域海洋污染预防与管理示范区。1994 年厦门市获得经济特区特别立法权后便制定了第一部地方性法规《厦门市环境保护条例》,并于同年 10 月 1 日起施行。1995 年,厦门还在主城区划定总面积为 245.74 公里^2 的"鼓浪屿——万石山"国家级风景名胜区。为使保护区成为不可逾越的生态红线,厦门市在 20 世纪末将三个省级和市级自然保护区合并组建成为"厦门珍稀海洋物种国家级自然保护区",并于 2000 年 4 月 4 日获国务院批准。1997 年 8 月,厦门市经过国家环境保护模范城市考核组考核,在国家环境保护模范城市授牌大会上,以总分第一与深圳、大连、威海、珠海及张家港一起成为第一批国家环境保护模范城市。2000 年 5 月 16 日,厦门市荣获"全国城市环境综合整治特别奖"称号。2001 年 11 月 8—11 日,首届中国国际城市绿色环保博览会在厦门举行,此次大会吹响了我国迎接新世纪挑战、建设绿色新文明的号角,也在厦门民众心中种下了生态文明的种子。在厦门特区经济建设高速发展和经济社会转型的早期阶段,厦门的生态文明建设工作守住了经济社会发展的生态安全底线,有效助推了经济社会的高速发展,以旅游、人文、休闲为主的服务业和科技创新、人才培育产业在厦门经济特区建设中逐渐占据更加重要位置,为经济社会全面转型升级开启了新局。

3.生态环保与民生保障一体推进(2002—2011)

随着经济增速由超高速向着高速转变,民生保障水平不断提高,厦门生态环保工作也加快协同推进。2003—2005年厦门市组织编制了《厦门生态市建设规划实施纲要》,2008年通过环境保护部组织论证,并于2011年由厦门市政府颁布。这一时期的生态文明建设重点在于确保生态环保与民生保障一体推进。一是从基本需求出发,打造安居之城。重点在于为居民创造健康的生活环境,即能喝上干净水,呼吸上新鲜空气,睡个安稳觉,吃上放心食物。二是从美好需求出发,打造乐居之城。倾力打造城市美丽高颜值。总之,在经济快速发展过程中,厦门市委、市政府以改善人民福祉为价值目标,始终致力于守护本市美丽的自然风光和生态基底。

厦门地处沿海,海洋环境事关厦门经济发展和民生福祉。2002年初,厦门市做出综合整治西海域的决定,投入近50亿元开展西海域和同安湾水产养殖退养、滩涂清淤、生态修复等重大工程,整治面积达161公里^2。2004年与国际组织东亚海环境管理伙伴关系计划合作实施"厦门第二轮海岸带综合管理示范项目",开展海岸带综合管理ISO 14001环境质量管理认证,促进西海域环境投资项目,开展海岸带综合管理培训,建立九龙江河口海域环境管理框架,为控制物流全过程的环境污染、打造生态物流业创造条件,为实现第三产业的绿色低碳转型升级奠定基础。2006年,市政府财政投资5亿多元,开展环东海域综合整治建设。2011年,厦门通过先前开展的海域整治不仅恢复了海洋生态,还创造出1469亿元的海洋经济总产值,吸引海洋高新产业的投资,壮大了现代海洋渔业,海洋产业集聚形成了新的经济发展高地。

在岛内开展生猪禁养工作。2002年,厦门市把岛内生猪禁养工作列入为民办实事项目,划定全市畜禽养殖场禁建区,采取"赶猪出岛、赶猪上山、生态治理、绿化荒山"等措施来开展畜禽养殖污染综合整治工作。于2004年基本完成岛内生猪禁养工作,率先在全国实现建成区禁止养猪。

坚持把保障厦门的饮用水安全作为重中之重。1980年开通的九龙江北溪引水工程左干渠和1996年竣工的特区引水工程解决了厦门80%以上的城市用水需求。多年来,厦门市力推全面实施北溪引水和坂头水库明渠改暗涵工程建设,并将湖边水库改造成备用水源与景观水体。特别是为解决北引左干渠龙海段6.4公里的污染问题,建成引水隧洞,实现了入厦原水全程密闭输水。在2003年至2007年间,厦门市每年安排1000万元专项资金,用于九龙江流域整治。为确保市民饮用水的安全,2006年市财政又投入120万元环保治理专项资金,治理同安汀溪水库上游污染源。安排1500万元推进坂头许庄村、汀溪林场移民,保护水源地,开展湖边水库清淤等工作。经过上述努力,真正实现了生态环保与民生福祉协同发展。

同时,为提升民众生活品质,厦门市推行绿色公交,减少大气污染。投入大量资金用于新增公交车辆、进行技改和更新环保车辆。2004年至2007年,市财政累计投入 2.71 亿元用于支持公交发展事业。为打造宜居宜业的生态环境,厦门市加大绿化力度,打造城市氧吧,财政每年投入 2000 多万元,在市建成区种植 5 万多株大树,做到了在城区步行 500 米有绿地、步行 15 分钟进公园。[①] 在 2011 年全国十大宜居城市的评比中,厦门以超过总票数 1/3 的绝对优势名列第一。

4.创建国家生态文明试验区(2012 年至今)

开启国家生态市创建。2011 年厦门市颁布实施《厦门生态市建设规划》及其实施纲要。2014 年 10 月,市人大常委会审议通过了《厦门经济特区生态文明建设条例》。2014 年 6 月,全市共有 146 个行政村获得省级生态村命名,14 个涉农的镇(街)获得国家级生态镇命名;2014 年 12 月,海沧、集美、同安、翔安四个涉农区通过国家生态区考核验收,被授予"国家生态区"称号;2015年 8 月厦门市在全省率先通过环境保护部考核验收,并于 2016 年 10 月获得"国家生态市"正式命名,成为厦门生态文明建设道路上的一个里程碑。

推行"一张蓝图"绘到底。2013 年 5 月,按照党的十八大提出的"两个一百年"奋斗目标和"五位一体"总体布局,厦门市组织开展制定美丽厦门战略规划工作,融合经济社会发展规划、城市总体规划、国土空间利用规划、环境保护规划和海洋规划等空间规划为一体,形成覆盖全市域空间的"一张蓝图"。划定了 981 公里^2 陆域生态控制线(占全市土地面积 57.6%)和生态红线 233.57公里^2,逐步形成了"山海相护、林海相通"的生态安全格局。

全面开展水污染防治工作。2014 年,厦门以实现"水清、岸绿、景美、民富"、促进"五位一体"整体发展为目标,开展岛外九条溪流生态修复工程为核心的小流域综合整治。该项工程使厦门在水利设施建设、环境质量、社会经济效益、生态系统修复、土地综合利用、人文景观等方面均有明显改善,形成了"山水林田湖生命共同体"的善治新范本。厦门市于 2015 年 11 月 10 还正式出台《厦门市水污染防治行动计划实施方案》。

加快建设国家生态文明试验区。厦门作为"生态省"建设排头兵,积极开展生态文明体制改革综合试验,制定实施《厦门市关于加快推进生态文明建设体制改革的实施意见》,率先开展"厦门市生态系统价值核算试点"(沿海样本)改革工作。同时创新工作机制,明确相关部门环保"一岗双责",率先开展生态文明建设评价考核试点工作。加强重点减排项目调度,超额完成年度减排任务。2015 年 6 月在全省率先建立市排污权储备和管理技术中心,在工业全行业全面推行排污权有偿使用和交易,开展八大类重点行业的排污许可证核定

---

① 厦门市委党校课题组.厦门工业化与生态文明建设良性互动的实践与经验[J].厦门特区党校学报,2009(1):11.

和排污权收储工作,为重点发展产业项目建设腾出总量空间。

厦门市持续加强生态文明建设,统筹实施污染整治、生态修复和环境风险管控,着力打造"厦门蓝"城市名片,提升绿色发展综合竞争力。在"气十条"收官时,厦门市的空气质量连续三年在全国74个重点城市排名稳居前四名。长年来,厦门的集中式饮用水源水质达标率为100%。

建立科学有效的生态文明体制改革制度和长效机制。健全生态环保目标责任体系,落实党政领导生态环保目标责任制,构建大环保工作格局。在全省率先开展生态环境损害赔偿探索工作,出台《厦门市生态环境损害赔偿工作实施方案》《生态环境损害赔偿资金管理办法(试行)》《厦门市推行环境污染责任保险制度》,在全省率先实施企业环境信用评价体系。建立固定源管理制度,在全省率先完成火电、造纸等6个行业"一证式"排污许可证核发。推行环境污染第三方治理,推进城乡环境公用设施、医疗废物处置、废弃矿山恢复治理、海洋环境污染综合整治、流域环境综合整治、工业园区循环化改造及环境管理和污染治理等六个方面的第三方治理工作。

改革开放伊始,我国生态文明建设的重任越发紧迫。特别是进入建设美丽中国的关键期,生态文明建设已从原来处于压力叠加、负重前行的时期进入至提供更多优质生态产品以满足人民日益增长的优美生态环境需要和拉动社会经济平稳健康转型的攻坚期,也意味着此时我国已进入具备相应条件和能力解决生态环境突出问题的窗口期。党的十九大、二十大和全国、全省生态环境保护大会对生态文明建设提出了一系列新目标、新要求和新部署,将促使厦门市结合具体发展实际继以建设国家生态文明建设示范区为抓手,坚决扛起生态环境保护的政治责任,深化生态文明体制机制改革,打好打胜污染防治攻坚战,积极助力高质量发展落实赶超,锻造生态环境保护铁军,以打造全国生态文明典范城市为总体目标,为更高水平建设高素质高颜值现代化国际化城市筑牢生态之基。

(二)厦门市生态文明建设的成效

党的十八大以来,厦门市生态文明建设取得长足进步,经济社会与生态保护协同发展,特别是在经济社会转型进程中,生态文明建设成为助推厦门经济社会转型升级、高质量发展的重要动力,而经济社会的健康平稳发展也为厦门市生态文明建设提供了诸如资金、技术、教育、人文等更多的优质发展条件。党的十九大报告为建设美丽中国提供了根本遵循和行动指南,首次把美丽中国作为建设社会主义现代化强国的重要目标。党的二十大报告提出要推动绿色发展,促进人与自然和谐共生。近年来,厦门市以习近平生态文明思想为指引,在自党的十八大以来的生态文明建设实践中已取得的生态文明建设成效的基础上,深入贯彻落实党的十九大、二十大关于生态文明建设的重要精神,为 2025 年打造全国生态文明典范城市,实现高质量绿色发展、建设高素质高颜值现代化国际化城市正不懈奋斗。

1.生态经济:调结构优布局实现绿色发展获生态红利

多年来,在保持经济发展"高素质"的同时,厦门市始终坚持生态立市,努力打造城市生态"高颜值"。2022 年,全市实现生产总值7802.66 亿元,比上年增长 4.4%,经济总量稳增(见图 1)。虽然厦门市生产总值逐年增加,但全市万元地区生产总值能耗整体上却逐步减少(见图 2),全市万元地区生产总值耗电 466.38 千瓦·时(全国平均约 726.85 千瓦·时),万元地区生产总值耗水6.68 吨(全国平均约 54 吨),领先全国水平。经济社会转型时期的厦门实现了生态经济的优良发展。厦门创新生态环境分区管控落地应用机制在全国推广,东坪山片区近零碳排放区示范工程入选生态环境部首批绿色低碳典型案例,省对市生态环保目标责任书考核 2015 年起五年名列全省第一、两年全省第二。厦门市近年来始终创新发展生态工业以实现经济可持续发展,力推绿色低碳转型以发展生态环保第三产业,优化农业生态系统以发展高效优质生态农业,因而产业结构不断演变,朝着现代化产业结构发展,实现了优良的生态经济效益。2022 年数据显示,第一产业增加值 29.27 亿元,第二产业增加值3233.56 亿元,第三产业增加值 4539.83 亿元,其中第三产业增加值占比 58.2%。

379

图 1　近五年地区生产总值与比上年增速

数据来源:厦门市 2022 年国民经济和社会发展统计公报。

第二产业在厦门市的经济中发挥了巨大作用,尤其是在制造业和建筑业方面。这不仅为城市创造了大量的就业机会,吸引全国甚至国际范围内的投资,同时通过优化自身结构,发挥工业能级传导作用,以科技带动效益为推动第三产业的发展壮大和第一产业的提升优化创造了条件,并通过第三产业的

图2 近五年万元地区生产总值耗电/耗水

数据来源:厦门市2018—2022年国民经济和社会发展统计公报。

发展和第一产业的提升,支撑和促进工业经济的发展壮大和结构的优化调整,从而实现三产业在更高层次上协调发展。

经济社会的转型升级,势必要求发展第三产业。第三产业是厦门经济的主要引擎,占据绝大多数增加值。近年来,厦门市第三产业增加值占GDP比重逐年攀升(见图3),科技成果与体制机制的优化为第三产业带来更优效益,也为厦门市生态文明建设提供支撑。这表明城市的服务业发展迅速,包括金融、教育、医疗和旅游等领域。未来,随着数字经济和创新产业的崛起,第三产业有望继续增长,为城市带来更多发展机遇。

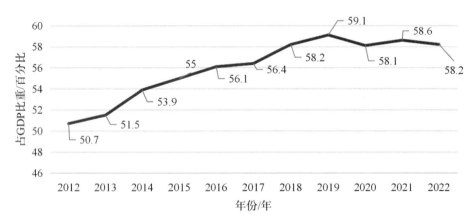

图3 第三产业增加值占GDP比重

2.生态政治:推动生态文明体制改革与强化法治保障

厦门市通过推动生态文明体制改革与强化法治保障,为生态文明建设提供了内在支持。2022年,厦门在全国15个同类型城市中第二个获评国家生态文明建设示范区。省对市党政领导生态环境保护目标责任书考核成绩保持全省第一。这充分显示出厦门市近年来在生态政治方面下大力,以高政治站位和强政治担当从生态文明体制改革着手,引导并推动构建厦门生态文明新模式。

以改革为抓手,厦门市实施生态文明体制改革"六大行动",推动36项改革任务、56项改革成果落地,在重点领域和关键环节取得重要成果。生态文明体制改革为厦门推动绿色发展,努力率先实现社会主义现代化夯实根基,探索并形成一批可复制、可借鉴、可推广的生态文明"厦门经验","多规合一"、垃圾分类、筼筜湖治理、五缘湾生态修复与开发、"海上环卫"、分区管控、农村污水治理、噪声与光污染环境整治等改革经验在全国推广。针对空间规划重叠冲突和部门职责交叉模糊、规划约束性和执行力不强、稳定性不够等问题,实施"多规合一"改革,完善国土空间开发保护制度,强化生态保护红线、生态控制线管控,划定约303公里^{2}生态红线和981公里^{2}生态控制线。聚焦生态科学管理短板环节,厦门先后建立资源环境承载能力监测预警机制,实行生态文明建设目标评价考核、生态环境保护目标责任书考核和污染防治攻坚战成效考核"三合一"考核制度,探索构建生态系统价值核算体系和机制,开展环评、排污许可和排污权交易制度衔接融合改革试点工作;针对资源使用浪费、利用效率不高等问题,先后出台《厦门市建设用地总量控制方案》《厦门市耕地质量保护与地力提升项目实施方案》等,资源节约集约制度不断健全。

生态文明体制改革注重打造长效治理新机制,确保环境问题永远处于可控制、可修复,确保本是无污染的环境不被破坏。作为"蓝色家园",厦门入海排污口400个,坚持系统整治,全面"查、测、溯、治",全市入海排污口整治基本完成,2022年近岸海域水质良好,优良水质点位比例达86.4%,与上年相比上升4.6个百分点。2023年约230公里^{2}的厦门海域保洁面积,实现常态化保洁全覆盖。厦门市还在生态社会方面通过体制改革不断提升群众对生活环境的满意度。如探索构建厦门农村污水系统治理、长效治理的新机制新模式,全市1216个自然村全部完成农村污水提升治理任务,乡村污水治理经济效益、生态效益、民生效益明显。而近年来备受市民关注的光污染问题也得到解决。2022年10月,厦门率先发布《厦门市光环境控制规划(2022—2025)》,通过对不同用地类型夜间明亮程度划分,科学区分光环境重点控制区、限制建设区、适度建设区和优先建设区,在应对光污染的光环境管理领域中提供了厦门思路。

近年来,厦门先后制定或修订出台《厦门经济特区生态文明建设条例》《厦门市环境保护条例》《厦门经济特区筼筜湖区保护办法》《厦门经济特区河湖长制条例》等多部生态领域法规规章,为山水林田湖草沙一体化保护和综合治理提供强有力的法治保障。制定和实施比国家、福建省更加严格的地方污染物排放标准,先后发布《厦门市大气污染物排放标准》《厦门市水污染物排放标准》,为生态环境治理提供制度保障。

针对实施污染的单位和个人,厦门市明确"谁污染,谁必买单"的原则。如以同安区作为生态环境损害赔偿试点,厦门积极构建"环境有价、损害担责,主动磋商、司法保障,信息共享、公众监督"的生态环境损害赔偿工作体系。先后办理叶某在同安禁养区实施规模化生猪养殖生态环境污染损失赔偿案、疏浚作业船在翔安区刘五店外侧附近海域违法倾倒疏浚物案等30多个生态环境损害赔偿案。厦门大力推进资源有偿使用,不断完善生态保护补偿制度,全市资源开发利用总量得到严格控制,生态环境治理体系不断健全,有效调动了各方共同参与生态文明建设的积极性。

厦门形成全国唯一的实时跨部门协同、多要素高度集合的智能化分区管控系统,该系统在全国首创生态环境准入前置审核,将国土空间、土地利用、市政基础、生态环境等207个要素图层和107713条生态环境准入条件整体融入市域空间"一张蓝图"。通过搭建全方位智能应用,该系统在全国首创生态环境分区管控智慧管理,率先开启生态环境准入管理"智能时代",同时面向公众,仅凭行业代码即可知悉全市范围符合准入条件的区域。生态环境分区管控成效明显,厦门区域评估覆盖面积超60公里^2,近60%的基础设施项目实现环评豁免,超过70%的建设项目可适用审批告知承诺制,推动绿色发展更协调、营商环境更优化、招商引资更高效、项目落地更快捷,从源头上促进经济社会绿色低碳高质量发展和生态环境质量改善。

3.生态社会:切实改善居民生产生活与构建绿色城市

经济社会转型升级势必影响民众的生产生活、思维方式和城市未来发展的路径。实现高质量发展,推动城市绿色发展是现代化城市的必然选择。近年来,厦门市始终坚持以人民为中心的发展思想,将绿色发展方式赋能城市建设与人民生产生活中,形成了社会面整体效益的高效发展态势。

(1)市政绿色设施建设扎实推进

一是生态康养品质稳步提升。完成健康步道约229公里建设。打造白鹭洲西公园1.1公里长彩色沥青路面健身环道、植物园南门环东宅坑水库健身步道,实施海湾公园亲子及青少年健身设施试点项目,民众在享受高颜值高品质的园区景观时有更多的获得感。二是垃圾管理处置更加科学。全市共完成200座垃圾屋建设工作;创建2个省级示范区、39个样板片区和30个最美投放点。建成生物质资源再生一期、东部填埋场二期及海沧低值可回收物分选中心。三是市容市貌焕然一新。厦门市开展乱扔大垃圾不文明行为联合整治、市容市貌专项整治等环境卫生综合整治行动,有效提升市容市貌;持续推动城乡环卫一体化,积极推进我市农村公厕新建改造。四是公园绿化持续扩大。扎实推进公园绿地建设,新增或改造升级园林绿地 424 公顷,完成立体绿化建设 35 处,新增或改造绿道 61 公里、郊野公园 112 公顷;完成 34 处"口袋公园"建设,打造中山公园、高林公园、集美凤凰花公园、海沧市民公园、美峰生态公园、翔安舫山儿童公园 6 个精品公园。近年来,厦门市建成区绿化覆盖面积持续扩增,人均公园绿地面积整体与国家标准同步(详见图 4)。

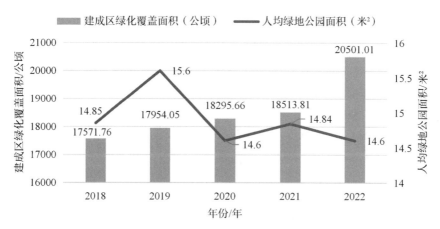

图 4　近五年建成区绿化覆盖面积与人均绿地公园面积

五是营造绿色低碳生态生活体系。厦门深入推进绿色港口、绿色空港建设,在省内率先开展船舶高压岸电和机场桥电试点工作,厦门港集装箱、客运和游轮专业化码头岸电设施覆盖率达到 50% 以上;积极打造绿色公路、绿色隧道,大力引进和推广新能源汽车,获评全国首批优秀"绿色交通城市";实施"金太阳示范工程",获评"中国十大低碳城市"。

(2)城市行业综合能力持续提升

一是深入推进文明城市创建。紧紧围绕市政基础设施、园林绿植景观、市容市貌、景区旅游设施等全国文明城市实地测评指标任务,以问题为导向,建立工作清单,明确责任主体,形成"市—区—镇街"问题快速解决联动机制,挂号销账,推动问题整改到位。同时开展创建全国文明典范城市"百日攻坚"六大专项整治行动,围绕市民关注的生态重点领域进行专项整治,取得良好成效。牵头统筹公共设施专项整治行动,充分发挥"一办五组"的工作机制,落实制定整治标准、建立考评制度、强化巡查整改等系列措施,提升整治效果。二是加快推动市政智慧化。市级智慧市政园林总体平台已搭建完成,市政园林六大行业板块通过物联网、大数据、云计算和人工智能的应用,完成信息化项目设计并统一纳入市级信息化建设的总盘,智慧市政园林一期、窨井盖信息管理系统、水电气网联办"一件事"项目等三个项目获批立项,项目总金额近3000万元。

(3)培育幸福和谐生态文化体系

生态文化是生态文明建设的灵魂。厦门市大力弘扬多元生态文化,营造生态文明建设良好氛围。如建成"筼筜故事"生态文明展示馆、军营村高山党校初心使命馆,创新设立生态审判"碳汇教育实践基地",将生态文明和生态环保纳入国民教育体系和党政干部培训体系;推进军营村低碳社区、后溪工业组团低碳园区等20项低碳试点项目建设,提升公民生态文明意识行动,引导全民参与生态文明建设,构建生态环保社会共享共治大格局;推动36项改革任务和56项改革成果落地;在全国率先实行建设项目环评审批"告知承诺制",持续深化生态系统价值核算改革;充分发挥新闻媒介平台主阵地宣传作用,大力推进生态环境宣传工作;制订实施《厦门市环境教育规定》《厦门市环境教育规划》,建设"厦门市环境教育平台",打造互动式、立体式生态环境教育形式,使得绿色低碳、简约适度的生产生活理念深入人心。同时,市政府、生态环境局、园林局、国土资源局等机构实施政务信息公开工作,更好发挥以公开促落实、强监管的积极功能,助力减污降碳协同增效。

4.生态环境:持续推进生态保护和打造良好生态环境

当前正值"十四五"时期的关键阶段,作为副省级城市国家生态文明建设示范区,厦门市倾力打造全国生态文明典范城市,持续铸造高素质高颜值的生态花园之城,走出了一条百姓富生态美的绿色发展道路。2019,中国工程院发布《中国生态文明发展水平评估报告》显示,厦门生态文明指数居全国地级及以上城市之首,达到世界先进水平。

(1)大气环境质量遥遥领先

近年来,厦门市大气环境质量持续领先全国。自2014年起,厦门市制定出台清洁空气年度行动计划(2014—2017),大力推动工业废气、汽车尾气、工地扬尘等污染源治理。空气质量优良率在全国重点城市排名中始终保持前列,"厦门蓝"的城市名片享誉世界。在完成"十二五"生态环境规划的基础上,从"十三五"规划至今,厦门大气环境持续优化,始终保持领先地位。2022年,全市环境空气质量综合指数在全国168个重点城市中排名第9,六项主要污染浓度均优于国家环境空气质量标准。全市环境空气质量综合指数2.56。空气优良率为97.5%、优极率为57.0%。2023年1—4月,全市空气质量综合指数3.20,同比上升0.42(15.1%),空气质量优良率99.2%。污染排放方面,厦门市主要污染物总量持续减排,具体参见表1。厦门市通过调整优化产业布局,严控"两高"行业产能,加快调整能源结构,调整交通运输结构,持续提升工业企业治污水平等措施,大幅降低污染排放,并建立完善区域大气污染防治协作机制,有效应对污染天气。同时,在建设生态城市进程中,厦门通过"新投放公交车应纯电动"、"部分区域禁止露天烧烤"、"鼓励市民参与防治污染"等具体做法,使厦门大气环境保护进入全民时代。2022年,厦门市开展"守护蓝天百日攻坚"和空气质量应急管控专项行动,推进VOCs、移动源、扬尘等多污染物协同减排,对2479家次涉VOCs企业开展现场检查,行政处罚410万元。开展"电动厦门"规划编制工作,完成612台营运柴油货车淘汰工作,新能源汽车保有量达11.4万辆,保有率全省最高。

表1 近6年来六项污染物年评价浓度(工况)

年份	六项污染物年评价浓度(工况)						综合指数
	SO$_2$	NO$_2$	PM$_{10}$	PM$_{2.5}$	CO-95per	O$_3$-8h-90per	
2018	8	28	42	23	0.8	117	3.02
2019	6	23	40	24	0.8	136	2.99
2020	6	19	33	18	0.7	126	2.53
2021	5	19	36	20	0.7	128	2.62
2022	4	22	32	17	0.6	134	2.56

注:污染物浓度单位 $\mu g/m^3$,CO浓度单位为 mg/m^3。

(2)水环境质量不断改善

推进污水处理设施建设,是城市生态文明建设的重要内容。随着城市持续扩大和快速发展、人口增加,城镇污水增量迅猛提升,污水处理能力不足的问题日益凸显。厦门市按照高颜值城市建设的要求,以满足市民日益增长的优美生态环境需要为抓手,成立市污水处理设施高质量高标准建设指挥部,全面加快推进污水收集处理设施的建设和统筹协调工作,全面落实河长制、强化流域综合治理与落实最严格的水资源管理制度,紧紧围绕生活污水"全收集、全处理"目标,远近结合、标本兼治、系统治理,全力推动污水处理能力"三个一百"工程。截至2022年12月底,已完成投资156亿元,新增污水处理能力112.5万吨/日,新增改污水管网546公里。2022年,以市政府令形式颁布实施《厦门市排水管理办法》,把农村排水管理纳入其中,并定期规范检查,形成"以评促改、以评促建、以评促管"的长效机制。

经过治理,全市污水收集处理能力大幅提升,污水收集管网更加完善,实现污水全收集、全处理目标,水环境质量明显提升。2019年,厦门市大型集中污水处理设施污水处理能力约为91万吨/日,而2022年厦门市城市污水集中处理率自2021年以来继续保持100%,城市生活污水集中收集率提升到90%

以上,处于全国领先水平,全市污水处理能力达203.5万吨/日。

2022年,厦门市推动莲花水库环境综合整治和水源保护区划定,完成145个千人以下农村分散式饮用水水源地保护范围划定。完成1216个自然村生活污水提升治理工程,提升污水治理精细化水平经验做法被生态环境部列为《农村生活污水和黑臭水体治理示范案例》。组织开展东西溪、九溪等流域监测监管执法"三联动",鼓励和引导企业节水技术改造,责令整改企业68家次,行政处罚38家次。检查涉水企业2502家次,行政处罚271.2万元。实施《厦门市全面消除劣Ⅴ类水体三年行动方案》,全市26个劣Ⅴ类断面的22个年均值达到水环境功能区标准,阶段性消除劣Ⅴ类。城市建成区6个黑臭水体均未出现黑臭现象。以筼筜湖、西溪、许溪为重点争创国家、省"美丽河湖"。同时积极引导广大市民与政府一道共治共管河湖,进一步提升河湖管理保护水平和水源质量。

2022年,全市集中式饮用水水源地(北溪引水、坂头—石兜水库和汀溪水库)以及农村"千吨万人"饮用水水源地(古宅水库、石垄水库)水质达标率均为100%。主要流域国控断面和国省控断面Ⅰ—Ⅲ类水质比例均达100%。两二水库水质类别为Ⅰ类,新丰水库水质类别为Ⅱ类,竹坝水库水质类别为Ⅱ类。

2023年1—4月全市三个主要饮用水水源地坂头—石兜水库、汀溪水库以及北溪引水库区水质达标率均为100%,与上年同期持平。流域水质状况方面,1月—4月国控断面Ⅰ—Ⅲ类水质比例100%,主要流域省控断面水环境功能区达标率100%,与上年同期持平。

(3)土壤环境保持稳定

作为沿海城市,厦门土地资源相对紧缺,且依山傍海,地形复杂,成土母质各异,土壤类型较多。土壤环境质量对于耕地土壤、建设用地准入等管理决策等意义重大。同时,厦门市淡水资源匮乏,加之常住人口数量大,地下水又是重要的补充和后备应急水源,其质量直接影响着区域供水能力、供水安全和人民群众的生产生活。因此,厦门历来重视土壤环境保护。

根据生态环境部会同国家发展改革委、工业和信息化部、财政部等17个部门和单位联合印发《"十四五"时期"无废城市"建设工作方案》,厦门市发布了《厦门市"十四五"时期"无废城市"建设实施方案》。厦门市深入推进农用地土壤污染防治和安全利用,完成受污染耕地安全利用3056亩。实施重点重金属污染物减排,完成重金属减排21千克,完成134家涉镉等重金属重点行业企业排查整治。推进危险废物规范化管理,完成324家次企业危险废物规范化管理评估。督促涉疫垃圾无害化处置、医疗废水达标排放,全年收运处置医疗废物和涉疫垃圾21608吨。

2022年,土壤污染防治工作有序推进,土壤环境质量总体保持稳定。受污染耕地安全利用率达到省考核目标(93%);重点建设用地安全利用率100%,全市重点建设用地安全利用得到有效保障。全市危险废物产量15.87万吨(不含医疗废物),全部安全处置。全市医疗废物(含涉疫垃圾)产生量2.23万吨,处置率达100%。

2023年1月—4月,全市危险废物产生量4.46万吨(不含医疗废物),处置利用量4.38万吨,贮存量0.29万吨(含跨年度贮存)。医疗废物产生量2414吨,处置率100%。"十四五"期间,厦门市重点在于不断健全土壤污染防治制度,强化土壤污染源头预防,全面实施土壤污染风险管控,推进土壤污染治理修复和提升土壤污染现代化管理能力,截至目前,厦门市土壤环境质量整体保持稳定。

(4)海洋环境持续向好

打好碧海保卫战,是厦门作为海滨城市进行生态文明建设的必然选择。厦门市海域面积约333.34公里^2,海岸线总长215公里,为实现海漂垃圾"陆海统筹、河海共治""岸上管、流域拦、海面清"的目标,厦门市实施"三个打通",即打通陆地和海洋、打通厦门和漳泉、打通分工和协作,同时强化岸上管、流域拦,实现链条化无缝衔接,近岸海域优良水质面积比例从2016年的56.7%提高到2021年的87.3%。入海排放口整治经验被生态环境部推广至全国。

2022年,厦门市深化入海排放口溯源整治和综合治理,400个入海排放口达标率提升至97%。海域保洁范围扩大到230公里^2,海漂垃圾分布密度全省最低。完成厦门湾西海域及九龙江河口海洋微塑料背景调查。推进海洋生态整治修复项目实施,完成鳌冠海域岸线保护和生态综合整治。同时以厦门岛东南部海域为重点争创国家"美丽海湾"。近年来,厦门市加强组织领导,建立制度化责任落实机制,相继出台《厦门市近岸海域海漂垃圾综合治理工作方案》《厦门市海漂垃圾整治三年行动方案(2020—2022年)》;通过组建专门队伍,建立常态化海上环卫机制;加大投入保障,建立系统化综合治理机制;强化科技支撑,健全信息化预报监管机制。截至2022年,厦门市近岸海域水质良好,优良水质点位比例达86.4%,与上年相比上升4.6个百分点。近岸海域海滩垃圾数量密度比2021年下降56.9%,质量密度下降31.4%。

(5)绿化美化不断提升

城市环境持续美化,市容市貌焕然一新。以创建文明典范城市为抓手,厦门市开展乱扔垃圾不文明行为联合整治、市容市貌专项整治等环境卫生综合整治行动;持续推动城乡环卫一体化,积极推进农村公厕新建改造,岛外四区完成新建改造农村公厕57座,基本完成"十四五"期间农村公厕改造提升任务;对我市180公里^{2}海域实施常态化保洁,海漂垃圾分布密度持续下降。在今年省生态厅 4 次航拍抽查中,厦门海漂垃圾分布密度为 102 m^2/km,同比下降 35.6%。2022 年新增或改造提升园林绿地 424 公顷(其中公园绿地 147 公顷),完成立体绿化建设 35 处、新增或改造绿道 61 公里、新增或改造提升郊野公园 112 公顷;完成营造林面积 22633 亩(其中植树造林 5085 亩、森林抚育 17548 亩),重点区位森林质量精准提升 1483 亩,超额完成省级下达任务。全市森林覆盖率保持在 29.3% 左右,大陆自然岸线保有率达 18.3%。

三、厦门市生态文明建设的经验、挑战与对策

改革开放以来,厦门市生态文明建设成效显著。特别是新时代十年间,厦门市深入践行"绿水青山就是金山银山"理念,开启了更高水平推进生态文明建设的新征程,在经济社会高质量发展、生态环境高水平保护两条"快车道"上高速前行,呈现了一个绿色发展、生态优胜的良好形象,并带动经济社会全面转型升级和本市全域发展。"厦门模式"为我国城市生态文明建设的探索和实践提供了有益经验。"厦门经验"源于对生态文明建设过程中出现的问题的不断优化和解决。当前,经济社会转型升级已进入最为关键阶段,以绿色引领经济社会高质量发展的任务尤为紧迫。面对新形势新挑战,厦门市必须始终以习近平生态文明思想为指引,优化顶层设计,加强战略布局,调结构、补短板,以科技创新和人才培育为驱动力,以宣传教育、引领参与为抓手,构建和谐共生、共创共享的生态文明新格局。

(一)厦门市生态文明建设的基本经验

适应经济新常态是坚持可持续发展的必然要求。要成功实现经济社会转型升级,必须深入推进经济社会发展与生态环境保护协调统一。近年来,厦门市经济发展已从高速增长转为中高速稳增长,资源能源环境要素投入呈下降趋势,资源能源消费总量增速下降,能源结构中化石燃料消费比重逐年下降,新能源要素及需求持续增长,污染物排放进入收窄期,环境压力呈高位舒缓态势。经济社会转型升级推进经济结构调整,高附加值产业、绿色低碳产业、高新技术产业比重提高,第三产业占 GDP 比重持续扩大,产业以科技创新和绿色环保为核心,实现转型升级。产业结构、能源结构都在向着有利于减少污染、改善环境质量和推动经济社会绿色发展的人与自然和谐共生的现代化正逐步显现。显然,厦门市生态文明建设的实践探索所形成的"厦门模式"为全国城市生态文明建设提供了有益经验。

1.坚持顶层设计,完善生态文明制度体系

顶层设计是在尊重经济社会发展内在规律之基础上进行的统筹规划与协调安排,具有方向性引领作用、方法论指导作用和全局性规划作用。从厦门生

态文明建设实践看,坚持顶层设计、注重规划先行、一张蓝图绘到底与健全完善生态文明制度体系是厦门生态文明建设取得扎实成效的重要保证和关键支撑。在厦门工作期间,习近平同志主持编制《1985年—2000年厦门经济社会发展战略》,把环境优美纳入厦门发展建设的总目标当中,提出要"制定适合厦门市特点的环境保护规划",无不体现在推进生态文明建设过程中"坚持顶层设计、注重规划先行"的科学理念。以此为先,历届厦门市委、市政府沿着习近平总书记擘画的宏伟蓝图,持之以恒推进生态文明建设,推动实现厦门市生态环境"高颜值"和经济发展"高素质"有机统一。近年来,厦门市充分发挥经济特区立法优势,强化生态文明建设顶层设计,健全和完善生态文明制度体系,制订了《厦门经济特区生态文明建设条例》等30余部法规;编制实施《厦门生态市建设规划》《美丽厦门战略规划》《美丽厦门环境保护总体规划(2014—2030年)》《美丽厦门生态文明建设示范市规划(2014—2030年)》《厦门市国家生态文明建设示范市规划(2020—2035年)》等专项规划以指导生态文明城市建设和发展;持续有效推进国家生态文明试验区建设,生态文明体制改革全国领跑,筼筜湖综合治理、五缘湾生态修复、多规合一、垃圾分类、海上环卫等五项改革经验,入选国家生态文明试验区改革措施和经验做法推广清单。可以说,厦门市早已走上了科学研究、科学决策、科学立法、民主立法的生态文明制度建设轨道,体现了地方生态文明建设的高质量立法、惠民立法、环保立法、弘德立法、协同立法"五个立法"新理念与新要求。

2.坚持绿色发展,力促经济发展高素质

绿色发展是推进生态文明建设的内在要求,是构建高质量现代化经济体系和建设现代化城市的必然选择。在厦门工作期间,习近平同志始终坚持绿色引领经济社会发展,强调树立生态文明观,要求在推进经济社会发展进程中保护和改善生态环境,在保护和改善生态环境过程中发展生产力,对于转变发展观具有革命性意义。在绿色发展理念的牵引下,厦门大力发展生态效益型经济,努力构建城市生态经济和高颜值生态环境,一张蓝图绘到底,开启了一系列"绿水青山"转化为"金山银山"的实践探索,打造了"美丽中国高颜值样板"。厦门生态文明建设,念好"山海经"、画好"山水画"、做好山地综合开发,不断将生态优势转化为经济优势,又将经济成果投入之生态文明建设中,推动了"经济效益和社会效益高度和谐"。总言之,"绿水青山就是金山银山"的生态发展理念深入人心,"人与自然和谐共生"的马克思主义生态观得到充分彰显,绿色发展引领厦门高素质高颜值现代化城市建设行稳致远。

3.坚持人民立场,满足人民美好生态需要

良好的生态环境是新时代人民群众对宜居宜业的美好生活的需要。习近平总书记深刻指出,随着我国社会主要矛盾转化为人民日益增长的美好生活需要和不平衡不充分的发展之间的矛盾,人民群众对优美生态环境和人居环境的需要已经成为这一矛盾的重要方面,广大人民群众热切期盼加快提高生态环境质量和保障人居环境质量。厦门市始终践行以人民为中心的发展思想,把实现好、维护好、发展好最广大人民的根本利益作为一切工作的出发点和落脚点,在生态文明建设进程中,始终坚持生态为民、生态靠民、生态惠民和生态利民,努力建设人民满意的生态城市,充分满足人民对美好生活的这一需要。因此,加强生态文明建设和生态环境保护工作,必须始终围绕人民需求展开,首先要花大力气重点解决损害群众健康、严重影响人民群众生产生活的突出环境问题,"把解决突出生态环境问题作为民生优先领域",进而不断优化和完善人居基础设施、改善人居生活质量。同时,积极构建共建共创共享的生态城市,引导全民参与城市生态文明建设,提升全面生态环保意识和生态保护能力,真正实现在生态环保问题上人民既是主人翁,又是行动者和参与者。

4.坚持底线思维,坚守自然生态安全边界

底线是不可逾越的警戒线、是事物质变的临界点。习近平总书记十分重视底线思维,强调要有原则意识,"对于那些不能改的,再过多久也不能改"。在生态环境保护问题上,底线思维就是要不能越雷池一步,任何不利于或有损于生态文明建设和生态环境保护的行为都不应允许,把不损害生态环境作为经济社会发展的底线。"要把生态环境保护放在更加突出位置,像保护眼睛一样保护生态环境,像对待生命一样对待生态环境",而"对破坏生态环境的行为不能手软,不能下不为例"。坚持底线思维并非牺牲地方经济发展,而是要求在发展社会经济时,应切实考虑人类活动对区域生态系统的影响,既要坚持底线思维也要放眼长远、立足具体实际。同时,坚持底线思维需要形成全社会的共识,这要求加大生态文明宣传力度,号召民众积极响应,树立正确的生态保护与生态文明发展理念,使生态文明观深入人心。坚持底线思维需要发展创新思路,找到一条适合区域生态保护与社会经济可持续发展的路径。

(二)厦门市生态文明建设面临的挑战

生态文明建设是厦门市在经济社会转型时期实现高质量发展、构建人与自然和谐共生的现代化的必然要求。近年来,厦门市全域深入推进生态文明建设,以深化生态文明建设体制机制改革为抓手,牢固树立生态优先、绿色发展理念,把生态文明建设落实在规划、建设和管理各个领域,聚焦碳排放达峰、绿色经济体系建设、人居环境美化优化、绿色生活方式形成、社会全民共建共治、城市与生态深度融合六个重点,谋划"六大工程",积极采取闽西南协同、国际合作"两大行动",以实现生态经济、生态环境、生态人文协同互促、融合发展。然而随着经济社会转型、新旧矛盾交替,当前厦门市生态文明建设仍面临一些亟须解决的问题和挑战。

1.自然生态系统的保育和修复工作仍需完善

厦门市生态文明建设虽取得显著成效,但受全球海洋气候变化、城建兴业扩大和人口资源矛盾激化等客观因素影响,厦门市的自然生态系统则显得相对脆弱,故来之不易的生态成效随时面临得而复失的可能。在厦门的生态历史中,由于过往开山造城兴业之故,产生较大建筑和工业碳排放,且严重阻滞了国土资源的合理开发,这对原有自然生态系统无疑产生重大损伤,因而须通过对自然生态系统持续不断的保育和修复以实现生态弥补,进而提升城市生态品质。厦门市受来自东南部海洋气候影响较大,对气候灾害的承受力有限,环境空气质量较大程度仍受天气变化影响,臭氧污染问题日益凸显,同时台风、高温、降雨等恶劣天气及其次生灾害对厦门生态环境及其保护工作展开增加难度。同时,局部区域和部分环境要素污染较严重,如厦门市部分流域水环境质量需持续提升,部分溪流特别是支流还存在劣V类水体。一些近岸海域水质需要持续改善,九龙江河口区、西海域部分监测点位未达到海域功能区划水质类别要求。整体而言,厦门市受土地资源与人口增加等因素叠加的限制,自然生态系统保育与国土空间资源完善受限,既要推进城市化建设,又要满足人口需求和生态保育协同,是厦门市未来亟须解决的主要问题。

2.推进高质量发展与绿色发展程度有待提升

社会经济转型升级、城市化进程加快、人口集聚增长和需求增多,厦门资源和能源总量约束日益凸显,产业结构、能源结构、投资结构和消费结构亟待调整优化升级;绿色产业有待进一步培育孵化,绿色产业生产效率效能、技术创新和人才引进等方面的核心竞争力也需加强。绿色经济高质量发展与能源消耗、碳排放增长解耦的程度有待进一步提升。统筹环境保护与经济增速协同发展仍有压力。同时,厦门市中低技术产业转型升级能力、城市碳自净能力还有待提升,以中小企业为代表的中低技术产业和传统产业的能耗及碳排放量还是较大,对环境造成较大负外部性影响。另外,因生态红线致厦门森林面积不能大幅提升,尚待通过减少化石能源和提高城市碳汇来提升城市碳自净能力。厦门数字与生态融合发展尚待全面铺开,数字与生态融合发展不够。一是缺乏数字赋能生态发展的相关政策措施。二是生态数字化尚未开展大规模实践。目前生态数字化场景处于小规模试验、小范围应用阶段,缺乏指导城市生态数字化赋能及建设的体系,生态数字化建设尚未覆盖全域。

3.生态环境质量与人民的美好期待还有差距

厦门地域面积小,且人口资源主要集中在岛内,资源环境和能源承载力都有限,特别是因城镇规模的快速扩张而导致的部分重点企业和工业园区毗邻居住区,空气污染、噪声污染、光污染和交通运输污染和用水安全愈发成为民众关切的大事。随着民众对生态环境质量特别是人居生活环境的要求更高,对生态环境污染行为的容忍度也就变得更低,企业环境污染重复投诉增加,重复环保投诉问题需要持续化解,需要让老百姓实实在在感受到生态环境质量改善。在经历多年经济高速增长的同时,厦门市的人口承载已近极限,所面临的资源环境问题对城市发展的制约效应日趋明显。在经济与人口总量、城建体量不断增加的压力面前,资源承载力弱、环境容量小等先天不足更加制约了生态环境的改善。如以各类生活污染源为主的污染产生量仍然很大且呈现增长趋势,而消纳污染的环境基础设施建设总体上仍相对滞后。随着社会经济活动的加剧,船舶港口污染、机动车尾气污染等污染源增多,污染影响加剧,目前全市机动车总量已达 200 万辆,巨大的氮氧化物新增排放量,氮氧化物污染减排任务十分艰巨;而同时场地污染、重金属污染以及地下水污染等新型环境问题也有待解决,要达到"消除旧账,不欠新账"的理想状态还需加大污染整治力度。

4.环保基础设施与现代环境治理体系需完善

全市污水处理设施、管网、泵站、垃圾分类站、公共厕所等环境基础设施还需进一步完善。城镇污水管网收集系统未能全覆盖,雨污混流、管网错接混接等问题尚未彻底解决,岛外四区虽已基本实现农村生活污水治理全覆盖,但仍存在农村生活污水收集率和处理率不够高、分散式污水处理设施出水水质不稳定等问题。同样,一些垃圾分类站仍未实现精准分类,且因站点环境恶劣而影响周围环境;部分公共厕所设施也存在陈旧老化,环境卫生差的问题。总之,生态文明体制改革措施的系统性、整体性、协同性尚未充分有效发挥,不足以形成系统推动力,现阶段环境监管方式以行政手段为主,经济、科技、市场、宣传等手段应用不足,相关责任主体内生动力尚未得到有效激发,民众生态环保意识还未得到有效引导,市场化机制还需进一步建立完善。同时,市域内不同地区的环保基础设施不同步、不协调,统一的现代环境治理体系未能发挥出应有全部功效。

(三)加快厦门生态文明建设的对策建议

针对当前厦门市生态文明建设存在的一些问题和面临的挑战,还需从以下几方面下气力。一是夯实自然生态系统,持续防治大气、水、土壤和海洋污染。要巩固既有生态系统,坚决守住生态红线,坚持稳增而不倒退的原则。在应对极端天气上,实施精细化城市管理,在沿海、腹地和内陆采用不同的抗灾减灾措施及植被培育,应对高温、台风、干旱等天气,尽量减少自然灾害损失。

维持现有生态格局,加固自然生态系统,涵养水土,利用现代科技,采用海绵城市建设、雨污分流及雨洪管理、雨水收集等技术服务城市生态养护。丰富生态系统,在未来城市建设中,预留更多空间以打造林、湖、草、湿地等生态系统和微景观,使城市生态系统更趋多样化和生态资源更加丰富饱满。另一方面,综合利用现代智慧技术和管理手段应对人为生态破坏。利用环境 App、热线、信箱等多种渠道,鼓励群众对生态环保问题提供线索,做到早发现早治理,引导全民积极参与生态环保工作,形成全民共治共享的生态管理格局;建议生态环境、城管、消防、公安等部门组成协调组,严格环境联合执法;对新引进企业施行生态环境负面清单制度,落实企业最低碳排放强度标准;宣传城市生态IP 形象。

二是提高城市碳汇能力,减少化石能源、高耗能产业和高耗能建筑,提高资源能源的利用率。一方面要发挥城市治理效能储备城市生态碳汇。另一方面,减少非必要污染排放。建筑尽量使用能耗及碳排量较小的新型建材;建筑运转的能源消耗采用智能控制,节约能源。利用智能系统控制建筑温度,控制建筑产生的热及碳排放。同时大力引进、研发和采用环保可再生新能源,从源头减少污染排放。相关高能耗产业须尽可能转变为绿色生产,或是严格按照国家生态环保排放标准才被允许生产。值得关注的是,由于厦门市人口体量巨大,且主要集中在岛内,故日常的家居餐厨使用会产生大量污染气体排放,可借鉴和学习新加坡在这一问题上的有益做法,如建设社区食堂,完善居民周边配置,严格家居餐厨安装和使用标准。总之,提高城市碳汇能力,还需推动资源利用方式根本转变,大幅降低能源、水、土地消耗强度,实现废水、固体废物"零增长"。发展壮大循环经济、低碳经济,促进生产、流通、消费过程的减量化、再利用、资源化。

三是利用数字赋能,助力全域生态环境维护、监督、评价和资本增值。一方面,将最前沿移动通信技术、区块链、人工智能、新型显示、大数据、云数据等数字技术嵌入生态环境。另一方面,数字赋能使生态环境及自然资源资产价值获得增值。数字资产加持生态资产,在不破坏生态环境情况下,使总体生态资产价值获得提升;数字技术产生的美感与生态环境美感融合,进一步增强了生态环境的美感价值;生态环境的无形价值,利用数字手段,可以成为数字观赏品,进入线上市场交易实现经济价值,使生态环境实现资本增值。同时,大力推进数字技术智慧化,使生态环境的管理平台、治理方式变得更加便捷、全面,使效能发挥至最大程度。

四是促进物种、人和经济社会协同共生,使人、资源、环境和经济的相互作用发挥出最大效益,真正实现经济社会的高质量发展。厘清生态文明内涵,同步注重生态环境、人与经济的发展并建立生态环境、人、经济的耦合协调度评价指标体系,评价相互之间的协调发展程度,作为决策参考。自然层面,增加绿植面积、种类及密度,保护和完善生物多样性,维护生态廊道,健全生态系统,增加自然资源资产存量,建立野生动植物保护区及博物馆;人的层面,建设公租房提高人均居住面积,完善三次收入分配机制提高居民消费水平,放低高等教育入学门槛惠及本地学生普遍接受高等教育;经济层面,营造国际化一流营商及创新环境,依托厦门科技创新园区建立世界一流"硅谷"。

五是构建生态环境科技创新体系。科学技术是第一生产力。实现绿色发展模式创新,通过创新为生态经济发展注入新的驱动力,积极探索"两山"转化有效路径,破局产业生态化和生态产业化实现模式。实现生态环境治理理念革新,采用基于自然的解决方案,减少人为干预;强化激励机制、约束机制、协同机制和反馈监督机制推动变革形成多元共治的生态环境治理体系。实现生态环境科研方法创新,用系统、多要素相互联系和相互作用的观点去研究、认识生态系统,加强源头治理、系统治理、整体治理、协同治理。基于交叉学科的研究模式,实现多领域技术融合创新,通过融合大数据、人工智能等新一代信息技术,搭建智慧服务的管理平台,实现快速识别、精准溯源、迅速解决,提升生态环境智能监管能力。实现体制机制创新,形成生态环境科技"全市一盘棋"的良好格局。

六是培育和弘扬生态文化,营造良好的生态氛围。提升生态文明素质,必须动员全社会力量参与。如建设一批生态科技示范园、环境教育基地等生态文化实践基地,在各阶段学校设置生态环境展示角,发挥各类宣传教育平台的生态文化传播和教育体验功能。还可举办市民生态文化大讲堂、环境文化节等活动。通过电视、报刊、电台、网络等多种媒体形式的宣传,传播生态文明理念,培育市民的生态意识、道德观念和环保行为,鼓励和吸引更多人自觉参与到生态文明建设的行列中来。提升民众生态环保积极性、自觉性。积极开展不同层次的生态示范创建活动。根据各区的生态发展规划和资源禀赋,按照环保部《关于大力推进生态文明建设示范区工作的意见》的要求,制订厦门市推进生态文明示范区建设工作方案。加强生态文明交流。建立生态文明建设交流合作机制,拓展生态文明战略与政策、跨境环境问题、绿色科技产业、生态文化等交流合作平台。加强生态文明建设国际交流合作。

参考文献

[1]曲青山.从五个维度认识把握"两个确立"[M].北京:人民出版社,2022:147.

[2]习近平.高举中国特色社会主义伟大旗帜 为全面建设社会主义现代化国家而团结奋斗——在中国共产党第二十次全国代表大会上的报告

[M].北京:人民出版社,2022:11,50.

　　[3]习近平谈治国理政[M].北京:外文出版社,2014:11.

　　[4]公民生态环境行为调查报告(2022)发布[N].光明日报,2023-06-27.

　　[5]厦门市人民政府办公厅.厦门市"十四五"生态文明建设规划[EB/OL].(2022-2-27).https://www.xm.gov.cn/zwgk/flfg/sfbwj/202202/t20220207_2625582.html.

　　[6]董世钦."十四五"时期厦门生态文明建设思路研究[J].厦门特区党校学报,2020(3):40-41.

　　[7]全面推进美丽中国建设 加快推进人与自然和谐共生的现代化[N].人民日报,2023-07-19.

　　[8]方和荣.改革开放40年厦门经济发展实践与探索[J].厦门特区党校学报,2019(1).

　　[9]厦门市委党校课题组.厦门工业化与生态文明建设良性互动的实践与经验[J].厦门特区党校学报,2009(1).

　　[10]车秀珍、王越、陈晓丹.深圳市生态文明建设形势分析及战略路径研究[J].特区经济,2014(12).

　　[11]沈满洪、陈真亮、杨永亮、程永毅、谢慧明.生态文明制度建设的杭州经验及优化思路[J].观察与思考,2021(6).

395

課题负责人、统稿:朱仁显

执　　　　笔:唐吉意

厦门市生态文明建设体制机制创新

实现人与自然和谐共生的现代化,大力推进生态文明建设,把生态文明建设放在突出地位,建设美丽中国,实现永续发展,必须不断完善生态文明建设制度体系,健全国土空间开发、资源节约、生态环境保护的体制机制。长期以来,厦门市作为经济特区和著名的生态旅游城市,积极运用系统思维和底线思维,加强生态文明建设的顶层设计,推动管理体制、服务机制、运行机制创新,取得了诸多领跑全国的成功经验。

一、生态文明体制机制建设的内涵和要求

(一)生态文明体制机制建设的内涵

生态文明,是指人类遵循人、自然、社会和谐发展这一客观规律而取得的物质与精神成果的总和;是指人与自然、人与人、人与社会和谐共生、良性循环、全面发展、持续繁荣为基本宗旨的文化伦理形态。所谓体制机制,是指为了实现某种目标或解决某种问题,所制定的一系列规则、制度、流程和方法,包括组织结构、管理流程、激励机制、监督制约等方面。体制机制是一种体系性的、系统性的管理科学,它是组织或机构内部管理的基础和核心,直接影响着组织或机构的运转效率和效果。体制机制的作用在于:一是促进目标的实现,即能够明确组织或机构的任务和目标,制定适当的管理流程和措施,以达到优化资源配置和提高工作效率的目的;二是保障权益的实现,即保障组织或机构内部各种权益的实现,如职权、薪酬、福利等,从而提高员工的工作积极性和满意度;三是优化资源配置,即合理配置组织或机构内部的资源,如人力、物力、财力等,以提高效益和效率,同时也能够避免资源的浪费和滥用;四是加强监督制约,即建立有效的监督制约机制,如内部审计、风险控制、绩效评估等,以确保组织或机构内部的正常运转和健康发展。体制机制是组织或机构内部管理的重要方面,它直接关系到组织或机构的运转效率和效果,对于实现组织或机构的目标和任务具有重要的意义和作用。生态文明建设体制机制就是生态文明建设的一系列规则、制度、流程和方法,以及规则之间的关系和运行方式。

(二)生态文明体制机制建设的基本要求

为加快建立系统完整的生态文明制度体系,增强生态文明体制改革的系统性、整体性、协同性。2015 年以来,党中央和国务院先后发布了《生态文明体制改革总体方案》和《生态环境领域中央与地方财政事权和支出责任划分改革方案》等政策文件,在总体目标、组织保障、公共服务、运行机制等四个方面对生态文明体制机制建设提出了基本要求。

在总体目标上,应确保形成完整全面的生态制度体系。生态制度体系包含自然资源资产产权制度、国土空间开发保护制度、资源总量管理和全面节约制度、资源有偿使用和生态补偿制度、生态文明责任考核制度等六项基本制度。党的十八大以来,河湖长制、生态补偿制度、林长制等责任制度配合 30 多部环保法规逐步落地。2018 年,随着生态文明建设被写入宪法,生态领域有法必依、执法必严、违法必究的积极态势进一步形成,省级以下生态执法机制逐渐完善,为生态制度建设保驾护航。相关的配套制度也在不断完善,诸如自然资源确权登记制度、水权保护制度、陆海功能分区制度、环境评价制度、环境许可证制度等新兴的配套制度也逐渐出现,并在各级政府的实践中不断被优化。

在组织保障上,应在党委领导下不断深化生态管理体制改革。随着生态文明领域的顶层设计逐步完善,生态文明建设的价值共识进一步增强,40 多项改革方案的陆续出台,生态文明体制改革的制度架构和总体布局初步形成。生态文明建设蓬勃展开,工作全面推进。一是要持续推动环保督察行动,健全环境保护的责任链条,配合全面从严治党,打造生态文明建设铁军,打好污染防治攻坚战,严惩生态违法行为,推进环保治理常态化;二是要在坚持绿色低碳发展道路的前提下,围绕生态保护红线,通过体制机制创新,推动各地区与部门准确全面贯彻新发展理念,开展"多规合一"改革,形成助力生态规制的大部门整合体系;三是要优化监管链条,完善生态风险的常态化管理体系,针对危险生态垃圾、化学品、废弃矿厂等高风险物品进行实时监督,推动归口管理,强化重点风险监测,更要通过提高部门效能和重构组织链条,严格规制生态安全标准,严防核辐射、光污染、外来物种入侵等新兴风险的萌芽。

在生态服务供给上,应推动多元主体参与环境治理,完善生态市场体系。一是要坚持公有制为前提,构建符合市场经济规律的生态产权制度,确保归属清晰、权责明确,要进一步关注湿地等新型自然资源的产权归属,尝试建构水权保护制度;二是要完善空间规划体系,促进城乡一体化,确保部门职责符合生态空间结构与自然资源状况,并积极开展生态政策实验,形成环境保护的政策工具箱。在充分进行生态实验的基础上,提高关乎人民身体健康的环境认证标准,并针对新兴自然灾害和重大公共卫生事件,建设积极有为的防治预警防治体系;三是要变革生态补偿机制,推动绿色经济发展,科学制定生态补偿标准,完善绿色金融模式,培育绿色经济的新样态;四是要提高生态文明建设的国际化水平,积极参与生态治理的全球合作,建立全球生态管理的多边主义机制,避免系统性环境危机的外溢和输入。

在运行机制上,应积极扩大生态政策网络,提高生态政策执行的科学化水平。一方面,应进一步推动基层司法体系的全覆盖,并发掘生态文化因素,打造生态社区和"美丽乡村",促使社会公众形成崇尚生态的自觉道德风尚;另一方面,应大兴调查研究,落实生态领域的重大事项请示制度,更要以环境许可证制度为核心,健全科学化的生态执法体系,进一步完善生态法规的适用规则,充分考虑不同地区的实际差异,落实多主体责任,避免执法过程中的形式化和简单化。

(三)厦门市生态文明体制机制建设的法律政策基础

厦门市委、市政府高度重视生态文明建设,按照中央关于生态文明建设的要求,着力建设生态环境保护法律和政策体系,为体制机制创新奠定了基础。

1.制定一系列法规条例

在立法环节,从 1994 开始,随着厦门获得了经济特区专属立法权后,陆续颁布了《厦门市环境保护条例》《厦门经济特区生态文明建设条例》等在全国具有开创性的总纲性环保条例。

表 1　厦门市涉及生态文明体制机制改革法规和政策文件

发布时间	文件名
2004 年	《厦门市环境保护条例》,2002 年修订
2014 年	《厦门经济特区生态文明建设条例》,2019 年和 2021 年修订
2016 年	《厦门市推进国家经济特区建设暨厦门市生态文明体制改革行动方案》《厦门市环境教育规定》
2017 年	《生态文明建设目标评价考核办法》《中美海洋垃圾防治厦门—旧金山"伙伴城市"合作实施方案》《厦门生态环境损害赔偿资金管理办法(试行)》《厦门市生态文明体制改革实施方案》
2018 年	《厦门市促进绿色金融发展若干措施》,2022 年据此印发《厦门市绿色融资企业及绿色融资项目入库管理办法》
2020 年	《关于促进厦门市资本市场发展绿色金融的意见》
2021 年	《厦门经济特区筼筜湖保护办法》
2022 年	《厦门经济特区河湖长制条例》
2023 年	《厦门市推动职能部门做好生态环境保护工作的实施方案》《厦门市 2022 年应对气候变化工作计划》《厦门市减污降碳协同增数实施方案》

图表来源:作者自制。

其中,与生态相关立法在厦门市达到了数十部,形成了《厦门经济特区筼筜湖区保护办法》《厦门经济特区生态文明建设条例》《厦门市环境保护条例》等富有特色的代表性生态法规,形成了全方位的"法律矩阵",推动厦门市生态文明建设的法治化、良性化,打造了可示范全国的绿色法律样本。厦门市还颁布了三十余部涉及社会生活各方面的生态法规。包括《园林绿化条例》《公园条例》《水资源条例》《机动车排气污染防治条例》《大气污染防治条例》等近40部紧跟时势变化的法规,将环保要求指标化,体现了习近平总书记用最严格制度保护生态环境的理念。相关立法推进了制度衔接配套,严格把控审查备案机制,建立了具有高权威性的生态立法体系。

2.创新生态司法

一是推动生态审判机制创新,实现各区生态环境审判全覆盖。2015年以来,厦门市各级法院相继设立生态环境合议庭,审结生态环境案件1307件,提高了厦门市的"生态颜值"。2018年3月,厦门市创新设立了"1+1"市区法院机制,即同时在厦门市中级人民法院和同安区法院分别创立专门的生态环境审判庭和全省首家跨区域协调的生态环境审判庭,这一举措推动了环境刑事、民事、行政案件的"三合一"归口化管理。同安法院还多次审查生态执行案件是否合规,增强了厦门市环境审判的组织效能。自实行司法整合以来,厦门市所有法院共审结了941件生态环境案件;二是积极落实人民充分参与的生态陪审制度。设立"1合议庭+1审判咨询专家团"的"1+1"模式。在环境领域中,实行由"3法官+4人民陪审员"结合而成的七人陪审合议庭进行审理。在人民陪审员的参与之下,既发扬了中国特色的协商民主,也有力地宣传了生态环保理念,让人民群众深刻理解生态文明建设精神,提高社会各界对生态文明保护的重视程度;三是推进生态司法科技化,厦门市还率先在全国法院系统中建立了技术咨询专家的管理制度,吸纳了全国著名的生态领域专家纳入咨询智库,以咨询专家、专家陪审员、特邀调解员等身份进行聘,提高了生态审判的科学性和社会效益;四是健全环境公益诉讼制度。先后于从2015年到2017年充分试点,形成了公益司法保护的"厦门方案"。厦门市中级人民法院将公益诉讼和生态恢复治理相结合,切实保障人民群众的生态权益。近年来,全市所有法院受理了公益诉讼案件9件。其中,作为社会力量的公益组织提起了环境诉讼1件,发扬了生态环境损失赔偿的制度功能。

3.严格生态执法

在执法环节,厦门市生态环境保护综合执法支队作为执法铁军,积极行进,扛起了生态环境保护的法律责任,持续打击污染行为,有力支撑了厦门市完成各级生态环境目标;其次,执法从严,执法方式不断规范化、制度化、法治化,2018年以来,各级生态部门查处违法问题企业2478家次,受理解决"12369"和"110"联的生态信访件14646件;到2023年,环境投诉率同比下降,增强了市民环境满意度,体现了生态法律法规的权威性,保护了法律尊严,显著遏制了生态污染行为。

针对日益增长的环境需求,厦门以"治官"为导向,制定《厦门市生态文明建设目标评价考核办法》,先后推行了生态文明建设一票否决制、定期环保督察制度、生态文明指标量化公示等创新制度。以系统思维建设生态文明工程,通过发布《厦门市环境治理监管职能整合方案》,积极进行生态职能部门整合,建立贯通各级的网格化监管机制,确保法律实施,维护法律尊严,并进一步改善执法机制,以点面结合方式推进执法科学化,突破部门掣肘,实现工作协同。以专业化解决生态司法"难"的问题。通过同安区人民法院生态环境审判庭集中处理厦门市全市生态诉讼,有力突破了环境区域保护主义,先后收回被占用土地17600米^2。

4.加强环境教育

为形成全市崇尚生态、维护生态的新风尚,厦门市出台了《厦门市环境教育规定》,和教育部门积极联动,明确要求市级和区级人民政府积极编制环境教育规划,并在各区的年度环境教育规划中将环境教育内容纳入每年度的工作方案中。教育行政部门也将环境教育质量作为考核学校办学水平的重要指标。教育部和环保部门联合编制环境教育读本,制度化检查各污染主体的环境教育开展状况,企业环保评价被纳入了到了企业信用评价体系之中,企业环保评价水平与企业经营成本直接挂钩,有力激发了企业绿色盈利的责任感,形成了共建、共享、共治的生态治理格局。

二、厦门市生态文明建设体制机制创新实践

(一)生态管理体制创新

1.优化行政管理体制

一是加强领导。2015年,厦门市成立了生态市领导小组,强化了党政领导,综合统筹了厦门市的生态文明建设,推动生态管理体制协同化与层级化。这形成了独特的生态动员体系。2018年以来,厦门市进一步推动职能合并同类项,将原属于厦门市环保局和厦门市海洋与渔业局管理的海洋资源管理职能划出,由新组建的厦门市自然资源和规划局承担。这一改革贯彻了党中央和国务院关于《深化党和国家机构改革方案》的要求,做好"行政加减法",推进行政分工合理化,提高了行政效率。

二是进行流程再造。在行政流程上,厦门市积极推动生态相关事务的行

政流程简化,在2022年,市级28个生态行政相关事项的即办率达到67.9%,超过15000个工作日的审批时限得到节约,针对核能领域,出台了规范健全小型机构辐射安全的相关管理规章,全年共办结辐射安全许可证核发事务353件,获得全国"三线一单"工作表现突出集体的荣誉评价①。这一体制强化了党政一把手负责制度,形成了各级部门分工明确的良性工作机制。

三是改革审批机制。市级28个生态环境领域行政审批事项即办率达67.9%,审批告知承诺制由95类扩展至137类,节约审批时限超15000个工作日。组建环评审批工作专班,做好第三东通道、厦门时代等重点项目指导服务工作,高效保障新机场项目正式动工,推动厦门海洋高新产业园等重大片区的重点项目环评,完成全市777个建设项目审批,推动6家企业减排并核定可交易排污权指标1396吨。160个建设项目交易取得了600种排污权指标,并储备排污权,以快速保障天马第6代等146个建设项目总量需求,规范健全小型机构辐射安全管理规章,全年共办结辐射安全许可证核发353件。相关部门获评全国"三线一单"工作表现突出集体②。

2.强化生态风险防控能力

生态体制的改革需要不断地进行事前预警和评估实验。厦门市发布了《厦门市生态环境监测网络建设方案》,成立了环境应急与事故调查中心,建立了2处环境应急物资储存库与三级环境应急预案体系,出台《厦门市突发环境事件应急预案》《厦门湾海漂垃圾应急处置预案》《厦门海域船舶污染应急预案》等文件,有效应对了"杜苏芮"等过境台风灾害事件。厦门还积极建立常态化的风险管理体系,紧盯高风险领域,以台风与海啸监测为重点,实行最严格的安全标准与监管措施。与高等院校、科研院所畅通合作渠道,强化环境预警监测,管控自然灾害影响,保障人民群众生命安全与身体健康。

在生态政策的实验上,厦门市充分利用经济特区的专有顶层设计,积极进行生态实验,进行经验总结和成果扩散,减少政策风险。仅在2023年,厦门市就开展25个低碳试点示范工程创建,推出了鼓浪屿低碳岛、集美后溪工业组团、东坪山零碳景区为代表的特色试点工程,发布了《厦门市零碳景区试点示范工程验收技术规范(试行)》。

3.科学完成垃圾分类工作

厦门市专门成立了以市长为组长的生活垃圾分类工作领导小组,整合各部门力量,形成体制合力,定期召开垃圾分类推进大会,针对垃圾分类问题大

---

① 参见厦门市政府网:《2022年厦门市生态环境质量公报》

② 参见《2022年厦门市生态环境质量公报》

兴调查研究,成立垃圾分类办,进行全局统筹,推进垃圾分类工作有序开展。2017年9月,厦门市颁布实施《厦门经济特区生活垃圾分类管理办法》,以法治保障垃圾分类的全链条管理。之后,厦门又出台了《厦门市餐厨垃圾管理办法》《厦门市大件垃圾管理办法》等制度规范,进一步推进垃圾分类全过程的标准化,相关制度规定达到20多种。

一是在组织体系上,厦门市由分管副市长担任组长,并由各区副区长和市相关职能部门负责人组成餐厨垃圾收运工作领导小组,负责全市餐厨垃圾工作的协调和运转。领导小组下面设置专门办公室,隶属于厦门市市政园林局,由厦门市园林局和城市管理行政执法局的相关部门负责人担任办公室主任,构成扩散效应,各区级也成立了相应的领导小组。积极发挥党建引领作用,开展"近邻党建",组织党员"双报到"和"党员认岗位"等活动,动员厦门9300多个党组织、32000多名党员志愿者常态化参与垃圾分类实践,设立垃圾分类督导员和管理员,积极入户帮扶群众进行垃圾管理,以创建省级示范区为驱动力,进行以点带面的示范引领;进一步构建考评问责机制,将垃圾分类的考评结果纳入工作绩效考核,调动各部门的垃圾分类积极性,及时在媒体上曝光垃圾分类的负面案例,形成震慑,确保执法机制刚柔并济;在垃圾分类的投放环节,开展撤桶并点,确保定时定点投放;在转运上,保证垃圾日产日清,防止垃圾长时间堆积。

二是在管理体制上,厦门市要求各餐饮企业建立垃圾台账制度和申报制度。由企业第三方力量进行集中评估,详细记录垃圾的种类、来源、去向等情况,协助企业建立处理垃圾的安全管理规章制度,开展现场培训,助力厦门市推进餐厨垃圾资源化利用和无害处理试点工作。早在2015年,厦门市市政园林局就发布了《厦门市市政园林局关于抓紧做好餐厨垃圾收运准备工作的通知》,在餐厨垃圾的合同管理、路线规划、台账管理、车辆标准、垃圾桶设置等方面做了全面的机制创新,推动标准化管理。积极在垃圾中转环节购买企业服务,由瑞科际公司集中处理运送垃圾,要求瑞科际公司建立垃圾分类台账制度,进行定期汇报。

三是在监管体系上,厦门市吸收"智慧政府"理念,建立了餐厨垃圾电子信息化监管平台,对餐厨垃圾的全过程进行全面实时监测,将餐厨垃圾收运绩效纳入市政府对各区环保评价的考核指标之中,在餐厨垃圾治理上建立起了"强大问责"。鼓励任何个人和单位针对违法行为向环卫主管部门举报,并由专人到场问责。市环卫中心公布《厦门市生活垃圾处理设施运营考评暂行办法》,对企业的垃圾处理厂进行定期的实时监控,按时发布监管考评报告。市环卫中心积极发挥社会力量作用,以公开招标引入第三方的专业评估,考评方多为社会组织,助力发现短板、查缺补漏。针对垃圾处理不到位的责任主体,联合城市管理执法部门,派出专人上门宣传并详细指导。在2021年建成了厦门市生活垃圾物流综合监管处置系统,进行可视化的全景式追踪,实现垃圾分类的全过程监控。

四是在经费保障上,厦门市通过公共服务的转移支付机制创新,将经济特区享有的中央财政补助资金用于补助各区垃圾收运工作,市、区级政府都将餐厨垃圾处置费用纳入年度财政预算,支付给各类收运企业。

4.强化海洋污染治理

在陆海空间管理上,厦门市根据海洋资源分布状况和经济发展需要,将辖区内国家级海洋公园分成重点保护区、生态与资源恢复区、适度利用区和科学实验区等4个功能区。各功能区的管理对象不同,重点保护区针对沙滩进行保护,开发小规模娱乐项目;生态与资源恢复区针对生态修复任务进行管理,养护沙滩资源,禁止开发;适度利用区共分为东南海岸度假旅游区、五缘湾度假旅游区、香山国际游艇码头、上屿观光区等五个亚区,发展污染较少的生态旅游业;科学实验区允许适度利用海洋资源,针对海水淡化开展实验研究。

一是针对海洋漂浮垃圾的综合治理,厦门市积极进行陆海统筹,进行制度性的规划建设,制定《厦门市人民政府办公厅关于印发进一步加强海漂垃圾综合治理行动方案的通知》(厦府办〔2021〕15号),成立专门对接机构,由市政府分管领导班子组成海洋垃圾的综合治理工作领导小组,定期化开展协调督导,召开联席会议,统一行动,增强治理效能。海漂垃圾综合治理工作领导小组由厦门市生态环境局牵头市政园林局、海洋发展局等相关部门组成,进行机制协调,提高管理效率,以河长和海长制建设为关键,完善海洋生态补偿机制。

表2　厦门市海上环卫站行政资源配置情况

海域保洁面积/平方千米	海上环卫站配备环卫码头/个	吊卸点/个	机械化船只/艘	巡查快艇/艘	小型保洁船/艘
230	4	2	7	3	48

图表来源:作者根据高宇等(2021)数据自制。

在海洋垃圾综合治理工作领导小组的统一调度下,厦门市在全国率先成立海上环境卫生管理站,配备相应船只36艘,为建设高颜值生态之城"巡洋护航"。海上环卫站每天进行垃圾巡回清理、垃圾对点打捞和岸上分类处置,制定厦门市入海口和排污口处垃圾监控方案,兼顾陆海统筹与源头治理,精准识别九龙江领域等重点区域的垃圾来源,辅助以无人机等高科技手段,跟踪海漂垃圾漂移轨迹。

厦门市还制定了《厦门湾海漂垃圾应急处置预案》,辅助陆地垃圾分类工作机制,优化海洋垃圾治理链条。通过大数据手段,建立海洋垃圾的监测和预报系统,定期开展近海域海洋环境质量的监测,在全国首次实现了对流域与海域垃圾迁移分布的每日报道。相关系统与厦门市海上环卫站紧密配合,推动了海洋垃圾的源头控制。

二是大力建设海洋公园。厦门陆续建设了海湾公园、鼓浪屿公园等闻名中外的公园景点。积极创新海洋公园管理体制,明确产权归属,综合协调海洋生态保护与旅游业发展之间的内部张力。伴随着海洋公园的体制建设,相关的服务业、美食业也蓬勃发展,增加了海洋资源的附加值,形成全新的产业增长点。以厦门市莲花森林公园为例,莲花公园积极承担低碳公园试点工作,实时计算森林碳排放量,成立了低碳管理组织机构,包括了综合办公室、建设管理部、社会事务部等3个部内设机构来专项负责低碳试点工作,工作组成员分工明确,配合有力,推进了低碳试点工作的稳步运行。

5.深化国土资源管理制度改革

厦门市不断完善国土空间管理体制,先后在全市划定了981公里^{2}的生态控制区域和10.33万亩的基本农田,积极执行中共中央关于坚守生态底线和粮食红线的战略部署。厦门市建立了长期的领导干部涉自然资源资产相关的离任审计制度。先后于2016年和2017年在部分区级单位完成了自然资源资产的离任审计(或审计调查)试点工作,并在2018年在试点基础上建立了全市的经常性生态审计制度。2017年,厦门再次印发了《厦门市土壤污染防治行动计划实施方案》,针对土地环境,设立了"土地健康体检单"等全新实践机制,以形象化手段推动了土地环保意识的传播。

在此基础上,厦门市不断推进土地集约利用和耕地保护制度改革。先后出台《厦门市耕地质量保护与提升实施方案》《厦门市完善矿山地质环境保护和土地复垦制度的意见》《厦门市建设用地总量控制和减量化管理方案》等文件,促进集约型土地资源配置模式形成。进一步完成了基准地价改革,规范停车场和地下空间等土地资源的有偿使用。并进一步积极创新空间规划办法,整合空间规划资源,推进"多规合一",既以县市一级为核心,充分下放空间规划权;又积极推进空间规划的职能整合和部门整合,减少行政耗能。

在自然资源中,厦门市的岛屿资源十分丰富,有诸多列岛环绕,厦门市通过积极改革岛屿管理制度,既坚持岛屿资源的公益共享,又围绕保护岛屿生态,划分岛屿土地分区,建设不同岛屿功能区,确保生态功能区和经济开发区有效分隔。

厦门市也非常重视天然林的保育工作,厦门市的天然林资源亦十分丰富,在净化厦门市空气环境、促进旅游开发等方面作用显著,构建了十分完善的森林管理制度。同时,厦门市还积极推进林权改革,将确权成果以专题形式上报,也摸清了本省资源产权底数。以厦门大学为代表的教学科研单位还成立了中国农村林业改革发展研究基地,探索如何在历史遗留、现实产权状况等多重因素的影响下,确保林权改革工作行稳致远。

厦门市还积极推动生态财政预算,在全国首先形成了较为成熟的自然资源负债表,并运用科技手段,引入经济学和自然科学研究方法,将全市所有自然资源负债情况进行量化评价,动态推进自然资源分布格局优化。

6.完善环境评价制度

近年来,由于环境危机事件频发,厦门市积极将环境评价的告知承诺列入项目审批的改革重点,出台了《厦门市生态控制线内既有工业用地建设项目环境影响评价文件审批细则(试行)》文件,针对生态控制线中的工业建设项目进行审批管理,保护特殊重要生态功能区,从严审批生态红线区内的环评文件,完善《建设项目环境影响评价分类管理名录》,对存在持久性有机污染和挥发性污染物的项目坚决不予审批。建立与企业衔接的环境监测机构,督促企业落实排污计划和监测计划,定期公开监测结果,制定环境突发事件预案,督促企业展开环境应急演练,防范环境突发风险。

早在2018年,厦门市就启动了环境评价的承诺制改革,简化环境评价手续,落实"放管服改革"要求,在环境评价的告知承诺上,厦门深入开展规划环评,创新项目审批,强化事前、事中、事后监管,要求由企业单位直接出具环境告知承诺书,由环保部门集中审批,并以承诺书为依据,全方位监督企业的建设项目。推行环评结论的清单式管理,提出区域环境管控的建议,要求在重点生态保护空间、园区污染物总量、环境准入等方面制定环评结论清单。要求各园区管理主体在三年内完成规划环评编制工作,提高编制质量,加强环评追踪,并对各主体单位的环评文件进行按季度抽查考核,对环评失责行为,市环保部门依据《建设项目环境影响评价资质管理办法》,对失责主体进行惩戒,有犯罪行为的移交司法机关追究刑事责任。以厦门市环评改革制度改革的成果宣传为契机,在全市范围内分行业推进环评项目告知承诺制改革。

在监管环节,厦门市开展环境评价的"阳光审批"制度,推进环境信息公开,落实《厦门市环境违法行为有奖举报办法(试行)》,严厉查处环境违法行为;落实生态环境损害赔偿制度,以同安区法院集中管辖生态赔偿诉讼,发布《厦门市生态环境损害赔偿工作实施方案》,顺利结案以政府为原告的第一例全省环境诉讼案件。在2022[①]年,厦门市组建了环评审批工作专班,完成了

---

① 参见《2022年厦门市生态环境质量公报》。

新机场项目、厦门海洋高新产业园等重大项目的环境评价,全年完成了全市777个建设项目审批。

环境评价的合理化离不开社会力量对环境评价工作的参与,厦门市根据环境评价结果,对于符合要求的建设项目,向第三方环保组织购买公共服务,培育环保咨询行业,鼓励环保社会组织充分参与到环境项目的建设、经营与完成的各个重要环节。对于排污主体,一律委托第三方环境评价机构出具环境评价书。相关主体对环境评价书终身负责,各级政府在官网上针对各区违背环境评价承诺书情况进行制度化的定期公示,并建立公众的环境反馈平台,跟踪群众环境诉求,释放基层环保压力,明确"谁污染、谁治理"的市场主体责任。

7.开展"多规合一"改革

作为承担"多规合一"改革试点任务的重要城市,厦门市出台了《厦门经济特区多规合一管理若干规定》《厦门市生态文明建设目标评价考核办法》等50多件机制性改革文件、规定。进一步完善生态生活的微观细则,简化项目审批流程,将项目审批改为并联审批,推进空间规划的网络化、信息协同的平台化,优化空间管理链条,提高了厦门市的国土空间规制能力。改革后,严格落实减排目标责任制,建设污染物排放许可制度,在总量控制上规制企事业单位的污染排放,有效遏制无证排污和超标排污。根据《厦门经济特区多规合一管理若干规定》,厦门市首先将生态分区管控的管理机制实现"多规融合",落实"党政同责、一岗双责"的责任分配体系。在排污减排等方面制定比国家和福建省更为严格的追责标准,在全国出台首个副省级城市的节能失信管理办法。

一是在市场主体的引导上,厦门市针对企业环保失信行为建立联合惩戒机制。制定帮助市场主体应对疫情危机的九条措施。结合"益企服务"活动,共实地走访企业589家,为企业争取到帮扶资金6771万元,兑现生态环保的专项补助资金达1176万元。派遣5位处级干部和企业进行专项对接,担任企业服务员,组织全市505家企业开展生态信用评价,指导69家企业完成生态信用等级修复。在全省首创生态环境预警的"四张清单",共对45家单位累计减免处罚金额达230万元[①]。

二是召开居民协商会议,鼓励针对生态事项进行集体讨论,在全过程人民民主中夯实生态文化基础。通过责任链条的进一步优化,厦门市在垃圾分类、筼筜湖治理、五缘湾生态修复与开发、海上环卫等5项的体制改革举措和经验做法在全国大面积推广,生态建设项目的平均审批时间从308个工作日缩短至90个。

三是建立了严格的党政领导生态工作的责任机制,创造了生态文明建设

---

① 参见《2022年厦门市生态环境质量公报》。

专家评审制度来推动精准问责。"生态政绩"是党政领导班子综合考核的重要指标，厦门市要求各级党委、政府和相关部门在生态文明建设中实现"党政同责"和"一岗双责"。

(二)生态服务机制创新

1.完善绿色金融交易体系

厦门市不断发展绿色金融，先后出台了《关于促进厦门市银行业金融机构发展绿色金融的意见》和《关于促进厦门市资本市场发展绿色金融的意见》《厦门市促进绿色金融发展若干措施》等指导性文件，创设绿色金融信用贷款，有力地拉动了生态投资。

"十四五"期间，在"双碳目标"背景下，厦门市不断进行绿色金融方面的机制创新。2021年，厦门市银保监会推动厦门市政府出台了促进绿色金融发展的十条举措。2022年3月，厦门市金融监管局联合五大部门制定《厦门市绿色融资企业及绿色融资项目入库管理办法》，规范管理绿色融资企业及项目库，并委托厦门产权交易中心打造研究一站式申报流程，建立"厦绿融"数字识绿平台。一是设置了绿色融资企业的直通车渠道，进一步设置蓝色企业入库直通车，服务于"海绵城市"建设。二是形成政府与社会的多方联动机制，定期回溯反馈，提升工作质量。改革后，绿色融资余额十年来增长了近15倍。三是创新金融服务模式，多部门联合开发金融产品，制定绿色认证细则。积极推动厦门市参与厦门市绿色金融改革创新实验区的申报工作，完善生态转移支付机制，使用地方财政资金累计为367家环境污染责任企业补贴147万元。在认证细则方面，厦门银保监局联合多部门细化绿色企业与项目的认定标准，已为114家中小微企业提供了绿色融资增信与风险释放，发放授信金额4.55亿元。截至6月末，全市绿色融资余额828亿元，在生态公共设施建设、绿色产业发展等方面，助力厦门环境指数保持全国领先水平。在产品创新方面，厦门市创新开展排污权贷款、生态证券化等全新金融机制，率先在福建省全国推行环境污染的强制责任制保险、贷款、"碳减排"挂钩贷款、危险固废处置项目融资、绿色跨国并购贷款、绿色资产证券化等业务，发行福建省首单绿色金融债券，在全国率先落地碳汇损失险。更以"双碳目标"为指引，创新设立了"蓝碳基金"，完成了全国首宗海洋渔业碳汇交易，鼓励厦门航空推出了全国首批"碳中和机票"，助力蓝天白云保卫战。

针对农村地区，厦门积极推动治理中心下沉，设立全国首个农业碳汇服务驿站，按村实行"整村碳汇信用"授予，并下放给承包经营户贷款和承包经营，带动乡村的绿色产业发展。厦门市银保监会积极推动各银行的厦门支行行长落实"双百工程"，派遣银行金融骨干到偏远乡村进行绿色金融的对点帮扶，每周定点定时为村民提供金融服务,在助力乡村生态宜居的同时助力集体经济的"造血式发展"。

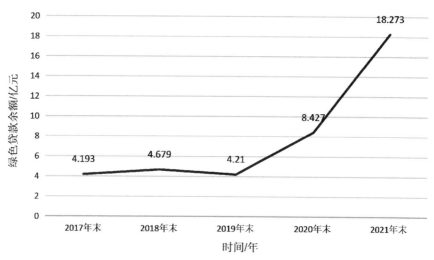

图1 2017—2021年厦门银行绿色信贷余额
图表来源:作者根据网站资料整理自制。

在金融杠杆上,厦门市在以下几个方面推进了厦门市的绿色金融体系完善:一是对绿色信贷进行增量奖励,对于绿色信贷增速明显的金融机构,给予绿色信贷增量0.02%。政府各部门将本市金融机构的信贷绩效作为选择公共服务合作对象的重要参考依据,发挥绿色子基金的帮扶作用,在贷款利率、业务时限等方面给予支持。二是降低绿色债券发行成本,对发行绿色债券的本市企业,给予发行费用的50%的一次性奖励。三是鼓励绿色金融投资,对企业投资"厦门市绿色融资项目库"项目的数额不少于1000万元的,一次性奖励25万元;发展绿色保险业务,运用差别化保险费率机制,对于主动向本市保险机构投资的企业,给予比例为其实际保费30%的补助。四是创新碳交易体制,开展碳排放权等权益抵押融资业务,研发以碳排放为衡量指标的金融产品,对碳金融创新有突出贡献的金融产品,给予最高可高至50万元的奖励。五是优化绿色金融发展环境。针对绿色融资企业及项目的准入门槛、绩效评估、信息流动等方面,进行机制改革,以激励考核方式鼓励企业力量参与改革。以厦门市五缘湾片区为例,该片区的环境问题曾经十分严重。厦门市积极创新金融机制,通过建设绿地公园和湿地公园的方式,使城市绿化率从5.4%升至13.8%,其生态估值达到2.4亿元,推动土地价值大幅提升,带动了五缘湾片区经济的良性循环,吸引建筑开发商通过生态修复、地产开发、土地留存等方式参与当地生态治理,减少社会的环境治理成本,使得绿色金融产品折现为生态公共价值。

在传播扩散上,厦门市通过网络虚拟形式,将市民的跑步健身能量和垃圾分类能量虚拟化,通过网络基金会等平台,促进绿色资源充分流通,优化资源配置,提高金融流通品质。同时,积极鼓励各平台出台生态交易鼓励办法,鼓励厦门居民以参与生态活动的方式享受消费优惠,这既拉动了消费,亦激发了广大人民群众的环保热情。同时,健全绿色慈善体系,建立生态捐赠通道,确保社会力量充分参与环保救济。进一步完善生态监管体系,促进监管环节一体化,将生态文明绩效评价考核纳入各区区委和区政府的绩效评估体系。对包括全市处级及以上的领导干部(包括国有企业的领导干部)进行一年一次的年度生态考核。考核结果占比可达到综合绩效考评权重的 20%。

在管理机制建设上,厦门市各银行在政府指导下,一是普遍建立了绿色信贷工作机制,完善了绿色信贷的行业准入标准,并积极建立了"绿色清单"机制,将环境评估作为贷款审查的重要环节,纳入贷款评估的"一票否决制";二是进行条目化管理,引入风险评估机制,依据风险大小将企业项目区分为环境友好类、合格类、观察类和整改类等各种,建立绿色化的信贷结构,明确工作重点;三是加强绿色金融治理能力,运用灵活嵌入机制,组成绿色金融发展小组,通过业务培训与动员提升金融专业化水平;四是实施信贷专项配套机制与信贷规模激励机制,鼓励绿色产品创新,对绿色企业进行价格补贴,良性规制绿色信贷业务发展。

2.加强生态治理国际合作

厦门市还积极参与全球国际环境合作,创新国际生态合作机制,为推广生态文明建设的中国方案和中国理念做出了突出贡献,充分按照厦门本地的生态资源产权状况,加强应对气候变化、海洋污染治理、生物多样性保护等领域的跨国合作,引进发达国家先进技术,向高水平的生态文明建设标准看齐。

2015 年 9 月,厦门市与美国旧金山市建立了海洋垃圾治理的伙伴关系,签署《中美海洋垃圾防治厦门—旧金山"伙伴城市"合作实施方案》,厦门市与旧金山共同举办了中美海洋垃圾防治论坛、中美海洋垃圾防治会议,加强两市政府在垃圾防治上的机制合作,吸收国际先进污染治理经验。2016—2017 年度,厦门市编制了《中美海洋垃圾防治厦门—旧金山"伙伴"城市合作实施方案》,以国际化的顶层设计,完善了海洋垃圾的防治工作,推动海洋净化标准与国际社会接轨。

"一带一路"等国家中长期战略规划亦为厦门市的生态国际化提供了潜力机遇,厦门市与东南亚沿线的"一带一路"国家深入合作,在国际公海治理上展开了多方位的互助,对海洋治理能力较弱的国家和地区提供智力支持与技术支持,建立海洋联合执法体系,积极参与国际海上交通建设,推进 2030 年可持续发展目标的逐步实现,并有力维护我国领海主权与发展权益。

409

3.完善生态价值核算和补偿办法

生态治理要基于系统思维,生态价值不同于经济效益,可以用货币等直接尺度形式进行衡量,生态价值具有长期性、系统性、全局性等特点,厦门市政府结合本地区生态分布情况,尊重当地科学实际,创造性地构建了一套引领全国的生态价值核算系统,作为鼓励相关主体进行生态规制的重要信息依据,有力地突破了生态评估难落地的困境。再通过大力推动生态价值核算的智能化与电子化,进一步提高了核算精度,确保了核算能力的精准提升。

在准入管理上,2019年,厦门市实施严厉的生态清单准入制度,提高资源利用的门槛条件,防止高污染、高耗能项目的准入;并在全国率先健全环境污染的救济机制,首次推行了环境污染责任的强制保险制度,构建起了"行为主体＋监管主体＋保险主体"的环境污染保障共同体。正是有着完善的立法配套,厦门市的海洋生态补偿办法、建设项目环评告知承诺制度、碳排放在线数字采集管理机制才得以在全国范围内得到推广。

在补偿机制上,厦门市积极改善生态补偿办法,强调"政府主导、社会参与",规范生态补偿的行政流程,由厦门市涉及海洋事务的行政主管部门负责海洋生态补偿的管理工作,牵头制定有关制度细则,编制海洋补偿资金的收支预算;市财政部门负责海洋生态补偿资金收支预算的审核,并对预算执行进行监督,科学估定生态资源价值,引入国际先进的GEP核算机制推动,在七个方面建立生态价值核算指标;市审计部门负责对海洋生态补偿资金的使用管理进行审计监督。《厦门市海洋生态补偿管理办法》中明确将"清理海洋漂浮垃圾"作为重要的管理细则,通过"协议补偿为主,上级政府补贴为辅"的双向补偿方式,联动河长制,建立了协议化的入海垃圾整治机制。

在双碳目标达成上,厦门市积极改革环境准入体系,限制"三高"企业准入,运用"三线一单"机制,动态调整名录,将碳排放纳入环境规划评价体系。推动重点行业制定具体的碳达峰计划和执行计划,推动重点行业制定达峰目标和行动计划,引导重点企业参与污染治理行动,进行总量规制。进一步健全由多元主体参与的污染管理体系,推广"碳足迹计算APP",加强污染预警和灾害预警,拓展"智慧政府"在生态管理体制中的运用和外延。在2022年,厦门市督促司法机关在生态判案方面进一步建立了鉴定评估专家库,落实了会审会议制度。2022年办结了17件生态案件,赔偿金额40.43万元。翔安区的生态赔偿案件被省生态环境厅作为典型案例向国务院生态环境部推送。

4.加强海洋生态资源管理

厦门市海洋资源丰富,拥有着广阔的海岸线。厦门市通过转换海洋资源为经济发展动能,促进了经济的高速发展。面对经济发展过程中的生态补充问题,厦门市积极出台海洋生态补充办法,净化海洋水源,设立海洋利用红线,划分海洋区域,压实主体责任。对受污染海洋区域,及时进行生态补偿,回应沿海居民环境诉求。

厦门市的海岸线较长、近海岸环境样态复杂,下辖海岸线总长大约为 234 千米。厦门市作为海岸带综合管理示范区,积极通过体制创新,完善海洋综合管理体系。进入 21 世纪以来,厦门市先后制定了《厦门市海域使用管理规定》《厦门市无居民海岛保护与利用管理办法》《厦门市海洋环境保护若干规定》等推动海岸带管理体制完善的政策法规,相关规定一是建立起了与泉州、漳州、龙岩等市的跨区域合作机制,促进了海岸线保护的信息共享与合作执法,推动了海洋管理的区域一体化;二是推动了海岸线管理的专门化,专门针对不同海域特质,制定海洋功能区划,并辅助以海洋经济发展规划,推动海岸线统一管理,协调不同海洋法规模块的关系;三是重视海岸线水资源的产权界定工作,落实海域使用权制度,区分有偿使用和无偿使用的不同情况,明确要求在海域养殖功能区从事养殖业的主体,必须持有政府主管部门核发的养殖证和海域使用证明。

厦门海岸带综合管理计划还设立了许多专职部门用以管理海岸带,重视科技与法治相结合。厦门市政府成立了海洋管理协调领导小组,成员几乎涉及市政府主要部门领导,并针对海洋保护区的管理规划,依据《厦门市海域功能区划》,针对厦门市内岛屿进行专项管理,制定涉海法规。并积极发挥科研界的智力支持作用,在多个前沿自然科学与社会科学领域选拔杰出科研人员组成海洋专家组,针对海洋管理问题,深入论证,充分调研。

5.创新碳汇交易模式

厦门市鼓励企业智能减排,贯彻落实《排污许可管理条例》,将减排成果以基金和虚拟货币等方式进入网络交易平台,按照积分等级进行梯队化奖励,充分激发企业减排热情。厦门市对重点遭受碳污染危害的地区和主体进行有力补偿,并通过交易回报等方式鼓励其主动减少碳排放。如针对农业生产领域的污染规控,厦门市将农业碳排放落实到污染主体,以金融手段促进碳汇流通,既要通过碳汇减排收益,鼓励农业生产主体减少碳排放,又要通过碳汇减扣,间接惩戒农业污染行为。

在平台建设上,厦门市产权交易中心先后在开展金砖国家碳交易、创立全国首个海洋碳汇交易平台、绿色金融数字化等方面取得了显著的创新绩效。在 2022 年,全市按照《厦门市建设项目环评与排污许可深座衔接改革试点实前方案(试行)》,开展环境影响评价、排污许可证和排污权流通三项制度的融合衔接,进行全过程的周期化监管,一共完成 573 家企业排污许可证核发和 1952 家企业排污许可证的登记工作。2023 年 5 月,厦门海洋碳汇平台推动厦门港务集团,购买了同安区 14369 吨农业碳汇,进行海洋航运(含"一带一路"

沿线国家)的碳排放抵消,这一举措,结合了一带一路、乡村振兴等国家中长期发展战略,助力了碳中和目标实现。

在交通建设上,厦门市碳汇交易中心还积极运用金砖国家的中欧班列运输,完成了2000吨交易量的碳减排交易,促进了金砖国家的深入交流。中心还致力于推动台湾省参与大陆农业碳汇交易,打通乡村振兴与祖国统一的联动机制,进一步促进两岸民众心灵契合。截至目前,中心已实现了对海洋蓝色牧场的"深度耕耘",先后完成了海洋碳交易13万吨。中心逐渐形成以"农业碳汇、海洋碳汇、绿色金融数字化"为特色的三大建设主线与实务板块,进一步推动制度革新和融合发展。在2022年,厦门市核准了6家企业的减排完成情况,并核定了可交易排污权指标高达1396吨,在160个建设项目交易中取得了600吨的排污权指标,储备了可满足146个建设项目总量需求的排污权指标。

(三)生态运行机制创新

1.改革水系运营机制

厦门市行政机关积极引导社会力量参与河湖养护的公共服务之中,鼓励社会力量对河湖道养护进行制度化巡查,开展第三方评估,积极开展大数据系统建设,畅通治理通道,推进治理信息共享,充实基层河湖治理力量,并不断地抓重点、取典范,总结河湖长制的突出经验与已有教训,进行制度化提升。

一是在工作机制上,厦门市则以村庄为单位,全面消除黑臭水体,明确对有消除能力的村庄实施集中收纳管理,对无条件村庄则积极放权,鼓励各级政府针对无条件村庄进行分散式污水处理设施建设,实现了生活污水处理设施在厦门农村全覆盖。全市6个城市黑臭水体均通过了国务院生态环境部、住建部的多轮环保督察检查。自2019年,再无新增黑臭水体区域。

二是针对小流域污染的综合治理,厦门市还成立了污水处理设施指挥部,由厦门市市长担任指挥部组长,加快了污水治理进程,2020年基本消灭劣Ⅴ类水体。厦门市还积极联动媒体力量、执法部门、第三方机构、社区网格员等力量,狠抓河道"清四乱"工作,市执法局采取步行方式,细腻执法,开展"扫河"专项行动,邀请厦门电视台对"扫河"专项行动跟踪报道,排除"四乱"问题39个,在福建省首先完成市级政府及以上饮用水源问题整改,并紧密动员基层治理单位,让社区网格员承担环保巡查职能,巩固集中整治成果。

三是积极探索管养分离的水系管理机制,推动环境公共服务职能外包,根据《厦门市溪流养护实施办法》,每年定补2000万元,将水系养护工作积极外包给社会化的专业管养队伍负责,避免"外行指导内行",先后聘请了31家社会化专业队伍,负责河道保洁、障碍物清理、漂浮物清理等领域工作,对全市长达465千米的9条溪流河道进行全覆盖管护。在同安区试点"一把扫扫到底"

机制,建立路面、近岸、水面的全网络管护体系,实现养护的立体化、多维化和协同化,加快全省河长制信息平台的维护建设,实时展示各级河长的工作状况,便于实时监督。经过机制创新,政策卓有成效,先后投资了3.69亿元用于78个生态水系建设项目的建设落实。

2.推动"河湖长"制度落地

提升行政效能往往伴随着管理体制创新,河湖长制也是习近平生态文明思想在河湖保护与治理领域的生动体现,厦门市积极运用中国特色协商民主制度,推动人大积极跟进河湖长制立法,贯彻习近平总书记在厦门时提出的"依法治湖、截污处理、清淤筑岸、搞活水体、美化环境"20字治湖方针精神,结合厦门实际创新,出台了河湖长制专项法规——《厦门经济特区河湖长制条例》(以下简称《条例》)。

厦门市人大常委会于2022年及时将河湖长制纳入了2022年年度立法计划项目,并充分发挥人大代表联系群众作用,深入开展调查研究,推进河湖长制改革纵深发展,构建"共建、共治、共享"的治理格局。

《条例》内容全面,涵盖总则、管理体制、工作机制、监督考核、附则。推动厦门河湖长制进入法治化轨道,《条例》于2023年1月1日起施行,推动河湖长制"名实相符"。《条例》科学界定河湖长制的权责边界与基本职能范围,实现了厦门市水域的全覆盖管理,并将经费支持、激励考核、传播普及等方面的资源配套落实到了每一河和每一湖之中,实行动态化的名录管理机制,确保河湖长制度的微观运行,确立每年的3月3日为"厦门市河湖长日",这也是全国首个河湖长纪念日,用以获取社会支持与进行河湖公益知识普及。

《条例》进一步明确,应在水域岸边的突出位置设立河湖长公示牌,标明水域数据、河湖长姓名、职责、机制目标、联系方式等具体内容,《条例》还建立了河湖长的会议制度、重大问题协商制度、水环境监测报告制度、社会监督制度、应急管理机制、行政督察制度、述职制度、司法救济制度,强调大数据标准,不断在政策实验中推进河湖长制"稳中有进"。

表3 厦门市各级政府河湖长数量

项 目	厦门市	思明区	海沧区	集美区	湖里区	翔安区	同安区
市级河湖长(含区级副河湖长)	3	0	0	0	0	0	0
区级河湖长(含区级副河湖长)	21	3	3	3	5	6	3
镇街级河湖长(含镇街级副河湖长)	99	21	12	18	21	27	24

图表来源:作者根据信息自制。

在责任分配上,形成了由总河湖长延伸至最基层河湖长办的纵向管理体制,压实河湖长责任。《条例》按层级划分了三级河湖长体系,在市、区一级设立总河湖长并分设市、区、镇(街道)三级河湖长,并设立市、区、镇(街)三级河湖长办,促进河湖长制度实体化和定点化,实现分片和分包管理。总湖长要定时、定点听取下级河湖长的述职报告,落实考核监督。厦门市政府还派出河湖专员与河湖长对接,冲破"条块藩篱",推进河湖治理的协同共进。

在日常管理体制上,厦门市一是重新划定科层责任,明确生态责任,实行双总河长制度,由厦门市委书记和厦门市市长分别担任双总河长。各区和基层政府以此类推,实行双河长制。全市一共产生了 120 名河长和副河长,市各生态部门为河长配备专职主任,推动河长制实体化运作;二是通过政治高位推动工作,市委书记多次大型调查,召开多个专题会议,深入调研河长制落实情况,推动了河长制运行微观化。厦门市委也积极推动巡河专题调研常态化,每月专题调度会不少于 2 次。2019 年,厦门市针对小流域治理问题,签发了总河长令,总河长多次赴现场督导办公;三是建立强化司法保障,市、区一级的检察机关、法院都在河长制设立驻地办公室和联络室,确保司法联动,筑牢司法绿色法治屏障;四是建立金融保障,厦门市与银行签订了价值 100 亿以上的资金保障合作协议,用于绿色融资,为河长制运行提供金融支持,攻克难点和重点项目;五是探索建立湖长制,将近岸海域的湖泊、水库、山塘、池塘纳入湖长制管辖范围。

在监督机制上,一是采用随机点评方式,厦门市委采取会议上随机抽查方式,直接在全市工作会议上点名各级河湖长报告回答提问;二是平台化和协同化管控,将河道水系划定蓝线,并纳入全方位的"一张蓝图"中管理,在规划阶段就动态显示水系空间布局,做好事前评估,避免事后补救。三是挂牌督办追踪,以 2020 年全面消除劣 V 类水质断面工作为例,每条流域确定了 1 确定1~2 个典型劣 V 类水质断面作为攻坚指标。通过目标督办,辅之以加密监测、定期通报等手段督促责任落实;四是开展跨部门联合督察,让专项办公室多部门联合,采取突袭检查、舆论监督等方式全面督促流域污染清退,确保河长制"名实相符"。五是严肃追责,将河湖长制纳入政府绩效的考核指标,出台《厦门市河(湖)长制约谈暂行办法》,定期约谈问责;六是利用媒体力量,充分监督,各区每日在微信平台上汇报工作进度,在厦门电视台和厦门日报设立河长制曝光平台,跟踪报道,督促落实不力单位认真整改。七是动用社会力量监督巡查。委托不受行政约束的"绿水守护者协会"等社会组织定期对水道环境进行巡查,并撰写问题反馈报告,由河长直接审阅,并全市通报,尊重专业意见;八是充分发扬中国特色民主制度,重视人民代表大会和政治协商会议作用,积极聘用人大代表和政协委员担任河长,分别产生人大代表河长和政协委员河长,发挥环境监督、智库参谋、巡视巡察、模范示范等积极作用,鼓励人大代表河长和政协河长积极履职,由1名代表(委员)对接负责1条河流(湖泊),每季度至少巡查一次、每年撰写一篇评价报告,并提出建议,落实宣传。相应举措充分体现了中国特色社会主义的环境民主实践,确保民主不是"走过场"和"花架子"。

3.建立基层治理的生态化网络

扎实推动基层生态治理体系完善,建设多元共治机制,使"共治、共建、共享"的生态治理观念进一步深入人心,以市、区、街(镇)、村(居)四级为依托,打造生态服务管理体系,成立兴趣小组,开展特色活动。推行社区书院制度,以书院总部、指导中心、指导站和教学点的梯级管理为载体,传播生态文化,形成了环保新风尚,全市一共建成443个社区生态书院。其中,又围绕筼筜湖周边社区的先进生态实践,建成"筼筜故事"的生态文明展览馆,创新生态审判教育实践基地,提高了社区协商治理体系的横向广度和纵向深度。

三、深化生态文明体制机制创新所面临的挑战

在习近平生态思想的指引下,厦门市贯彻了党中央和国务院关于生态文明体制机制改革相关要求,坚持了正确的改革原则。尽管厦门市在生态文明建设上取得了诸多成就,但依旧面临着诸多新形势下的新挑战,主要体现在以下三个方面:(1)政府职能转型对生态管理体制的挑战;(2)经济可持续发展对生态服务供给机制的挑战;(3)生态治理社会化对生态运行机制优化的挑战。相关挑战暴露了厦门市当前生态治理机制的短板。

(一)政府治理转型对生态管理体制改革的挑战

当前,随着国家治理现代化的改革深化,对政府治理转型提出了更高的要求,建立权责一致、分工明确的行政管理体系成为各级政府转型的重点。长期以来,厦门市围绕生态文明建设,积极推动生态部门体制改革,在部门重组、职能合并、管理体制变革、公共服务创新等方面卓有成效。然而,在实际运行中依旧存在权限交叉重叠、执法不规范、制度空白较多等突出问题。

1.非政府组织参与环境治理的财政机制欠缺规范

在垃圾分类和能源清洁问题上,厦门市和诸多科技公司进行了对点合作,实行积极的财政帮扶机制,促进了垃圾分类工作的专业化。但一是相关财政帮扶信息发布不规范,未能向社会公众及时透露,确保民主监督;二是缺乏竞争性的竞标机制,企业评选标准不透明,绩效反馈未能层次化,流动性较弱;三是在财政帮扶上主要以营利性组织为主,对能长远促进环境安全的非营利性公益组织帮扶不足,导致后者难以充分参与环保公益事业。

2.陆海空间分区有待精准定位

在陆海协同上,当前厦门市的陆海管理机制也存在权责错位、边界不清的弊病。由于陆域和海域的发展定位不同,故而会造成陆海管理的功能冲突和体制冲突。如翔安港区和毗邻的中华白海豚生态二级保护区就有许多职能冲突。而新机场附近的冷链产业发展,也会造成对周围文昌鱼保护区的生态危险。

以翔安区为例,翔安区的海洋资源十分丰富,是未来厦门市新城区拓展的关键地带,其发展后劲明显,但由于其功能定位不明显,导致涉海企业参与翔安区建设的动力不足,大量适宜的商业开发地带都被非商业网点所占据。翔安的特色商业资源(诸如渔港渔村、红树林群落、河口湿地、海洋科研单位的集聚、对台湾地区的港口特色)也未能得到商业主体的充分关注,这制约了该地区的进一步发展。

而针对海洋空间自身的规划管理,涉及渔业、环保、自然资源、城乡规划、住建等多个相关部门,相应部门的管理标准交叉重叠,未能达成统一。在海岸线划分这样的基础工作上就存在着分歧,针对海岸带空间使用的行政审批程序也极其烦琐,更由于和多部门的职权互相交叉,易于导致"踢皮球"的避责现象,这会造成众多有悖于海洋生态规律的行政行为。在海洋功能区划分上,立足行业业态的"项目制"特征突出,造成功能区划的工程包干化,这不利于动态适应海洋环境的高速变化。

对于厦门市的海洋公园管理而言,虽然在提供绿色公益服务上取得了显著成果,但依旧存在管理水平低下、公共服务供给不足、政策执行粗放等突出问题,不少海洋公园依旧未能引导游客树立低碳出行意识,许多景区内网点也能达到最低限度的环保标准。

综上所述,更由于不少重点生态领域依旧欠缺专门立法,相关的行政法律法规仍未健全,许多环境破坏行为仍然缺乏法律依据和制度依据,这不仅影响了生态部门内部的协同治理能力,也导致了环境治理方式与手段的单一化和简单化。

(二)经济转型对生态服务供给机制的挑战

在生态文明建设的过程中,厦门市也面临着经济结构转型和经济持续发展的突出需求。目前,厦门市的经济总量有待提高,能源结构比例失衡,产业结构亟须进一步发展优化,城市辐射效应能力弱,资源供需紧张,空间使用挤兑。然而,在许多方面又都需要为经济发展赋予全新动能,在完成"十四五"规划期间的高质量发展目标的同时,也要确保经济可持续发展,避免出现单方面追求"碳中和"目标的"大跃进"式治理倾向。

1.生态经济模式有待试点完善

而当前,厦门市的生态管理体制在设计层面依旧未能完全匹配经济发展的需求,生态管理部门和经济发展部门缺乏链条化联动,部门之间存在信息区隔,难以实现稳定的协同治理。如生态环境局、水利局、海洋发展局、自然资源和规划局等部门都建立了本部门的生态检测系统,类型和技术方法多样,但系统区隔严重,信息无法被共享共用。

在生态政策的出台上也缺乏多部门的充分论证,这严重影响了生态政策的科学性和针对性,这易于导致忽视经济结构状况,从而挫伤社会各界经济发展积极性。在考核和执行环节,由于生态问责压力较大,导致执行部门易于"一刀切"式或打折扣式地执行生态决策,引起社会强烈反应,影响经济发展。而目前,厦门市民对生态环境的期待依旧较高。仅在2019年,厦门累计收到生态举报件499件,举报数量在全省位居第四。

在生态经济发展模式上,厦门市存在着"低碳基建""绿色公路"等生态经济发展方向,是促进经济发展与环境保护协调的重要保障。然而,相应体制融合机制仍有待完善,缺乏多部门联合制定的规制标准。另外,厦门市虽然以绿色金融体系建设著称,相应的生态价值核算机制虽然已初步成型,但仍处于区域试点状态,缺乏多层次的结构化试点,对海洋示范区的实验功能使用不够,缺乏完善的政策试验和评估机制,导致绿色金融体系未能实现全区域覆盖,影响了绿色经济体系的进一步完善,这会造成缺乏前置基础设施配套的"生态过热"问题。

2.绿色金融机制的潜力发挥不足

一是在碳汇交易机制上,厦门市和福建省的省级交易平台未能实现充分协同,尽管厦门市有着国务院认证验收通过的环境权益交易市场,但就福建省实际而言,福建省的排污权、用能权等交易是统一归属于福建省海峡股权交易中心,相关行政流程烦琐,难以进一步发挥出碳排放交易机制的经济增长效应。

二是绿色金融的社会激励机制也未能健全。由于绿色金融项目的认证难度大,涉及了生态、国家安全、交通、工业、能源、农业、服务业等多个领域,导致不同行业对绿色项目的评估标准与政策期望有着较大差异,所以难以建立统一化的绿色金融评价体系。涉及环保的市场信息也极不对称,许多环保信息较为滞后,发布也不透明,社会主体难以及时捕捉环保信息,这极大影响了企业参与生态金融的意愿和动力。

三是在监管环节,全市金融部门和机构在监督企业排放方面出台了诸多监管机制,督促企业生产产生了正向社会效益,但在激励方面仍稍显不足,尽管金融部门已经提供了风险补偿制度用以确保环境注重生态效益,但目前的绿色金融依旧是以政府指导的金融机构为主在发挥作用,企业参与的积极性弱,金融部门的生态监管更多体现在制约污染企业的"减法"上,对激发环境友好型企业充分发展的"加法"仍显粗陋。

四是绿色信贷结构也呈现出不均衡状态,碳交易、绿色债券、绿色基金等全新金融产品获得的贷款较少,截至2022年,全市各银行的信贷投资依旧主要流向建筑、节能环保、能源净化等传统领域,这也制约了经济转型。

五是绿色金融的要素市场机制也有待完善,排污权、用能权、碳排放权等新兴产品的市场化交易是推动绿色金融发展的重要内容。由于全市的绿色交易市场体系尚未形成,难以推动排污权、用能权、碳排放权等全新市场要素的充分流动,成交量较少。

3.生态科技创新的财政驱动机制有待加强

科技创新驱动是实现生态经济新发展的重要引擎。而当前,厦门市科技文教部门未能与生态部门充分协同,缺少跨部门的绿色技术清单。在引进前沿技术、促进技术创新方面缺乏科学联动,这制约了厦门市在能源结构转型、对外生态交流、绿色基建拓展、垃圾回收机制创新、污染净化等领域的进一步攻坚,未能更好地满足厦门市民对绿色生活的美好期许。

就财政及机制而言,厦门市在生态政策的财政支付上依旧缺乏公开机制,诸多生态政策都涉及了企业等营利性机构的参与,比如,在生态政策的企业竞标环节和垃圾分类的后期处理环节上就有着大量高新技术企业的充分参与。这隐含了"腐败滋生"的巨大风险,但目前,仍欠缺规范的财政公开机制向社会各界说明相关收支状况。

(三)生态治理社会化对运行机制的挑战

社会效益的增长是生态文明建设的重点内容,这也离不开运行机制的发展完善。这也意味要充分鼓励多元的社会主体(企业、社会组织、基层自治单元、居民)参与生态治理,健全生态治理网络,实现"共建、共创、共享"的生态价值创造。长期以来,厦门市通过生态文化宣传、政企之间的生态合作、生态司法改革、生态基础设施覆盖等路径,拓展了生态运行网络。但在基层生态文化宣传、"河湖长"制度运行、公众参与等方面依旧存在着明显短板。

1."河湖长"制在实际运行中存在弊端

厦门市的河湖长制虽然有力地打破了生态部门之间的责任界限,整合了生态文明建设的行政资源,一定程度上填补了流域治理的空白角落。在全国起到了诸多示范引领作用。但由于这一机制有着较强的临时性和动员性,故而依旧存在下沉乏力、社会知晓度低、责任悬空等突出问题,公众对这一机制的作用和相关责任人依旧了解较少,难以替代常态化的政府治理。

2.吸纳公众参与生态治理的机制能力不足

在社会公众的参与机制层面,厦门市一是通过加强司法体系的生态功能,在同安区设置专门的生态审判庭,为解决市民的环境诉求提供了多元渠道;二是完善基层生态参与体系,建设"无讼社区",加强涉及生态问题的民事调解;三是加强生态文明的文化宣传,通过教育单位和现代传播手段,确保基层社会形成生态文明风尚,积极参与生态建设。

但相关建设依旧存在司法救济不足、基层生态能力低下、公众生态参与意愿低等突出问题。一方面,公众的生态满意度仍有待提高,但公众依旧将行政手段作为解决生态诉求的主要手段,并未积极重视司法救济、社区救济等多元渠道,举报和信访依旧是厦门市民反映司法诉求的主要渠道,基层中涉及生态的司法救济体系明显覆盖不足;另一方面,生态观念的传播范围依旧较小,传播机制有待升级,传统媒体(诸如电视、广播)的传播手段未能做到网格化,路面的生态指引设施依旧较少,新媒体力量的传播效应未能充分体现。以上因素,导致了公众的生态意识仍显淡漠,随手扔垃圾、乱停车、高声喧哗、违规使用能源、制造海洋污染等现象时常出现。

四、深化生态文明体制机制创新的路径选择

通过系统总结厦门市生态体制机制创新的已有经验和突出做法,反思相关制度空白和薄弱环节,应进一步寻找推动厦门市生态体制机制创新的制度路径,在以下三个方面积极作为:一是应积极参与国家的中长期战略规划,挖掘本土生态文化传统,在对外开放大局中形成有厦门本地特色的生态文明制度体系;二是积极统筹经济与社会发展需求,推进生态服务供给的社会化,畅通生态资源流通,推动生态决策过程和环保制度供给法治化;三是应促进生态运行机制的科学化,改革行政体制,打破部门壁垒,大兴调查研究,避免执行"一刀切"。

(一)完善生态文明建设的制度体系

厦门市拥有丰富的历史文化资源,在长期的实践中形成了具有本土特色的海洋文化、岛屿文化、山林文化等具有深厚底蕴的生态文化。自中国进入近代以来,厦门市也成为中国对外开放的重要窗口,率先引入了诸多先进的生态文明理念和生态技术手段。相关优势在改革开放、社会主义新时期等阶段被充分发挥,推动了厦门市的生态文明建设。改革开放以来,厦门市通过积极的环境立法和完备的生态服务体系,充分激活了厦门市本地的生态文化资源,出台了以《厦门经济特区生态文明建设条例》为代表的制度性示范文本。近年来,厦门市一是不断针对新兴社会领域,完善立法程序,针对专门领域出台精细化的制度法规;二是把握"一带一路"等对外开放政策机遇,促进生态制度建设的国际合作,积极转化发达国家的先进做法进入"本土空间";三是紧跟"乡

村振兴""共同富裕"等国家中长期发展战略,改革社会管理体制,将生态制度设计贯通于厦门市社会领域的各个结构与层次。相关探索促进了生态制度体系的完善。

但以下问题依旧存在:立法程序不规范,立法层次不精细,专门性法规的供给不足,生态社会的文化氛围远未形成,吸收发达国家的先进制度性做法不够。所以,厦门市一是应积极促进立法程序的精细化,积极发挥人大和政协机构的立法论证作用,提高生态制度的容错率;二是促进立法对象的精准化,针对新兴社会领域和特殊生态对象出台专门法规,确保执法机构明确责任边界,有法可依;三是应整体把握"一带一路"等对外开放政策体系,进一步扩大与发达国家的制度性合作,促进合作机制的常态化,使"域外经验"成为推进制度变迁的有力参照,推动生态领域的政企合作机制、社会参与机制进一步完善;四是应积极激活本土的生态文化传统,结合国家中长期发展战略的多层次需求,推进教育制度与基层管理制度变革,让道德自觉成为法律执行的核心支撑,形成人人向善的生态社会风尚。

首先,应加强生态立法的规范性建设。发挥人大代表的联系群众机制与政协委员的参政议政职能,在厦门市人民代表大会和政治协商会议上针对生态主题进行多层次、多领域论证,充分吸收社会各界意见,增强生态制度的容错度。针对制度空白和短板领域尽快出台相关立法。当前,在海洋垃圾防治、重大灾害动员、噪声污染等重点领域依旧缺乏专门立法,应针对空白领域,加强调研,促进相关领域的专门立法,保障执法机关与司法部门有法可依,运用好经济特区的政策制定权,健全完善生态政策的试点制度。人大专门委员应会派出专门监督团队,跟踪生态试点效能,进一步提高生态立法的精细化。

其次,厦门市作为金砖国家的合作试点城市,应充分把握对外开放机遇,使用好"一带一路""共同富裕""乡村振兴"等国家中长期战略的系统效应,转化为促进生态国际合作和激活本土生态文化的优势动能。一方面,应和有较高生态治理水平的国家建立多样化的定期交流合作机制,广纳百川,充分吸收"域外经验",打造国际知名的生态城市品牌,注重吸收国外先进司法经验,拓展厦门市法院的生态审判功能,确保应对环境诉讼的能力可以做到全市覆盖;另一方面,应结合厦门本地实际,科学制定"碳达峰""碳中和"的具体目标,辩证吸收国外先进治理经验,慎重进行陆海空间规划,尊重厦门市各地区的产业结构实际状况。

最后,应该充分发扬本土传统文化,建立生态治理的社会共同体。厦门本地文化蕴含着诸如"妈祖崇拜""重乡敬祖"等丰富的生态文化基因,相关文化基因历久弥新,铸造了厦门人热爱自然、努力拼搏的优良品质。因此,应推动厦门各区的教育机构制定专题化的生态教育制度,加强媒体宣传,发扬生态传统;在春风细雨中引导厦门居民形成"向往蓝天、拥抱碧海"的自觉道德风尚。

(二)推进生态公共服务供给的社会化

厦门市虽然确定了生态公共服务供给的基本框架,拥有了完备稳定的政策工具箱。但是,经济转型形势依旧严峻,公众环境参与能力仍然低下,生态经济绩效尚未显著,生态服务的法治化和规范化建设依旧任重而道远。一是应积极推动生态价值核算、绿色金融交易体系、碳排放交易体系、环评责任承诺书、生态审判庭等引领全国的体制机制继续发挥已有优势,改革其在机制试点与政策实践中所暴露的弊端,与高质量的经济增长需求深度融合,实现社会效益与经济效益的高度统一;二是应加大生态服务创新力度,继续探索适宜于厦门本地的新经济发展模式,构建产业融合和产业转型的新支点;三是应扩大环境治理的公众参与度,在法治保障基础上吸纳多元主体参与生态决策、生态服务供给等环节,加强公众监督、社会组织参与、政企合作、技术支撑和司法体系建设,构建"阳光"下的"智慧政府",确保生态服务体系的行稳致远,最终更好地服务于经济与社会发展大局。

首先,在发挥已有优势的基础上,应建立常态化流程机制,定期对全市生态资源定价和碳交易权定价进行检查,运用技术手段不断巩固检测,推动政府官员吸收并亲自学习更多先进技术,提高生态服务的专业度,保证生态定价能符合市场经济运行规律。同时,要扩大生态价值核算的协商机制,既要有专家参与的智力支持,也要有市民、企业、社会组织的充分参与,最终形成精细化核算体系。

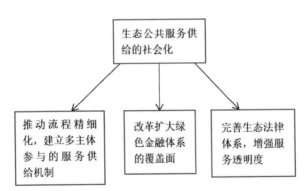

图2 厦门市生态文明公共服务供给的社会化方向

图表来源:作者自制。

之后,积极改革绿色金融交易体系,建立与省级银行的结算衔接机制,简化交易流程,激发企业主体参与绿色信贷的热度与活力;金融机构应积极和基层自治主体合作,定期展开绿色金融的宣传活动,进一步确保绿色金融能进一步下沉到生态资源丰富的基层社会;在环评责任书机制上积极简政放权,强化环评申请的一条龙服务,提高企业生产效率。

然后,在巩固已有机制创新成果的基础上,应推动人大、政协与智库单位积极研究厦门市的产业结构实际,寻找全新的产业高地,针对"生态旅游"这一新兴领域发展出形式更为新颖的金融创新机制,形成能融合"碧海蓝天"的全新产业高地,并转化推动经济高质量发展的新引擎。

最后,公共服务品质的提升离不开环境政策的透明公开,应拓展群众监督渠道,推进环境政策制定的透明公开,形成更多的生态法规,确保政策执行有法可依,对涉及环境政策(如垃圾分类的后期处理环节)的财政支付状况进行透明化管理,积极以具体账目形式向社会公开,避免腐败现象。

(三)促进生态管理的科学化

作为国家生态政策试点的样板城市,厦门市积极推动生态管理部门的"合并同类项",既做"加法",也做"减法",通过小组治理、陆海功能分区、"河湖长"制、第三方监督、技术平台构建、海上公园管理体制改革等创新做法,进行高位推动,一定程度上打破了部门藩篱,促进了行政信息充分流动,优化了管理链条,相关改革探索形成了值得在全国推广的改革经验。然而,相关改革探索依旧存在着权责边界不明、公众知情不足、治理手段单一化、部门阻隔明显、规范文件缺乏、执行方法简单化等突出弊端。所以,一方面,应继续发挥已有的优势创新做法,划定责任边界,加大公众宣传力度,构建部门执法的协同机制;另一方面,应大兴调查,运用高新技术手段实时监测,尊重厦门市各区域的社会生态,重视民情民意,促进执法机制的人道化和精细化。

首先,应继续推动"多规合一"改革,促进部门之间的职能合并,一方面,应通过政治高位推动,由厦门市委和发展改革委牵头,打破生态相关部门之间的技术壁垒和信息壁垒,科学制定部门合并与裁撤的"加减法"方案,确保信息充分共享;另一方面,加强部门之间的定期协同交流,各部门人员积极会晤,出台协同执法方案,寻求到各部门行动的"最大公约数",保障协同执法的常态化。相关改革成果可以通过"闽政通"app或者手机短信告知全市市民。

其次,针对"河湖长"这一创新机制,应根据生态地理信息变化情况,定期研究"河湖长"的区域责任,及时出台有关河湖长与政府常设部门之间关系的执行法规,确保责任不重复、执行不冲突,进一步加强社会组织对"河湖长制"的监督作用,运用新媒体或手机通信手段,将各区域内河湖长的姓名、职责、公共联系方式等信息通知至市民,充分征集市民意见,增强"河湖长"机制在人民群众中的知晓度。再以"河湖长"制建设为契机,进一步推动基层治理的生态化,加强生态执法部门与乡村、社区等基层自治主体的密切联动,协同建设生态书屋,增加路面的生态标语,指导召开群众、企业、社会组织共同参与的基层协商会议,打造"无讼社区",鼓励群众通过社会协商化解基层环境纠纷。

最后,应大兴调查研究,进行专门的执法调研,避免执法机制一刀切,尊重厦门市各地既有生活状态与科技专家意见,根据自然实际规律,改革陆海功能分区与生态景区管理体制,避免生态政策在执行中出现偏转。针对垃圾分类、海洋垃圾治理、生态景区管理等突出领域建立执法评价指标,加强绩效考核,在"刚中有柔"中引导厦门居民自觉遵守生态管理法规。

参考文献

[1]高宇,黄海萍,吴侃侃等.厦门海洋垃圾防治与管理实践及启示[J].海洋开发与管理,2021,38(11):91-96.

[2]吴毅彬."双碳"目标约束下区域碳与污染物协同减排的研究:以厦门市为例[J].低碳世界,2021,11(12):17-18.

[3]庄马展,吴艳聪,潘黄蕾等.低碳景区评价指标体系的构建:以厦门市为例[J].环保科技,2023,29(1):1-6+26.

[4]关琰珠,钟寅翔,吴毅彬等.科技创新与碳达峰碳中和目标下区域碳排放与污染物协同减排的调控政策研究:以厦门市为例[J].中国发展,2021,21(5):79-88.

[5]岳世平.厦门经济特区生态治理体系现代化建设的成就与经验总结[J].厦门特区党校学报,2022(2):28-34.

[6]黄阳平,甘景丰.厦门市发展"共富金融"的模式研究[J].发展研究,2023,40(2):51-57.

[7]刘艳.厦门产权交易中心 创新"一带一路"及金砖国家碳中和模式[N].厦门日报,2023-05-26(A01).

[8]王玉婷,许晓婷,陈智勇."厦门蓝"更清新[N].厦门日报,2023-06-03(A01).

[9]董世钦."十四五"时期厦门生态文明建设思路研究[J].厦门特区党校学报,2020(3):40-45.

[10]曾青,俞白桦.持续推进城市生态文明建设的思考:以厦门市为例[J].安徽农业大学学报(社会科学版),2015,24(1):37-41.

[11]黄巧莲.法治化生态文明建设的厦门实践与启示[J].社会治理,2021(10):74-81.

[12]李建章,刘岩岩.福建厦门:塑造高颜值的"生态花园城市"[J].中国水利,2019(24):158-163.

[13]肖潇,王燕云.厦门市生态文明建设水平评价[J].赤峰学院学报(自然科学版),2020,36(12):30-35.

[14]庄世坚.厦门:习近平生态文明思想的发祥地[J].厦门特区党校学报,2019(03):39-43.

[15]邓辉.习近平同志任职厦门期间的生态文明思想的探索与实践[J].厦门特区党校学报,2019(5):40-45.

[16]陈溢佽.福建省地方政府生态环境治理职能分析:基于政治结构—功能分析框架[J].行政科学论坛,2018(5):39-42.

[17]廖伟杰,祁新华,程顺祺,等.福建省生态文明建设的实践创新与路径选择[J].台湾农业探索,2019(1):43-48.

[18]王曦,卢锟.规范和制约有关环境的政府行为:理论思考和制度设计[J].上海交通大学学报(哲学社会科学版),2014,22(2):43-57.

[19]余敏江.环境精细化治理:何以必要与可能?[J].行政论坛,2018,25(6):116-122.

[22]曾增欣.基于生态文明建设视域下的政府管理模式优化[J].现代商业,2018(17):32-33.

[20]杜焱强,何佳,包存宽.建立中国生态文明建设的适应性规划模式[J].上海城市规划,2018(3):8-12.

课题负责人、统稿:朱仁显

执　　　　笔:费君箫

厦门市生态文明示范区建设的路径选择

厦门市作为习近平生态文明思想的重要孕育地和实践地,始终牢记习近平总书记对厦门"成为生态省建设排头兵"的殷切期望,紧扣"绿水青山就是金山银山"生态文明理念,坚持"生态立市、文明兴市、保护优先、科学发展"基本方针,综合考虑未来时期厦门生态文明示范区建设发展的趋势与现实条件,对生态文明示范区建设的实践路径做出系统谋划和部署,以此加快推进生态文明体制改革、生态环境保护和城市绿色低碳转型,绘就高素质高颜值现代化国际化城市"厦门画卷",为美丽中国建设、人与自然和谐共生现代化建设提供更多"厦门经验"。

一、厦门市生态文明建设示范区的实践探索

生态文明示范区建设是一项系统工程,重在实践、贵在创新、成在坚持。厦门经济特区成立以来,始终牢固树立和全面践行新的生态文明理念,统筹推进经济社会与生态环境协调发展,在不断巩固提升国家环保模范城市、国家生态市等创建成果的基础上,积极参与申报创建国家生态文明建设示范区,致力于构建人与自然和谐共生的生态文明城市。历经多年的探索实践,厦门市于2022年11月荣获副省级城市国家生态文明建设示范区荣誉称号,成为全国第二个获此殊荣的副省级城市。同时,厦门市所辖6个区①先后获评国家生态文明建设示范区,实现国家生态文明建设示范区全覆盖。这充分体现了国家和省级层面对厦门市生态文明建设工作的高度认可,也是厦门市生态文明建设取得的重大成果。

(一)国家生态文明建设示范区的政策要求

"生态文明建设示范区"是一个综合性概念,泛指由国家部委组织实施的

---

① 2017年9月,海沧区获评第一批国家生态文明建设示范区;2018年12月,思明区获评第二批国家生态文明建设示范区;2021年10月,湖里区、集美区获评第五批国家生态文明建设示范区;2022年11月,同安区、翔安区获评第六批国家生态文明建设示范区。

或各省市自治区自主确立的不同形式的生态文明建设试点示范区或先行示范区。[①] 其目的是在区域内建立一种人类社会与生态环境和谐共生、相互促进的良性循环关系,实现生态、经济、社会三者之间的可持续发展,为其他地区的发展提供参考。《国家生态文明建设示范区管理规程(试行)》明确指出,国家生态文明建设示范区范围涵盖生态文明建设示范省、生态文明建设示范市、生态文明建设示范县、生态文明建设示范乡镇、生态文明建设示范村、生态工业示范园区。对于各级示范创建工作,既需要坚持国家引导和地方自愿原则,党政组织与社会参与并肩合作,也需要因地制宜、突出特色,坚持持续推进和注重实效原则。

自 20 世纪 90 年代以来,生态环境部(原环境保护部、原国家环境保护总局、原国家环境保护局)就以示范建设为抓手全面、深入推进生态文明建设,将生态环境保护理念融入地方建设的各方面和全过程,共经历了国家生态示范区、国家生态建设示范区、国家生态文明建设示范区三个阶段的建设历程。[②] 2013 年 6 月,中央批准将"生态建设示范区"正式更名为"生态文明建设示范区",这一决定充分表明党中央、国务院对生态文明建设的高度重视和殷切期望。为贯彻落实中共中央、国务院关于加快推进生态文明建设的决策部署,指导和推进各地以市、县为重点全面推进生态文明建设,打造区域生态文明建设"升级版",提升生态文明示范建设水平和影响力,生态环境部先后印发了《关于大力推进生态文明建设示范区工作的意见》《国家生态文明建设示范区管理规程(试行)》《国家生态文明建设示范县、市指标(试行)》《副省级城市创建国家生态文明建设示范区工作方案》等政策文件。并根据党中央、国务院的总体战略要求和生态文明建设的实际情况,于 2019 年 9 月印发了新修订的《国家生态文明建设示范市县建设指标》和《国家生态文明建设示范市县管理规程》,以及制定了《"绿水青山就是金山银山"实践创新基地建设管理规程(试行)》。

经过多年的系统谋划、全面推进和重点突破,生态文明建设在理论和实践方面都取得了具有历史性、转折性和全局性的变化,展现出了良好的成效。作为新时代全面推动生态文明建设的一种探索形式,国家生态文明建设示范区是对国家生态示范区、国家生态建设示范区的全面深化和提档升级,是持续推

426

---

① 郇庆治.三重理论视野下的生态文明建设示范区研究[J].北京行政学院学报,2016(01):17-25.

② 李庆旭,刘志媛,刘青松等.我国生态文明示范建设实践与成效[J].环境保护,2021,49(13):32-38.

动美丽中国建设的重要路径,也是高效改善生态环境的关键抓手。[①] 这一阶段以全面构建生态文明建设体系为重点,统筹推进"五位一体"总体布局,落实五大发展理念的示范样板,并根据新要求着力提升生态文明建设示范区工作的科学化、规范化、制度化水平。如新修订的《国家生态文明建设示范市县建设指标》在原有建设指标的基础上,充分考虑发展阶段和地区差异,围绕目标责任体系与制度建设、生态环境质量改善、生态系统保护、生态环境风险防范、空间格局优化、资源节约与利用等重点任务,以促进形成绿色发展方式和绿色生活方式、改善生态环境为导向,从生态制度、生态安全、生态空间、生态经济、生态生活、生态文化 6 大领域共设置 40 项建设指标,并详细说明建设指标值、指标属性以及适用范围,为相关部门对各地生态文明建设示范区的申报、核查、监督管理等系列工作提供了有效的参考依据。

此外,各地在生态文明建设示范区推进过程中,要做到三个准确把握[②]:一是准确把握习近平生态文明思想,要用习近平生态文明思想指导统领生态文明示范区建设工作,用习近平生态文明思想武装头脑、指导实践、推动工作,树立正确的政绩观,切实把生态文明建设重大部署和重要任务落到实处,让良好生态环境成为人民幸福生活的增长点、成为高质量跨越式发展的支撑点、成为展现良好形象的发力点;二是要准确把握全国生态环境保护大会精神,全面推进生态文明建设示范区,坚决打赢蓝天、碧水、净土三大保卫战;三是要准确把握生态文明建设示范区的内涵,秉承人与自然和谐共生的生态理念,这对于建设资源节约型、环境友好型,推动环境保护历史性转变具有十分重要的意义。

(二)厦门市生态文明建设示范区的主要措施

厦门市作为海峡西岸最具活力的城市之一,人居环境优越,山海格局特点鲜明,绿色经济起步早、城市建设品质优、人文素养起点高,具有创建全国生态文明建设示范区的良好基础与发展潜力。自 2017 年生态环境部启动国家生态文明建设示范市县遴选以来,厦门市积极响应政策号召,充分发挥敢为人先、先行先试的"特区精神",以创新理念和可持续发展为导向,全面启动生态文明建设示范区创建工作,旨在打造一个生态友好、宜居宜业的城市,发挥示范效应,为全国生态文明建设作出积极贡献,成为向世界展示美丽中国建设成果的重要窗口。

---

① 张康洁.国家生态文明建设示范区时空特征及其影响因素分析[J].统计与决策,2023,39(07):73-78.

② 张乃明等.生态文明示范区建设的理论与实践[M].北京:化学工业出版社,2021:279.

1.重点探索生态文明建设制度体系

党的十八大把生态文明建设纳入中国特色社会主义事业"五位一体"总体布局,并首次提出"加强生态文明制度建设"的重大任务,具有划时代的重要意义。按照中共中央、国务院印发的《生态文明体制改革总体方案》《关于支持福建省深入实施生态省战略加快生态文明先行示范区建设的若干意见》《国家生态文明试验区(福建)实施方案》等文件精神和建设任务,厦门市发挥经济特区立法优势,从实际出发、大胆创新,积极推进生态环境法治制度创新,严格落实生态环境保护责任,为生态文明建设示范区创建工作奠定坚实基础。

一是制定完善生态环境保护法规,不断强化顶层设计。近年来,厦门市根据《中华人民共和国环境保护法》和其他有关法律、法规,结合厦门实际,制定了《厦门市环境保护条例》《厦门经济特区生态文明建设条例》《厦门经济特区筼筜湖区保护办法》等多部与生态环境建设和资源保护相关的政策法规,为厦门市推进生态文明建设提供了有力的法制保障。与此同时,厦门市坚持"一张蓝图"绘就"美丽厦门",编制实施《美丽厦门环境保护总体规划(2014—2030年)》《美丽厦门生态文明建设示范市规划(2014—2030年)》《厦门市"十四五"生态文明建设规划》等生态环境保护规划,科学设定厦门市生态文明建设的总体目标、阶段目标,明确生态文明建设的指导思想、基本原则、重点任务,并适时修订生态文明建设的指标体系、目标评价体系,为厦门市率先建成国家生态文明建设示范市、建设具有世界竞争力和影响力的生态文明城市提供规划引领。

二是成立工作领导小组,不断强化组织领导。为严格落实生态环境保护"党政同责、一岗双责"制度,厦门市先后成立了由市委、市政府主要领导牵头的生态文明建设领导小组、生态文明建设示范市创建工作领导小组等,设立生态环境保护委员会、生态文明体制改革专项工作小组,印发实施生态综合治理攻坚战、海漂垃圾整治等工作方案。此外,厦门市还将生态文明建设示范市任务纳入年度党政领导生态文明建设、环境保护目标责任制考核和绩效考核,实施奖惩机制与"一票否决"的量化评价,将考核结果作为各单位党政领导班子实绩综合考评、干部奖惩任免的重要依据,以此强化各级各部门人员的政治责任意识,督促各部门按时保质保量完成各项任务。

2.构建绿色低碳循环发展经济体系

绿色低碳循环发展是促进生态文明建设、构建现代化经济体系和实现高质量发展的必然要求。对于厦门市而言,它不仅是践行习近平生态文明思想的必然选择,更是破解经济发展与资源环境约束难题、提升城市可持续发展的基础之策。在政策指引下,厦门市把绿色发展、低碳发展、循环发展理念融入生态文明建设整体布局和经济社会发展全局,坚持以更高水平建设高素质高颜值现代化国际化城市为目标导向,科学谋划、构建绿色低碳循环发展经济体系。2022年,厦门市政府印发了《厦门市加快建立健全绿色低碳循环发展经济体系工作方案》,从生产、流通、消费、基础设施、绿色技术、法律法规政策等6方面对绿色低碳循环发展作出具体安排,并明确了当前和今后一个时期厦门市绿色低碳循环发展的方向与主要目标。

一是有序推进碳达峰碳中和行动。在生态文明建设示范区创建过程中,厦门市深入贯彻中共中央、国务院关于碳达峰碳中和的决策部署,统筹推进碳达峰碳中和相关工作,2022年2月正式成立碳达峰碳中和工作领导小组,同年印发《厦门市碳达峰碳中和"1+N"政策体系编制工作方案》《厦门市减污降碳协同增效实施方案》,完成《厦门市二氧化碳排放达峰行动方案》编制工作。2021年起,厦门市积极开展低碳试点示范标准体系建设工作,率先在全省发布《厦门市低碳工业园区验收技术规范(试行)》《厦门市近零碳排放示范工程之近零碳景区验收技术规范(试行)》等4项低碳验收技术规范,及时填补了福建省低碳示范区建设评价体系的空白;随后2年时间里,厦门市多次修订和补充完善技术规范体系。与此同时,厦门市坚持绿色低碳、试点先行,积极开展低碳试点示范工程创建和碳普惠案例评选工作,先后推进后溪工业组团、官任社区、市植物园、鼓浪屿等低碳园区、低碳社区、低碳景区试点创建工作,推动象屿零碳综合保税区等项目申报全国绿色低碳典型案例,指导中国国际投资贸易洽谈会、中国金鸡百花电影节、厦门国际马拉松等重大活动开展碳中和,以期实现减污降碳协同增效。

二是稳步推进产业结构转型升级。经过四十余年的建设,厦门经济特区基本形成了外向型经济格局和行业门类齐全的工业生产体系,产业结构持续优化升级,现代产业体系也正在加速构建。厦门市立足资源禀赋和功能定位,先后印发《厦门市重点发展产业指导目录》《厦门市休闲农业与乡村旅游发展实施规划》《厦门市统筹推进现代化产业体系实施方案》等政策文件,大力发展现代制造业、现代服务业、生态农业、节能产业,优化提升集美机械工业集中区、同安工业集中区等传统产业,以及依托"海峡、海湾、海岛"资源优势,重点发展蓝色海洋经济。多年来,厦门市坚持以先进制造业和现代服务业为主体、战略性新兴产业为引领,建立统筹推进现代化产业体系工作机制,推动产学研一体化高质量协同发展,全力建设动能持续、梯次发展的"4+4+6"①(4个支

①　4个支柱产业:电子信息产业集群、机械装备产业集群、商贸物流产业集群、金融服务产业集群。4个战略性新兴产业:生物医药、新材料、新能源、文旅创意。6个未来产业:第三代半导体、未来网络、前沿战略材料、氢能与储能、基因与生物技术、深海空天开发。

柱产业、4个战略性新兴产业、6个未来产业）现代化产业体系，着力推进产业转型、优化产业结构、提升产业能级。

3.注重自然生态整体保护与系统修复

保护生态环境就是保护生产力，改善生态环境就是发展生产力。厦门市长期坚持高标准、高水平建设全国一流的生态环境，不断加大生态保护和修复力度，持续改善生态环境质量。除了坚持源头防治、完善环境监管执法体系，厦门市还制定实施生态环境保护专项规划和采取系列污染整治专项行动。在2022—2023年期间，厦门市先后印发《厦门市"十四五"海洋生态环境保护规划》《厦门市"十四五"空气质量改善规划》《厦门市光环境控制规划（2022—2025）》等规划，深入开展水体、大气、土壤和固体废弃物的污染防治，打击固体废物及危险废物非法转移和倾倒，使环境污染得到遏制，生态环境进一步好转。

一是推进生态环境污染防治攻坚战，深入实施"蓝天、碧水、蓝海、净土"四大环保工程。在蓝天工程方面，厦门市持续开展"守护蓝天百日攻坚"、空气质量应急管控专项行动、"静夜守护"专项行动以及"电动厦门"规划编制等系列工作，建立厦漳泉大气污染区域联防联控联治机制，打造多模型空气质量预报预警系统。在碧水工程方面，厦门市全面推行河湖长制，建立责任明确、协调有序、监管严格、保护有力的河湖管理长效机制，以笕筜湖、西溪、许溪为重点争创国家级、省级"美丽河湖"；建立饮用水源保护长效机制，落实生态补偿政策，实行饮用水水源地负面清单管理；坚持远近结合、系统治理，开展黑臭水体专项整治；实施九龙江口和厦门湾生态综合治理试点，等等。在碧海工程方面，厦门市注重陆海统筹协同治理，深化溪流综合治理，不断提高河道生态自净能力；建立入海排污口长效监管机制，重点监督管理入海排口、海漂垃圾污染防治与收集处置；推进海洋生态整治修复项目实施，综合整治和保护海域岸线，以厦门岛东南部海域为重点争创国家级"美丽海湾"。在净土工程方面，厦门市编制《厦门市"十四五"时期"无废城市"建设实施方案》，深入推进农用地土壤污染防治和安全利用，实施重点重金属污染物减排，推进危险废物规范化管理，督促医疗废水达标排放，组织开展全覆盖的危险废物规范化管理评估。

二是加强生态保护与修复，不断提高风险防范能力。厦门市全面推进"山水林田湖草"系统保护与修复，聚焦裸露山体、森林、流域、海洋等问题突出区域的生态修复需求，重点推进废弃矿山、林地、海岸带、海域、溪流湖泊、河口湿地、绿地、沙滩等修复工程。先后建立珍稀海洋物种国家级自然保护区、五缘湾栗喉蜂虎市级自然保护区和海洋特别保护区；积极创建东坪山近零碳排放示范区，以最终恢复生态系统平衡为目标，持续推进生态系统保护与修复。此外,还对全市较大环境风险等级企业开展全要素综合隐患排查和企业环境应急预案进行备案,建立油气储运、危化品港口码头与仓储区、海洋生态敏感区等重点区域涉海风险源清单和管理台账,开展码头、船岸、口岸等联防联控机制应急演练。

4.着力优化国土空间开发保护格局

国土空间不仅指用地空间或土地利用本身,还指涵盖自然过程和人类各项活动的具有特定结构和功能的地域单元。[①] 党的十八大将"优化国土空间开发格局"确定为生态文明建设的重要任务,表明国土空间是国民生存的场所和环境,也是生态文明建设的重要载体,更是生态文明建设示范区的总体框架,其开发保护格局必须坚持生态优先、绿色发展、科学管控原则。在生态文明建设示范区创建工作中,厦门市如何定位、空间如何布局,这实际上关系到示范区建设能否取得实质成效。针对厦门土地空间较小、资源环境承载力相对较弱的情况,厦门市认真贯彻落实习近平总书记制定的"提升本岛、跨岛发展"战略部署,开展《厦门市国土空间总体规划(2020—2035年)》编制工作,健全"531"(五年近期实施规划—三年行动计划—年度实施计划)规划实施传导体系,深入实施跨岛发展战略,不断优化国土空间开发保护格局。

一是细化主体功能区、生态功能区、环境功能区,优化生态空间、生产空间和生活空间布局。按照上级战略部署,厦门市坚持统筹发展、差异发展,以资源环境承载力和环境宜居度为依据,把全市划分为优化提升、重点发展、协调发展及生态保护等主体功能区。其中,依据福建省主体功能区划,厦门市主体功能区包括优化开发区、重点开发区和禁止开发区,优化开发区域包括思明区与湖里区,重点开发区域包括集美区、海沧区、翔安区、同安区,禁止开发区域包括厦门珍稀海洋物种国家级自然保护区、鼓浪屿—万石山风景名胜区、北辰山风景名胜区等区域。厦门市将生态功能区划分为生态城市建设型生态功能区、城乡协调建设与工业环境生态功能区、低山丘陵水源涵养与生态林保护生态功能区和海洋生态保护与旅游发展生态功能区4个生态功能区,并在功能区内进一步细分为24个生态功能单元(见表1)。另外,还将环境功能区分为自然生态保育区、生态功能维护区、农业环境安全保障区、重要产业聚集区、宜居环境功能区,以此促成全域全要素、陆海统筹的空间规划体系。

① 丁明磊、杨晓娜、赵荣钦等.碳中和目标下的国土空间格局优化:理论框架与实践策略[J].自然资源学报,2022,37(5):1137-1147.

431

表 1　厦门市生态功能单元

保护类别		名　　　称
生态保护	饮用水源保护区	石兜—坂头水库饮用水源重点保育生态功能单元
		汀溪水库饮用水源重点保育生态功能单元
		莲花水库饮用水源重点保育生态功能单元
		竹坝水库应急备用水源保护单元
		古宅水库建制镇集中式饮用水地表水源保护单元
	海洋生态保护区	湖边水库应急备用水源保护单元
		同安湾口港口环境与海洋珍稀生物保护生态功能单元
		九龙江河口区港口环境生态功能单元
		大嶝滨海旅游环境与海洋珍稀生物生态功能单元
		同安湾内湾滨海景观与旅游环境生态功能单元
		马銮湾湿地与旅游环境生态功能单元
	海洋珍稀生物自然保护区	厦门岛东南海域旅游景观生态功能单元
		中华白海豚自然保护单元
	鸟类自然保护区	文昌鱼自然保护单元
		白鹭自然保护单元
	山地丘陵生态保护区	五缘湾栗喉蜂虎鸟类自然保护单元
		蔡尖尾山生态风景林生态功能单元
		西北部低山丘陵水土保持与生态林生态功能单元
		西部低山丘陵水土保持与生态林生态功能单元
		东北部低山丘陵水土保持与生态林生态功能单元
引导开发	城乡生活生产区	海沧南部港口与工业环境生态功能单元
		环马銮湾、杏林湾城市与工业环境生态功能单元
		厦门东部城市与工业环境生态功能单元
		同安城市与生态农业协调建设型生态功能单元
		大嶝岛商贸旅游生态功能单元
优化提升	中心城市生活生产区	本岛城区生态城市建设生态功能单元
		鼓浪屿—万石山风景旅游生态功能单元

图表来源:《美丽厦门生态文明建设示范市规划(2014—2030年)》。

　　二是深化"多规合一"改革,健全国土空间规划体系。自2014年开展"多规合一"改革以来,厦门市根据上位指导和地方实际,大力开展国土空间总体规划和专项规划统筹编制工作,积极探索总体规划对专项规划的传导反馈、专项规划之间的空间协同、专项规划与详细规划的衔接互动,以及各项规划的实施监督管理等工作机制。以信息化为手段,搭建政府部门统一的空间信息管理协同平台,建立完善从设计、实施到监管的整套运行机制,推进各区各部门项目信息数据共享、信息决策共商、业务协同办理,以此提高国土空间管制能力和行政审批效率。

三是划定生态控制线,构建生态安全体系。在过去的时间里,厦门市实施了一系列重要措施来保护生态环境和构建生态安全屏障。按照国家、省统一工作部署,厦门市扎实推进生态保护控制线划定与管理工作,印发《厦门市生态控制线管理实施规定》,进一步明确生态控制线的定义、适用范围、管控和调整程序等内容。相继划定了 981 公里^2 的生态控制区(占厦门陆域面积的57.7%)、640 公里^2 的城市开发边界和 10.33 万亩的永久基本农田。构建陆域绿色森林生态屏障和沿海蓝色海洋生态安全屏障,重点布局"两片、四区,两条生态隔离带,三类廊道,十个关键生态节点",通过"定点、定位、定桩",以此将生态保护区域牢牢固定在"一张蓝图"上。

5.搭建共治共享生态环境治理体系

生态环境治理体系是国家治理体系的重要组成部分,良好的治理体系有助于提升生态环境保护质量、助推生态文明建设。一直以来,厦门市坚持深化改革、示范引领,以坚定步伐推进现代生态环境治理体系建设,鼓励新闻媒介、企业和广大人民群众主动参与生态文明建设示范区创建工作,积极推动生态文明建设示范区多级联动,推动生态文明建设迈进新台阶,实现生态文明建设的共治共享,让人民群众共同享有美好生活生态环境,拥有更多的获得感。

一是注重科技创新,完善环境安全监管体系。与传统的农业文明、工业文明相比,生态文明建设对科技的要求更高,科技不仅可以修复已破坏或污染的生态环境,还可以在生态文明建设的事前事中发挥监督管理作用。厦门市借助现代科技手段,深化科技赋能,推进生态环境监测监管三年行动,建设生态环境大数据平台、大气超级站、声环境自动监测网络、大气交通污染监测站点、自动气象站、台风实时监测预报预警、城市内涝气象预报预警等多个服务平台,开展大气扩散条件预报、雾霾气象条件分析、海漂垃圾漂移预测等研究,以此推进生态环境监管数字化智慧化。同时,厦门市积极完善环境安全监管体系,加大环境违法行为查处力度,建立健全"市、区、政府部门及企业"三级应急预案体系,修订完善《厦门市突发环境事件应急预案》《厦门湾海漂垃圾应急处置预案》《厦门海域船舶污染应急预案》以及各区的突发环境事件应急预案,并组织开展辐射事故等应急演练。

二是加强生态文明宣传教育,鼓励社会力量参与。厦门市历来重视生态文明宣传教育工作,制订实施福建省首个、全国第三个环境教育规章《厦门市环境教育规定,印发《厦门市生态环境系统法治宣传教育第八个五年规划(2021—2025年)》,建设"厦门市环境教育平台",打造"线上＋线下""社会＋学校"的立体式生态环境教育形式。大力普及生态文明知识、倡导绿色生活方式,组织开展世界环境日、世界地球日、世界海洋日、国际生物多样性日、全国节能宣传周、全国生态日、厦门国际海洋周等环境教育主题活动,积极推进企业环境教育培训、环境信用宣传教育,创建国家、省、市级环境教育基地和生态文明展示馆,并将环境教育纳入学校办学考核、政府生态文明考核、排污企业培训计划,积极培育市民、企业的生态文明理念和"主人翁"意识,落实政府、企业、市民的环境保护主体责任,探索生态文明共建共享机制和社会协同机制。

二、厦门市生态文明示范区建设的成效与问题

历史充分证明,良好的生态环境是人类文明产生与发展的基础,生态文明建设是关系中华民族永续发展的根本大计。厦门市作为习近平生态文明思想的重要孕育地和先行实践地,围绕党中央、国务院的决策部署,积极探索生态文明建设制度创新、体系完善,推动生态文明建设示范区创建工作取得了重大进展和积极成效,形成大批可复制可推广的"厦门经验",获得系列"厦门名片"。从当前和今后一个时期来看,厦门市生态环境质量有所改善,呈现稳中向好趋势,但建设成效并不稳固,重点领域环境问题未彻底解决、自然资源承载能力有待提升等这些都给高标准推进生态文明示范区建设带来较大挑战。

(一)厦门市生态文明示范区建设的主要成效

多年来,厦门市始终坚持习近平总书记重视生态环境保护的理念,牢记习近平总书记的殷切期望,一直高标准、严要求推动生态文明建设示范区创建工作,在改善生态环境质量、推动绿色发展转型、筑牢生态安全屏障以及落实生态文明体制改革等方面走在区域和全国的前列,探索出一条生态良好、生产发展、生态富裕的绿色发展道路,生态文明建设示范创建成绩斐然。

1.生态环境质量持续改善

作为白鹭的栖息地和繁殖地之一,厦门市一直致力于增强生态建设和环境保护工作,统筹推进污染整治、生态修复和环境风险管控,制定并实施了一系列针对大气、水、土壤等污染的防治行动计划,整体生态环境质量改善卓有成效。

一是空气质量稳步改善。厦门市空气质量综合指数排名连续 10 年保持全国前列(如表 2),2013—2017 年空气质量综合指数在全国 74 个重点城市中稳居前 8 名;2018 年在全国 169 个重点城市中空气质量综合指数排名第 7、优良率排名第 2;2019—2022 年在全国 168 个重点城市中空气质量综合指数排名稳居前 9 名,并且六项主要污染物浓度均优于国家环境空气质量二级标准。根据生态环境部公布的 2023 年 1—9 月全国环境空气质量状况,厦门市的空气质量依然排在全国 168 个重点城市中的第 10 名。

二是水环境质量持续改善。《厦门市经济特区年鉴》显示,厦门市的集中式饮用水水源地水质达标率、主要流域国考断面水质优良率、主要流域省考断面水质优良率、小流域省控断面水质达标率、小流域"以奖促治"断面水质达标率连续 3 年保持"5 个 100%"达标。其中,三个主要饮用水水源地(坂头—石兜水库、汀溪水库以及北溪引水库)以及农村"千吨万人"饮用水源地(古宅水库、石垄水库)水质达标率均为 100%,水质主要监测指标全年均符合《地表水环境质量标准》(GB3838-2002)Ⅲ类及以上水质标准。2022 全年筼筜湖、杏林湾水库水体中的活性磷酸盐、无机氮浓度均有所下降,水质有所好转。另外,厦门市已按时完成污水处理"三个一百"计划(新增污水厂处理能力 100 万吨/日以上、每年新增 100 公里以上市政污水管网、完成总投资 100 亿元以上)。

三是近岸海域水质明显改善。从《2022 年厦门市生态环境质量公报》(以下简称《公报》)可知,厦门市的主要污染物(无机氮和活性磷酸盐)平均浓度保持平稳,海域优良水质点位比例提升至 86.4%;近岸海域海滩垃圾数量密度比 2021 年下降 56.9%,质量密度下降 31.4%,海滩保洁范围扩大到 230 公里²,海漂垃圾分布密度 94.6 米²/公里,同比下降 53%,分布密度排在全省最低。另外,厦门市的四个国考点优良水质比例保持 75.0%,与 2020 年、2021 年持平。

四是土壤环境质量保持稳定。《公报》显示,厦门市陆续完成 10 个市控土壤监测点位和 8 个农村环境土壤点位监测,监测指标均无超风险筛选值现象,比 2021 年改善 18.2%;受污染耕地安全利用率达到省考核目标(93%);重点建设用地安全利用率 100%,全市重点建设用地安全利用得到有效保障;全市危险废物产量 15.87 万吨(不含医疗废物),全部安全处置,医疗废物(含涉疫垃圾)产生量 2.23 万吨,废物处置率高达 100%。

总体而言,厦门市的人居环境、生态环境不断得到改善,区域绿化覆盖率位居全国前列,森林覆盖率为 29.3%,大陆自然岸线保有率达 18.3%(含厦门岛),先后荣获国际花园城市、联合国人居奖、国家森林城市、国家生态市、国家生态园林城市等荣誉,获评全球最受欢迎旅游目的地等称号;而且生态环境质量公众满意率连续多年保持在福建省前列。

表2 2013—2022年厦门市空气质量状况

年份	空气质量综合指数 全国排名	空气质量优良率/%	备注
2013	8	93.4%	
2014	8	95.3	全国实施新空气质量 标准的74个城市
2015	2	99.2	
2016	4	98.9	
2017	4	99.2	
2018	7	98.6	全国169个重点城市
2019	4	97.5	
2020	4	99.7	全国168个重点城市
2021	6	99.7	
2022	9	97.5	

图表来源:作者根据厦门市经济特区年鉴相关年份数据自制。

2.绿色低碳转型成效显著

建立健全绿色低碳循环发展经济体系,是推进经济社会发展全面绿色转型的必由之路,是解决我国资源生态环境问题的基础之策,也是实现可持续发展的长久之策。[①] 厦门市深入践行绿水青山就是金山银山理论,贯彻落实绿色发展理念,积极构建绿色低碳循环的高质量发展模式,在推进碳达峰碳中和目标、产业结构转型等方面取得了积极成效,经济绿色化水平持续提升,绿色逐渐成为经济高质量发展的鲜明底色。

一是减污降碳协同增效明显。厦门市坚持先行先试,勇于示范引领,有序推进低碳试点示范建设,2021年开展了20个低碳园区、低碳社区、低碳景区试点创建工作,2022年进一步梳理开展25个低碳试点示范工程创建、新创鼓浪屿低碳岛等10个工程、提星集美后溪工业组团等14个工程,2023年开展ABB工业中心等24个低碳试点示范工作创建;完成东坪山零碳景区创建,象屿零碳综合保税区、海天码头绿色智慧港口、五缘湾北社区中央湾区琥珀湾小区等5个低碳项目被福建省生态环境厅推荐申报全国绿色低碳典型案例,湖边水库生态产品价值实现案例入选《全省绿色低碳发展典型案例》,象屿综合保税区入选2022年生态环境部绿色低碳典型案例;根据2023年7月生态环境部公布的低碳城市试点进展评估结果,厦门市获评优良。另外,厦门市所辖

---

① 中共中央宣传部,中华人民共和国生态环境部.习近平生态文明思想学习纲要[M].北京:学习出版社,人民出版社,2022:54.

6个区也有不少绿色低碳亮点,思明区建成福建省首个近零碳排放区示范工程,湖里区建成厦门市首个三星级低碳园区,同安区设立首个农业碳汇交易平台,翔安区创建全方位低碳试点示范体系,集美区率先开展低碳工业区创建,海沧区以绿色智慧港口建设成功打造减污降碳协同增效"海沧样板"。①

二是产业结构、能源结构不断优化。《厦门经济特区年鉴-2023》显示,厦门市第二、三产业发展较为均衡,分别占GDP的41.4%和58.2%,对全市经济增长贡献率36.1%和63.7%,高技术制造业增加值增长4.2%,占规模以上工业比重达42.2%;战略性新兴产业加速发展,新能源、新材料产业工业总产值分别增长40.7%和16.4%;新产品产量保持快速增长,锂离子电池、新能源汽车产量分别增长1.3倍和45.9%;新兴领域服务业快速增长,信息传输、软件和信息技术服务业营业收入增长15.1%。同时,厦门市坚决杜绝"两高"(高耗能高排放)项目,2022年内"两高"建设项目零新增,单位GDP能耗比2021年下降4.10%,单位工业增加值能耗下降3.20%。

三是绿色建设能力彰显、经济示范效应凸显。厦门市持续深化生态系统价值核算全国"沿海样板"改革,打造生态系统价值核算"厦门样本",搭建起以业务化统计核算模型、软件平台和数据报表为基础的业务化核算体系,自主完成2018年全市及六个区的生态系统价值核算及白皮书编写,在全国率先形成业务化核算能力,实现了从高深理论研究到完备技术体系建立再向结果落地应用的重大突破。厦门市还注重挖掘"山—海—湖—岛—城"生态资源优势,打造五缘湾游艇汇、溪头下婚纱村等特色品牌,建成全长23公里的山海健康步道、4.5公里的铁路文化公园,并以"滨海+"理念推动各业态融合发展,2021年厦门岛生态系统生产总值达到735.50亿元,先后获批国家海洋经济创新发展示范市、国家海洋经济发展示范区,获评"中国十大低碳城市"、第二批"十城千辆"节能与新能源汽车应用示范推广试点城市。

3.生态安全屏障愈加牢固

为深入贯彻习近平总书记关于安全生产的重要论述精神,厦门市认真落实上级决策部署,积极开展生态环境领域保护与修复工作,牢牢守住生态环境领域安全底线,提高水源涵养、水土保持和维持生物多样性等生态功能,为构建厦门"山、海、河、城"一体的良好生态人居环境打造了坚实的生态基础。

一是深入打好污染防治攻坚战,"蓝天、碧水、碧海、净土"四大保卫战取得显著成效。厦门市在总结污染防治攻坚成果的基础上,坚持方向不变、力度不减,紧盯年度重点目标任务,采取一系列有力措施解决环境污染问题,相关

---

① 先试先行 "碳"寻绿色发展新动能:厦门坚持示范引领,让绿色低碳成为高质量发展的鲜明底色[N].中国环境报,2023-09-11(04).

工作经验被广泛宣传推广。例如,《噪声法》职责分工经验被生态环境部和福建省生态环境厅推广;入海排放口整治经验被生态环境部宣传推广;提升污水治理精细化水平经验做法被生态环境部列为《农村生活污水和黑臭水体治理示范案例》;筼筜湖综合整治工程获评全国城市环境综合整治优秀项目、被联合国开发计划署评为"东亚海域污染防治和管理"示范工程,在全球推广示范;五缘湾片区生态修复与综合开发被自然资源部列入全国首批《生态产品价值实现典型案例》,等等。据《厦门日报》报道,厦门市于2023年在全省率先开展土壤污染状况先行调查试点工作,能够获取丰富的土壤背景值数据资料,而且调查项目的成果应用能够对识别人为活动对土壤的污染影响、开展土壤污染成因分析、支撑厦门市土壤环境保护与土壤污染防治管理决策起到重要作用,也能为其他省、市开展相关工作提供借鉴意义。①

二是不断强化生态保护与修复,持续开展绿盾行动,废弃矿山、林地、海岸带、海域、溪流湖泊、河口湿地、绿地、沙滩等生态环境得到有效修复。2021年,厦门市完成同安区发发采石场治理、翔安区小光山采石场二期年度治理任务,并且在同安区设立了厦门市首个生态环境损害赔偿异地生态修复基地;2022年,厦门市累计修复岸线30公里,建成人造沙滩100多万米^2,完成4个海岛的生态修复,并对6个海岛进行定期养护,完成自然保护地整合优化年度工作,补充耕地1100亩、水田900亩,森林蓄积量398万米^3,完成水土流失综合治理面积1.1万亩;累计生态修复水域面积26779米^2,公园绿化景观得到长效保障。海沧湾生态修复工程荣获"蓝色海湾国家示范工程"、观音山沙滩修复工程获评全国优秀海洋工程奖评选第7名、下潭尾红树林湿地修复工程作为"厦门样本"向全国推广。

4.生态文明理念广泛宣传

随着厦门市生态文明建设示范区创建工作的持续推进,社会公众的思想观念和生活方式发生了深刻变化,"保护生态环境就是保护美好家园"也成为社会共识,生态文化氛围日益浓厚,生态文明理念深入人心。

一是绿色生态氛围逐渐浓厚。为提高社会公众的生态环境保护意识,厦门市多次组织开展国际生物多样性日、世界环境日、全国低碳日等宣传活动,开展绿色家庭、绿水青山就是金山银山等主题教育活动,建成白鹭洲东公园"筼筜故事馆"生态文明科普基地,生态环境教育"五融入"(融入育人体系、融入课程实施、融入实践活动、融入环境建设、融入家庭教育)模式成效显著。例如,2023年以来,海沧生态环境局持续开展"环保公众开放日""送法入企"和

---

① 给水土做"体检"!厦门首次开展这项调查[N].厦门日报,2023-02-03.

"执法普法"等活动,参与人数达 150 余人次,营造了良好的政企、群企、政群氛围;湖里区连续两年组织辖区有关企业、社区居民、环保工作人员等参观厦门市环境能源投资发展有限公司、高崎水质净化厂等环保设施,以此加深参观者对生态环保工作的认识和理解,有效破解了邻避效应带来的社会难题,营造了生态环境共建共治共享的良好氛围。

二是绿色低碳生活方式不断丰富。《2022 年度厦门市深入打好污染防治攻坚战工作落实情况》显示,厦门市已建成国家级节约型机关 131 家、绿色学校 2 所、海洋意识教育基地学校 3 所;持续提升生活垃圾减量化和资源化利用水平,实现城乡垃圾分类全覆盖,市民垃圾分类知晓率 100%,形成全民共创生活垃圾分类"厦门模式"。并且厦门市首创的生活垃圾分类"五全工作法"被列入《国家生态文明试验区改革举措和经验做法推广清单》,并向全国进行推广。另外,市民绿色出行意愿不断提升,新能源汽车推广量居福建省第一,绿色出行率达 70%,全市共建成新能源充电桩 9000 余个,厦门市交通运输局曾获第十届中华环境奖(环境管理类)。

三是生态文化自信持续增强。厦门市生态自然禀赋良好,生态文化积淀丰厚,以及近年来生态文明建设示范区创建硕果累累,极大地提升了地区人民群众的生态文化自信。生态文明建设示范区、低碳旅游示范区等多种形式的生态文明建设活动,促使人们参与生态文明建设的积极性、主动性不断增强,幸福感、获得感不断提升,极大地增强了人们对于实现 2025 年建成全国生态文明典范城市、2035 年建设全球生态文明领先城市目标的信心。

5.生态治理体系持续健全

厦门市立足本市实际,发挥特区立法优势,科学编制《"十四五"生态环境保护专项规划》《闽西南协同发展区生态环境保护专项规划》,细化修订《厦门市环境保护条例》等六部地方性法规、规章生态环境保护行政处罚裁量基准,印发《厦门市市直有关部门生态环境保护责任清单》等政策文件,从顶层设计层面健全了目标评价考核、责任追究制度等生态治理体系,提高了生态环境系统依法行政能力,为区域生态环境治理工作和生态文明示范区建设提供了有效保障和实践指导。2022 年,厦门市党政领导生态环境保护目标责任书考核成绩保持在全省第一。此外,厦门市还有效落实了中央、省生态环保督察反馈问题整改工作。第二轮中央生态环保督察 12 项整改任务基本完成,并且都启动了销号工作,7 项通过市级初步验收;组织中督信访件"回头看",29 件重复信访投诉件有效化解;全面完成"三个一百"工程,累计投资 156 亿元,新建改造污水管网 546 公里,岛内 11 个入海直排口基本完成整改,埭头溪水质稳定消除黑臭,同安湾水质由劣四类提升至二类,全面提升污水收集处理能力做法被推荐为全国中督整改正面典型案例。同时,厦门市还积极配合福建省生态

439

环保督察,高效组织问题边督边改和信访件办理等工作,督察转办的 15 批 115 件信访件办结 92 件、阶段性办结 23 件,责令整改 130 次,立案处罚 42 家、处罚金额 199.3 万元,并牵头制定省生态环保督察反馈问题整改初步方案。①

(二)厦门市生态文明示范区建设存在的问题

由上述内容可知,历经多年的探索改革实践,厦门市生态文明建设成效显著,连创佳绩,生态环境质量保持领先地位,环境基础设施建设日益完善,等等。但是,也应清晰地看到,厦门市生态环境保护仍处于攻坚期、窗口期,尤其是在对照建设高颜值生态花园之城的要求、与人民群众日益增长的优美生态环境需要相比时,还有许多难题需要解决、攻克、优化。

1.绿色低碳循环发展仍有压力

作为经济特区城市之一,厦门市拥有较好的政策优势和资源优势,但从近几年的经济增长情况来看(如图 1),尤其是与省内其他城市相比,厦门市地区生产总值始终保持在全省 3、4 位(如表 3),总体增速较慢,经济增长压力较大。与此同时,随着城市化进程加快和人口集聚增长,厦门市资源能源总量约束日益明显,产业结构、能源结构亟待优化升级,绿色产业有待进一步培育,绿色产业生产效能、技术创新等方面核心竞争力仍需加强,绿色经济高质量发展与能源消耗、二氧化碳及污染排放增长解耦的程度仍需进一步提升。② 需要注意的是,当前厦门市的绿色高效交通运输体系尚未完全建立,历年来以公路货运为主的运输结构现状没有发生根本性改变,碳排放量仍然在增长,碳减排任务繁重,实现碳达峰碳中和目标的压力还较大。尤其是与北上广深等一线城市相比,厦门市在高新技术产业、绿色能源产业发展、绿色产品供给、资金投入等方面还存在明显差距,缺少自主知识产权的技术和设备,使得生态经济建设科技含量相对较低,后续需要加大力度推动高碳产业绿色低碳转型,加快培育新兴行业形成新动能,积极探索生态产品价值实现有效路径,全力推进产业生态化、生态产业化。另外,厦门市地域面积较小,整体发展环境较差,工业区与居民区之间布局、城乡布局存在一些不合理之处,不仅容易造成环境污染和土地资源浪费,还会引发由"邻避效应"带来的群众投诉问题,难以有效推进绿色低碳循环发展的生态经济建设。

① 厦门市生态环境局.厦门市生态环境局 2022 年工作总结[EB/OL].(2023-03-02).http://sthjj.xm.gov.cn/zwgk/ghjh/ndgzjhzj/202303/t20230302_2722582.htm.

② 厦门市社会科学界联合会,厦门市社会科学院.2022—2023 年厦门市经济社会发展与预测蓝皮书[M].厦门:厦门大学出版社,2022:160.

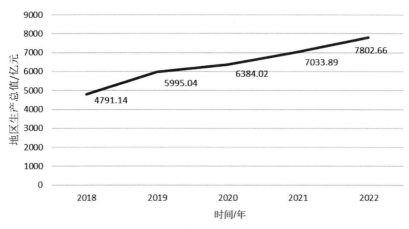

图1 近五年厦门市经济发展状况

图表来源:作者根据厦门市经济特区年鉴相关年份数据自制。

表3 福建省各地区生产总值

单位:亿元

地区	2018 年	2019 年	2020 年	2021 年
福州市	7856.81	9392.30	10020.02	11324.48
厦门市	4791.41	5995.04	6384.02	7033.89
莆田市	2242.41	2595.39	2643.97	2882.96
三明市	2353.72	2601.56	2702.19	2953.47
泉州市	8467.98	9946.66	10158.66	11304.17
漳州市	3947.63	4741.83	4545.61	5025.40
南平市	1792.51	1991.57	2007.40	2117.58
龙岩市	2393.30	2678.96	2870.90	3081.78
宁德市	1942.80	2451.70	2619.00	3151.08

图表来源:作者根据福建统计年鉴相关年份数据自制。

2.重点领域环境问题尚未解决

当前,厦门市仍处于生态环境系统治理的中后期,大气污染、水环境污染等重点领域环境问题未彻底解决,这些问题给高标准推进生态文明建设带来了较大挑战。一是环境空气质量中的臭氧污染问题日益突显,且臭氧污染研究与管控存在较大挑战。《公报》显示,2022 年厦门市环境空气质量综合指数 2.56,与 2021 年相比有所下降,而且轻度污染天数增加至 9 天(首要污染物为臭氧),主要污染物 NO_2(二氧化氮)、O_3(臭氧)浓度分别上升 15.8%、4.7%,

影响了全市空气质量综合指数和优良天数；全年酸雨发生率为 82.9％，比 2021 年（75.9％）上升了 7％；推进 VOCs 源头替代仍然存在技术、成本方面的挑战，大量低浓度的工业废气收集和治理技术依旧存在技术瓶颈。二是流域水环境质量需要进一步提升。虽然厦门市饮用水水源地水质及主要湖泊水质良好，但部分溪流特别是支流还存在劣 V 类水体，尚未完全消除，后续需要进一步落实《厦门市全面消除劣 V 类水体三年行动方案》，加大水环境污染治理力度。三是近岸海域水质改善成效不稳定（见图 2）。2018—2021 年，厦门市近海岸海域富营养化指数保持下降趋势，但在 2021—2022 年，厦门市近海岸海域富营养化指数又从 0.38 增长至 0.45，其无机氮、化学需氧量均有所上升；大部分海滨浴场年度水质评价等级仍为良，具体包括厦大白城浴场、公主园海鲜酒店外浴场、鼓浪屿别墅美华浴场等 5 个海滨浴场；部分海湾河口出现污染反弹，海水水质和海洋垃圾污染等影响了公众临海亲海的获得感和幸福感，而且海上溢油等突发环境事件时有发生。四是局部区域土壤污染问题较为突出，土壤不仅受海盐影响，还因大气重金属沉降、污水灌溉等导致土壤重金属持续累积，存在不可忽视的生态风险，并且在恢复土壤多种用途方面具有较大困难。尤其在农业农村层面，生态环境保护任务较艰巨，畜禽养殖场粪污处理途径、资源化路径相对单一，且畜禽废弃物尚未达到高值化的产品要求，资源利用的可持续性存在风险；部分地区化肥农药使用量不达标，地膜残留量大，受污染耕地面积尚未得到有效修复。

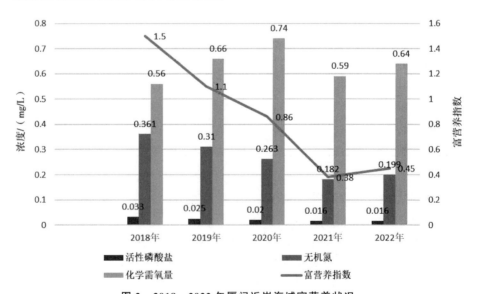

图 2　2018—2022 年厦门近岸海域富营养状况

图表来源：作者根据厦门市生态环境质量公报相关年份数据自制。

442

3.自然资源承载能力有待优化

一直以来,厦门坚持以习近平生态文明思想为指导,以国家海绵城市试点建设为契机,把海绵城市建设作为城市功能不断升级优化的重要路径,致力于破解土地资源有限、资源环境容量小等发展瓶颈,虽有突破,但距离《厦门市"十四五"生态文明建设规划》发展目标还有一定差距,资源承载能力还有待优化。具体表现在:

一是能源消耗和碳排放量相对较高,给环境、气候带来了一定程度的负面影响,比如酸雨发生率逐渐提高,雾霾天数有所增加,后续需要减少能源消耗和碳排放,转向清洁能源和低碳发展。

二是面临水资源供需紧张局面。厦门市虽然拥湖环海、山水环抱,但实际上是一座极其"缺水"的城市,《2022年厦门市水资源公报》显示,厦门市人均水资源量仅有229米^3/年,不足全省平均数的10%,水资源"天生不足";人口增长、经济发展和气候变化等因素导致水资源供应不足和水体污染,加剧了厦门市的水资源供需矛盾,也对全市农业、工业、生态、生活等用水(见表4)造成了不利影响;还受九龙江入海径流污染物输入以及近岸海域水体交换和自净能力不足等问题的影响,近岸九龙江河口区、西海域部分监测点位未达到自然保护区功能区划水质类别要求,海域水环境质量提升空间受限。

三是重大生态修复工程投入不足,生态环境修复任务艰巨,高强度开发对海岸带地区的干扰影响依然显著,红树林、珊瑚礁、海草床等典型海洋生态系统退化,关键海洋物种及栖息地环境受到威胁,海洋生态灾害多发,海洋生态保护修复任务艰巨且复杂。

四是环保基础设施还存在短板。厦门市全区域污水处理设施、管网、泵站等环境基础设施还需进一步完善,城镇污水管网收集系统还不能实现全覆盖,雨污混流、管网错接混接等历史欠账尚未彻底解决;岛外四区虽已基本实现农村生活污水治理全覆盖,但仍存在农村生活污水收集率和处理率不够高、分散式污水处理设施出水水质不稳定等问题。

表4 厦门市2022年用水情况表

单位:万 m^3

年份	生活用水			生产用水				生态环境用水	用水总量	
	农村	城镇	其中地下水	第一产业	第二产业	第三产业	其中地下水		用水量	其中地下水
2022	2743	23169	1367	14758	14469	11343	2347	6743	73225	3714
2021	2487	23732	1229	13615	15462	14135	3515	4211	73642	4744
与上年比较(±%)	10.29	−2.37	11.23	8.40	−6.42	−19.75	−33.23	60.13	−0.57	−21.71

注:2022年将消防用水从第三产业用水调整至生态环境用水中。

图表来源:《2022年厦门市水资源公报》。

4.社会多元共治水平有待提升

提升社会多元共治水平对于解决生态环境问题至关重要,有助于充分发挥公众智慧和力量,促成生态环境保护的共同行动。虽然厦门市一直在探索拓宽共建共治渠道、丰富共建共治形式,但在推进过程中还面临一些挑战和难题。具体表现在以下几个方面:

一是生态环境治理体系的系统性、协同性尚未充分有效发挥,尚不足以形成系统推动力,现阶段环境监管方式以行政手段为主,经济、科技、市场、宣传等手段应用不足,相关责任主体内生动力尚未得到有效激发。如《厦门市"十四五"海洋生态环境保护规划》明确指出,当前厦门市海洋生态环境治理体系尚不健全、治理能力发展滞后,陆海统筹的生态环境治理制度建设尚处于起步阶段,政府、企业和社会多元共治的工作格局亟待健全,海洋生态环境监测监管队伍和能力建设亟待加强,科技支撑体系尚不健全。

二是部门间协同协作待加强。山水林田湖草沙、自然生态环境、人居环境都是系统性的整体,其治理工作需要政府多部门的协调与合作,所涉及的污染防治职能、资源保护职能、综合调控管理职能等分散在生态环境局、海洋发展局、自然资源和规划局、农业农村局、市政园林局等部门,相关规划的制定和实施存在割裂,规划与规划之间缺乏衔接和协调,"治山的不管治水,治水的不管治田"的现象依然存在。又因大气、水污染具有扩散性和流动性,厦门市又处于九龙江下游入海口,流域、海洋受上游环境影响较大,污染治理在区域层面存在功能、目标、标准、管理等方面的不协调,区域联动治理困难较大。

三是协同发展格局尚未完全形成。部分企业家环境保护意识不强,缺失环境保护责任担当,厦门市生态环境局官网的业务信息栏目时而出现对某某公司业务不达标等行为的通报;环保12369举报平台也接收到大量针对部分企业不良行为的投诉举报。另外,厦门市虽然大力开展生态保护宣传教育活动,全面推广生活垃圾分类工作,工作成效明显,但仍然存在执行不到位、参与意识不强等情况,因此要加强校园、商场等公共场合的垃圾分类指导,强化生活、生产垃圾分类意识,提高监督和执法力度,确保垃圾分类政策的全面落实。

三、深化厦门市生态文明示范区建设的具体路径

经过多年的努力,厦门市已按期实现《厦门市"十四五"生态文明建设规划》的发展目标之一,成功获评"国家生态文明建设示范区"。这份沉甸甸的"国字号"生态荣誉,既是机遇,也是挑战。更重要的是,它承载着期望与责任担当,需要厦门市把生态文明示范区建设作为一项长期性工作,攻坚克难,持续当好新时代生态文明建设的排头兵,衔接落实中央、省关于美丽中国建设生

态环境保护的战略部署,巩固提升国家生态文明建设示范区创建成果,发挥在推进减污降碳协同增效、绿色产业转型和环境质量提升等方面的示范引领作用,不断擦亮"高颜值生态花园之城"的绿色招牌,为建设人与自然和谐共生的现代化贡献力量。

(一)坚持改革深化,健全高效有力的生态制度体系

制度建设是生态文明建设的重要内容与根本保障,也是实现生态环境监管的重要手段。习近平总书记强调指出,"建设生态文明,重在建章立制,用最严格制度最严密法治保护生态环境。只有实行最严格的制度、最严密的法治,才能为生态文明建设提供可靠保障"[1]。现阶段国家层面生态文明建设决策制度、评价制度、管理制度、考核制度等制度体系已经逐步建立和完善,厦门市要紧紧围绕国家生态文明示范区建设、生态环境保护新要求,坚持"改革深化、创新驱动"基本原则,加大生态环境领域改革创新力度,建立健全产权结构清晰、激励约束并重、系统完整可靠、高效有力的生态文明制度体系,以制度创新促进绿色发展,以制度创新保护生态环境。

一是健全完善生态文明制度体系,实行最严格的生态环境保护制度,为深化生态文明示范区建设提供重要支撑。首先,要加强源头防控制度,严格控制污染物排放,严把环境准入关口,在空间约束与环境质量目标约束的基础上加快健全企业环境准入制度,以区域资源环境承载力为依据设置产业准入门槛,完善建设规划和项目的环境影响评价制度,全面提高环评有效性,加强空间约束、政府环境质量目标约束与企业环境准入制度的衔接协调。[2] 其次,要强化过程严管制度,进一步明确排污许可制在固定污染源环境监管制度体系中的基础地位,有效衔接环评审批制度,融合污染物排放总量控制制度,加强全过程环境监管执法,逐步形成对工业企业等固定污染源全生命周期的"一证式"监管模式,为打赢污染防治攻坚战提供有力保障。最后,要强化后果严惩制度,完善生态环境损害赔偿制度,按照《厦门市生态环境损害赔偿制度改革实施方案》《厦门市生态环境损害赔偿调查启动管理办法》,实现由生态环境损害赔偿试点向全面推广,构建"环境有价、损害担责,主动磋商、司法保障,信息共享、公众监督"的生态环境损害赔偿工作体系,破解"企业污染、群众受害、政府买单"困局,落实生态环境责任,提高环境违法成本。

二是完善目标评价考核和责任追究制度,严明生态环境保护责任。在目

① 中共中央宣传部,中华人民共和国生态环境部.习近平生态文明思想学习纲要[M].北京:学习出版社,人民出版社,2022:84.

② 秦书生,王曦晨.坚持和完善生态文明制度体系:逻辑起点、核心内容及重要意义[J].西南大学学报(社会科学版),2021,47(6):1-10,257.

标评价考核制度方面,既要健全生态文明建设目标评价考核制度,也要有效落实目标评价考核制度,将资源利用、生态保护、公众满意度等目标纳入经济社会发展考评目标体系,将其作为各级领导干部政绩综合考评、奖惩任免的重要依据,倒逼领导干部重视生态文明示范区建设。同时要建立健全领导干部的表彰激励机制,对于那些在生态文明示范区建设工作中做出突出贡献的领导干部给予表彰和更多晋升机会,进而激发广大干部的新担当新作为意识。在责任追求制度方面,除了"党政同责、一岗双责、终身追责"的制度规制和约束外,还需要辅以"全链条、无缝隙、强有力"的"量化明责—机构赋权—全程监督—考核追责"机制来排查环境政策执行过程中的失职渎职行为,对那些不顾生态环境盲目决策、造成严重后果的官员坚决追责,进而夯实党政领导干部生态文明建设的政治责任。① 另外,要建立企业生态文明信用体系,完善信用评价和绿色金融联动机制,制定重点行业环保守则,落实生产者责任延伸制度与高风险领域环境污染强制责任保险制度,向排污者传递"节能有收益、环保有收益"的积极信号,让环保守信者得利、环保失信者失利。还需要加快落实有利于资源节约和生态环境保护的价格政策、税收优惠政策,对从事污染防治的第三方企业、高新技术企业提供政策倾斜。

(二)坚持科学规划,打造宜居适度的生态空间体系

国土空间是不可再生的宝贵资源,是城市生存发展的根基所在。习近平总书记指出:"城市是人集中生活的地方,城市建设必须把让人民宜居安居放在首位,把最好的资源留给人民,必须把保护城市生态环境摆在更加突出的位置,科学合理规划城市的生产空间、生活空间、生态空间,处理好城市生产生活和生态环境保护的关系,既提高经济发展质量,又提高人民生活品质。要把人民生命安全和身体健康作为城市发展的基础目标,更好推进以人为核心的城镇化,使城市更健康、更安全、更宜居,成为人民群众高品质生活的空间"②。在未来的生态文明示范建设征程中,厦门市必须严格按照上级战略部署,深入实施跨岛发展战略,坚持规划统筹引领,加强科学化、精细化、智能化治理,加快构建"岛湾一体"城市格局,打造高品质生产生活生态空间,让人民有更多获得感。

一是继续强化国土空间规划和用途管控。巩固推广"多规合一"改革成果与应用,开展资源环境承载能力和国土空间开发适宜性评价,加快编制和严格

① 余敏江.党领导生态文明建设"制度—效能"转化的政治逻辑[J].同济大学学报(社会科学版),2023,34(3):10-18.
② 中共中央宣传部,中华人民共和国生态环境部.习近平生态文明思想学习纲要[M].北京:学习出版社,人民出版社,2022:41.

实施国土空间规划,形成以全域全要素、陆海统筹、地上地下空间统筹的空间规划体系,并在自然资源持续利用的基础上,按照人口资源环境相均衡、经济社会生态效益相统一的原则,构建"一屏、一湾、十廊、多组团"的国土空间总体格局。同时,要严格管制国土空间用途,促进土地集约高效利用,全面实施国土空间监测预警和绩效考核机制,形成均衡协调和高质量发展的国土空间开发保护新格局,科学有序统筹布局生态、农业、城镇等功能空间,合理引导经济布局、人口分布与资源环境承载能力相适应,把土地用途管制扩大到山地、林地、溪流、农田、湿地、海洋等所有生态空间,持续优化生态、生产、生活空间布局。

二是继续提升花园城市发展格局,建设更具韧性、智慧的生态宜居城市。首先,要加强城市整体设计和风貌管控,完善"三线一单"生态环境分区管控体系,推进山海廊道、湿地、湾区等生态保护修复工程,构建"山、海、城"融合的城市生态绿化景观风格,逐步形成"生态优良、绿量充足、结构合理、分布均匀、功能完善、文化凸显、特色鲜明、全民共享"的绿化格局,形成多样化、多层次的生态体系。其次,多措并举建设更具韧性的生态城市。通过加快构建城乡一体化交通网络,深入开展道路交通综合整治,持续推进正本清源改造,提高污水处理能力,新建改造燃气管道,建设新型电力系统市级示范区,健全房屋安全长效管理机制,加强应急指挥和救援体系建设,等等。最后,利用高新技术建设智慧城市,科学高效地估算城市资源环境承载能力。[①] 按照《厦门市新型基础设施建设三年行动计划(2023—2025年)》,实施信息基础设施升级工程,推进千兆光网、5G网络、物联网感知网络、工业互联网网络、数据港等建设行动,推动工信、商务、城市管理、市政、交通、水利等领域智慧化升级改造,逐步实现市域治理"一网统管"、政务服务"一网通办"、政务办公"一网协同"。

三是建设国土空间基础信息平台和生态环境大数据平台,提高自然环境资源承载能力。立足厦门实际,结合生态环保云平台、国土空间信息化、市政园林相关体系数字化建设需求,持续推进国土空间基础信息平台和生态环境大数据平台建设,建立健全数据管理工作机制,完善生态环境大数据与国土空间信息共享平台。还要着力建设完善陆海统筹、天地一体、上下协同的生态环境监测网络,运用现代信息技术全面保障城市空间发展质量,提升大数据平台建设与运营水平,推动建立自然生态保护与城市环境治理功能全覆盖、一体化的大数据信息平台,逐步实现环境污染监管、自然资源管理、生态环境治理的数字化、智慧化升级。

---

① 童佩珊,施生旭.城市生态化与智慧城市建设耦合协调评价分析——以厦门市为例[J].生态经济,2018,34(5):148-153.

（三）坚持生态优先，构建协调发展的生态经济体系

建设协调发展的生态经济体系是一项系统工程、长期工程，需要厦门市统筹考虑、扎实推进，坚持稳中求进的工作总基调，着力解决经济发展与生态保护的核心矛盾，建立健全绿色低碳循环经济体系。与此同时，厦门市要"摒弃损害甚至破坏生态环境的发展模式，摒弃以牺牲环境换取一时发展的短视做法"①，通过科学规划、制度保障实现可持续发展。

一是全面优化产业结构，不断发展壮大绿色产业。首先，要优化产业梯次发展格局，推动传统产业转型升级、提升发展现代服务业，重点发展第二、三产业，积极培育新一代信息技术、生物医药与健康、新材料与新能源、数字创意和海洋高新等战略性新兴产业集群，促进产业高端化、智能化、绿色化转型升级。同时要坚决遏制"两高"项目盲目发展，全面实行排污许可制度，实施超国标、省标要求的地方污染物排放标准，强化重点行业强制性清洁生产审核，鼓励企业制定实施严于国家、行业标准的企业清洁生产标准，持续推进清洁生产、建设绿色工厂。除此之外，厦门市还要积极创建国家级、省级绿色园区，实施园区循环化改造，推动企业间再生资源回收利用，最终提高园区整体能源资源产出效率。

二是统筹能源安全和绿色发展，着力推动能源绿色低碳转型。首先，要积极推动新能源发展，提高新能源利用比例，支持厂房、商业、公共建筑等光伏发电项目，统筹推进各类生物质能的市场化和规模化利用，同时鼓励发展氢能。其次，要构建以清洁电力为基础的产业体系和生产生活方式，以交通、工业、农业、建筑、餐饮、旅游等领域为重点，加快推进电能替代，优先天然气使用方式，有序推进用天然气代替工业燃煤和农业用煤，严格控制煤炭消费总量，逐步淘汰热电联产供热管网覆盖范围内的燃煤加热、烘干炉（窑），持续降低煤炭消费占比。再次，要着力推进清洁低碳能源体系提升工程，包括天然气气源保障工程、可再生能源建设工程、储能设施建设工程、现代化城市电网建设工程，要推进管道燃气配套设施建设与改造，因地制宜加快发展分布式光伏电站，积极发展光照资源较好区域的建筑一体化技术，大力发展可再生能源，还要积极接纳各类分布式电源，以适应可再生能源并网和新能源汽车等发展需要。最后，要加快新能源技术和低碳、零碳、负碳等技术研发，与厦门大学等高校、科研院所合作开展重大科研技术攻关，推动科研创新基地建设和专业人才培养，突破新型储能、氢能、脱碳的关键技术瓶颈，充分发挥科技创新支撑作用。

---

① 习近平出席领导人气候峰会并发表重要讲话 强调要坚持绿色发展，坚持多边主义，坚持共同但有区别的责任原则，共同构建人与自然生命共同体[N].人民日报，2021-04-23(01).

三是推进绿色产业快速发展,推动生态产品价值转换。依据《绿色产业指导目录(2019年版)》,厦门市要重点发展先进环保装备制造、清洁能源、绿色服务等产业,以促进绿色技术成果转化、深度服务城市绿色发展为导向,构建市场导向的绿色技术创新体系,加快拓宽多元融资渠道和加大高新技术产业的资金投入力度,重点培育一批运用物联网、大数据技术提供咨询服务、节能改造、监测检测、项目运营管理等一体化服务的创新型企业。同时,要结合厦门产业、地区特色,加快园林植物园、园林博览苑景区提质升级,积极推进东坪山生态休闲旅游开发建设,重点发展远洋渔业、水产品加工业和海洋生物医药与制品业,大力开展"绿水青山就是金山银山"实践创新基地创建,聚焦生态旅游、海洋产业、生态农业、健康养生等领域,推进生态产品价值实现。

(四)坚持系统推进,建设安全优美的生态环境体系

生态环境没有替代品,用之不觉,失之难存。在深化生态文明示范区建设过程中,厦门市必须坚持"系统推进、重点突破"原则,立足自身资源优势和不足,科学提出发展目标和重点任务,着力解决制约经济社会可持续发展的突出问题。不仅要深入打好污染防治攻坚战,让生态文明建设成效保持全国前列,还要统筹山水林田湖一体化保护和修复,加强生物多样性保护,健全生态保护体系,进一步增强生态系统稳定性,优化提升生态安全屏障水平,筑牢宏观生态安全格局,努力在生态文明建设的关键领域、关键指标实现新的突破,让老百姓实实在在感受到生态环境质量的改善。

一是深入打好污染防治攻坚战,做好蓝天工程、碧水工程、蓝海工程、净土工程。首先,要精心呵护"厦门蓝"。坚持源头管控,实施臭氧污染防治和柴油货车污染治理攻坚行动,尽力遏制臭氧和二氧化氮浓度的上升趋势;积极开展柴油货车清洁化、非道路移动源综合治理等行动,推进"电动厦门"三年发展规划落地实施,加快机动车纯电动化进程,提升车辆纯电化比例,推进绿色海港空港建设。其次,要建设"美丽河湖"。坚持三水共治,推动莲花水库、枋洋水利枢纽工程环境综合整治和水源保护区划定,推动莲花镇雨洪转输项目策划实施;建立健全水源地管理长效机制,努力完成千人以下农村分散式饮用水水源地生态环境问题整治工作;落实《厦门市农业农村污染治理攻坚战工作方案》,推动农村生活污水提升治理,协同推进农村黑臭水体整治工作,推进"绿盈乡村"建设,助力乡村生态振兴。再次,要建设"美丽海湾"。围绕"水清滩净、鱼鸥翔集、人海和谐"的美丽海湾目标要求,推动厦门湾生态保护修复,重点推进西海域三个降档点位和同安湾水质提升工程,保护好自然禀赋优良的海湾生态环境,加强受损海湾"一湾一策"综合治理,实施补短板、强弱项,全面提升海湾品质和生态服务功能,加强海湾生态环境常态化监测监管,重点管控采用末端截污方式治理的排放口,建立入海排污口长效监管机制,进一步完善

"海洋生态环境监管模块"。最后,要打造"无废城市"。坚持"三化"标准,推动"无废城市"建设,谋划推动无废项目落地实施,立足"4＋4＋6"现代化产业体系,着力推进建筑垃圾资源化利用和动力电池回收等资源回收体系建设,逐步实现固体废物源头减量和资源化利用,优化危险废物管理措施,推动岛外四区小微企业危险废物收集试点规范有序运行。①

二是实施生态系统保护修复,优化提升生态安全屏障水平。一方面,要优先保护重点生态空间,将生态功能重要、生态系统脆弱、自然生态保护空缺的区划纳入自然保护地体系,加强整体性保护。另一方面,要全面推进"山水林田湖草"系统保护与修复,聚焦裸露山体、森林、流域、海洋等问题突出区域的生态修复需求,整治失序低效空间,修复损毁退化空间,系统推进重点生态功能区保护和修复工程。具体包括②:(1)废弃矿山修复工程,要结合林相改造、绿化造林、公园建设、建筑渣土消纳等工作,重点推进同安禾山片区、洪塘片区已关闭的废弃采石坑的利用和绿化提升,以及翔安区小光山矿区的山体复绿工程;(2)林地修复工程,岛内重点对东坪山等林分进行林相改造;岛外结合各类公园、景区、门户区景观提升、饮用水源地保护区开展林相改造和林地修复;(3)海岸带修复工程,重点开展鳌冠海域岸线保护和生态综合整治工程、杏林大桥—新阳大桥段岸线整治工程、厦门大桥—集美大桥段集美侧海岸带保护修复一期工程;(4)海域修复工程,重点开展环东海域新城琼头外侧海域生态修复工程、环东海域新城下后滨外侧海域生态修复工程等;(5)溪流湖泊修复工程,重点开展苏厝溪流域整治、埭头溪(下游段)综合治理、筼筜湖生态环境整治提升一期、河道生态补水工程、九溪西林湖(朱坑村)生态湿地工程等;(6)河口湿地修复工程,重点开展马銮湾新城过芸溪生态修复工程、马銮湾新城集美片区水生态修复工程、九溪口公园等;(7)绿地修复工程,重点开展马銮湾片区生态修复三期工程、马銮湾新城芸尾水道景观绿化工程、马銮湾新城环湾岸线新月段和内湾段绿化工程、厦门山海健康步道(五缘湾—湖边水库、东坪山步道)景观提升工程、东坪山健康步道(东山水库—环岛路段)景观提升工程等。

(五)坚持以人为本,形成绿色低碳的生态生活体系

良好生态环境是最普惠的民生福祉,是人心所盼。"从历史长河来看,如果说我们这一代人能留给后人点什么,我看生态文明建设就是很重要的一个

---

① 厦门市生态环境局.厦门市生态环境局 2023 年工作要点[EB/OL].(2023-03-10).http://sthjj.xm.gov.cn/zwgk/ghjh/ndgzjhzj/202303/t20230310_2724208.htm.

② 厦门市人民政府办公厅.厦门市人民政府办公厅关于印发"十四五"生态文明建设规划的通知[EB/OL].(2022-02-07).https://www.xm.gov.cn/zwgk/flfg/sfbwj/202202/t20220207_2624582.htm.

方面。生态文明建设最能给老百姓带来获得感，环境改善了，老百姓体会也最深"。① 也就是说，检验生态文明建设的成效，最终要看人民福祉、生态财富是否真正得到了提升、人民生存环境是否真正得到了改善。为此，厦门市必须要把以人为本作为深化生态文明示范区建设工作的出发点和落脚点，坚持"一切为了人民、一切依靠人民"的人民主体思想，坚持生态惠民、生态利民、生态为民，切实解决损害群众健康的突出环境问题，努力提供更多优质生态产品，打造美丽、宜居、幸福家园，形成绿色低碳的生活体系，最大限度地满足人民群众对良好生态环境的热切期盼，让人民群众共享生态文明建设成果。

一是完善公共服务供给体系，推动全民绿色消费。在实现碳达峰碳中和目标进程中，厦门市要严格落实《厦门市促进绿色消费实施方案》等政策文件要求，扩大绿色低碳产品供给和消费，加强绿色产品推广，建立统一的绿色生活和服务信息平台，致力于培育绿色消费市场。各级政府要发挥示范引领作用，扩大政府绿色采购范围，推行绿色产品政府采购制度，重点在财税、金融、价格等领域建立绿色消费激励和回馈机制。还要积极推动与衣食住行相关的企业、景区、商场等推出绿色消费、绿色旅游等措施，全面推广使用节能、节水、环保等绿色产品，鼓励以补贴、以旧换新等方式引导企业、居民选购绿色产品，推动绿色经济成为"全民共识""全民习惯"。

二是进一步加强绿色基础设施供给，提升绿色生活水平。在绿色出行方面，厦门市要持续完善综合公共交通系统，调整优化地面公交线路和站点布局，加快建设智慧出行服务平台，打造"一站购票""无缝出行"的一体化公共交通服务网络，推动轨道交通网络、地面公交网络、慢行网络融合发展，建设"绿色交通城市"。具体而言，在轨道交通网络方面，要加快推进轨道交通4、6、9号线建设；在地面公交网络方面，要加快建设马銮湾枢纽、同安新城枢纽、厦门新机场枢纽等，与综合客运枢纽、普通客运站、普通客运码头组成多层次客运枢纽体系；在城市慢行网络方面，要充分发挥厦门山、海自然地形特点，推进全市山海步道、滨海步道、溪畔步道等健康步道建设，包括岛内"一环三水两横两纵"、海沧区"两湾—山三溪"、集美区"两湾—山两走廊"、同安区"一湾三山三走廊"、翔安区"一带一山一走廊"慢行网络建设，将厦门打造成为国内领先的高品质慢行城市。在绿色生活方面，要持续扩大绿色生活创建行动的覆盖面，不断提升城市社区基础设施绿色化水平，推广新建、改扩建公共建筑、商业建筑屋顶立面绿化，引导建设花园式、园林式社区，打造绿色舒适的居住环境。

三是加快落实城市农村生活垃圾分类处理，改善人居生活环境。生活垃

---

① 中国政府网.书写美丽中国新画卷：习近平总书记引领生态文明建设的故事[EB/OL].(2023-08-14).https://www.gov.cn/yaowen/liebiao/202308/content_6898237.htm.

圾分类是践行城市社会文明的重要体现。厦门市在开展城乡生活垃圾分类工作时,可以充分发挥城市社会文明引领作用,积极倡导、持续宣传做好生活垃圾分类是检验城乡社会文明水平的重要标准,进而引领城乡居民真正地参与生活垃圾分类。还需要优化环卫设施布局,推动同安环卫基地建设,推进东部垃圾焚烧发电厂二期、三期和同安垃圾焚烧发电厂建设,改造升级瑞科际垃圾示范厂、后坑垃圾分类处理厂等设施配套,不断提升垃圾处理的减量化、资源化、无害化水平。同时,还要强化居民生活垃圾分类的责任担当意识,充分发挥居民的主体作用,从而使居民的生活垃圾分类观念实现由"刻意、不自然"到"刻意、自然",再到"不经意、自然"的"由外到内"的过程转换。①

(六)坚持共治共享,培育幸福和谐的生态文化体系

习近平总书记指出,"抓生态文明建设,既要靠物质,也要靠精神"②。生态文化作为中国特色社会主义文化的重要组成部分,其核心是一种行为准则、一种价值理念,对于社会生产、生活的方方面面都具有重要影响。尤其在生态环境系统治理的中后期阶段,厦门市应继续加强生态文明宣传教育,弘扬生态文明主流价值观,倡导尊重自然、爱护自然的绿色价值观念,培养热爱自然、珍爱生命的生态意识,积极培育生态文化、生态道德,着力推动社会多元共治,不断拓宽共建共治渠道、丰富共建共治形式,形成全民参与生态文明建设新高潮,让人民群众享有更多幸福感、安全感、获得感。

一是建立协同共治的生态治理模式,推动美丽厦门全民共建。结合厦门实际,制定实施《厦门市关于构建现代环境治理体系的实施意见》,着重健全生态环境治理领导责任、企业责任、全民行动、监管、市场、信用和法律法规政策等"七个体系",推进厦门市生态环境治理体系和治理能力现代化,打造独具厦门特色的生态治理模式。首先,要形成内部治理合力,深化"党委统一领导,政府具体部署,人大、政协协同推进,部门各负其责"的多部门齐抓共管的"大环保"工作格局,加快推进生态文明体制改革、"多规合一"以及环评审批制度改革,建立完善起生态环境分区管控体系,推动形成生态文明建设"一盘棋"的格局。其次,要形成区域协同合力,打破行政区划界限,创新跨市域生态保护协作机制,形成厦门与龙岩、漳州、泉州四地市资源共享、优势互补、协调有序的工作局面,有效护航九龙江流域地区绿色发展。最后,要形成一体监督合力,逐步形成"各级政府组织实施、环保部门统一协调、相关部门各负其责、社会各

① 琪若娜.生活垃圾分类制度的双重属性困境与出路[J].干旱区资源与环境,2021,35(5):1-7.

② 中共中央宣传部,中华人民共和国生态环境部.习近平生态文明思想学习纲要[M].北京:学习出版社,人民出版社,2022:93.

界广泛参与"的一体化环境监管大格局,进一步打通生态环境监管"毛细血管",激活"末梢神经",做好生态环境保护"最后一公里";着力强化企业生态意识和社会责任意识,加强环境保护,减少污染排放;完善社会共建机制,有关部门应多邀请市民参与生态文明建设相关座谈会、听证会,并将公众合理建议融合于生态文明建设中,合力推动形成人人有责、人人参与、人人受益的社会共建共治共享氛围。

二是加强生态文明宣传教育,推动全社会践行绿色发展理念。生态文明既是一种理念,也是一种实践,更是一种环保教育,必须要把生态文明宣传教育与实践教育放在同等重要的位置,而环境教育又能够给环保公众参与提供内在动力。一方面,要创新宣传教育活动方式方法,依托"白鹭分""i厦门"等互联网平台,组织策划互动性强、影响力大的线上线下环保主题活动,深入校园、社区、乡村等地区,深化广大人民群众的生态文明观念,激发全民参与热情。另一方面,要重视生态文明宣传教育基地建设,充分发挥实践育人的作用。厦门市委、市政府要统筹资源、组织协同、搭建平台,选取本区域具有代表性、典型性、示范性的自然保护区、工矿企业、重要基础设施、生态环境监测和治理机构、旅游景区、学校和科研机构等作为生态文明宣传教育的主要场所,并深入挖掘、提炼厦门生态文明建设典型经验与创新成果,建设系列生态文明展示馆,积极展示厦门生态文明品牌影响力。

四、结语

生态文明示范区建设是践行习近平生态文明思想,建设美丽中国的重要载体和实践平台,对于实现人与自然和谐共生的中国式现代化目标具有重要意义。唯有不断探索生态文明示范区建设路径,巩固生态文明建设成果,持续推进改革创新,积极适应社会主义现代化发展的需求,促进经济社会发展与生态环境保护的良性循环,才能实现生态文明建设在全国范围内的稳步推进,为可持续发展和人民福祉做出积极贡献。"十四五"时期,厦门市应持续当好新时代生态文明建设的排头兵,全面贯彻党的二十大精神,深入践行习近平生态文明思想,立足新发展阶段,紧扣"金山银山就是绿水青山"生态文明理念,积极服务和深度融入新发展格局,坚持以人民为中心,坚持问题导向和系统观念,以提升生态环境质量为核心,以解决突出生态环境问题为突破口,以生态环境治理体系和治理能力现代化为支撑,推动绿色低碳循环发展。努力把厦门打造成为生态体系完善、生态空间合理、产业绿色低碳、资源高效利用、生态环境优良、群众满意认可的全国生态文明典范城市和全球生态文明领先城市,让"清新的蓝""怡人的绿""醉人的美"成为厦门恒久的骄傲,继续奋力书写美丽中国的厦门篇章,建设更高水平、更高素质、更高颜值、更现代化、更国际化的城市,不断开创厦门市生态文明示范区建设新局面、新高度。

参考文献

[1]郇庆治.三重理论视野下的生态文明建设示范区研究[J].北京行政学院学报,2016(1):17-25.

[2]李庆旭,刘志媛,刘青松,等.我国生态文明示范建设实践与成效[J].环境保护,2021,49(13):32-38.

[3]张康洁.国家生态文明建设示范区时空特征及其影响因素分析[J].统计与决策,2023,39(7):73-78.

[4]张乃明等.生态文明示范区建设的理论与实践[M].北京:化学工业出版社,2021.

[5]丁明磊,杨晓娜,赵荣钦,等.碳中和目标下的国土空间格局优化:理论框架与实践策略[J].自然资源学报,2022,37(5):1137-1147.

[6]中共中央宣传部,中华人民共和国生态环境部.习近平生态文明思想学习纲要[M].北京:学习出版社,人民出版社,2022.

[7]先试先行 "碳"寻绿色发展新动能:厦门坚持示范引领,让绿色低碳成为高质量发展的鲜明底色[N].中国环境报,2023-9-11(04).

[8]给水土做"体检"! 厦门首次开展这项调查[N].厦门日报,2023-02-03.

[9]厦门市生态环境局.厦门市生态环境局2022年工作总结[EB/OL].(2023-03-02).http://sthjj.xm.gov.cn/zwgk/ghjh/ndgzjhzj/202303/t20230302_2722582.htm.

[10]厦门市社会科学界联合会,厦门市社会科学院.2022—2023年厦门市经济社会发展与预测蓝皮书[M].厦门:厦门大学出版社,2022.

[11]秦书生,王曦晨.坚持和完善生态文明制度体系:逻辑起点、核心内容及重要意义[J].西南大学学报(社会科学版),2021,47(6):1-10,257.

[12]余敏江.党领导生态文明建设"制度—效能"转化的政治逻辑[J].同济大学学报(社会科学版),2023,34(3):10-18.

[13]童佩珊,施生旭.城市生态化与智慧城市建设耦合协调评价分析:以厦门市为例[J].生态经济,2018,34(5):148-153.

[14]习近平出席领导人气候峰会并发表重要讲话 强调要坚持绿色发展,坚持多边主义,坚持共同但有区别的责任原则,共同构建人与自然生命共同体[N].人民日报,2021-4-23(01).

[15]厦门市生态环境局.厦门市生态环境局2023年工作要点[EB/OL].

(2023-03-10).http://sthjj.xm.gov.cn/zwgk/ghjh/ndgzjhzj/202303/t20230310_2724208.htm.

[16]厦门市人民政府办公厅.厦门市人民政府办公厅关于印发"十四五"生态文明建设规划的通知[EB/OL].(2022-02-07).https://www.xm.gov.cn/zwgk/flfg/sfbwj/202202/t20220207_2624582.htm.

[17]中国政府网.书写美丽中国新画卷:习近平总书记引领生态文明建设的故事[EB/OL].(2023-08-14).https://www.gov.cn/yaowen/liebiao/202308/content_6898237.htm.

[18]琪若娜.生活垃圾分类制度的双重属性困境与出路[J].干旱区资源与环境,2021,35(5):1-7.

课题负责人、统稿:朱仁显
执　　　　笔:王海霞